Studies on Development,
Human Rights and Rule of Law

发展、人权与法治研究
（2018）

—— 新时代的人权法治保障

主　　编　汪习根

执行主编　廖　奕　腾　锐

WUHAN UNIVERSITY PRESS
武汉大学出版社

图书在版编目(CIP)数据

发展、人权与法治研究.2018:新时代的人权法治保障/汪习根主编.
—武汉:武汉大学出版社,2020.8
ISBN 978-7-307-15285-4

Ⅰ.发…　Ⅱ.汪…　Ⅲ.①人权—研究—中国　②人权—保护—司法制度—研究—中国　Ⅳ.①D621.5　②D923.04

中国版本图书馆 CIP 数据核字(2019)第 296677 号

责任编辑:田红恩　　　责任校对:汪欣怡　　　版式设计:马　佳

出版发行:**武汉大学出版社**　(430072　武昌　珞珈山)
(电子邮箱:cbs22@ whu.edu.cn　网址:www.wdp.com.cn)
印刷:广东虎彩云印刷有限公司
开本:787×1092　1/16　印张:23.25　字数:520 千字　插页:1
版次:2020 年 8 月第 1 版　2020 年 8 月第 1 次印刷
ISBN 978-7-307-15285-4　定价:76.00 元

前　言

　　和平、发展与人权是联合国的三大支柱。在相对和平的年代，发展与人权更显重要。据联合国统计，在世界 70 多亿人口中，仍然有 10 多亿人生活在赤贫状态，每日可支配收入不到 1.9 美元这一联合国划定的国际绝度贫困线。在国际层面，南北发展差距愈益加大，人权面临着贫困、饥饿、疾病、动荡、冲突、灾害等诸多因素的严峻挑战。在国内，发展的不可持续、不均衡问题也严重困扰着各国尤其是全球南方国家。为了实现公平、均衡、以人为本的可持续的发展，全球社会应当精诚协作、包容互惠、携手并进、相互分享成功经验，推进共商共建共享人权。

　　中国作为世界上最大的发展中国家，通过四十年的改革开放，取得了巨大成功。但也遇到诸如环境、稳定、社会公平等方面的一系列障碍，这些障碍是发展中必然出现的。为了抓住机遇、有效应对挑战，中国及时进行了全面、持久的制度改革，通过全面依法治国来加强人权建设。人权法理学告诉我们：发展问题本质上是一个人权问题，而法治是人权之基、人权是法治之本。可见，发展、人权与法治就像三驾马车，并驾齐驱，相互关联，所形成的合力远远大于三者的简单相加。正是基于这一考虑，我们在 8 年前，经过反复筹划与论证，编辑出版了《发展、人权与法治研究》这一学术辑刊，每一年出版一本，将发展、人权与法治三者连为一体进行研究。时至今日，已经连续出版了 6 本，每一本相对地聚焦于一个主题，探讨发展中的人权及其法治保障问题。具体如下：

　　2011 年，《发展、人权与法治研究——区域发展的视角》；

　　2012 年，《发展、人权与法治研究——发展困境与社会管理创新》；

　　2013 年，《发展、人权与法治研究——"法治中国"的文化证立》；

　　2014 年，《发展、人权与法治研究——法治国家、法治政府与法治社会一体化建设研究》；

　　2015 年，《发展、人权与法治研究——加强人权司法保障》；

　　2016 年，《发展、人权与法治研究——新发展理念与中国发展权保障暨联合国〈发展权利宣言〉通过三十周年纪念》。

　　本卷聚焦于新时代的人权法治保障问题研究，这是基于以下考虑：自 2012 年中国共产党的十八大以来，中国进入一个全新的时代。社会主要矛盾从人民日益增长的物质文化生活需求和落后的生产力之间的矛盾，转变到人民对美好生活的需求与不平衡不充分的发展之间的矛盾。尽管中国已成为世界第二大经济体，但是发展不充分不平衡成为人权领域应当优先解决的问题。除了要保障物质和文化方面的权利外，还要特别注重满足人民在民主、法治、公平、正义、安全、环境方面的新的需求。为此，中国在 2011 年提出人权立法体系与中国法律体系一道已经建成；2013 年和 2014 年，党的十八届三中和四中全会提出应当"加强人权司法保障"；2017 年，党的十九大提出应当"加强人权法治保障"。可见，全方位构建保障人权的法治体系，成为当下法治建设的重心和关键。其中，包括新时代的人权法理念、人权法规范、人权法程序、人权法实践等诸多问题值得深入研究。与此同时，研究方法的更新与法规范的优化一样亦十分重要。应当既重视分析实证主义的人权法学研究方法，也要重视法社会学、法经济学、法政治学和法哲学上的研究；既要充分开展法学内部不同二级学科之间的交叉研究，也要强调法学与法学以外的人文社会科学乃至自然科学之间的交叉研究；既要聚焦于中国国内问题的研究，也要重视通过国际比较，加深对国际问题的研究。

　　为此，我们召开了专题学术研讨会，邀请来自法学界同仁对新时代人权法治保障问题从四大板块继续了研究：一是新时代人权法治建设的基础理论和指导思想；二是人权实践中的热点问题研究；三是发展与人权问题研究，重点是分析了中国语境下的发展权；四是权力制约与人权保障，特别是党内法规建设在法律监督中的功能，以及如何通过严密的权力制约来保护人权免于来自权力的侵犯。尤其值得一提的是，我们非常荣幸地约请联合国人权高专办官员西阿米·普唯马纳辛尔(Shyami Puvimanasinghe)博士，威斯康辛大学法学院研究中心主任、蒙特利尔国际可持续发展法律中心人权首席顾问苏穆杜·阿塔帕图教授撰写了从公益诉讼角度看南亚地区可持续发展这一重要论文。她们学术功底深厚、研究成果丰硕，长期致力于国际人权法与发展权以及可持续发展法的研究，对斯里兰卡、印度、巴基斯坦、尼泊尔、孟加拉国等南亚国家通过公益诉讼促进可持续发展的案例分析，为我们研究人权与发展的法律保障打开了一扇新的窗口。在此，特别向她们表示衷心的感谢！同样的，十分感谢安妮·彼得斯(Anne Peters)教授，她担任著名的德国马克斯·普朗克比较公法与国际法研究所的所长，兼任海德堡大学和柏林自由大学荣誉教授以及瑞士巴塞尔治理研究所董事会副主席。我在参加 2017 年《联合国反腐败公约》缔约国大会期间，获得了她撰写的关于反腐败与人权的富有洞见的长篇大论。非常感谢她慨然应允由我们把这篇文章翻译成中文，收录到本刊之中。人权与反腐败近来越来越引起国际社会的重视，尽管围绕这一问题存在不同观点，但该文对国际学术界关于这一问题的正反两方面观点进行了深入评价，对照国际人权公约进行规范分析，其研究思路清晰、笔锋细腻，为人权研究提供了一个新的视角，给人以良多启示。

　　需要说明的是，由于这是一个辑刊而非一本独立的著作，所以，在体系上，并不过于强调前后各篇文章之间的因果关系。同时，由于作者水平有限，对其中存在的不足、疏漏与错误，敬请各位同仁、专家批评指正，以便我们更好地开展学术研究。我们将一如既往地推动人权与发展研究尤其是发展权的法治保障问题研究走向深入、系统，为人类的公平、可持续发展贡献绵薄之力！

汪习根

2019 年 8 月

Forward

Peace, development and human rights are the three pillars of the United Nations. Development and human rights are even more important in today's quieter interludes. According to the statistics from United Nations, more than 0. 7 billion people among 7 billion people in the world still live in abject poverty, with an income below the "extreme poverty line"—set by the World Bank at just $ 1. 9 per day. At the international level, the developmental gap between the North and the South is widening. Human rights face severe challenges, including poverty, hunger, disease, turmoil, conflict and disasters. At the national level, the problem of unsustainable and unbalanced development is plaguing all countries, especially the countries in the South. In order to achieve a fair, balanced and people-oriented sustainable development, the global community should sincerely cooperate, pursue common understanding and mutual benefit, go forward hand in hand, share successful experiences, and promote to achieve shared human rights through discussion and collaboration.

As the largest developing country in the world, China has made a great achievement after 40 years of reform and opening up. However, it also encounters a series of obstacles such as environment, stability, and social equity, which are inevitable in the process of development. In order to seize opportunities and effectively respond to the challenges, China has carried out comprehensive and sustained institutional reform in a timely manner and strengthened the building of human rights through advancing law-based governance in all fields. Human rights jurisprudence tells us that development is essentially an issue in human rights field. The rule of law is the basis of human rights and human rights are the foundation of the rule of law. It can be seen that development, human rights and the rule of law are like the troika that are equally important and interrelated. In addition, the resultant force is far greater than the simple sum of the three. Based on this consideration and after repeated planning and demonstration, we edited and published the academic journal "Studies on development, human rights and rule of law" eight years ago. This journal is published annually, focusing on the crossing field among development, human rights and the rule of law. Up to now, six books have been published in succession, focusing on a topic that explores the issue of human rights and the protection of the rule of law in development. The details are as follows:

2011, "Studies on development, human rights and rule of law—The perspective of regional development";

2012, "Studies on development, human rights and rule of law—Development dilemma and social management innovation";

2013, "Studies on development, human rights and rule of law—Cultural justification of 'The rule of law in China'";

2014, "Studies on development, human rights and rule of law—Research on the integration construction of country, government, and society based on the rule of law";

2015, "Studies on development, human rights and rule of law—Strengthening judicial guarantee of human rights";

2016, "Studies on development, human rights and rule of law—New development concept and China's right to development protection & the 30th anniversary of the adoption of the UN declaration on the right to development".

This volume focuses on the study of legal protection for human rights in the new era. This is based on the following considerations: Since the 18th National Congress of the Communist Party of China in 2012, China has entered a new era, the principal contradiction facing Chinese society has evolved. The contradiction between unbalanced and inadequate development and the people's ever-growing needs for a better life is an urgent issue. Although China has become the world's second largest economy, unbalanced and inadequate development is a priority issue in the field of human rights. In addition to safeguarding material and cultural rights, special attention must be paid to meeting people's demands for democracy, rule of law, fairness and justice, security, and the environment. For this reason, China proposed that the human rights legislative system has been completed along with the Chinese legal system in 2011; in 2013 and 2014, the Third and Fourth Plenary Sessions of the Eighteenth Central Committee of the Communist Party of China proposed that the judicial guarantee of human rights should be strengthened. In 2017, the party's 19th National Congress proposed that "strengthen legal protection for human rights". It can be seen that the all-round construction of a rule of law system for human rights protection has become the key issue. Among them, many problems such as the concept of human rights law, norms of human rights law, procedures of human rights law and practices of human rights law in the new era deserve further study. At the same time, the updating of research methods is as important as the optimization of legal norms. It should pay attention to the analysis of positivist human rights law research methods as well as sociology of law, economics of law, politics of law and philosophy of law. It is necessary not only to fully carry out the cross research among different second-level subjects within the law, but also to emphasize the crossover research between the humanities and social science and even the natural science. It is necessary to focus on the study of China's domestic issues, as well as to deepen the study of international issues through global comparisons.

In this context, we convened a special academic seminar to invite colleagues from the legal profession to continue research on the issue of legal protection for human rights in the new era from four sectors: First, the basic theory and guiding ideology of the construction of human rights protection system by rule of law; Secondly, study hotspot issues in human rights practice; Third, the study of development and human rights focuses on the analysis of the right to development in the Chinese context; The fourth is the power restriction and human rights protection, especially the function of the construction of Party rules and regulations in legal supervision, and how to protect human rights from power violations through strict power restrictions. In particular, it is our honor to invite Dr. Shyami Puvimanasinghe (the human rights officers of office of the United Nations High Commissioner for Human Rights) and Professor Sumudu Atapattu (the director of the University of Wisconsin Law School Research Center and lead counsel of human rights at Montreal Center for International Sustainable Development Law) wrote an important paper on sustainable development in South Asia from the perspective of public interest litigation. They have profound academic background and fruitful research results, and have been committed to the study of international human rights law and the right to development as well as the law of sustainable development for a long time. And case studies on the promotion of sustainable development through public interest litigation in South Asian countries such as Sri Lanka, India, Pakistan, Nepal, and Bangladesh have opened a new window for us to study the legal protection of human rights and development. Here, I would like to express my heartfelt thanks to them. At the same time, I am very grateful to Professor Anne Peters, Director at the Max-Planck-Institute for Comparative Public Law and Public International Law, professor at the Universities of Heidelberg Freie Universität in Berlin, and the Vice-President of the Board of the Basel Institute on Governance. During the 2017 Conference of the States Parties to the United Nations Convention against Corruption, I got her long, insightful article on corruption and human rights. Thank her very much for her permission to translate this article into Chinese and include it in this journal. Human rights and anti-corruption have recently attracted more and more attention from the international community. Although there are different views on this issue, the article has conducted in-depth evaluations of the positive and negative views from the international academic field. Conducting normative analysis against international human rights conventions, the research ideas are fresh and delicate, providing a new perspective for human rights research and stimulating people to think it further.

It should be noted that since this is a journal rather than an independent book, it does not address much the causal relationship in the context. At the same time, due to the author's limited academic level, please kindly criticize and correct the deficiencies, omissions and errors. We will continue to promote the study of human rights and development, especially the legal protection for the right to development, to go deeper systematically, and contribute to the fair and sustainable development of mankind!

Xi-gen Wang

Yangtze river scholars Distinguished Professor, Director of Wuhan University Human Rights Institute (National Human Rights Education and Training Base)

2019. 8

目　　录

◎第四篇　发展权专题研究

◎第五篇　依规治党与权力监察

Content

第一篇　国际专栏

从零开始的指引：南亚可持续发展法律实证分析
——发展权的司法化

苏穆杜·阿塔帕图　西阿米·普唯马纳辛尔 *

汪习根　张远婷译**

摘要：本文追溯了可持续发展概念的演变，最终达成的 2030 年议程和可持续发展目标，以及它与包括《巴黎气候变化协定》在内的国际环境法的内在联系。在广义的国际公法背景下，本文阐释了南亚（印度、巴基斯坦、尼泊尔、孟加拉国和斯里兰卡，特别是斯里兰卡）的实际案例。在这些案例中，司法机构也参与定义可持续发展，赋予其实际的意义及方法来实现该目标。本文列举了在涉及人权、环境和发展问题的案件中由公益诉讼引发的充满活力的法律案例，为实现可持续发展目标和更广泛的可持续发展提供良好的实践指引。本文分析了公民社会行为对法律诉讼的影响，结合法律职业的创新策略以及通过一定程度的司法能动性助推人权、环境和发展一体化渐进式发展。

关键词：可持续发展；2030 可持续发展议程；人权；公益诉讼；南亚

一、引言

2015 年是环境保护和全球未来发展历史性的一年。国际社会通过了《2030 年可持

---

* 作者简介：苏穆杜·阿塔帕图（Sumudu Atapattu），威斯康辛大学法学院研究中心主任，蒙特利尔国际可持续发展法律中心人权首席顾问。

西阿米·普唯马纳辛尔（Shyami Puvimanasinghe），联合国人权事务高级专员办事处人权专员，国际人权法博士（本章所表达的仅是作者的观点，不一定反映联合国的意见）。

本文是作者应本书主编汪习根教授邀请专门为其主编的关于发展权与可持续发展的英文著作撰写的。为了向中国或中文阅读习惯的读者展示该成果，经作者授权，翻译成中文，发表于此。特别感谢两位作者付出的巨大辛劳以及对本书主编的倾情支持与无私帮助。

同时，需要特别说明两点：第一，为了突出本章对法律案例的实证分析，中文译稿对原标题进行了部分修改。第二，限于篇幅，本文在翻译时省略了全部脚注，但是，这并不影响脚注文献作者的著作权。若有需要，可以随时提供。

** 译者简介：汪习根，男，湖北天门人，华中科技大学法学院院长，人权法律研究院院长，教育部长江学者特聘教授，国家"2011 计划"司法文明协同创新中心博士生导师。张远婷，女，湖北鄂州人，武汉大学法学院博士研究生。

续发展议程》和《巴黎气候变化协定》。可持续发展的概念已经走过漫长而曲折的道路，最终形成了可持续发展目标。从《我们共同的未来》这一报告的通过开始，可持续发展似乎已经巩固了它作为国家和国际一级政策目标的地位，它在短时间内对国际环境法的影响是深远的，一些人甚至声称出现了一个新的国际法分支，即"国际可持续发展法"。尽管存在这些显著的发展，可持续发展和可持续性仍然是相当虚幻的概念——难以界定和难以实现。可持续发展目标的设定在这方面是一个受欢迎并且早就应该开展的工作。它为我们提供了可衡量的目的、目标以及指标。从 1987 年的布伦特兰报告到 1992 年的里约宣言，以及约翰内斯堡可持续发展宣言于 2002 年为可持续发展提供了第三个支柱，以上为 2015 年可持续发展议程的通过提供了便利，全球社会花了近 30 年的时间充实可持续发展的构成变量。

在此期间，几个地区的司法机构也参与了一项类似活动，定义可持续发展和实现这一目标的路径。在南亚地区，涉及人权、环境和发展问题的公益诉讼，催生了一个特别充满活力的法律体系。在本章，我们将讨论南亚（特别是印度，巴基斯坦，尼泊尔，孟加拉国和斯里兰卡，特别侧重于斯里兰卡）最高法院在可持续发展方面的一些判例，以及它们为实现可持续发展目标提供的指导。我们将从印度的 Subhash Kumar v. State of Bihar 案到斯里兰卡的 Eppawala Phosphate Mining 案，讨论这些司法机构的重大经典判决。我们将讨论律师和法官所使用的策略，以及该地区强有力的判例对世界其他地区的影响。我们将阐明由公民社会行为引申的公益诉讼是如何与法律职业的创新相结合，以及一定程度的司法能动性，可以逐步促进人权、环境和发展问题的一体化，从而实现可持续发展的智慧——整合其经济、环境和社会支柱。

本文章共分六部分。第一部分是引言。第二部分将可持续发展的出现作为从《斯德哥尔摩人类环境会议宣言》到可持续发展目标的政策目标。第三部分将详细阐述可持续发展的社会支柱和可持续发展的演化过程，从《布伦特兰报告》中出现的一个相当模糊的概念转化为具备实质性和程序性的重要概念。第四部分，我们将介绍南亚高等法院的一些判例，并讨论该地区的一些开创性案例。在第五部分中，我们将考虑使用的策略、公益诉讼和人权、环境保护及南亚经济发展的一体化。第六部分，我们将根据上述分析总结考察结论并提出经验教训。

二、可持续发展的出现：从斯德哥尔摩到可持续发展目标

为国际环境法奠定基础的《斯德哥尔摩人类环境会议宣言》播下了可持续发展的种子。尽管《宣言》本身没有具体提及该术语，但若干条款提到需要在经济发展与环境保护之间取得平衡，并需要进行相互协调的合理规划。《斯德哥尔摩人类环境会议宣言》是环境法进步和相关规划衍生的催化剂。联合国环境规划署于 1973 年成立，同时许多国家也相继通过环境法并且建立环境保护机构。然而，并非一切都进展顺利。一方面，不少发展中国家是新独立的，所以重点放在发展经济、解决贫困问题及提高人民的生活水平上。另一方面，发达国家正在经历环境污染，他们想要消解经济发展带来的消极后

果。这些国家在忽视环境的情况下发展起来，发展中国家认为这是一种阻碍其经济发展和另一种形式的殖民化的手段。他们还认为，期望他们放弃发展努力以保护富裕国家的环境是不公平的。斯德哥尔摩会议之后发达国家与发展中国家之间的这种两极分化阻碍了国际一级的环境保护行动，这也是联合国大会于 1983 年成立世界环境与发展委员会（WCED）的主要原因。除其他事项外，大会授予委员会的任务是设法使经济发展与环境保护协调一致。世界环境与发展委员会于 1987 年发布了题为《我们的共同未来》的报告，并提出可持续发展作为调和经济发展与环境保护的一种方式。在一段广为流传的评论中，世界环境与发展委员会（WCED）将可持续发展定义为"满足当前需求的发展，而不影响后代满足其需求的能力"。这似乎使发展中国家和发达国家都有了相同的立场，一些学者认为，它已经获得了普遍的认可，部分原因是其"明确的模糊性"。

毫无疑问，世界环境与发展委员会（WCED）报告在斯德哥尔摩会议召开 20 年后对里约热内卢环境与发展会议产生了巨大影响。《里约宣言》没有试图改进世界环境与发展委员会（WCED）提出的定义，而是进一步详细阐述了其组成部分并确定了实现可持续发展的方式。它还确定了其与国际和平与安全及弱势群体等其他问题的联系。虽然学者们对具体的组成部分有不同的看法，但实质性组成部分包括以下内容：一体化原则、代际和代内公平原则、自然资源的可持续利用和发展权利。程序性组成部分包括与其他国家之间的义务（合作、信息交流、在紧急情况下的通知和提供援助以及善意谈判）和对公民（提供信息、公众参与和获得补救办法）的义务。对公民的程序性义务与国际人权法重叠，现已被纳入国际环境法。在实质性的组成部分中，一体化原则、自然资源的可持续利用和代际及代内公平原则也是公认的原则。虽然发展权利的地位一直颇受争议，但该观点的支持者由南北划分界线，《里约热内卢宣言》明确承认，"应该实现发展权，以公平地满足今世后代的发展和环境需要"。Birnie 等人指出，这些组成部分都不是新的，但"《里约热内卢宣言》以比迄今为止更为系统的形式将它们组合在一起"，程序性组成部分以前从未得到过国际社会的这种"广泛支持"。

尽管可持续发展具有相当的模糊性且也存在一定批评，但很明显构成这个总体的大多数组成部分对国家施加了一致的义务。正如 Birnie 等指出的那样，"可持续发展最具潜在影响力的一个方面是，它首次以系统化的方式使国家对国内环境的管理上升为国际关注的问题"。此外，这对国际人权法等其他法律领域的未来发展具有潜在的影响。尽管如此，许多不确定因素仍然存在，这可能会对可持续发展是否可以被视为法律原则产生直接影响。如果它的目的是让各国对在国际和国家一级实现可持续性负责，那么我们就需要明确的标准来衡量这种承诺。

也许可持续发展目标可以填补这个空白。正如 Birnie 等人所指出的那样：

虽然可以确定可持续发展概念的主要内容，但它远不能确定它们具体的规范性含义是什么，或者界定它们是如何相互联系，及与人权法和国际经济法有何联系。国际法不能以分散的方式适用，可持续发展优先于任何其他要素。

其他学者质疑可持续发展带来的国际法不同领域的规范之间的联系，例如环境、经济和社会/人权领域。它们之间有没有层次结构？实现一致性是必要的，但挑战在于如何平衡相互竞争的规范。一些学者将社会支柱替换为国际人权法，并认为三大支柱中国际环境法为中心支柱，但可持续发展需要来自其他两大支柱的支持配合——国际人权法和国际经济法。还有一些人认为国际可持续发展法是"在国际法的三个主要领域的交叉点，每个领域都有助于可持续发展"——国际经济法（包括国际贸易法、国际投资法和国际竞争法），国际社会法（包括国际人权法、国际人道主义法、国际劳工法及其他国际社会发展协定）与国际环境法。然而，这是对国际可持续发展法的非常宽泛的解释。

国际法律协会在2002年通过的《关于可持续发展的国际法原则宣言》进一步阐释了可持续发展。它指出实现经济、社会、文化、公民和政治权利和人民权利"是实现可持续发展的关键"。它进一步规定，可持续发展包括对经济、社会和政治进程采取全面和综合的办法，从而支持和扩大上述的一体化原则。它将七项原则确定为可持续发展的组成部分：（a）国家有责任确保可持续利用自然资源；（b）平等和消除贫穷的原则；（c）共同但有区别的责任原则；（d）对人类健康，自然资源和生态系统采取预防措施的原则；（e）公众参与和获得信息和司法的原则；（f）善治原则；（g）一体化和相互关系的原则，特别是关于人权和社会、经济和环境目标的原则。预防原则和共同但有区别的责任原则以及善治原则可被视为实现可持续发展所必需的工具，而不是其组成部分。这些原则包括前面所讨论的实质性和程序性因素。

国际法协会宣言确认可持续发展适用于所有国家，而不仅限于发展中国家：强调可持续发展是发展中国家和工业化国家共同关心的问题，因此应将其纳入所有相关的政策领域，以实现环境保护，发展和尊重人权的目标，在所有这些领域中逐步厘清性别层面的重要意义，并认识到需要确保切实有效的实施。

通过支持可持续发展是一个普遍关注的问题，国际法协会宣言承认可持续发展是一项普遍义务，因为一个国家的不可持续发展实践可能会对国际社会产生影响，例如气候变化和臭氧消耗等问题已经向我们证明了这一点。此外，它认识到一体化的原则"反映了关于可持续发展的国际法原则及规则的社会、经济、财政、环境、人权方面的相互依存关系，以及当前和未来人类后代的需要的相互依存关系。"这表明，可持续发展的各个方面应给予同等重视，包括后代的权利。

正如前文所述，代际和代内公平是可持续发展的一部分，虽然代内公平原则适用于经济和社会支柱，但代际公平原则适用于环境支柱。除五项可持续发展目标外，其余均与社会支柱和经济支柱相结合，而可持续发展目标7则涉及能源、目标12~15涉及环境与经济支柱相结合。

三、从两个到三个支柱：经济、环境和社会

在社会发展问题世界首脑会议上，当第三个支柱加入可持续发展时，可持续发展的二元性改变了：我们深信，经济发展、社会发展和环境保护是可持续发展的相互依存和相辅相成的组成部分，这是我们努力为所有人提高生活质量的框架。公平的社会发展，认识到赋予穷人以可持续利用环境资源是可持续发展的必要基础。我们也认识到，在可

持续发展的背景下，广泛和持续的经济增长是维持社会发展和社会正义的必要条件。

这项宣言明显地影响了 2002 年的《约翰内斯堡可持续发展宣言》，世界各国领导人肯定地说："我们承担集体责任，推动和加强可持续发展的相互依存和相辅相成的支柱——经济发展、社会发展和环境保护——地方、国家、地区和全球层面。"虽然哥本哈根首脑会议增加了可持续发展的社会支柱，但联合国环境与发展会议通过的《21 世纪议程》认识到了社会发展的重要性。它认识到需要在可持续发展的社会和经济层面消除贫困、处理消费模式、保护健康和促进可持续的人类住区。

因此，可持续发展现在由三个支柱组成，需要平衡这些支柱。平衡两大支柱已很困难，而平衡三大支柱则更是对各国的严峻挑战。但是社会发展意味着什么呢？这第三个支柱仍然没有得到充分的理论化，但似乎包含了人们在获得食物、水、医疗、住房和教育方面的基本需要。社会支柱与人权相交，许多基本需求以权利语言表达。《哥本哈根宣言》阐明了这些问题。

根据《哥本哈根宣言》，如果不尊重所有人权和基本自由，就不可能实现社会发展和社会正义。这反映了社会正义、人权和社会发展之间相互交织的关系。宣言进一步指出，贫穷、失业和社会排斥是影响每个国家的深刻社会问题。它赞同代际公平原则，几乎是逐字地纳入了《里约热内卢宣言》原则 1。

各国作出的承诺是深刻的，并阐明了社会支柱。这些包括：创造一个经济、政治、社会、文化和法律环境，使人们能够实现社会发展；消除贫困；促进充分就业目标的实现，使男女能够获得可持续的生计；促进社会融合，促进社会稳定、安全，并以促进和保护所有人权、平等和不歧视为基础；促进充分尊重人的尊严，实现男女平等和公平；促进和实现普遍和公平获得优质教育的目标，以及可达到的最高水平的身心健康。显然，保护和促进人权特别是经济、社会和文化权利、实现性别平等、促进参与、消除贫穷和实现普及教育都是在社会发展的范围内。环境正义被公认为包括分配正义、矫正正义、补救正义和社会正义，并与社会支柱重叠。因此，在这一背景下分析《巴黎协定》清楚地表明：人权，至少在可持续发展的社会支柱内的范围内，应该是各国根据《巴黎协定》作出的承诺——不论自愿与否。

可持续发展被认为是"人类健康的三重底线"。它旨在将经济发展、环境可持续性和社会包容结合起来。虽然在如何平衡这三个目标或实现目标之间的权衡或协同作用上没有达成共识，但"共同关注经济、环境和社会目标是可持续发展的标志，代表了世界范围内可能建立的广泛共识。"社会包容性包括诸如不歧视、性别平等和参与等原则。虽然各国有"根据自己的环境和发展政策开发自己的资源的主权权利"，但这种权利既不是绝对的，也不是无限的。它"不能在不考虑对人权或环境造成的有害影响的情况下合法行使。"如果可持续发展类似三脚凳，那么就必须给每条腿（环境保护、经济发展和社会发展）赋予同等权重，以确保凳子的（可持续发展）稳定性。然而，这种对可持续发展的描述受到严厉批评，因为它再次把人类置于环境之外，并没有鼓励我们认识到我们在生物圈内的位置：

［我］不会延续一个更古老的神话：环境与人类、人类的经济和社会福利无关。我

们不讨论可持续发展本身是否是一种矛盾的概念。我们确实认为可持续发展代表了人类选择生活方式的真正改变，从而确保了所有生物物种的生存能力和生存环境。

　　这一观点值得进行更加深入分析，而这不是本章的研究旨趣。它承认"没有环境，人类既没有经济也没有社会福利。"因此，环境不是也不能成为可持续发展的一条腿。它是凳子或任何可持续发展模式的立足点。它是人类有幸实现发展经济和社会福利的基础。如果没有大自然提供的生态系统服务，人类和经济就无法生存，那么一个健全的环境必须是所有发展活动的基础。批评者质疑我们是否会理解我们在地球上的位置，并选择在生物圈设定的限度内生活。也许我们可以做到这一点，但不能依靠三脚凳模型，"因为它继续让我们超出这些限制，虽然我们可以跳出界限去思考，但我们不能生活在极限之外"。我们目前的新自由主义经济模式强调自由市场，不适合实现可持续发展。至少可以说，依靠导致问题解决问题的系统是短视的。

　　尽管占主导地位的全球思想和行动并未反映这一点，但也有些人意识到自然界所发挥的重要作用，以及人类只是数百万个物种中的一个。联合国大会于 1982 年通过了《世界自然宪章》，以纪念斯德哥尔摩会议召开 10 周年，该会议认识到"人类是自然的一部分，生命依赖于自然系统的不间断运转……"它进一步指出，"文明植根于自然，它塑造了人类文化，影响了所有的艺术和科学成就。与自然和谐共处，为人类创造力的发展和休息娱乐提供了最佳机会。"这一引人注目的文件大部分被国家和其他组织遗忘了，但它表明没有强健和健康的环境，人类和全球经济就无法维持下去。它也揭示了对可持续发展的三足鼎立的描述，并将自然界定为人类与经济蓬勃发展的基础。这种可持续发展的模式迫使我们以不同的方式看待自然和环境保护。不是将可持续发展视为由三大支柱支撑，而是认为环境保护是可持续发展的基础和最重要的方面。这不仅反映了常识，而且我们的生存可能取决于这种重新定位。

　　可持续发展目标并不在于给出可持续发展或者可持续性的定义，而是切实地提供了实现可持续发展的机会。我们第一次有权将发展话语与可持续发展话语融合在一起。这是基于几个重要原因，其中包括 1986 年《联合国发展权利宣言》将发展定义为"是经济、社会、文化和政治的全面进程，其目的是在全体人民和所有个人积极、自由和有意义地参与发展及其带来的利益的公平分配的基础上，不断改善全体人民和所有个人的福利，"这一权利后来被认为是可持续发展的组成部分。《2030 年议程》第 10 款特别指出参照了《发展权利宣言》；第 35 款指出需要建立和平、公正和包容的社会，在这一社会中，所有人都能平等诉诸法律，人权（包括发展权）得到尊重，在各级实行有效的法治和良政，并有透明、有效和负责的机构；第 11 款重申联合国所有重大会议和首脑会议的成果，因为它们为可持续发展奠定了坚实基础，帮助勾画这一新议程。这些会议和成果包括《关于环境与发展的里约宣言》、可持续发展问题世界首脑会议、社会发展问题世界首脑会议和《我们希望的未来》——里约热内卢+20，第 12 款重申《关于环境与发展的里约宣言》的各项原则。

　　展望未来，发展和可持续发展的权利必须以相辅相成的方式来实现。虽然从联合国的一个论坛中发展而来，而且发展权利是可持续发展不可或缺的一部分，但它们迄今仍在各自的轨道上发展，它们之间明显的协同效应却被忽视了。我们现在已经将这两个框架融合在可持续发展目标的范围内。《2030 年议程》将发展议程扩大到所有承诺"我们会在考虑到本国实际情况、能力和发展程度的同时，依照本国的政策和优先事项，努力在国家、区域和全球各级执行本议程。"因此，各级国际社会应该共同努力实现这 17 个目标和 169 个子目标。在下一章节中，我们将讨论南亚法院如何为实施该地区的可持续发展做出贡献。

四、南亚可持续发展法理学——一些开创性的案例

南亚可持续发展法理学诞生于 1984 年博帕尔灾难后的公益诉讼(PIL)。这涉及人类历史上最严重的工业事故之一，当时，40 吨致命气体甲基异氰酸酯从一家农药厂泄漏出来，这家农药厂属于在美国的跨国合作企业 Union Carbide 的印度子公司。联合碳化物公司天然气工厂灾难的案件接踵而至，尽管印度政府向美国母公司提起诉讼，要求赔偿数千人死亡、受伤和其他损失，但该案最终达成庭外和解。这个案例促进了涉及发展、人权和该地区环境公益诉讼的发展。

在印度早期 Subhash Kumar v. Bihar and others 案件中，申请人提起了一项公益诉讼，诉 Tata 钢铁公司污染了 Bokaro 河造成生命权受到侵犯，导致河水不适合饮用和灌溉。法院坚持这一主张，认为生命权包括享有无污染水和空气的权利。它指出，如果任何事情危害或损害生活质量，受影响的人或真正的权益所有者可以提起公益诉讼，这涉及通过法律诉讼以维护或实现一个团体或社区的基本权利，因为他们因能力缺失、贫穷或不懂法律而没有能力行使其权利。

Dhera Dun 案是由 Rural Litigation and Entitlement Kendra（印度的一个非政府组织——译者注）在印度最高法院提起的公益诉讼。经过仔细的调查，法院维持原命令，关闭了位于 Dhera Dun 区喜马拉雅地区的几处石灰岩采石场。它强调需要平衡石灰石采矿造成的环境干扰与工业中石灰石的需求。为了解决由此产生的失业问题，它指导了原煤矿工人参与当地重新造林和水土保持项目以维持就业。

在 Municipal Council Ratlam v. Vardichand & Others 案中，事实源于人口过剩、贫穷、污染、计划不周的城市化、缺乏基础设施以及中央邦 Ratlam 部分地区的官方无所作为。Krishna Iyer 法官确证构成对公共利益的妨碍，他援引印度关于社会正义和人权的宪法条款，认为司法机关必须贯彻更加宽泛的诉诸司法的权利原则，而这正是根据发展中国家的现状所必需的。按照《印度刑事诉讼法》的规定，分区地方法官 Ratlam 通过平权运动命令市政府在规定的时间内根据一定的行为准则提供厕所、排水设施以保障获得淡水和基本卫生设施。最高法院支持这一命令，确认法院可以根据中央邦市政法案强制法定机构履行其职责。

在后来的 Research Foundation for Science and Technology and Natural Resources Policy v. Union of India et al 案中，公益诉讼直接导致最高法院任命一个委员会调查危险废物问题。其他众多类似公益诉讼案件还包括：Akhil v. Secretary A. P. Pollution Control

Board W. P. ; A. P. Pollution Control Board v. Appellate Authority Under Water Act W. P. ;
A. P. Gunnies Merchants Association v. Government of Andhra Pradesh；Chinnappa v. Union
of India and Beena Sarasan v. Kerala Zone Management Authority 等。

在邻国巴基斯坦的一个名为 Shehla Zia and Others v. WAPDA 案件中，住在电网站
附近的居民称，由高压输电线路产生的电磁场会对健康构成严重危害。法院维持了对生
命权的解释，包括健康的环境和适当的生活标准。它广泛地解释"生活"，不仅使其生
存，而且使其享受。法院注意到能源对于生活、商业和工业至关重要，认为需要以可持
续发展政策的形式达到平衡，并指定专员审查该计划并向其报告。由于科学证据不足，
法院采用了预防原则，在面临严重或不可挽回的损害的威胁时，不应将缺乏充分的科学
确定性作为推迟采取有效措施防止环境退化的理由。

在 Bokhari v. Federation of Pakistan 案中，2003 年在 Karachi 港的一艘船搁浅和倾
覆，导致严重的石油泄漏，造成了巨大的环境破坏。最高法院发现，由于缺乏准备和未
能批准相关国际公约等众多原因，法律体系对此案完全无能为力。法院认为公益诉讼的
概念是在印度和巴基斯坦发展起来的，据说由于贫困、文盲和体制脆弱的现实，它特别
有用。在巴基斯坦，公益诉讼被广泛用于社会问题，从环境污染到防止儿童被剥削。
Irfan v. Lahore Development Authority 公益诉讼案涉及人力车、小型客车和其他车辆产生
的气体和噪音污染，以及有关当局未履行法定职责以负责确保公民的无污染环境。

在 Bangladesh Environmental Lawyers Association v. Secretary, Ministry of Environment
and Forests 案中，在孟加拉海岸外的 Sonadia 岛是一个拥有珍贵森林和丰富的生态系统
的地区，而政府当局对此疏于管理、滥用职权和缺乏协调。据称，当局以破坏环境为代
价为工业活动准备土地、包括养殖虾，直接导致对动植物栖息地的破坏，并且削弱了自
然灾害的预防效益。在 Bangladesh Environmental Lawyers Association v. Bangladesh et al.
案中，最高法院下令关闭在没有环境许可的情况下运营的拆船场，以及政府需为防止未
来的环境损害采取各种行动。

在尼泊尔喜马拉雅王国具有里程碑意义的案件 Suray Prasad Sharma Dhungel v.
Godavari Marble Industries et al. 中，最高法院认为，一个洁净、健康的环境是宪法所赋
予的生命权利的一部分。它判决支持从事环保的非政府组织和个人的诉讼资格，并指示
制定环保法律。在 Sharma et al. v. Nepal Drinking Water Corporation et al. 案中，最高法
院考虑了国家宪法的精神及其主要目标，它强调纯净饮用水对公共卫生的重要性，以及
福利国家提供纯净饮用水的责任。根据申诉人公益律师的要求，如果没有发出强制令书
以保证享有纯净饮用水的权利，它将通知住房和自然发展部，要求饮用水公司负责遵守
其管辖法律下的法律义务。

在 Sharma et al. v. His Majesty's Government Cabinet Secretariat et al. 案中，最高法院
请求撤销允许政府从印度无限制进口柴油出租车和含铅汽油的决定。法院认为，健康的
环境是保护宪法中人身自由权利的先决条件，国家有义务根据第 12(1) 条的规定保护人
身自由权，尽可能减少环境污染。通过引证基本权利，法院指出发展环境不容忽视，并
发布指令，在最多两年内执行必要措施，以减少加德满都谷地的车辆污染，而加德满都

谷地以其历史、文化和考古意义而闻名。

在岛国斯里兰卡早先的案件 Keangnam Enterprises Ltd. v. Abeysinghe 中，村民向库鲁内格勒法院提起诉讼，起因是为了采矿而修建一条公路进行爆破和采石作业造成的公害。日夜爆破产生的过度噪音和振动导致严重的人身和财产损失，包括心理恐惧、听力损失、井水干涸、作物歉收、财产结构损坏等。法官发出禁令，限制采石场的运作并提出有条件的命令以排除妨害，该公司曾向上诉法院提出重审申请。根据《国家环境法案》，Keangnam 公司没有取得环境保护许可证，法院坚持要求该公司获得许可证才能合法运营。

Environmental Foundation Ltd. v. The Land Commissioner et al. 案涉及将国有土地出租给私人公司，在古老的天然湖和神圣的佛教寺庙附近修建旅游酒店，因此，可能会滋扰当地居民和破坏环境。尽管公益诉讼质疑租赁违规，并且违反了相关的法定条款，但该项目已经实施完毕。然而，这起案件的结果是，当局被命令遵循正当的程序，并强制其在报纸上发布公告。这是斯里兰卡第一次支持致力于从事环境保护的非政府组织（NGO）提起公益诉讼。因此，它在司法救助、司法机构的作用、信息获取、公众参与决策以及遵守和执行法律方面具有重要意义。

在 Environmental Foundation Limited et al. v. The Attorney General 案中，斯里兰卡南部两个村庄的居民在一项基本权利请愿中提起了集体诉讼，该诉讼请求针对采石作业造成的健康和财产的严重损害。他们指称侵犯了若干宪法权利，即：主权属于人民，是不可剥夺的，包括基本权利；任何人不得遭受酷刑或残忍、不人道或有辱人格的待遇；从事任何合法职业的自由；行动自由和选择住所；以及国家政策的指导原则。该案通过调解解决，请愿者获得了救济。法院认识到在与环境有关的案件中援引基本权利规定的可能性，以及发展、人权和环境之间的联系。第一申请人是一个非政府组织，公益诉讼的可能性得到接受。

Environmental Foundation Ltd. v. Ratnasiri Wickremanayake, Minister of Public Administration et al. 案，明确指出在合适的情况下可以允许公益诉讼。在这份复审令申请中，法庭考虑到法律是在符合大众利益的基础之上被遵守的，明确给予了一个对标的物有真实利益的人以诉讼资格，这个人以具有公共精神的人的身份参与到诉讼中。在 Deshan Harinda (a minor) et al. v. Ceylon Electricity Board et al. 案中，一群未成年儿童提出了基本权利申请，声称火电厂发电机发出的噪音超过了国家噪音标准，会导致听力损失和其他伤害。根据侵犯其生命权的情况，该案件获准立案。虽然宪法没有明确规定生命权，但有人认为没有它，所有其他权利将是徒劳的。该案最终以特惠补偿结案。

在 Gunarathne v. Homagama Pradeshiya Sabha et al. 案中，法院指出："如果要实现可持续发展的目标，公开、透明度和公平是必不可少的"，并提到"善治"这一具有显著地位的要素，即可持续发展的内在要素。除了相关的法律规定外，它声称当局必须通知居民及工业界人士并听取反对意见，以决定是否颁发环境保护许可证。它还要求各机构为其决定提供理由，并将这些理由告知各当事方，引入自然正义的原则。在 Lalanath de Silva v. The Minister of Forestry and Environment 案中，请愿人争辩说，部长未能制定环境空气质量标准，导致公民生命权遭到侵犯，最高法院下令制定法规来控制科伦坡市机动车排放造成的空气污染。

Tikiri Banda Bulankulama v. Secretary, Ministry of Industrial Development 案是一个具有标志性的案件。此案关涉斯里兰卡政府与跨国公司当地子公司在北中省开采磷矿的合资协议。《矿物投资协定》的条款对该公司极为有利，对人权、环境和可持续发展、土著文化、历史、宗教和价值体系几乎没有任何考量。这是当地村民（包括稻农和奶农、椰子地主及一个佛寺的任职者）在最高法院提起的公益诉讼。

拟议的项目将导致 2600 多个家庭、约有 12000 人流离失所。最高法院发现根据以前的开采率，可能有足够开采 1000 年的储量，但是这项拟议的协议将导致在大约 30 年的时间里采完磷酸盐。让包括斯里兰卡人民在内的所有人平等享有公平正义是司法的基本标准，法院认为，请愿者即所有当地居民的下列基本权利即将遭到侵犯：根据第 12 (1)条，平等和法律的平等保护；根据第 14(1)(g)条，自由从事任何合法的职业、贸易、商业或企业活动；以及根据第 14(1)(h)条选择在斯里兰卡境内居住的自由。法院以可持续发展、代际公平和人类发展为例，分析了《关于国际环境法原则的协定》，其中包括《斯德哥尔摩宣言》第 14 条和第 21 条，以及《里约热内卢宣言》第 1、2 和 4 条原则。除非法律规定包括环境影响评估在内的合理规划完成，否则法院会阻止该项目继续进行。调查发现，该项目将损害健康、安全、生计和文化遗产。法院指出，这种文化遗产是不可再生的，其历史和考古价值，以及被摧毁的古老的灌溉水库都是不可再生的。该决定是基于这样一种观点，即经济增长并非衡量人类福祉的唯一标准，而这一标准超出了"卢比和美分"。

法院的依据是国际可持续发展法（特别是 Weeramantry 法官在国际法院审理的 Hungary v. Slovakia 案中的独特意见）、古代的智慧、地方历史的保护、可持续性和人权。该公司对提交其项目环境影响评估的豁免被认为是违反平等保护条款。虽然宪法基本上只规定公民和政治权利，但法院通过了更广泛的解释将社会经济权利包含在内。自然资源是由政府为人民进行监护的一种公益信托。

Mundy v. Central Environmental Authority and others 案涉及斯里兰卡的第一个现代化高速公路——连接首都科伦坡和南部城市马塔拉的南高速公路。这是在基础设施建设方面迈出的重要一步，旨在促进工业、贸易和投资。反对该项目的漫长的诉讼、其不同的替代路线涉及对人权的潜在损害、包括大规模流离失所以及对包括敏感生态系统在内的环境的损害。上诉法院维护了发展利益，认为在平衡利益冲突时，必须作出有利于社区更大利益的结论，他们将极大地受益于该项目。最高法院优先考虑发展中的公众的利益，其次是对湿地生态系统的环境破坏，最后是受影响的人们的利益。有几个人向最高法院上诉，指出该路线的特定路段导致他们的土地被征收，并且没有任何补偿。最高法院根据自然正义和宪法第 12(1)条关于平等和平等保护的原则改变了命令并下令赔偿。

在 Weerasekera et al. v. Keangnam Enterprises Ltd. 一案中，据当地社区所称，采矿活动的作业噪音违反了公害法上的噪音标准。上诉法院认为，持有该项经营许可证并不能使 Kangangn 矿业公司免于公害索赔。而 Environmental Foundation Ltd. v. Urban

Development Authority et al. 一案则涉及城市发展局将科伦坡市一个名为 the Galle Face Green 的、非常受欢迎的海滨长廊租给一家私人公司建造"大型休闲综合体"。在对基本权利的申诉中，最高法院支持请愿人非政府组织维护该岛国家遗产以供公众使用的论点。它还认为，根据宪法第 14 条第 1 款(言论和表达自由)、包括信息权(当时宪法中没有规定)，该项目侵犯了公众的信息权。法院进一步指出，根据第 12 第(1)款请愿人的平等权利受到侵犯。

后来的案例涉及众多领域：例如，在没有许可证的情况下，以湿地生态系统为例，不受管制的机械化采矿和沙的运输。威胁沿海地区及其栖息地的活动，包括破坏红树林；珊瑚提取；破坏性的捕鱼方法；沿海污染和不当建设。Centre for Environmental Justice v. Ministry of Agriculture, Environment, Irrigation and Mahaweli Development et al. 一案涉及国家湿地公园的保护，在《拉姆萨尔公约》背景下政府应认识到保护湿地公园的重要性，并进一步厘清湿地公园的边界。有人认为，这一改变将对生态系统造成进一步的威胁，因为垃圾填埋场、水产养殖场、渔业、污染、矿产开采和红树林的清除已经危及到了生态系统。请愿者认为当局违反了包括湿地、文化和自然遗产和生物多样性公约在内的若干国际公约，以及波恩《野生动物移栖物种公约》《约翰内斯堡宣言》和《斯里兰卡宪法》的相关条款。

五、南亚的策略、公益诉讼和可持续发展

在博帕尔灾难和随后争取人类与环境正义的斗争中，采取问责制和补救措施以解决经济活动的不利影响方面，南亚大多数国家援引立法、宪法和司法机制作为调和人权、环境保护和经济发展的战略，公益诉讼逐渐演变为追求可持续发展的切入点。

如上文所述，公益诉讼采取多种形式，如代表身份：有关人员或组织挺身而出为穷人或其他弱势群体的事业而努力；还有公民身份：任何作为享有公民权利的个人，以公民身份提起公益诉讼。考虑到在这个地区社会结构种类的多样性，穷人、文盲、法律文盲、少数族裔、低种姓以及其他弱势群体和社会地位低下的人通过改变传统的身份法获得诉诸司法的权利似乎是公平的。在这些情况下，为了让那些真正、足够关心公益的人有权获得诉讼资格，放松了只有受害人才能作为原告的身份限制。集体诉讼允许在一个诉讼中有多名原告和(或者)被告，该方法在有大量人员同时受到影响的情况下非常有用。

在前环境时代，公害案件常常提供事实背景。例如，在斯里兰卡的 Keangnam 案例中，采石爆破的污染加上政府当局的失职导致了污染。在印度的 Ratlam 案中，工业污染和地方当局疏忽职守连为一体。在 Ratlam 案中，法院采用一种全面的方法，为地方发展和基本需求作出命令，从印度宪法的社会正义导向、人权和对环境的关注这一新的角度解读了古代法规。法院对司法程序的性质作出了评论，指出这不仅仅是判决，并呼吁采取积极措施，使补救措施有效。虽然有关规定从语境上来看是酌情决定的，但它指出有时自由裁量权可能变成为一项义务。法院建议动员当地社区的志愿者服务——在南

亚社会称为"sramdan"，并要求中央政府向地方当局提供更多的资金。

印度高等法院激发了该地区的司法能动主义和创新性，公益诉讼也逐渐在下级法院中流行起来。由此产生的区域判例体系主要是通过公民行动机构、公共利益的法律代表和司法创新而演变的。司法机构，特别是更高级的司法机构，采用创新战略来维护和执行政府责任制和问责制，以促进可持续发展。大部分案件涉及当地工业，但也有一些涉及跨国业务。如果跨国公司在东道国也可以服从国内法，那么这种判例原则上应适用于全球和地方的业务。

民间社会、法律界和司法界加强敏感性和采取协调一致的行动有助于创造一种扩展诉诸司法权利的观念。这涉及更广泛的公民空间，特别是扩大可起诉人的范围，往往对促进善政和维护公共/社会/民主利益具有积极影响。所采取的策略包括从对抗式转向适合环境问题的纠问式司法方法的转变、先进的法定解释方法以及采用更为灵活的程序和补救措施。法官在这些案件中起到了更加审慎和积极的作用。例如，在印度的 Dehra Dun 案件中，法官们实际上指导了调查和证明。在斯里兰卡的 Nawimana 案中，诉讼中出现的问题是双方之间的调解协议，规定了采石场采矿的条款和条件，并获得了司法许可。Aruna Rodrigues v. Union of India 案涉及转基因作物的诉讼，其中最高法院对转基因作物实验施加了严格的限制，例如规定了从其他农场检测作物的安全距离，并要求确认没有发生作物污染。

司法干预使政府和私营部门的活动受到审查，并减轻了行政上的冷漠。重要的战略包括创造性地积极使用在国家宪法中的国家政策指导原则，对健康环境权的司法认定，以及对适当生活标准的解释，包括适当的生活质量和环境。指导原则的目的是为法律、政策和治理提供指导，并不是可予审理的/法律上可强制执行的。但是，在印度它们被用来创造一系列未被宪法赋予而在法律上可执行的权利。

在斯里兰卡，指导原则也被用作解释的指南。该岛国的国内判例与有关的国际法密切相关。斯里兰卡 1978 年宪法在其关于国家政策和指导原则的章节中包括第 27(2) 条，国家承诺建立一个民主的社会主义社会，其目标包括(e)全体公民平等分配社会物质和社会产品，以便最大限度地促进共同利益。第 27(14) 条规定，国家应保护、保存和改善环境，使之有利于社会。根据第 28(f) 条规定，人人有责保护自然并保护其财富。虽然第 29 条规定，指导原则不应受司法管辖，但法院已经认识到这些原则，并在国际法原则的背景下对该原则进行解读，从而促进了国际法的国内一体化，并有助于将国际可持续发展法纳入国内法律体系。对指导原则的广泛而有目的性的解释促进了人权和社会经济正义。

公益诉讼在平衡斯里兰卡的发展、环境和人权方面一直很有用。在整个区域内，有几起案件的基础是，正如 Matthew 法官在 Kesavananda Bharthai v. State of Kerala 案中所指出的那样，人权的范围不是静态的，其内容必须以每一代人的经验和背景为指导。大多数案件涉及行政或行政行为，并且经常涉及商业活动。当重大行政决定涉及自然资源和其他公共利益的重要问题时，公众通常很少有机会质疑这些决定，了解这些决定的含义，并确保问责。决策有时是秘密进行的，很少或根本没有披露。有意义的公众参与，包括对通常不积极参与决策的群体(如妇女、青年、儿童、少数民族和土著民族)的发言权，对于可持续发展至关重要。

有几个环境案件立基于包括基本权利的宪法、行政法、公害和公信原则。诉讼资格问题通常出现在令状申请中，其重要作用在于：政府机构通过复审令的形式使非法行为无效，且通过执行命令书强迫他们履行法定职责。这些案件是针对政府有关部门提出的，因为政府是代表现在和未来几代人的自然资源的监护人。该区域的司法措施赋予真正关心环境的人以诉讼主体资格，对国家课以自然资源的公信义务，对极端危险活动引发的事故承担绝对责任，适用污染者赔偿和预防原则，并促进善治和可持续发展。

六、结论——汲取经验教训

在整个南亚区域，公益诉讼能够有效地将一种更有见识、参与性和透明度的方法注入发展进程以及涉及公共资源的政府和私营部门的行动中。它通过为那些本被忽视的群体发声，以增加公民的参与空间。公益诉讼使许多利益相关者能够参与发展过程，正如发展权和可持续发展所设想的那样。公益诉讼在发展和治理方面提出了问责制要素，以实现更具包容性、公平和可持续的发展，为提升发展的人类一面的形象创造了更大的可能性。作为一种方式，公益诉讼通过整合和协调多种利益为可持续发展原则提供了一个可行的机制。

公益诉讼为南亚法理学的发展提供了实践经验，有助于贯彻落实《里约宣言》原则10和可持续发展目标16及里约国家原则10：

"环境问题最好在相关层级的所有有关公民的参加下加以处理。在国家一级，每个人应有适当的途径获得有关公共机构掌握的环境问题的信息，其中包括关于他们的社区内有害物质和活动的信息，而且每个人应有机会参加决策过程。各国应广泛地提供信息，从而促进和鼓励公众的了解和参与。应提供采用司法和行政程序的有效途径，其中包括赔偿和补救措施。"

可持续发展目标16旨在创建和平和包容的社会以促进可持续发展，让所有人都能诉诸司法，在各级建立有效、负责和包容的机构。在国家和国际层面促进法治，确保所有人都有平等诉诸司法的机会；在各级建立有效、负责和透明的机构；确保各级的决策反应迅速，具有包容性、参与性和代表性；根据国家立法和国际协议，确保公众获得各种信息，保障基本自由；推动和实施非歧视性法律和政策以促进可持续发展。

不言而喻，实现可持续发展是实现可持续发展目标的必要条件。实现可持续发展要求将包括劳工权利和发展权在内的所有人权都计入发展进程的组成部分，最重要的是避免超越自然的界限。上述通过对南亚地区(世界上最贫困的地区之一)个人、社区及公民的生活经验的讨论，从发展、环境退化和侵犯人权等问题入手，提出了从零开始的指引。与许多其他发展中地区一样，在寻求可持续发展和实现可持续发展目标方面面临的日常挑战之间需要一种微妙的平衡。公益诉讼为找到这种平衡提供了一个可能的切入点。

论腐败与国际人权的关系

安妮·彼得斯*

汪习根　张远婷译**

　　摘要：本文力求更为详尽地研究腐败与人权之间"关联"的法律性质，并提出如下双重问题：从技术上讲，腐败作为或者不作为是否可以视为对国际人权的实际侵犯，以及，在什么条件下可以构成该侵犯？（理论分析）腐败是否应该被定义为侵犯人权？（规范分析）答案是：作为一种积极的分析，这种概念重构在法律上是合理的，尽管这样会引发其他较为困难的理论问题。规范性评估是矛盾的，但概念化的实际好处似乎超过了去强化那些对打击腐败的反西方的怀疑主义和滥用人权的风险。将腐败不仅作为一项人权问题，而且作为一种潜在的侵犯人权行为，可有助于缩小国际反腐败文书的执行差距，并可对基于刑法的主流方法加以有效补充。

　　关键词：反腐败；大宗腐败；小额腐败；贿赂；侵犯人权；刑法；国家；社会权利；健康权；受教育权；因果关系；越权；不作为；人权主流化

一、问题的提出

　　腐败在人权和发展文书中占有重要位置。2015 年联合国大会通过的《2030 年可持

　　* **作者简介**：安妮·彼得斯（Anne Peters），德国马克斯·普朗克比较公法与国际法研究所所长，兼任海德堡大学和柏林自由大学荣誉教授，瑞士巴塞尔治理研究所董事会副主席。感谢巴塞尔研究所的 Mark Pieth 教授、Gretta Fenner 教授和马克斯·普朗克研究所研讨会的参与者就这一主题进行的宝贵的讨论以及我的学生研究助理的支持。

　　本文是汪习根教授在参加 2017 年《联合国反腐败公约》缔约国大会期间应作者 Anne Peters 教授同意而进行的中文翻译。需要说明的是，为了简化起见，中文翻译稿省略了全部脚注，在翻译时根据全文内容对标题、摘要进行了适当的调整。对本文的翻译只是为了学术研究的便利，并不必然代表译者对文中观点的立场。

　　** **译者简介**：汪习根，男，湖北天门人，华中科技大学法学院院长，人权法律研究院院长，教育部长江学者特聘教授，国家"2011 计划"司法文明协同创新中心博士生导师。张远婷，女，湖北鄂州人，武汉大学法学院博士研究生。

续发展议程》要求所有国家"大幅减少各种形式的腐败与贿赂",并且在 2030 年之前归还所有非法所得/贿赂资产。那些对该议程有着重要贡献的人权条约机构,将"资源管理不当和腐败视为分配资源以促进平等权利的障碍。"事实上,腐败率高的国家同时也是人权记录较差的国家。例如,2017 年透明国际的清廉指数排名最低的国家是叙利亚、南苏丹和索马里,这些国家都存在大量的人权问题。

在这种背景下,实践和学术都在追求一种"基于人权"的反腐方法。基于该方法,联合国的重要文件作出以下主张:腐败对人权的实现有着"不利影响";腐败"侵犯"人权;它对人权的实现有"严重和毁灭性的影响";"政府、组织以及社会的腐败严重阻碍了人权的实现";"在缺乏足够的保障措施以解决公职人员腐败或个人腐败的情形下",为侵犯人权公约所确定的权利提供了便利。同时,它声称人权视野"为腐败提供了一个有价值的规范性框架","针对腐败的对策需以人权为中心"。联合国和美洲人权机构的这些声明受到了质疑,基于人权的方法因其"缺乏概念清晰度"而受到批评。

针对这一争议,这里试图研究腐败与人权之间这一预设"关联"所具有的法律性质、基于人权方法的确切法律后果及其附加价值与缺点。重要的是,我们需要澄清腐败和人权之间"关联"上的模糊概念,在严格的法律诉求中,某些情况下腐败行为(或对腐败的容忍)本身可能构成对人权的实际侵犯。我将通过积极的、规范的分析来研究后一种主张。实在法的理论问题是:腐败行为能否被视为对国际人权的侵犯(文章第 2 部分)?规范性问题是:腐败行为是否应该被视为侵犯人权?我的答案是:作为一种积极的分析,这种概念重构是合法的,尽管这样会引发其他较为困难的理论问题。规范性评估是矛盾的,但我认为,概念化的实际好处超过了加强反西方者对打击腐败的怀疑的风险(文章第 3 部分)。

第 4 部分以监测和执法的形式,研究以腐败为基础的侵犯人权行为的补救措施。第 5 部分得出结论认为,腐败的概念重构不仅是一个人权问题,而且腐败行为也是一种潜在的侵犯人权的行为,可以有助于缩小国际反腐败手段的执行差距,但是这种期望不应该被过分夸大。

关于在腐败中引入人权的建议,现有国际反腐败文书——至少有 10 个国际和区域条约以及各种附加议定书及软法——在一定程度上成功地对此作出了回应。它们在 20 世纪 90 年代的诞生,反过来又对腐败本身的全球化作出了回应,尤其是在大宗腐败(grand corruption)的例子中,不可避免地会有跨界元素。美国支持制定一个将外国贿赂确定为犯罪的条约,并成功说服了许多经合组织国家于 1997 年通过该项反贿赂公约。当时的主要目标是消除在新兴市场特别是东欧行贿的公司的不公平竞争优势。2003 年,《联合国反腐败公约》获得通过,2018 年 2 月,缔约国达到 183 个。

腐败领域的权威人士提出国际反腐政策包括以下目标:第一,改善全球市场的运作;其次,促进经济增长;第三,减少贫困;第四,维护国家的合法性。反腐败在很大程度上与善治议程和发展话语融为一体。由于善治——以及发展——现在经常在人权视野下进行分析,这种类型的分析暗示了对反腐败也同样如此。

二、腐败可以被定义为侵犯人权吗?

(一)腐败的含义

腐败不是一个专业术语,世界上大多数刑法都认为腐败不是刑事犯罪,而且在大多数国际条约中也没有法律上的定义。最普遍的定义是非政府组织透明国际所使用的定义:腐败就是滥用委托权力来谋取私利。这种滥用可能发生在日常管理和公共服务("小额腐败")或高级别的政治职务上("大宗腐败")。这些术语不代表法律上的区别,只是描述了同一个主题的变化。通常,一种特定的腐败方案渗透到各级公共行政管理中,从而将两种形式的腐败联系在一起。由于大公司和国际足联等非国家行为体的权力越来越大,滥用私法所产生的义务——以私法为基础的委托代理关系——也越来越被视为腐败。相关的刑事犯罪活动有主动和被动受贿、背信罪、贪污贿赂、非法敛财等。在私营部门,犯罪行为被称为"私对私的贿赂"或"商业贿赂",并可能包括反竞争行为和监管违法行为。

(二)谁的人权?

传统上,贿赂是腐败的典型形式,被认为是"无受害者的犯罪"。根据法律原理,公众是首要受害群体。行贿者也可以被视为受害者吗?在受害人主动贿赂或勒索接受人的情况下,似乎并非如此。

然而,在许多腐败的情况下行贿者可能是受害者。如果一所公立学校的毕业生必须向秘书行贿以获得她的毕业证书,或者她不得不通过由一名教师提供的额外私人课程,这名教师表示她若不照做将无法通过考试,那么她至少是人权方面的受害者,而不是罪犯。她同意这个非法的交换是绝望、别无选择的结果。学生(或其父母)的同意不是出于"自由选择",而是被强制的。

在公共采购领域,如果因为额外条件而未能获得合同,或者至少如果对合同有一个具体的预期而非抽象的意愿,那么,失败的竞争对手便是潜在的受害者。客户和最终用户当然也受到公共采购腐败的不利影响,他们不得不支付更高的价格或者他们收到的产品不值该价格,因为在生产过程中资金被转移了。从社会权利的角度来看,其适当履行包括"负担能力"的要素(例如作为健康权组成部分的基本医疗的负担能力),采购过程中的贿赂可能导致医疗成本更高的事实可以被看做侵犯人权。

相关问题是腐败如何影响中标人的财产和投资者权利。评估的不同取决于投标人是通过腐败中标,还是他的投资后来被东道国的腐败行为摆布。这些问题将在第 3 章 C 节中讨论。

在政治选举过程中,如果候选人在选举后对捐助者有政治负债,而选民不知道这些既得利益者,则候选人对主要捐助者的财务依赖性会对选民产生不利影响。那么问题是,那些直接或间接受到影响的人是否可能成为"受害者"。对此,必须具体问题具体分析，不能仅仅进行抽象回答。

(三) 哪些人权？

这里的想法不是将任何新人权传播到一个无腐败的社会。这种权利既不被法律实践所认可也不被其需要。相反，腐败影响着联合国人权公约所规定的公认的人权。在实践中，最常受到影响的是社会权利，尤其是被小额腐败影响。例如，卫生部门的腐败影响到人人享有可达到的最高健康标准的权利 (《经济、社会及文化权利国际公约》第12条)；在教育部门，受教育权 (《经济、社会及文化权利国际公约》第13条) 也是有争议的。

但同时，传统的自由权也可能因腐败而受到损害。如果一个囚犯为了得到毯子或更好的食物而不得不给警卫一些财物作为贿赂，那么囚犯享有人道拘留 (《公民权利和政治权利国际公约》第10条) 的基本权利将受到影响。如果大多数观察者倾向于认为当前贩卖人口的激增主要是由于警察和边防看守的腐败所导致的，那么这影响了保护他们免受奴役和役使的人权 (《公民权利和政治权利国际公约》第8条)。显而易见，司法行政中的腐败危害了司法保护的基本权利，包括及时公正审判的权利 (《公民权利和政治权利国际公约》第14条)。或者，结社权和 (劳工) 组织权 (《公民权利和政治权利国际公约》及相关的国际劳工组织公约) 可能受到企业向劳工部官员提供贿赂的影响，这种贿赂会促成工会领导人的辞职。在印度尼西亚的劳工诉讼指控中，可以发现这一迹象。对于大宗腐败和外国贿赂而言，对裙带关系等人权问题的影响，如平等获得公职的权利 (《公民权利和政治权利国际公约》第25条(c)款) 则不太清楚。

(四) 是否侵犯人权？

下一个问题是，谈论侵犯人权是否有意义。只有少数报告和政府声明这样做。联合国的主要实践中，在战略文件中只使用较弱的词汇来表达腐败与人权之间的联系，例如人权理事会的新报告，以及条约机构和基于宪章的人权理事会在国别问题或个别具体案件监测方面的实践。

通常情况下，西非国家经济共同体法院2010年对一个非政府组织就尼日利亚教育部门的腐败提起的诉讼作出判决。法院指出，教育部门的腐败对法律所保证的享有优质教育的人权有着"不利影响"。对此，《非洲人权和人民权利宪章》第17条有所规定，但这本身并不构成对该权利的侵犯。法院首先将腐败视为国内刑法和民法的问题，而不是由国内法院审理的国际人权法问题。法院表示，腐败不属于(或首先不是)西非经共体地区人权法院的管辖范围。

相比之下，那些对人权具有重大影响的国内法院 (即印度和南非的宪法法院) 倾向于主张而不是适当地解释腐败是如何侵犯人权的。南非宪法法院认为，"腐败和渎职行为与法治和宪法的基本价值观不符。它们破坏了宪法对人的尊严、实现平等、提高人权和自由的承诺。"印度最高法院在2012年的判决中认为："腐败破坏人权，间接侵犯人权"，"系统性腐败本身就是侵犯人权"。从法律的角度来看，至关重要的是，某种情形仅仅只是被一般监测报告认为"潜在地危害"了人权，还是实质性地侵犯了人权且该行为在单个的强制程序中被判定为非法(见文章第4部分)。

(五)哪些国家的义务?

为了确定腐败的国家行为是否侵犯人权，我们必须研究以下三种义务，即尊重、保护和实现人权的义务。尊重的义务本质上是避免侵权的消极义务。保护义务主要是指防止来自第三方的侵害。履行义务需要国家采取积极行动。联合国经济、社会及文化权利委员会将这一义务分为帮助、提供和促进的三个子类别。

接下来，我们要明确规定哪些行为人的义务是附加的。我们必须区分两点:一是由公职人员身份而归属于国家的官员个人的具体腐败行为;二是国家作为国际法人的整体反腐政策。

根据具体情况和人权相关问题，个别公职人员的腐败行为可能会潜在地违反上述三种义务。如果在实施土地使用计划的情况下，一名公职人员强行撤离不贿赂的人，那么这可能会在尊重义务的消极方面影响住房权(《经济、社会及文化权利国际公约》第11条)。例如，如果注册办事处的公职人员因为没有接受额外的贿赂而拒绝发给护照，则人们离开该国的权利(《公民权利和政治权利国际公约》第12(2)条)可能在国家义务的积极方面受到侵犯。

1. 国家保护的义务

在接下来的讨论中，我将把重点放在宏观层面和整个国家层面上(而不是针对个别公职人员)。如何界定是否缺乏有效的反腐措施?缺乏有效反腐败措施的实施、应用和执行，实质上构成了国家的不作为。由于人权导致上述义务成为主动的，不作为就可能侵犯人权。有效的反腐败措施可能被认为是符合积极义务的三个方面之一(帮助、提供、促进)的一种方式。

然而，相比履行的义务更为重要的是保护人权的义务。原则上这些义务是针对国家的三个部门。他们要求立法机关制定有效的法律、行政机关采取有效的行政措施，以及司法机关进行有效的法律检控。国际机构的判例法并未完全清楚地回答关于保护义务的问题——特别是修改法律以弥补法律漏洞或进行检控的义务——都反映在受害者的个人权利上。保护义务是在对来自诸如经营者等第三方危险的应对中发展起来的。《经合组织反贿赂公约》要求对外国贿赂犯罪提供额外人权资助的保护义务是适当的。2011年《联合国工商企业与人权指导原则》的软性法律规定了国家在跨国公司活动方面有保护人权的义务。

根据人权法，保护义务要求国家不仅仅只保护私人的行为，而且还要减少国家公职人员参与其中的结构性人权风险。例如，在警察暴力侵犯人权的情况下，欧洲人权法院要求国家在此类事件发生后进行调查和起诉。猖獗的腐败是对众多人权的一种永久的结构性危险，这些人的权利受制于公职人员的权力。因此，在涉及国家完全不作为或明显缺乏反腐措施的情况下，根据国际法，国家应当对其未履行人权预防和保护义务承当相应的责任。

这些人权义务将大大加强反腐败法所规定的预防性义务。《联合国反腐败公约》第二章要求缔约国采取一系列预防措施，从反腐败机构的建立、重构公共部门和公职人员行为守则的制定，到公共采购的重组以及预防洗钱。从一般国际法的角度来看，这是预防的义务。由于《联合国反腐败公约》规定的义务是相当软弱的，如果不履行或者不当履行，各缔约国几乎不可能承担相应的国际责任。但是，如果我们按照人权法（《维也纳条约法公约》第 31 条（3）（c）项）来解释它们，显然这里提到的措施实际上必须采用有效的方式，以履行保护和实现（包括防止）基于人权法的义务。

2. 程序性义务和与结果无关的义务

跨越人权义务的三个维度，程序义务产生于所有类型的人权。在欧洲人权法院的判例法中，这构成了《欧洲人权公约》所规定的权利的"程序性部分"。在权利范围内，它们被称为"程序要求"。在这里，它们的一个职能是作为履行渐进义务的指标，这是很难衡量的。程序要素也是打击腐败的核心。这里相关的人权程序要求很可能包括计划义务和监测义务。同时透明度义务也尤其重要。并非巧合的是，世界上最著名的反腐败非政府组织被称为"透明国际"。透明度也是《联合国反腐败公约》（2003）的基本原则。

因此，《联合国反腐败公约》规定的程序义务，特别是披露和公开的要求可以有效遏制腐败的产生，同样也以人权为基础。鉴于这一点，未能同时履行这些义务构成对相关人权的侵犯。

后续的问题是腐败国家是否只是在个别的腐败行为发生（或者持续发生）时，才违反其保护义务和程序义务。在国际预防义务的范围内，原则上取决于具体的主要义务，"预防"是否是指一个国家必须实质上避免不良后果，还是仅有采取一切合理、适当的方法履行应尽义务，该义务与结果无关。

上述人权法规定的反腐败义务最好理解为与结果无关的尽职调查义务。这既符合一般人权法，又与刑法确立了平行关系。我们在腐败的保护伞下总结的贿赂和其他罪行，一般来说都是"危害罪"。这意味着即使这种行为没有产生特定的有害后果，他们也会将危害法益的行为定为犯罪行为。这适用于法律保护的利益，即公共服务的完整性，因为通常不可能确定是否确实发生了有形的损害。如果公职人员的贿赂并不意味着行贿者比没有贿赂的情况下更快地获得了医生的预约，或者如果行贿者没有获得超过官员正常自由裁量权的建筑许可，那么贿赂在非技术层面是"不成功"的。然而，公信力受到破坏，因此，非法协议应作为贿赂予以惩罚。在法庭上，这一原则被称为："正义不仅应该被实现，而且应该明显地、毫无疑问地以看得见的方式实现"。例如，这里的情况不同于防止种族灭绝的义务。在这种情况下，国际刑事法院认为"只有在种族灭绝真正发生的情况下，国家才有责任阻止种族灭绝的义务"。这种评估的差异是合理的，因为在刑法中种族灭绝是结果犯，而不是危险犯。

与此相反，《联合国反腐败公约》所规定的打击腐败的义务（人权法也同样如此）并不要求各国完全消除腐败。这种"消极"的结果的满足（以及对该结果的测量）是不可能的，因为实现低层次的系统腐败并非一次就能成功。相反，判定种族灭绝并没有发生则是容易的事情。

因此，这就意味着，如果国家不采取措施，即使腐败程度较低，国家也已经违反了它在反腐败法和人权法上的预防和其他程序义务。相反，如果国家采取合理的保护措施，即使国家不完全"清白"，国家也会免除国际责任。

（六）腐败违反了《经济、社会及文化权利国际公约》第 2 条（1）规定的基本义务

在某些情况下，腐败（包括小额和大宗）必须视为侵犯《经济、社会及文化权利国际公约》所规定的权利。如上所述，腐败（例如警察部门和司法部门）也会影响《公民权利和政治权利国际公约》所规定的人权。但是本节主要关注《经济、社会及文化权利国际公约》，因为违反这一公约的法律认定特别具有挑战性。

《经济、社会及文化权利国际公约》第 2 条（1）规定了缔约国的基本义务，其中包含了受条约机构——经社文权利委员会监测的四个组成部分。每个组成部分都是具体国家义务的起点，包括反腐败领域。在大宗腐败或小额腐败的情况下，这些义务都可能难以或不可能实现。

第一个要素——核心义务——是"采取步骤"。根据经济、社会及文化权利委员会的说法，这些步骤必须是"经过深思熟虑的、具体的和有针对性的"。不难看出，要采取的步骤必须包括消除阻碍实现经济、社会及文化权利障碍的措施。由于腐败构成这样一个障碍，公约原则上要求各国采取反腐措施。例如，美洲人权委员会在其国家报告准则中考虑批准《美洲反腐败公约》以抵制腐败，国内反腐机构的存在、权力及其预算是国家进度报告的结构性指标。

《经济、社会及文化权利国际公约》第 2 条规定履行义务的第二部分是，缔约国必须"采取这些步骤，逐渐达到本公约中所承认的权利的充分实现"。这一部分要求当事方在分配资源方面给予一定的优先权以实现人权。挪用最高一级的公共资金违反了这一义务，因为在这种情况下，为提升高级别公职人员生活水准的筹资优先于实现社会人权。

第三个要素是用尽国家拥有的一切能力（"尽最大能力"）。缔约国首先确定哪些资源是可用的，最大限度是什么。然而，根据林堡原则，经济、社会及文化权利委员会在确定缔约国是否采取适当措施时，可能会考虑"公平和有效地利用现有资源"。这一组成部分同样也导致禁止原本专用于社会目的的资源转移。贪污和反贪污措施不足确实将资金从社会预算中分流出去，从而违反了这项国家义务。腐败进一步降低了政府通过国际合作产生最大资源的能力，使各国对捐助者和投资的吸引力降低。在对个别国家的结论性意见中，各种人权条约机构在这方面经常提到在打击腐败和为保护人权投入足够资源之间的反馈循环。

事实上，大宗腐败以"不公平"的方式剥夺了国家的资源，当资金直接从政府预算中挪用时，情况就很明显了。这种情况也发生在过度的基础设施项目或"白象"以及过度购买军事装备。当建筑、道路、机场等的建设质量低劣时，用于建筑材料的资金被政府采购人员的高级官员挪用。小额腐败同样出现间接剥夺资源的状况，因为它减少了税收的遵从性。受影响的人不明白他们为什么要向政府付两次钱，一次是通过税收，一次是直接向政府官员行贿。如果批准预算的议会成员知道预算项目被用于转移资金，即使是对政府公共关系工作的预算拨款过高，也可能已经不公平了，通常是通过接受政府机构支付的咨询公司的虚增发票，然后顾问将钱转回到部门官员的私人账户(回扣)。第2条第(1)款中规定使用所有可用资源的义务遭到侵犯时，必须根据具体情况而定。

《经济、社会及文化权利国际公约》规定的基本义务的第四部分是采用"一切适当的手段"，我将回到下面：当缔约国不遵守这些义务时，就意味着违反了公约。归根结底，社会权利委员会可以通过现有的监测程序作出权威决策，腐败猖獗的国家实施明显不足以遏制腐败的政策，这一行为违反了公约中确立的基本义务。

(七)《经济、社会及文化权利国际公约》第 2 条(2)及《公民权利和政治权利国际公约》第 2 条(1)下，腐败视为歧视

某些类型的腐败可能构成歧视。《公民权利和政治权利国际公约》第 26 条意义上的歧视与通常意义上的歧视是不同的。后一项规定基本上只禁止任意性，其影响受到许多缔约国保留的阻碍。总的来说，根据第 26 条规定的自主平等待遇保证，并没有为打击腐败提供有效的法律武器。

只有满足一些先决条件时，才会违反禁止歧视的规定(例如《经济、社会及文化权利国际公约》第 2 条(2)及《公民权利和政治权利国际公约》第 2 条(1)中规定的歧视)。国家对个人的差别待遇(不平等)如果具有法律依据，追求合法目标并且相称，则不构成任何歧视。但即使没有针对个人和群体的不公平待遇，也可能存在歧视。不需要国家有歧视的意图。特别是，所有人权公约也保护免受间接(或事实上)歧视。间接歧视可能来自于一项看似中立的国家政策，但实际上，对某些人口群体的影响是负面的。最后，歧视也可能是由于不作为而产生的，这有时被称为"消极歧视"。

重要的是，《联合国公约》包含了反对歧视的附属禁令，这些歧视只适用于根据公约(《经济、社会及文化权利国际公约》第 2 条(2)及《公民权利和政治权利国际公约》第 2 条(1))行使或享有的权利。因此，根据《公民权利和政治权利国际公约》的辅助性非歧视条款，影响社会权利及公共采购中竞争者权利的腐败永远无法被抓获，因为这些权利并非由《公民权利和政治权利国际公约》本身保证，因此公约的辅助反歧视保证(第 2 条(2))不适用于这些情况。

狭义上的歧视(根据《经济、社会及文化权利国际公约》第 2 条(2)和《公民权利和政治权利国际公约》第 2 条(1))，只有在涉嫌分类的基础上涉及不平等待遇时才会产生歧视。两项人权公约禁止基于"其他地位"的歧视。缺乏贿赂能力或意愿可能被视为"其他地位"。尽管传统上贫困不被认为是种族或性别的分类，但经济、社会和文化权利委员会在其关于禁止歧视的一般性评论中认为，个人和群体绝不能因为属于某一经济或社会群体而被"任意对待"。因此，委员会认识到，个人无力支付报酬作为一项特别值得保护的标准，即使在这方面的审查要比在种族或性别歧视的情况下要求低。

例如，在民主选举的竞选活动中，如果一个国家的立法没有正确地规范竞选活动，政治候选人的经济富裕程度可能会发挥不适当的作用。在坦桑尼亚，选举法允许

"takrima"，也就是允许政治候选人为投票者提供某些茶点和礼物。坦桑尼亚高等法院认为，允许"takrima"的法律规定"在高收入者和低收入者之间具有歧视性"。高等法院的结论是，该法侵犯了坦桑尼亚宪法中所规定的关于政治参与的平等待遇和禁止歧视权利(《世界人权宣言》第 7 条和第 21 条)。

特别是对小额贿赂的招揽或接受也可能是歧视性的。公共服务中的行贿受贿者很可能会评估受害者支付贿赂的能力和意愿，并会相应调整他的标准和要求的金额。他在这里所作的区分——目标的意愿和支付能力——本身是非法和任意的。此外，公职人员的评估往往取决于目标人的财产状况或其在社会群体中的成员身份地位。属于某些群体的人可能会被贿赂请求者判断为能够更好地满足(更大的)贿赂请求。没有合理的理由，人们会受到不同的待遇。

如果一个人无法或不愿意为了通过警察检查站或领取护照而行贿，从而无法继续旅行或离开该国，并且如果国家没有采取任何措施来打击这种腐败，那么国家的不作为就会对无能为力的个人产生一定比例的负面影响。不仅是受影响者的公民自由受到限制，而且，由于缺乏法律依据和支付请求的合法目的，这些人同时也受到歧视，因为他们有权自由地旅行或离开该国。

(八) 动因

判定腐败行为是否侵犯人权的一个关键理论问题是因果关系。无论是整个国家的疏忽，还是个别公职人员的腐败行为，都是如此。例如，西非经共体社区法院只是要求明确"腐败行为与剥夺权利之间的联系"(在这种情况下是受教育的权利)，而没有进一步详细的阐明该"联系"。

1. 关于因果关系的国际法律原则

在国家腐败的背景下，法律因果关系的确定是基于国家责任法的原则。除有特别规定外，这些原则适用于因侵犯人权而引起的国家责任。国际法中没有统一的因果规则。国际法律委员会关于国家责任的条款中并没有对行为和违法之间的因果联系加以说明("实际原因")。但至少在《国家对国际不法行为的责任条款》第 31 条中规定了不法行为与损害之间的因果关系(责任的范围)。在人权领域，损害在于侵犯权利本身，因而主要是非物质的。任何额外的物质损失(如收入损失、医疗费用等)都是例外。

在侵犯人权领域，针对不法行为和损害包括战争损害之间的因果关系，已形成国家惯例。在这方面，人们认识到，因果关系(在某种必要条件的意义上来说)必须辅之以一种评价因素，即"在法律上的考虑"中，切断过长的因果关系链。不法行为与损害之间必须有"近因性"。只有"并非非常间接"的损害/损失才能获得赔偿。"近因性"是根据"自然和正常后果"的客观标准和"可预见性"的主观标准确定的。

我们应努力确定腐败行为与违法之间的因果关系，这些条款表达了这样的观点：在法律层面，腐败行为(或不作为)是对人权的侵犯，只有对如食物权、住房权或教育权等人权的侵犯是可预见的，并且与腐败的公职人员(或者是国家的消极行为)相关。在很多情况下，这些要求很可能得到满足。例如，法院公职人员收取一小笔钱来传唤证人的安排，与侵犯公正审判权的因果关系有关。同样的，根据这些原则，对环境监督机构的公职人员行贿的目的在于诱使其"忽略"建立非法的有毒废物堆场，该行为会被认定为对当地居民的健康造成不利影响。在这种情况下，有毒垃圾场的批准和健康损害是公职人员可以预见的，并且是一贯的事情。从法律层面上来说，关于有毒废物堆的腐败容忍侵犯了当地居民人权包括对其私生活的尊重以及人身安全。

相反，在某些腐败现象中，不应确认法律上的因果关系，因为在随后的侵犯人权行为中，不符合通常的程序，是不可预见的。举个例子：假定选举贿赂在选举结果公布后会导致骚乱，也就是说，抗议又被警察的过度武力所打击。从法律角度讲，示威者的集会自由和身体完整权受到侵犯，并不是因为选举腐败造成的。

2. 特殊问题的因果关系

除了原因与侵犯人权之间的"距离"太远（尤其是在大宗腐败的情况下），还有其他特殊的因果关系问题。当侵犯人权有若干原因时，就会发生一种常见的情况，其中的确切份额是无法确定的，只有一种是腐败（替代因果关系）。举个例子，假设学校的孩子们在地震中被倒塌学校的碎片砸死。事件发生后，校方认定学校建筑材料不足，因为市政官员挪用了建筑材料，建筑检查员受贿。在学校坍塌和孩子死亡的关系之间，腐败只是一个必要条件，但并不是一个充分条件（条件不够，因为还需要有地震才能产生因果联系），即使如此，腐败仍然是一个必要条件，因此在法律意义上也属于侵犯人权的一个原因。

一种不同的和广泛的情况被称为"并发""双重""竞争"或"替代"因果关系。这两种因素本身就足以产生效果。例如，侵犯人权往往源于资源的分配，而没有适当确定人权的优先顺序。如果腐败达到顶峰，两个因素都会一致。

或者，在上文的例子中，由于腐败而使用的建筑材料本身可能有问题，导致学校在没有地震的情况下也会发生事故。同时，地震可能非常严重，以至于即使用完美无缺的建筑材料来建造学校并且学校得到了很好的维护的情况下，坍塌也依旧会发生。在这种情况下，这两个事实都不是"必要条件"，也不是充分条件，因为无论如何都会产生不好的结果。然而，这会导致毫无根据的荒谬评估结果的产生。因此，法律意义上的因果关系应该得到肯定，这确实是国际法律实践所做的。转到我们的问题，"竞争"/"同意"的其他原因（除了腐败）并不意味着贿赂可能不被认为是侵犯人权的合法原因。

当长期考察某种情况时，会产生一种被称为"超越"因果关系的变化。举个例子，假设法官收受民事审判一方的贿赂，以延长诉讼时间。但是，由于法院的人力和财力资源不足，即使没有这种腐败行为，审判工作也会被拖延很久，而且这种延误本身会在合理的时间内侵犯听证一方的权利。

通常情况下，在因素是（1）累积（两者都需要）还是（2）并行（"双重""竞争"或"替代"，即每一个都足够），或（3）"最重要的"。最常见的情况似乎是，某一政府部门的功能失调有多种原因，其中只有一种是腐败，而且不可能确定腐败是严格意义上的必要因素。使用我们的例子，即使学校建造得当（没有腐败），学校是否会在地震中倒塌仍然无法确定。现在重要的一点是，在这种情况下，腐败可能仍然是法律因素之一。进一步的问题在于，因果关系是否足够充分将死亡归因于建筑主管部门的腐败。这必须详细调查，并且在某些情况下可能会被拒绝。

在 1990 年代葡萄牙的童工问题上，既定事实不确定的情形下，以"最重要的"原因为基础作出对应判决。向欧洲社会委员会提出申诉的非政府组织特别声称，劳动监察局存在腐败。然而，委员会认为监察部门的工作效率不高，无法监测和纠正这种情况（其故障是一个必要条件），无论是否由腐败引起。在此基础上，委员会发现葡萄牙的童工情况确实与相关法律相悖。《欧洲社会宪章》第 7 条（1）款规定最低就业年龄为 15 岁，因为有几千名 15 岁以下的儿童实际上从事了工作，但这并不是基于腐败。

这个例子说明，在实践中，决策机构往往会留下一个问题：如果他们有足够的其他理由来查找违规行为，那么对于侵犯人权的行为究竟有多重要以及"因果性"腐败是如何发生的？但是，坚持既定的因果关系原则非常重要，以免错过那些其他因素（除了腐败之外）不存在或无法证明的因素。

3. 不作为的因果关系

最后，与腐败有关的侵犯人权行为通常包括不履行保护义务和程序义务。这就产生了不作为情况下的因果关系问题。通常情况下，如果法定积极行为几乎可以肯定地消除（不良）结果，那么就可以确定不作为的法律因果关系。这是一种软化，"要是没有检验法"。然而，当谈到忽略行为义务时，这种"要是没有"的检验法没有任何意义，也不能适用，因为这些义务并不要求国家达到特定的结果（见上文第 2 章 E 部分第 2 小节）。

在波斯尼亚种族灭绝案中，国际法院发现，即使国家不能确定预防措施是否成功，但仍有预防的义务。这意味着国家不能仅仅通过证明已采取所有的行动未能阻止种族灭绝（同理，腐败）的发生，来逃避责任。因此，虽然适当的预防措施不能消除这个问题，但不采取适当的行动仍然是一个法律原因。如果在这里否认因果关系，国家就能够轻而易举地避免责任。即使不采取行动，也没有造成科学意义上的不良后果（因为结果会发生的话），但因果关系在法律上是肯定的。根据这一分析——这在《侵权法》和《刑法》中很普遍——一个国家可以对高层级的腐败负法律责任，即使在没有特定政策的情况下（例如赋予反腐部门以广泛的权力和充足的财政资源）和特定腐败丑闻的情况下。另一个问题是，仅仅通过统计相关的腐败指标和违反人权的指标是否足以确认违反这些人权的情况是"由于"国家反腐败的不作为——类似通常用于显示间接歧视的纯粹统计证据。只要在大多数国家根据观念而不是起诉等法律事实来衡量腐败，这种统计证据就会显得困难。

（九）归因

下一个理论问题是如何将腐败行为归因于国家。根据《国家对国际不法行为的责任条款》第 4 条，任何国家机关的行为都归于国家本身。到目前为止，上文主要讨论的不作为，违反了人权法规定的预防和保护义务。这种不作为涉及国家的立法、行政和司法机关不履行直接向他们提出的义务。

1. 越权行为

这种分析与政府公职人员个别行为的情况不同，特别是在大额腐败方面。这些情况是否可归因于整个国家，从而引发国家对由此造成的侵犯人权事件负责？腐败的公职人员显然超过了他们的正式权力。但是，根据国家责任原则，越权行为原则上也归于国家。先决条件是国家机关或被授权行使政府权力的人"以这种能力"（《国家对国际不法行为的责任条款》第 7 条）。这样的行为必须与私人行为区分开来。

国际法律中审查这一区别的具有里程碑意义的案件实际上涉及公职人员的腐败行为。根据这一判例法，该公职人员是否在公职的"掩护下"作为，并利用公职的特别（强制）权力（如搜查或逮捕个人的权力）。根据《国家对国际不法行为的责任条款》，腐败者是否是以公职人员身份行事和是否具有"明显的权威"至关重要。

把这些原则应用到我们的问题上，我们可以看到腐败公职人员是在公权力掩盖下行事的。公职人员利用自己的职务去履行或者忽略公职人员不能以私人身份行为，例如授权或许可证、禁止公诉及处以罚款。

一些具体的问题由此产生。"完善的腐败"应该被认为是在公共官员的真实和明显的权威之外，因此他不能被认为是在"政府的能力"中行事。另一个问题是，在贿赂的情况下，行贿者和公职人员之间是否存在非法协议（以某种政府作为或不作为的形式进行现金交易）必须在确定公职人员对国家的行为归因或不作为时应予以考虑。有人可能会问，行贿者认识到公职人员的行为或其参与行为具有非法性，那么是否应该排除将该行为归因于国家。然而，只有当公职人员属于被动，并且被"坏"行贿者引诱到腐败行为中，这种非归因才是公平的——这种情况是不可能重建的，也可能是不现实的。无论如何，在国家和其他试图援引国家责任的行为者之间，即使他们本身没有参与腐败，也不能排除对国家的归因，综上所述，一个公职人员的行为是作为贿赂的交换条件来执行的，通常不排除这种行为归国家所有。所有的其他类型的腐败行为都是由政府官员根据国家责任的原则来决定的。

2. 取缔腐败的理由

从规范性的角度来看，根据反腐败的原理，不应该对归因进一步限制吗？反腐败的官方行为（或改进国家反腐败措施）是否符合人权的目的及宗旨？只有这样，在法律上，将腐败的国家行为归类为治理赤字，在某些情况下，将其视为违反国内法的犯罪行为，同时也是侵犯人权的行为。

乍一看，刑法关于腐败和人权的目标不同。例如，德国刑法中贿赂犯罪的目标是"保护公共行政和公众对行政行为的客观和独立性的运作"。因此，我们的目标是"保护公共服务机构，从而从根本上实现公共利益"。在这一点上，腐败可以被视为对人权的攻击吗？我的回答是肯定的，因为，个人的利益理所当然地是国家和受贿罪定罪保护的公共服务的基础。涉及腐败的刑法是关于"保护公民个人的信赖利益"。因此，保护"公众"和保护特定国家所有人的人权不是对立的或不同的类别。公众对国家合法性的利益也是保护人权的基础。现代自由主义国家只有在这种情况下才是合法的，并在某种程度上保护了人权。

剩下的区别是，腐败是一种行为犯罪，而只有在具体的伤害发生时才可发现侵犯人权行为。但是，这种重要的结构性差异并不能阻止归因的产生，它只意味着并非每一种腐败行为都构成侵犯人权的行为。例如，如果一家制药公司向卫生部长赠送的礼物最终不能成功地改变该部门在城市贫民窟的购买模式和疫苗分配模式，那么这可能被认为是贿赂行为，但是贿赂对居民身体健康或医疗保健没有侵犯，因为贿赂并没有影响对他们的护理标准。

归根结底，反腐败符合人权保护的目的，基于这些考量，不得不承认腐败作为或不作为和侵犯人权之间的归因关系。

(十)裁量余地原则

即使我们认为某一特定的腐败行为或一般性不执行反腐措施是造成特定侵犯人权行为的原因，并将其归因于一国，但也绝不意味着影响到人权的一切事物都构成对它的侵犯。公民/政治权利可以依法受到限制。但是，合法限制的概念不适用于人权。对权利的落实缺乏进展或拒不履行义务是否会逐渐被有意义地称为对权利的"限制"？为了回答这个问题，我们需要看看《经济、社会及文化权利国际公约》第2条第(1)款中规定的基本条约义务的一个组成部分(见上文第2章F节)，即使用"一切适当手段"。根据《任择议定书》第8(4)条，进一步规定了使用一切适当手段的义务。

一方面，这些资格构成了对国家义务的固有限制。它们只能以"合理"的方式实现。根据南非宪法法院在具有里程碑意义的grootboom案例所做的判决，社会权利不会对各州施加任何"绝对或不合理"的义务。在德国联邦宪法法院关于社会参与权利的构建中，社会权利只是"可能"的先验性权利。

另一方面，"合适"和"合理"代表国家积极行动的最低要求是开放的(德国宪法权利学说称为"禁止")。国家措施不得低于最低水平，以便被认为是"适当的"或"合理的"。因此，有人可能会认为，在某些情况下，如果缔约国在经验上证明存在腐败现象，禁止采取不充分的行动就要求该国不仅要批准国际反腐败文书，而且还要发起一个国家反腐运动并且制定预防性政策。因此，"适当的"和"合理的"的概念起着双重作用：既是上限，又是下限。各国必须采取"适当的"措施——不多也不少。

现在的问题是，当一个国家达不到最低水平，哪个机构有权作出权威性的界定。再次，评估为实现社会权利而采取适当、合理手段的主要责任在于缔约国本身。作为第一个办法，缔约国必须决定制定什么样的反腐战略、要采取什么立法措施、要建立什么样的权力机构以及要授予该权力机构怎样的权力和财政资源。在既有的判例法中，经济、社会及文化权利委员会强调缔约国在这方面有相当大的"升值幅度"。《任择议定书》明确规定，缔约国"可以采取一系列可能的措施，以执行公约规定的权利"(第8(4)条)。然而，在最后的例子中，经济、社会及文化权利委员会保留以权威的方式审查手段和财政资源的"适当性"的权利，尽管它没有执行其决定的权力。

总之，个别公职人员的特殊腐败行为以及一个国家整体上完全不充分或完全缺乏的反腐败政策，在某些特定的情况下，可能被视为对具体人权的侵犯。例如，具体病人的健康权或具体业务竞争对手的平等待遇权利。在这方面，最大的理论障碍不是因果关系或归因，而是在社会权利领域的——"自由裁量"或"合理性"。

三、腐败应该被定义为侵犯人权吗？

另一个问题是，观点的变化——从以刑法手段为主转变到以人权为出发点的反腐败——在实践和政策方面是否具有附加价值。

（一）强化反腐议程的契机

赋予反腐败文书以人权方法的支持者认为，应从政治和道德方面完善这些文书，从而确保更好地执行反腐败措施。经典的论点是"赋权"。人权方法可以阐明受腐败影响者的权利：如安全饮用水权利和免费受初级教育权利，并向他们说明在这些地区挪用公款是如何妨碍他们享有物质的权利。只有这样，受影响的人就有权控告腐败，否则这些腐败就无法被揭露出来。

联合国人权理事会看到了双重优势。首先，重点从刑法的典型目标即个人犯罪者转向国家的系统性义务。其次，受害者的地位得到改善。人权理事会的这种期望需要得到一定认可，因为人权观点并不排除国家对刑法的使用。关键的一点是，负责人权的实体是整个国家，它不能通过消除个人犯罪而逃脱人权责任。

纯粹刑法反腐败的弱点在专制国家尤其明显，在这些国家，广泛而不确定的刑事定罪很容易被滥用以消除或至少抹黑政治反对派。人权视角的关注点从抑制转向预防，从而也避免了刑事诉讼的滥用。

最后，从刑法到人权的转变，改变了证明和证据的强度和举证责任。被控贿赂或者犯罪的公职人员享有无罪推定的权利，而人权方式则要求各国在被条约机构指控反腐措施不足时为免除责任举证。社会权利领域的判例法要求一个国家表明，虽然它愿意为保障权利提供充分手段，但由于缺乏资源而无法实现。这一般规则必须适用于反腐败措施。因此，当"可靠的腐败指控与侵犯人权行为"相关联时，国家有义务证明已采取一切适当措施确保实现有关权利。如果没有采取任何措施或采取明显不足的措施来调查或处理所谓的腐败行为，将构成侵犯人权的初步证据。

接下来的问题是，统计证据仅仅是对高级政客奢侈生活方式的观察，是否足以证实公共资金的滥用。《联合国反腐败公约》第 20 条呼吁缔约国"考虑"将"非法敛财"作为刑事罪行。根据这样的刑法规定，公职人员如果不能合理解释其合法收入，其资产的显著增加可能受到惩罚。这种含蓄的有罪推定在法治方面是有问题的。

刑法方法存在结构性缺陷：对国内和国外行贿的刑事定罪数量之低在世界范围已是众所周知。目前，经合组织反贿赂公约的 43 个缔约国中，只有 4 个真正"积极"执行了公约。因此，系统性问题和历史经验都警告人们不要对"更有力的"刑法方法期望过高。相反，人权论点和文书可能会成为刑法有效的补充。

总的来说，以人权为基础的反腐败方法体现了最近的一种普遍趋势，即：将国际法的各个子领域与人权视角相结合，有时也被称为"扶正"制度。特别是在发展法、环境法、自然灾害法、国际劳工法和难民法中，已经推行了以人权为基础的方法。这种方法首先包括解释原则：必须根据人权解释该制度的具体规则。其次，程序性后果是允许甚至需要受影响群体的信息和参与，并授权进行规划和影响评估。这两个法律后果（协调解释和程序化）也起到了反腐败的作用，并最终完善国际反腐机制。最后，基于人权的方法也可以适用于国内法，以补充或加强对腐败的定罪。

（二）弱化反腐败的风险

然而，采用基于人权的方法为反腐败手段其力量是薄弱的。这是因为全球南方对待人权的矛盾态度。他们对人权的批评与对国际反腐败议程的基本反对意见相互交织在一起。这种重叠起源于对两种不同的现代的欧洲体系的怀疑，即国家和权利。

1. 西方国家与权利模式

根据这一评论，全球打击腐败的斗争是与国家特定模式的非法强占联系在一起的，腐败被指责为"癌症"（使用前世界银行行长的用语）。这种模式不仅是西方的，而且也是近代的。

直到19世纪，在世界各地赞助和购买公职被认为是治理的合法组成部分，包括欧洲。只有随着现代国家的不断发展，人们才意识到，以此类方式行使和影响政治权力、行政管理是非法的、且应给予打击——一个公正的官僚机构要求平等适用法律，并且公职人员必须为了公众利益而行事，而不是为了他们家庭或者族裔的利益。换句话说，反腐败是基于一个国家的形象，即以公职人员的方式履行公职，这些公职人员是择优聘用，并按照正式适用于所有人的法律规则行事。

在一个世袭国家，政治和行政职位主要用来创收（"寻租"），腐败的概念无处可寻。从这个意义上说，当代腐败概念与现代法治国家密不可分。这就解释了为什么在对国家意蕴的这一理解没有牢固地形成或者完全不同的地区，反腐败是困难的。

批判意见认为，基于法治的精英主义国家的理想是消灭以家庭和宗族关系为基础的社会，这一社会关系是通过相互馈赠和卖官鬻爵而维持的。这些社区互惠和忠诚的价值并没有得到承认，而是被西方的精英思想和正式的平等待遇所取代。

此外，批评家们还揭示了该模式的经济含义，声称由法治支配的自由主义国家主要是作为自由市场的监管框架而存在。这意味着反腐败最终会被纳入一个新自由主义议程，该议程旨在推翻干预主义和官僚主义的国家模式。因此，批判人士指责"法治"主要是为财产所有者和资本的经济利益服务。

现在的问题是，我总结的法律和文化帝国主义以及西方霸权主义的主张，进一步得益于对反腐败战略的人权方法。从批评家的角度来看，这两套国际文书只不过是帝国主义的两个变体。

的确，以人权为基础的腐败方法确实包含了一种微妙的西方偏见，这意味着更需谨慎行事。我们已经看到，在腐败领域通过具体的腐败行为来确定对人权的具体侵犯是比较容易的。现在，西方民主国家从大宗腐败而不是小额腐败中受苦，这些腐败包括不透明的选举融资及由此获得的政治利益，或容忍公职人员随意跳槽到私营部门从事有利可图的工作，将在公职部门获得的内幕信息用于新公司（"旋转门"现象），这些形式的行为被煽动性地称为"法律腐败"。腐败行为与侵犯具体受害者的人权之间的联系在这里很难求证。这就意味着，由于人权方面的概念化主要集中在大额腐败问题上，所以把焦点放在全球南方。例如，像透明国际这样的组织对肯尼亚腐败的衡量似乎没有那么可信，因为它被认为不包括精英阶层的系统性大宗腐败，而是聚焦于日常生活中人们的小额贿赂。总而言之，被视为"西方"的两股思想的累积可能导致抵制而非顺从。

2. 普遍性

对反腐和人权的双重批判需要加以考量。让我们看一个例子：如同批评所暗示的那样，从一个司机的角度来看，为了通行，在某个路障塞给警察一定数额的钱是否代表警察腐败或者是向警察行贿。例如在非洲国家，这种情况和在高速公路收费站所付的费用真是一回事吗？在法国，在两种情况下，司机的行动自由受到限制，他被迫支付一定费用。在社交场合，贿赂甚至可以和员工的小费相比较，因为客户知道小费会增加底薪。这种观点将表达基于市场的逻辑，其中服务的价格迎合了市场供需要求。

这个例子说明了腐败的概念是如何与国家概念联系在一起的。高速公路通行费是以符合公共利益的法律为基础的，即高速公路网络的维护。它依据政治或行政程序中规定的收费表而收取，因此是透明和可预见的。它同样适用于每个人（根据车辆类型，人数或其他相关标准有合理的区别）。在贿赂或小费的情况下，缺少这些合法性特征。

一切取决于是否接受定义、收取和使用通行费（或任何其他费用）的制度和程序的合法性和合理性，简言之，是否接受现代法治国家的理念。

我认为基于人权的反腐方法——即腐败妨碍每个公民的权利得以实现的说法，有助于在全球范围接受法治之下非世袭和非犯罪国家的模式，因为它使这一模式更加具体，并使之更接近于人类的需求。

此外，把反腐败和人权指控为是霸权主义，或是以美国为主导的战略，或是由全球资本驱动的战略，其实不过是精英们的一个借口，因为他们的权力和职位都受到反腐败和对尊重人权要求的威胁。特别是对传统习俗的援引，例如在非洲社会交换礼物和提供款待，可以而且正在被富人和掌权者滥用以掩盖腐败，特别是当贿赂款项远远超过了正当的比例。例如，坦桑尼亚的法律允许政治候选人向他们的选民提供礼物，并以其传统名字"takrima"来称呼他们——大概是为了获得合法性和得到赞同。坦桑尼亚高等法院认为，这些规定侵犯了候选人和选民的人权：他们选择适当的候选人的权利不能自由行使，因为他们受到"takrima"的影响而失去行使权利的自由。他们的投票权将受到"takrima"的影响。除了将竞选活动中的腐败合法化之外，高等法院没有看到"takrima"具有任何合法的目的。

另一个例子是传统的肯尼亚"harambees"系统，要求个人为社区项目提供资金。然而，根据肯尼亚司法部的一份报告，"Harambee 的精髓发生了蜕变，这导致了严重的滥用。"它与压迫和勒索行为的出现有关，也与腐败和滥用职权有关。

在这种歪曲传统习俗的腐败背景下，可以理解的是在世界不同地区和文化中受到影响的个人在解放广场、麦丹广场、加拉加斯或墨西哥城游行示威，不仅为了争取自由和公平的面包价格，而且也是为了反对精英阶层的腐败。

(三) 财产权的特殊情况

影响私人财产权利的腐败需要单独评估。当国家官员通过剥离大企业来让自己富有时，在腐败的笼罩下他们的行为构成各种形式的犯罪。从权利的角度来看，他们的行为如果归于国家，可能构成对财产权的侵犯(事实上的征用或其他类型的侵权)。根据《欧洲人权公约》第 1 号议定书第 1 条和《双边或区域投资保护条约》以及《能源宪章条约》(ECT)第 13 条规定，财产权应当受到保护。

两项著名的投资者——国家仲裁程序突出处理腐败问题。在世界免税店案中，外国投资者向莫伊总统提供 200 万美元现金作为个人捐款，以换得在肯尼亚机场建立和经营免税店的许可。世界免税店后来声称，它在肯尼亚被非法征用。仲裁庭将捐赠定性为贿赂，违背了"跨国公共政策"。因此合同无法维持，世界免税店的索赔诉求被驳回。

相反，尤科斯公司对俄罗斯的诉求得到了支持。根据 ECT 组建的仲裁法庭作出的 2014 年尤科斯仲裁裁决，被誉为"投资仲裁的潜力，将腐败引入光明，并将其作为对腐败国家的外部制衡"。在尤科斯案中，仲裁法庭认为俄罗斯违反了第 13 条规定的义务，采取了"相当于国有化或征用"的措施。俄罗斯联邦出于政治和经济原因通过蓄意破产和清算尤科斯，实际上征用了这笔款项以使其有价值的资产得到适当的利用。仲裁庭详细描述了政府对尤科斯采取的腐败行为，包括"骚扰、恐吓和逮捕"。俄罗斯违反"ECT"的法律后果是俄罗斯联邦需承担相应的国际责任，其中包括以货币补偿的形式赔偿损害的义务(第 31 条和第 36 条关于国家责任的国际法条款的原则，并在第 13 条中规定)。根据这些原则，仲裁庭下令俄罗斯联邦向尤科斯支付 500 亿美元的赔偿金。

在这种大规模的腐败案件中，由于这个案情的具体特点，基于人权方法的附加价值似乎没有体现。首先，在国际或跨国诉讼中，这种权利的大多数所有者——外国投资者——是精神的而不是自然人，因此没有人类所有的利益和需要。与此相关的是，私人财产有时被认为不是"必要的"或"基本的"人权。其次，与受腐败影响的典型人权(特别是社会权利)的国际保护不同，至少在迄今为止由仲裁法庭裁决的两起重要腐败案件中，跨国保护财产权直接或间接地有利于投资者背后的少数极富有的个人，如迈克尔·霍多尔科夫斯基(尤科斯的创始人)。最后，在投资仲裁中，经济补偿是主要的补救措施(与实物补偿相对)。因此，设立国家数十亿美元或欧元赔偿义务最终将损害那些因预算受到影响而被谴责国家的民众的权利。相比之下，纯粹的刑法方法将侧重于腐败官员的个人责任，因此不会在同样程度上加重纳税人的负担。

因此，比之于社会和政治人权方面，通过腐败侵犯私有财产的权利是一个特殊的情况，基于人权的方法对后者的适用效果并不是那么明显。

四、救济方式

基于人权的反腐战略进一步补充了传统的基于刑法的反腐方法，二者相辅相成，虽然该战略本身有一定风险，也需要一定成本，但是也为新的国际救济提供了更多机会。目前在实践中承认的腐败与人权之间的关联，使腐败成为一般监测计划（联合国人权理事会普遍定期审议和基于条约的国家报告）的一个主题。重要的是，承认这种关联能有效地避免人权机构受越权行为的侵害。

目前的做法可以而且应该在相互纳入主流的方向上得到加强。反腐倡廉的人权主流化，意味着人权的实现从一开始就是反腐败的目标之一。在法律实践中，这将意味着以一种考虑到人权的方式来解释所有与腐败有关的刑事犯罪。

在互补的基础上，应该把反腐败纳入所有人权程序的主流，这项建议的实施应该包括以下内容：在人权条约机构的工作中，所有国家报告的准则以及委员会所有针对国家的具体结论性意见均应将腐败作为必须解决的重点。条约机构近期的做法，首先是经济、社会和文化权利委员会更详细地阐述反腐败的必要性，这是值得推崇的并且应该进一步拓展。同样，人权特别报告员和独立专家的任务也应包括腐败问题。再次，应加强这方面的新型实践。这项任务的延长所花费的人力和财力成本也不会太高。除了人权非政府组织，还应该允许专门的反腐败非政府组织参与普遍定期审议和条约专项监测。专业的非政府组织可以提供人权机构中缺乏的关于腐败的信息和专业知识。人们也可以设想一个适用于所有条约的"腐败与人权一般性评论"。最后，反腐败任务可以包括在国家人权机构中纳入国际标准。

对可能发现的实质侵犯人权行为，应当考虑设计出比刚才提到的更具体的、个性化的法律对策。为了向人权委员会、区域人权法院和仲裁程序提供个人申诉或请求，受害者需要提出这样的论点，即腐败行为在具体案件中实质侵犯了具体人权。我们已经看到，这种具体侵权行为的成立面临着许多理论问题。最后，现有的人权法院和委员会能够而且事实上已经将腐败纳入到了他们的程序中，他们可能承认腐败是侵犯人权的一个加重的因素，而不是简单地将腐败定义为侵犯人权的行为。

然而，这种反思对于阐明社会权利的结构似乎是有价值的，因为社会权利受腐败的影响最大。到目前为止，在一个违反国际法引发国家责任的案件中，社会人权在什么程度上被侵犯的问题还没有完全解决。例如，目前还不清楚哪些事实可以被认定为"限制"或"干涉"社会权利，就像我们在公民权利和政治权利方面所做的那样。由于在社会权利方面缺乏国际个人申诉机制，监测国家报告和执行一般性评估的监测机构没有就这些事项作出明确的说明。随着《公民权利和政治权利国际公约》任择议定书的生效，这种情况已经发生变化，允许个人申述。社会委员会面临的问题是：侵犯的界限、因果关系和归属问题。对腐败领域这些要素的研究突出地表明，在人权领域实施这些要素极其困难。

总的来说，人权视角的好处在本身就很薄弱的人权执行国际机制中被减弱。当然，国内机构是国际人权的主要执行者。如果国内法院谴责国家机关通过腐败侵犯人权，这将是一个相对较强的制裁。然而，在许多国家由于司法系统的腐败，这是不可预见的。这意味着人权视角并不一定会赋予腐败受害者实质性的权利，需要为他们开辟司法公正的新途径。然而，在区域人权体系内，个人的申诉可能是基于对腐败的指控，而相关的发现可能导致对系统补救措施的司法宣判、获得更高的满意度和更严格的合规监测。相比之下，在普遍意义上，基于人权方法的赋权效果首先是象征性的。

五、总结

就传播理论而言，反腐败的人权"框架"与新的解释权相关联。重要的是，制度上的特权也从世界银行转移到联合国人权理事会。潜在地，这种新的话语权力带来了新的行动力量。

从法律的角度来看，这里提出的反腐败法与保护人权的联系可以理解为国际法两个分支的系统整合。或者，反腐败手段的人权方法可以被看做是后者的宪法化。通过将腐败提升成为宪法问题，新的框架使反腐败成为国际社会更为关切的中心点。一些国际律师抱怨，后者有"人权主义"或者国际人权保护"傲慢"的嫌疑。确实存在过度使用人权语言的风险。因此，不应将以人权为基础的腐败方式作为灵丹妙药。

法律语言通常(尤其是权利)是有限的，正如对人权的批评所指出的那样。值得注意的是，法律分析不能回答"为什么"和"腐败如何顽固存在"的问题。但这不是它的目的。法律方式(不像发展经济学)不寻求识别腐败或任何其他社会危害的政治、经济或心理原因和模式。相反，法律的功能特别是以权利为基础调查的功能有三个方面：基于权利的审查旨在确定合法与非法行为之间的区别，允许阐明司法要求并有可能使用法律手段纠正和消除违法的情况。当然，法律和权利制度只是其他治理模式之一，可能影响有限。与所有治理模式一样，使用这些模式的成本必须进行适当的评估，特别是与替代方案相比。关于腐败问题，纯粹的刑法方法迄今为止并没有发挥太大作用，这表明要尝试补充策略。

实际上，全球反腐努力并不需要新的规则，而是需要更好的实施。人权方法有助于缩小执行差距。充分认识到腐败破坏了人权的享有，使普遍的、非对抗性的人权监测机构能够在不越权的情况下，合理地处理腐败问题。但是，腐败本身是否构成侵犯人权是另一个问题，它可以在个人申诉程序中被提起。正如本文试图证明的那样，从法律论证和举证两方面来看，证明实际侵权行为是困难的——但并非不可能。通过改变参考框架，为监测和诉讼提供新的选择，人权的方法可以有效地补充基于刑法的反腐方法之不足，从而有助于实现《2030年可持续发展议程》的发展目标。

第二篇　人权与新时代

人权保障的时代宣言
——基于民法总则的分析

李　龙　余一多*

摘要： 改革开放以来，经过长期共同不懈努力，我国立法工作取得了举世瞩目的巨大成就，形成了中国特色社会主义法律体系，实现了国家和经济社会生活各个方面总体有法可依。《民法总则》的诞生，翻开了民法典历史性的关键一页。民法总则作为民事法律的统帅和纲领，为持续完善经济社会生活法律规范奠定了坚实基础，为坚定保护民事主体人身财产权利提供了基本遵循，为有效维护公平正义注入了强大动力，是公民权利的保障法、市场经济的基本法、公平正义的促进法，是社会生活的百科全书，也是人权保障的时代宣言。

关键词： 民法总则；人权保障；公平正义

党的十八大以来，以习近平同志为核心的党中央先后召开十八届三中、四中、五中、六中全会，"四个全面"战略布局逐步形成、深度推进，全面依法治国成为治国理政的基本方略。全面依法治国，科学立法先行。改革开放以来，经过长期共同不懈努力，我国立法工作取得了举世瞩目的巨大成就，形成了中国特色社会主义法律体系，实现了国家和经济社会生活各个方面总体有法可依。党的十九大报告举旗定向，总揽全局，对决胜全面建成小康社会、开启全面建设社会主义现代化国家新征程作出了全面部署，强调："加强人权法治保障，保证人民依法享有广泛权利和自由。"[①]随后，习近平主席在致首届"南南人权论坛"的贺信中指出："发展中国家应该坚持人权的普遍性和特殊性相结合的原则，不断提高人权保障水平。"[②]这些重要论述和科学论断内涵丰富、意义重大、影响深远，为新时代坚持和发展中国特色社会主义伟大进程中立法工作持续推进和人权事业稳步发展描绘了蓝图、指明了方向、规划了路径。

---

*　**作者简介：** 李龙（1937.01—　　），男，湖南祁阳人，武汉大学人文社会科学资深教授；余一多（1987.12—　　），男，湖北仙桃人，武汉大学法学院博士研究生，通信地址：湖北省武汉市武汉大学文理学部枫园 1 舍。

①　习近平：《在中国共产党第十九次全国代表大会上的报告》，人民网，http：//jhsjk.people.cn/article/29613458，访问日期：2018 年 1 月 28 日。

②　习近平：《致首届"南南人权论坛"的贺信》，人民网，http：//jhsjk.people.cn/article/29693346？isindex＝1，访问日期：2018 年 1 月 28 日。

实践发展永无止境，立法工作勇立潮头。民法是公民权利的宣言书、社会主义市场经济的基本法。民法典是民族精神的法治诠释、时代精神的立法表达。党的十八届四中全会决定明确提出，"编纂民法典"。2017 年 3 月 15 日，国家主席习近平签署主席令，《中华人民共和国民法总则》诞生，自此，民法典翻开了历史性的关键一页。民法总则作为民事法律的统帅和纲领，为持续完善经济社会生活法律规范奠定了坚实基础，为坚定保护民事主体人身财产权利提供了基本遵循，为有效维护公平正义注入了强大动力，是社会生活的百科全书，也是人权保障的时代宣言。

一、民法总则是公民权利的保障法

第五届全国人民代表大会第一次会议于 1978 年通过的《中华人民共和国宪法》在第三章中规定了公民基本权利，"国家尊重和保障人权"于 2004 年载入 1982 年《宪法》第二章"公民的基本权利和义务"。人权的发展历程按照作用方式，分为消极人权、积极人权、社会连带人权三个历史阶段。① 第一代人权是无须义务人积极作为便可享有和实现的权利，具有被动性、传统性和政治性的基本特征，以公民的人身权利和政治权利为代表。积极人权是第二代人权，与前者反其道而行之，需要义务人主动积极作为、履行特定义务，具有主动性、现代性和经济性的基本特征，以经济、社会、文化权利为代表。在第二代人权的实现过程中，国家和政府作为主要义务人不再止于扮演"守夜人"的角色，而是积极履行经济发展宏观调控职责。第三代人权是积极人权与消极人权相互渗透、交融、支撑形成的社会连带权，需要权利人和义务人共同消极不作为和积极作为方可实现，以发展权为代表。"发展权既非独立的公民权和政治权，也非分散的经济、社会和文化权利，而是以政治发展为前提、经济发展为核心的……经济、政治、文化和社会发展权的统一"。② 公民基本权利和人权在民事法律领域，主要表现为人身权利和财产权利。作为社会生活百科全书的民法，自 1986 年《民法通则》由第六届全国人民代表大会第四次会议通过、1987 年施行以来，在保障公民人身权利和财产权利方面发挥了不可替代的重要作用。随着时代和实践发展不断向前，《民法总则》从实际出发，立足中国国情，回应现实需求，在承认和保障公民民事权利方面更进一步，再上层楼，付出了极大辛劳，作出了重大贡献。

民法总则持续健全了民事主体权利体系，广泛确认了民事主体各项权利。继承民法通则关于民事权利单列一章的立法传统，民法总则在此基础上，立足基本国情，从更长远的立法前瞻性、引领性、预见性出发，详细列举生命权、身体权、健康权、姓名权、肖像权、名誉权、荣誉权、隐私权、婚姻自主权、名称权、名誉权、荣誉权以及无权、债权、知识产权、继承权等一系列自然人、法人和非法人组织的人身财产权利，充分践行了"规范公权、保障私权"的法治时代精神，有效保障了最广大人民的根本利益，主

---

① 李龙、汪习根：《法理学》，武汉大学出版社 2011 年版，第 444-445 页。
② 汪习根：《发展权法理探析》，载《法学研究》1999 年第 4 期，第 22 页。

动顺应了人民群众对美好生活的热切向往，使民法总则成为名副其实的公民权利宣言书、熠熠生辉的人权时代保障书。

民法总则进一步完善了特定主体民事权利保护条文。基于继承法，民法总则第十六条明确规定："涉及遗产继承、接受赠与等胎儿利益保护的，胎儿视为具有民事权利能力。"考虑到未成年人生理心理成熟程度和认知能力不断提高，为进一步尊重未成年人的自主意识，保护其合法权益，限制民事行为能力的未成年人的年龄标准从"十周岁"下调至"八周岁"。同时，监护人制度的完善使被监护人的角色从管理对象变为独立主体，被监护人个人意愿充分彰显。

民法总则明确规定了"隐私权"、承认了"个人信息权"。近年来，互联网、大数据、云计算和物联网，对经济、社会发展产生了深刻影响，为人民生产、生活提供了极大便利。同时，随着网络社会高速崛起，网络安全问题日益凸显。网络无界，安全有疆；人权、公民权利尊重保障，隐私、个人信息题中应有。《侵权责任法》在第二条中规定"隐私权"为民事权益，然而限于侵权责任保护范围。《民法总则》第五章明确规定"自然人享有隐私权"，将其纳入民法总则人身权利范畴。民法总则站在基本原则和一般性规则立场再次明确，对于在民事法律体系中保护"隐私权"，统帅呼应拟于2020年审议通过的《民法典》各分编相关内容，具有十分重要的意义。个人信息权，与隐私权同属民事法律体系人身权利中人格权利范畴，相较于隐私权主要体现人格利益，是集人格利益与财产利益于一体的综合性权利。① 在刑事法律领域，《刑法修正案（七）》和《刑法修正案（九）》分别规定了非法出售、提供公民个人信息罪和非法获取公民个人信息罪，明确了侵权行为的犯罪界线，对于公民个人信息权给予了刑法保护。继而，2017年6月1日施行的《最高人民法院、最高人民检察院关于办理侵犯公民个人信息刑事案件适用法律若干问题的解释》作出了进一步的解释和界定。在行政法律领域，2016年11月7日通过的《网络安全法》在网络信息安全一章中也对于公民个人信息保护做了十分细致的规定。民事法律领域，《民法总则》虽未明确"个人信息权"，却把"不得非法收集、使用、加工、传输他人个人信息，不得非法买卖、提供或者公开他人个人信息"明文列为第111条的规定内容，也为个人信息保护提供了较为明确的原则指导，保留了十分广阔的立法空间，拉开了个人信息权民事立法的序幕。此外，"法律对数据、网络虚拟财产的保护"规定，也是在民法总则财产权利部分中对于隐私权、个人信息权财产利益保护的重要补充。

二、民法总则是市场经济的基本法

在第十二届全国人民代表大会第五次会议上，全国人大常委会在关于《中华人民共和国民法总则（草案）》的说明中指出，"编纂民法典是健全社会主义市场经济制度，完

---

① 王利明：《个人信息权与隐私权有何区别》，载《政府法制》2014年第14期，第10页。

善中国特色社会主义法律体系的必然要求"。① 民商合一，是我国传统民事立法体例。健全市场秩序，维护交易安全，调整市场经济活动中的民商事社会关系，是二者的共同目标任务和价值取向。民法总则作为民商事法律关系的基本原则和一般性规则，是私法的基本法，也是市场经济的基本法。习近平主席在致"纪念《发展权利宣言》通过 30 周年国际研讨会"的贺信中强调，"中国坚持把人权的普遍性原则同本国实际相结合，坚持生存权和发展权是首要的基本人权……有效保障了人民发展权益。"② "发展权贯穿于其他各项人权之中，其他人权为人的发展和发展权的实现创造条件。发展权的保障，既表现在经济、文化、社会、环境权利的实现之中，又表现在公民权利与政治权利的获得之中。"③《民法总则》对市场经济法治体系的完善为发展权的进一步保障提供了有力法律制度保障。

经济发展的有效实现，是发展权保障实现的坚实基础。民法总则进一步阐述并再次确立了平等、自愿、公平、诚信、守法等基本原则，对于着力营造市场经济法律环境、坚定维护市场经济法治秩序、深入推进市场经济持续健康发展、不断保障实现人民发展权具有极其重要的意义。民事主体方面，调整民法通则传统类型，将法人明确分为营利法人、非营利法人和特别法人。顺应我国基本经济制度和基层民主制度发展趋势，民法总则制定了民事法人制度独创的"中国方案"，赋予了农村集体经济组织、城镇农村的合作经济组织、居民（村民）委员会基层群众性自治组织等特别法人资格，确立了以上组织从事市场经济经营活动的"合法身份"。民事法律行为方面，厘清了合法、无效、可撤销和效力待定法律行为之间的关系，增加了意思表示的规则，完善了行为效力和代理规则，进一步规范了市场经济行为。此外，民法总则坚定问题导向，体现时代特征，详细列举知识产权客体，为社会主义市场经济浪潮中创新型国家建设交出了民法的崭新答卷。

社会发展的全面提升，是发展权充分保障的强大支撑。法律的作用，一方面在于确认权利，另一方面在于分配权利。长期以来，经济、政治、文化建设不断取得丰硕成果的同时，各项社会事业发展进程逐步深化，各类社会保障和服务制度持续完善。民法总则对未成年人、老年人、残疾人、妇女、消费者等民事主体和国家利益、社会公共利益的保护规定，为社会资源的合理分配、社会保障和服务事业的协调发展、经济社会发展成果的坚持共享、发展权保障的充分实现积淀了深厚底蕴，提供了丰厚滋养。

生态文明建设的加快推进，是发展权可持续实现的重要保障。绿水青山就是金山银山，只有让华夏神州天更蓝、山更绿、水更清、环境更优美，让生态文明建设进程与人

---

① 李建国：《关于〈中华人民共和国民法总则（草案）〉的说明》，新华网，http：//news. xinhuanet. com/2017-03/09/c_129504877. htm，访问日期：2017 年 10 月 1 日。

② 习近平：《在致"纪念〈发展权利宣言〉通过 30 周年国际研讨会"的贺信》，人民网，http：//politics. people. com. cn/n1/2016/1205/c1024-28923805. html，访问日期：2017 年 10 月 1 日。

③ 中华人民共和国国务院新闻办公室：《发展权：中国的理念、实践与贡献》，新华网，http：//news. xinhuanet. com/politics/2016/12/01/c_1120029207. htm，访问日期：2017 年 10 月 1 日。

民生活水平进步相伴而行，才能让可持续发展成果惠及全体人民，让发展权可持续实现。民法总则继承中华优秀传统文化，秉承"天人合一""道法自然"的哲理思想，贯彻党的十八大以来的新发展理念，回应人口大国发展进程中人与生态的现实矛盾，确立绿色原则为基本原则，规定民事主体从事民事活动，应当有利于节约资源、保护生态环境，为表现在环境权利实现之中的发展权保障注入了强大绿色动力。

三、民法总则是公平正义的促进法

"法"，平之如水。源远流长的中国优秀传统文化中，千百年来，蕴含着对公平正义的向往。正义、人权、自由、平等、安全、公益，作为法律基本价值，在灿烂的世界文明星河中，自古迄今，闪烁着人类智慧的光芒。党的十八届四中全会在《中共中央关于全面推进依法治国若干重大问题的决定》中指出，"全面推进依法治国，必须……维护社会公平正义。"习近平主席在国际刑警组织第八十六届全体大会开幕式上的主旨演讲中强调，"坚持法治精神，实现公平正义"[1]。公平正义是中国特色社会主义的内在要求，一直以来，我们党始终坚持把对于公平正义的追求作为一个十分崇高的价值目标。我们党的宗旨是全心全意为人民服务，决定了我们必须追求公平正义，依法维护人民权益，为最广大人民的利益伸张正义。民法被誉为"社会生活的百科全书"，调整的人身关系和财产关系广泛涉及社会生活方方面面，直接关系人民群众切身利益。习近平总书记强调，要"努力让人民群众在每一个司法案件中都能感受到公平正义。"司法公正见于个案，公平正义落在细微。只有让人民群众在平凡、普通、细微日常生活中感受公平正义，公正才能如同卢梭所说，"慢慢诞生的风尚……构成那个穹隆顶上的不可动摇的拱心石"。公正才能铭刻在人民的心里，人民权益才能切实维护，人权保障才能充分实现。

民法总则开宗明义宣告了立法目的。民法总则第一条明确规定"为了……弘扬社会主义核心价值观，根据宪法，制定本法"。自由、平等、公正、法治是社会主义核心价值观对人民群众热切期待的美好社会的生动表述，也是从社会层面对社会主义核心价值观基本理念的凝练。公正是国家、社会应然的根本价值理念，也是民法总则的价值追求。当前，中国处于经济转型关键期、深化改革攻坚期，也处于社会矛盾凸显期。经济社会快速发展的同时，社会领域利益纠葛错综复杂、市场经济活动竞争无序等问题随之频发。物质生活水平不断提高的同时，公民权利意识水涨船高，赋予了公平正义新的时代内涵。民法总则回应时代呼唤，反映公民诉求，用法律的价值取向呼应社会主义核心价值观，用社会主义核心价值观的价值取向引领思潮、凝聚共识、整合社会，为公平正义的价值生长创造了更好的制度土壤，为权益维护和人权保障开掘了不竭的法律源泉。

民法总则基本原则再次强调了公平、公序良俗。民法总则第六条在民法通则的基础

---

① 习近平：《在国际刑警组织第八十六届全体大会开幕式上的主旨演讲》，新华网，http://news. xinhuanet. com/2017-09/26/c_1121726066. htm，访问日期：2017 年 10 月 7 日。

上进一步阐释"公平"原则，强调"民事主体从事民事活动，应当遵循公平原则，合理确定各方的权利和义务"，给予公平原则明确定义，设立权利分配一般标准，为民事纠纷的妥善解决、人权保障和救济提供了原则性法律依据。民法总则第八条和第十条反复强调民事活动不得违背公序良俗，充分体现了民法对于公平正义的坚定追求。公序良俗，就是公共秩序、善良风俗。公序良俗原则的确立，是对现行法律、传统习惯的有力补充，对"私法自治"民法精神的必要限制，[1] 对社会公共道德的法律描述，意义重大、影响深远。民法总则在原则中增加公序良俗规定，要求民事主体尊重社会公共秩序和道德，在民事法律行为中，尤其是在非交易民事活动中，把这一原则作为调解民事纠纷、调整利益关系的一般标准，对于维护弱者权益、促进公平正义、维护社会和经济秩序具有重要规范和引导作用。

民法总则补充完善了权利救济的公正防线。没有救济，就没有权利。权利救济分为私力救济和公力救济两个部分。"司法是维护社会公平正义的最后一道防线"。[2] 司法是救济的最后屏障，司法救济是公力救济的重要组成部分。党的十八届四中全会提出，"增强全社会尊重和保障人权意识，健全公民权利救济渠道和方式。"民法总则回应这一决定要求，健全民事责任制度，切实保障义务人对于权利人的义务履行，确保侵权行为所致损害得到充分救济。与此同时，破解现实问题，增加相应条款，对于不需要承担民事责任的行为也有了明确规定："因自愿实施紧急救助行为造成受助人损害的，救助人不承担民事责任。""见义勇为不担责"条款的确立，从规则上、法律上、制度上鼓励人们在危急关头挺身而出，是对中华传统美德的自觉践行、对社会主义核心价值观的大力弘扬、对权益救济的有效维护。

"人人充分享有人权，是人类社会的伟大梦想。"始终坚持以人民为中心的发展思想，始终践行全心全意为人民服务的根本宗旨，始终把人民利益摆在至高无上的地位，始终把人民对美好生活的向往作为奋斗目标，是新时代我们党和政府对于"不断提高人权保障水平"的庄严宣告和根本举措。《民法总则》已于 2017 年 10 月 1 日施行。作为公民权利的保障法、市场经济的基本法、公平正义的促进法，民法总则立足中国国情，回应时代呼唤，反映公民诉求，破解现实问题，为持续完善经济社会生活法律规范、坚定保护民事主体人身财产权利、有效维护公平正义、切实尊重和保障人权书写了全面推进依法治国伟大征程中民事法律体系鸿篇的崭新序言。编纂一部真正属于中国人民的民法典，是新中国几代人的夙愿。新的征程正在展开，民法典作为社会生活的百科全书、公民权利的宣言书，届时，将向法治中国和人民交出更加优异的答卷。

---

① 杨立新：《民法总则：当代法治精神的鲜明体现》，凤凰网，http：//news.ifeng.com/a/20170320/50797629_0.shtml，访问日期：2017 年 10 月 7 日。

② 李龙：《司法是维护社会公平正义的最后一道防线》，载《光明日报》2017 年 8 月 4 日。

论人大代表构成的优化
——以湖北省人大代表构成为视角

何士青　余明辉　程　听　张贞隆*

摘要：人民代表大会制度是我国的根本政治制度，人大代表构成是人民代表大会制度的重要组成部分。人大代表构成的合理化具有深刻的法理依据，包括促进人民代表大会职能的履行、发展民主政治、推进依法治国、实现科学决策等。对湖北省人大代表构成的调查分析表明，人大代表的城乡构成、职业构成、性别构成、党派构成等方面日益合理，但依然存在着官员代表主导化、代表身份精英化等问题。优化人大代表构成是加强人民代表大会制度的题中之义，要求坚持地区平等原则、同比例原则、广泛性原则，降低限制官员比重，实现精英化与平民化之间的平衡，直接选举与间接选举相结合。

关键词：人民代表大会制度；湖北省人大代表构成；人大代表构成优化

引言

习近平在党的十九大报告中指出："坚持党的领导、人民当家做主、依法治国有机统一是社会主义政治发展的必然要求。必须坚持中国特色社会主义政治发展道路，坚持和完善人民代表大会制度……"[①] 人民代表大会制度是当代中国的根本政治制度，实践证明它是符合中国国情的好制度。这一制度使得广大人民群众能够通过民主选举程序选举产生人大代表组成人民代表大会，代表广大人民群众行使国家权力，在保障人民当家做主、维护各民族团结、实现社会和谐稳定、彰显社会主义优越性等方面发挥了巨大作用。人民代表构成是人民代表大会制度的基础部分，其构成状况对社会主义民主政治建设有直接影响。

如何完善和优化人大代表构成，不仅成为法治实践的重要课题，也成为法学研究的

* **作者简介**：何士青，华中科技大学法学院教授、博士生导师；余明辉、程听、张贞隆，华中科技大学法学院研究生。本文为国家社科基金后期资助项目"公民监督权行使研究"（16FZZ002）、湖北省人大项目研究项目《人大代表构成的理论与实践研究》（编号：HBRDYJKT2017105）的研究成果。

① 习近平：《决胜全面建成小康社会 夺取新时代中国特色社会主义伟大胜利》，载《人民日报》2017年10月19日。

课题。人民代表构成的完善和优化问题应引起学者的关注，以"人民代表构成"为关键词在《中国知网》检索，可以发现相关文章仅64篇，大部分文章是对全国人大代表构成和地方人大代表构成的基本情况的介绍，例如，朱景文在《中国法律研究报告》"立法人员构成"中对全国人大代表的介绍就占了6篇。在学术研究成果方面，袁仲国的《浅谈人大代表的构成比例问题》① 和沈士壮的《人大代表的构成比例引起关注》② 从宏观层面讨论人大代表的构成比例问题；鲁笑英的《关于军队人大代表的人员构成之思考》③、赵丽江的《地方人大中妇女代表的构成及作用》④ 和孙承斌的《11届人大代表构成特色：领导干部少了、工人农民多了》⑤ 等分别讨论了军队代表、妇女代表、领导代表和工人代表的构成问题；赵晓力的《论全国人大代表的构成》⑥ 是比较全面地研究全国人大代表构成的代表性成果，分析了全国人大代表构成存在的问题及其解决对策。郭庆珠的《人大代表职业构成限制的宪法学思考——以新疆限制公务人员代表比例事件为切入点》⑦ 以及何俊志的《中国地方人大代表构成的变化趋势——对东部沿海Y市的考察》⑧ 是对地方人大代表构成进行学理研究和实证分析的代表性成果。这些研究成果为本文的写作提供了参考和借鉴。

本文以湖北省为例，对人大代表构成的理论和实践进行分析。在收集和整理现有研究成果的基础上，坚持唯物辩证法的总方法论，综合运用概念分析法、价值分析法、实证分析法等研究方法，立足于中国的政治体制和湖北省的具体情况，沿着"是什么""为什么""怎么样""怎么办"的逻辑路径，运用法治思维和法治方法，对湖北省人大代表构成的理论和实践展开系统研究，首先阐释人民代表及其职能，然后分析人大代表构成合理化的法理依据，接着考察湖北省人大代表构成现状及存在的问题，最后提出优化湖北省人大代表构成的建议。

一、人大代表构成完善的法理依据

我国的人民代表大会分为全国人民代表大会和地方各级人民代表大会，虽然各级人民代表大会的地位和职权不尽相同，但都要求人民代表的构成具有合理性。人民代表大

---

① 袁仲国：《浅谈人大代表的构成比例问题》，载《楚天主人》1998年第11期。
② 沈士壮：《人大代表的构成比例引起关注》，载《理论参考》2003年第4期。
③ 鲁笑英：《关于军队人大代表的人员构成之思考》，载《山东人大工作》1997年第12期。
④ 赵丽江：《地方人大中妇女代表的构成及作用》，载《楚天主人》1999年第5期。
⑤ 孙承斌：《11届人大代表构成特色：领导干部少了、工人农民多了》，载《吉林人大工作》2008年第4期。
⑥ 赵晓力：《论全国人大代表的构成》，载《中外法学》2012年第5期。
⑦ 郭庆珠：《人大代表职业构成限制的宪法学思考——以新疆限制公务人员代表比例为切入点》，载《人大研究》2009年第6期。
⑧ 何俊志：《中国地方人大代表构成的变化趋势——对东部沿海Y市的考察》，载《天津人大》2015年第4期。

会作为湖北国家权力机关，作为国家立法机关，其代表的合理构成关涉到国家的政治、经济、文化、社会、生态等方面的发展和繁荣，优化人大代表的构成既是现实的要求，也具有深刻的法理依据。为了说明这个问题，笔者从人大代表的界定谈起。

（一）人大代表的界定

在《共产党宣言》中，马克思、恩格斯指出："工人革命的第一步就是使无产阶级上升为统治阶级，争取民主。"① 那么作为统治阶级的无产阶级如何实行民主？马克思、恩格斯从西方资产阶级代议制中得到启示。在他们看来，虽然"代议机构是现代资产阶级社会的十分特殊的产物，很难把它同现代资产阶级社会分开，就像很难把单独的个人同现代资产阶级社会分开一样"②，但代议制为无产阶级民主提供了可供借鉴的形式。巴黎公社的出现提供了丰富马克思、恩格斯无产阶级代议制思想的契机。在《法兰西内战》一文中，马克思写道：组成巴黎公社的城市代表必须由各区全民投票选出，这些代表对选民负责，选民随时可以撤换他们。列宁发展了马克思恩格斯的无产阶级代议制思想，他指出：代议制不仅能为资产阶级适用，对无产阶级也可以适用，"如果没有代议机构，那我们就很难想象什么民主，即使是无产阶级民主"③；当然，无产阶级代议制与资产阶级代议制存在着本质区别，"苏维埃政权的民主制和它的社会主义性质表现在：最高国家政权是由以前受资本压迫的群众自由选出和随时都可以撤换的劳动人民（工人、士兵和农民）的代表组成的苏维埃……"④。

我国人民代表大会制度是马克思主义民主思想中国化的产物。毛泽东指出："十月革命一声炮响，给我们送来了马克思列宁主义。"⑤ 马克思主义不仅是中国共产党领导中国人民进行新民主主义革命的理论基础，也是中国共产党领导中国人民进行社会主义建设的思想指南。毛泽东领导的中国共产党人在革命实践中进行探索和思考，将马克思主义代议制思想中国化，形成了人民代表大会的思想。早在 1940 年，毛泽东同志就说道："没有适当形式的政权机关，就不能代表国家。中国现在可以采取全国人民代表大会、省人民代表大会、县人民代表大会、区人民代表大会直到乡人民代表大会的系统，并由各级代表大会选举政府。"⑥ 社会主义制度建立后人民代表大会制度成为国家的根本政治制度，人民成为国家主人，中华人民共和国的一切权力属于人民。但是，地域的广阔、人口的众多则决定了国家权力的所有者不可能直接地、经常地行使属于自己的权力，只能由人民选举代表组成人民代表大会行使国家权力。作为各级人民代表大会的组成人员，人大代表是由广大人民群众选举产生，作为自己意志的表达者和权力的受托

---

① 《马克思恩格斯选集》第 1 卷，人民出版社 1995 年版，第 293 页。
② 《马克思恩格斯全集》第 42 卷，人民出版社 1979 年版，第 371-372 页。
③ 《列宁选集》第 3 卷，人民出版社 1972 年版，第 211 页。
④ 《列宁全集》第 34 卷，人民出版社 1985 年版，第 448 页。
⑤ 《毛泽东选集》第 4 卷，人民出版社 1991 年版，第 1471-1472 页。
⑥ 转引自习近平：《在庆祝全国人民代表大会成立 60 周年大会上的讲话》，载《人民日报》2014 年 9 月 6 日。

者，县级及其以下人大代表由人民直接选举产生，县级以上人大代表间接选举产生，人民群众通过选举人大代表组成人民代表大会实现对国家和社会事务的参与和管理。因此，人大代表是国家主人的代表，一端连着人民，一端连着国家，发挥着极其重要的桥梁纽带作用；人大代表是人民忠诚的使者和代言人，是人民意愿真实的携带着和传递者，是人民意愿和国家意志的结合点。需要指出的是，我国的人大代表具有区别于西方议员的自身特点，主要体现在人大代表是一种兼职职务而非专职职务，身份具有特殊性，其代表着一部分人的权利，集合行使权力，具有广泛性和平等性。

（二）人大代表构成合理化的法理依据

人民代表大会制度作为我国社会主义制度的组成部分，它既是一项根本政治制度，也是我国一项基本法律制度。正如习近平所言："我国社会主义制度保证了人民当家做主的主体地位，也保证了人民在全面推进依法治国中的主体地位"[1]；"人民代表大会制度是坚持党的领导、人民当家做主、依法治国有机统一的根本制度安排"[2]。因此，人大代表构成的合理化问题，既是一个关涉民主政治的问题，也是一个关涉依法治国的问题。对人大代表构成合理化问题的思考，就应该将政治思维与法律思维结合在一起，揭示人大代表构成合理化的法理依据。

第一，发展民主政治。民主政治是社会主义的基石，也是社会主义的生命，没有民主就没有社会主义。社会主义民主政治的本质是人民当家做主，人民当家做主有多种形式，正如《宪法》所规定的："人民依照法律规定，通过各种途径和形式，管理国家事务，管理经济和文化事业，管理社会事务"（第2条第3款）。在人民当家做主的诸多形式中，人民代表大会具有根本性、最高性。《宪法》明确指出："中华人民共和国的一切权力属于人民。人民行使国家权力的机关是全国人民代表大会和地方各级人民代表大会"（第2条第1、2款）；"中华人民共和国的国家机构实行民主集中制的原则。全国人民代表大会和地方各级人民代表大会都由民主选举产生，对人民负责，受人民监督。国家行政机关、审判机关、检察机关都由人民代表大会产生，对它负责，受它监督"（第3条第1、2、3款）。在推进社会主义民主政治建设的过程中，最主要的工作就是完善人民代表大会制度，只有牢牢抓住人民代表大会制度这个核心，才能准确把握社会主义民主政治的方向。而完善人民代表大会制度就必须要坚持优化人民代表大会中的人大代表构成，人大代表代表人民的意志，只有人大代表构成趋于合理化和民主化，那么广大人民群众的意志才能够真正地体现出来，使得更多的人能够参与到社会主义民主政治建设。同时，中国共产党始终代表中国最广大人民的根本利益，在党领导下的社会主义民主政治建设，必须要体现最广大人民的根本利益诉求，若是人大代表构成过分

---

[1] 中共中央文献研究室：《习近平总书记重要讲话文章选编》，党建读物出版社、中央文献出版社2016年版，第208页。

[2] 习近平：《在庆祝全国人民代表大会成立60周年大会上的讲话》，载《人民日报》2014年9月6日。

单一化，就会使得诸多人民群众的政治诉求难以表达出来，人民代表大会就可能会变成代表某些特殊群体利益的场所，从而背离社会主义民主政治的本质。因此，建设社会主义民主政治要求湖北省人大应当对其人大代表的构成进行优化，在构成上体现民主性、广泛性、同等性等特征，充分保障人民的民主权利。

第二，推进依法治国。在中华人民共和国成立后的一段时间，由于认识的偏差，民主法治建设走过了一段曲折的道路。正是在总结历史的教训中，中国共产党认识到法治建设对于民主的重要性，党的十一届三中全会的召开拉开了民主法治建设正常发展的序幕①。在治国理政的实践探索中，中国共产党的依法治国理念逐步形成，党的十五大正式确认依法治国是党领导人民治理国家的基本方略。全国人民代表大会第九届第二次会议通过的宪法修正案将"中华人民共和国实行依法治国，建设社会主义法治国家"纳入其中，使依法治国基本方略获得了根本大法的确认。党的十八届四中全会通过《中共中央关于全面推进依法治国若干重大问题的决定》，党的十九大进一步强调："全面依法治国是国家治理的一场深刻革命，必须坚持厉行法治。"全面推进依法治国，首先必须加强和完善立法，因为立法是法治的基础和前提。众所周知，"我国现行的立法体制，基本上属于中央主导、统分结合的模式，并具有自己的鲜明特色，即'一元、两级、多层次'的结构体系"②。在这个结构模式中，人民代表大会的地位举足轻重，这从《宪法》第58、100、116条规定中可见一斑③。法治是良法之治，良法的制定不仅要求各级人民代表大会遵循《立法法》的规定，而且要求各级人民代表大会的代表构成具有合理性。这是实现科学立法、民主立法的基本要求。人民代表大会的代表不仅应该来自各行各业，而且应该保证少数民族、女性等拥有适当比例，这样才能使人民群众的意志充分全面地在人民代表大会的立法中体现出来，才能够使法律真正成为全体人民共同意志的集中反映。此外，依法治国要求加强人民代表大会的监督权，而人民代表大会有效行使监督权的基础就是人大代表的构成具有民主性和广泛性。如果人大代表构成的主体过于单一，则难以发挥人民代表大会的监督效能。例如，如果人大代表以官员为主，那么人民代表大会对官员行使权力方面的监督就会大打折扣，难以有效地防止官员贪污腐败现象的发生。

第三，实现人大职能。人民代表大会是我国的权力机关，其主要职权包含立法权、

---

① 《中国共产党第十一届中央委员会第三次全体会议公报》指出："为了保障人民民主，必须加强社会主义法制，使民主制度化、法律化，使这种制度和法律具有稳定性、连续性和极大的权威，做到有法可依，有法必依，执法必严，违法必究。"（参见《中国共产党第十一届中央委员会第三次全体会议公报》，《中国共产党历次全国代表大会全文数据库》，http：//cpc. people. com. cn/GB/64162/64168/64563/65371/4441902. html，访问时间：2017年10月18日。

② 李龙：《法理学》，武汉大学出版社2011年版，第197页。

③ 《宪法》明确规定："全国人民代表大会和全国人民代表大会常务委员会行使国家立法权"（第58条）；"省、直辖市的人民代表大会和它们的常务委员会，在不同宪法、法律、行政法规相抵触的前提下，可以制定地方性法规"（第100条）；"民族自治地方的人民代表大会有权依照当地民族的政治、经济和文化的特点，制定自治条例和单行条例"（第116条）。

任免权、决定权和监督权，作为人民代表大会之中的各个分子，人大代表构成的合理性与否是人民代表大会在行使职权时能否体现全体人民意志的关键。其中立法权涉及对法律的立、改、废三个方面。"'法是统治阶级意志的体现'是马克思主义关于法的本质的一个重要命题"①，列宁也指出："法律是统治阶级的意志的表现"。② 因此，我国作为一个人民当家做主的社会主义国家，法律必须要体现全体人民的意志，这是我国国体的必然要求。而在当下只有人大代表的构成体现广泛性、同比例和平等性的三项原则时，才能使人民的意志充分的得到代表，真正实现法律体现全体人民的意志的要求，使得立法权的行使体现着全体人民共同的心声，实现人民的共同的利益。任免权是指对国家机关的领导人员的人事任免，作为领导社会主义事业建设的人，其任免必须要体现全体人民的意志，因为只有如此，才能够得到人民的接受和拥戴，各方面工作才能够有效的实施。只有合理的人大代表构成，才能充分体现人事任免的民意基础，选出人民拥戴的公仆。决定权是决定国家大事的权利，面对当今复杂的国际国内形势，我们要完成社会主义现代化事业就必须克服一切艰难险阻，做出正确科学的决策，绝不能够出现重大的战略失误，而要做到这一目标，就必须要集民力、聚民智，最好的办法就是通过人民代表大会将人民的意志充分表达出来，毋庸讳言，要做到这一点，就必须要求人大代表在构成上是合理的。最后一项监督权的实现更要求人大代表的构成具有合理性，特别是广泛性的来源，监督主要是不同群体之间的监督，人大代表的构成如果过于单一，很难实现充分有效的监督，例如官员比重过高，将会很难实现对政府机关的监督，只有满足群体的多样性，监督才是有利的。

二、湖北省人大代表构成现状及存在的问题

我国人口众多、社会分工复杂、利益关系多元，如何分配人大代表的席位就成为人民代表大会制度建设的一个基本问题。人大代表席位的分配问题实际上是人大代表的构成问题，也就是各级人民代表大会中不同群体的代表的比例问题，这个问题历来备受关注。事实上，我国的人民代表大会制度在改革开放前和改革开放后呈现出不同的发展轨迹，同样人大代表的构成也有其不同之处。在改革开放前的计划经济体制下，公民个人没有独立的经济地位和经济利益，因而不会有独立的政治利益诉求。③ 人大代表的产生具有一定的指派性，选民登记按户口所在地进行，选区划分以行政、企事业单位为主，代表名额分配有计划地分派，为了权力能够集中行使，就产生官员大量任职人大代表的现象。改革开放后，随着政治体制改革的推进，人民代表大会制度也不断完善。扩大直接选举的层次、赋予公民个人或团体的提名权等措施使得人大代表的构成发生全新的变化。总体而言，人大代表构成的合理性提高，但依然存在需要完善的方面。在这里，笔

---

① 李龙：《法理学》，武汉大学出版社 1996 年版，第 20 页。
② 《列宁全集》第 15 卷，人民出版社 1972 年版，第 146 页。
③ 蔡定剑：《论人民代表大会制度的改革和完善》，载《政法论坛》2004 年第 6 期。

者以湖北省为例，对人大代表构成的现状以及存在的问题进行分析。

（一）湖北省人大代表构成的现状

有研究发现，"现有代表构成划分，主要依据户籍制度、档案制度、政治身份等传统身份制标识，将代表分为工人、农民、解放军和武警、干部、知识分子、华侨等类别，并辅以民族、性别、政治取向等标准，统计出少数民族、妇女、中共党员代表比例"①。那么湖北省人大代表的构成现状如何？笔者通过运用数据材料对这个问题进行分析。

第一，湖北省人大代表的城乡构成。人大代表的城乡构成的现状将很直接地说明人民代表大会代表的民意是否具有广泛性，下表所反映的是湖北省第十二届人大代表关于城乡之间的代表构成情况。

表1　　　　　　　　　　第十二届湖北省人大代表城乡比例

	武汉	黄石	十堰	襄阳	宜昌	荆州	荆门	鄂州	孝感	黄冈	咸宁	随州	恩施	仙桃	潜江	天门	神农	总计
城市	114人	34人	38人	53人	47人	57人	33人	14人	45人	53人	29人	25人	32人	14人	10人	15人	3人	615人
乡村	11人	2人	4人	8人	5人	6人	5人	3人	4人	9人	2人	3人	6人	3人	1人	3人	3人	78人
总计	125人	36人	42人	61人	52人	63人	38人	17人	49人	62人	30人	28人	38人	17人	11人	18人	6人	693人
城市比例	91%	94%	90%	87%	90%	90%	87%	83%	89%	85%	94%	90%	83%	82%	91%	83%	50%	89%
乡村比例	9%	6%	10%	13%	10%	10%	13%	17%	11%	15%	6%	10%	17%	18%	9%	17%	50%	11%

（资料来源：湖北省人大常委会官网，湖北省人民代表大会共有716名人大代表，表中除去了23名解放军代表，湖北省人大常委会官网网址：http://www.hppc.gov.cn/）

在表1中我们可以看出，在省级人大代表里，城市来源的代表明显高于乡村，城市占人大代表的总人数已经达到了89%；而乡村只有11%。综合17个市的具体情况来看，有8个市的城市人大代表的比例在90%以上，其他都保持在80%以上，城乡代表人数差异比较大。而湖北省2010年年末常住总人口为57237740人，其中城镇28445085

---

① 洪开开、王钢：《完善人大代表构成划分的若干思考》，载《人大研究》2009年第10期。

人，乡村 28792642 人。① 城镇化率达到 50%，即城市人口占总人口的比例为 50%。自 2010 年《选举法》将每位人大代表所代表的城市与农村人口比例修改为 1：1 以后，那么城市与乡村的人大代表的人数与城市人口与农村人口的比例应当是相同的，这样才能算得上平衡，即使考虑到少数民族代表的成分，城乡比例为 89% 和 11% 也属于差距巨大。

　　第二，湖北省人大代表的职业构成。人大代表的职业构成是另一个直接反映代表构成是否合理的重要指标。人大代表代表着广大人民群众的意志和利益，这要求人大代表必须来源于社会建设的方方面面，包括工人、农民、知识分子、官员等群体。只有每个群体都有适当的人大代表，群众的呼声才能够很好的听到，群众的意志才能够及时准确地反映出来，《中华人民共和国选举法》中明确规定了人大代表中要有适当的工人、农民、知识分子代表，也是考虑到代表需要广泛的问题。

表2　　　　　　　　　　　　湖北省人大代表职业构成状况

	武汉	黄石	十堰	襄阳	宜昌	荆州	荆门	鄂州	孝感	黄冈	咸宁	随州	恩施	仙桃	潜江	天门	神农	总计
官员	51 人	20 人	25 人	25 人	29 人	26 人	18 人	11 人	24 人	30 人	15 人	16 人	20 人	9 人	9 人	9 人	3 人	340 人
企业家	49 人	10 人	10 人	18 人	11 人	24 人	10 人	2 人	16 人	18 人	10 人	8 人	7 人	4 人	1 人	6 人	0 人	204 人
工人	3 人	0 人	0 人	4 人	0 人	0 人	1 人	0 人	0 人	0 人	0 人	0 人	0 人	0 人	0 人	0 人	0 人	8 人
农民	3	2	1	5	2	7	5	1	2	6	1	3	6	2	1	2	3	52
知识分子	16	4	5	8	9	6	4	2	7	7	4	1	5	2	0	1	0	81
其他	3	0	1	1	1	0	0	1	0	1	0	0	0	0	0	0	0	8
总计	125	36	42	61	52	63	38	17	49	62	30	28	38	17	11	18	6	693

　　（数据来源：湖北省人大常委会，网址：http：//www.hppc.gov.cn/，湖北省人民代表大会共有 716 名人大代表，表中除去了 23 名解放军代表。官员 49%；企业家 30%；工人 1%；农民 7%；知识分子 12%；其他 1%）

表3　　　　　　　　　湖北省 2016 年各市 GDP、人口、代表数统计表

排名（按GDP）	地区	GDP（亿元）	人口（万人）	省人大代表人数（人）
1	武汉	11912.61	1060.77	125
2	宜昌	3709.36	411.50	52
3	襄阳	3694.51	561.40	61

---

　　① 《中国 2010 年人口普查资料》，中华人民共和国国家统计局网站，http：//www.stats.gov.cn/tjsj/pcsj/rkpc/6rp/ indexch.htm，访问时间：2017 年 10 月 18 日。

排名（按 GDP）	地区	GDP（亿元）	人口（万人）	省人大代表人数（人）
4	荆州	1726.75	570.59	63
5	黄冈	1726.71	629.10	62
6	孝感	1576.69	478.80	49
7	荆门	1521	289.63	38
8	十堰	1429.15	338.30	42
9	黄石	1305.55	245.80	36
10	咸宁	1107.93	250.70	30
11	随州	852.18	219.08	28
12	鄂州	797.82	105.95	17
13	恩施	735.7	332.70	38
14	仙桃	647.55	115.50	17
15	潜江	602.19	95.80	11
16	天门	471.27	129.20	18
17	神农架林区	23.06	7.68	6

（数据来源：湖北省统计局，湖北省统计局网址：http：//www.stats-hb.gov.cn/，其中人大代表数来源于湖北省人大常委会官网：http：//www.hppc.gov.cn/，湖北省人民代表大会共有 716 名人大代表，表中除去了 23 名解放军代表）

从表 2 中我们会发现，在各市的人大代表的职业构成中主要是官员和企业家，其中官员的比重尤大，占总代表数的 49%，说明省级人大代表中，官员占多数，特别是在黄石、十堰、宜昌等地省级人大代表中官员的比重尤大。企业家的比重为 30%，官员和企业家已经占到代表总数接近了 80%，而农民、工人、知识分子和其他人士代表总和所占比仅仅只有 21%（其中"工人"指在企业工作的工人和车间干部，不包括厂长经理；"农民"指其居住地和工作地在村民委员会的农民，不包括农民企业家）。省人大代表构成中官员主导化严重，精英化趋势明显。另外，结合表 3 中可以看出，经济发展好的地区，企业家和知识分子的比例较高，例如武汉、襄阳、宜昌和荆州，武汉的企业家和知识分子占武汉代表总数的 49%，襄阳为 43%，宜昌为 38%，荆州为 48%。而经济发展较为落后的恩施和潜江其企业家和知识分子的代表比例为 32% 和 15%，说明经济的发展状况与企业家与知识分子代表比重呈现出正相关的趋势。此外，从各市的人口与代表的数目来看，大致为每 8 万多人会有一名省人大代表，各地差异不大。

第三，湖北省人大代表的性别构成。我国《选举法》第六条中规定人大代表应当有适当数量的妇女代表，并逐步提高妇女代表的比例，提高妇女代表比例有利于发扬男女平等的思想观念，调动广大妇女同志参与社会主义现代化建设的积极性，同时体现了社会主义民主政治的要求。

表4　　　　　　　　　　　湖北省人大代表男女比例表

	武汉	黄石	十堰	襄阳	宜昌	荆州	荆门	鄂州	孝感	黄冈	咸宁	随州	恩施	仙桃	潜江	天门	神农	总计
男	96人	28人	27人	45人	41人	51人	29人	12人	37人	45人	25人	23人	26人	11人	7人	13人	6人	522人
女	29人	8人	15人	16人	11人	12人	9人	5人	12人	17人	5人	5人	12人	6人	4人	5人	0人	171人
总计	125人	36人	42人	61人	52人	63人	38人	17人	49人	62人	30人	28人	38人	17人	11人	18人	6人	693人

（资料来源：湖北省人大常委会官网，网址：http：//www.hppc.gov.cn/，湖北省人民代表大会共有716名人大代表，表中除去了23名解放军代表）

表4中反映出人大代表在性别比例上的不平衡，其中男性占比75.3%，女性占比24.7%，男性的比例明显高于女性，而且在各个市的情况皆是如此，其中黄石、咸宁和神农架地区的女性比例不足20%。根据全国第六次人口普查湖北省的普查结果，湖北省全省常住人口57237740，其中，男性为29391247人，占总人口的51.35%；女性为27846480人，占总人口的48.65%。[1] 可以看出女性人口占湖北省人口总数的48.65%，但是在省一级的人大代表中，女性代表的比例仅为26.5%，暴露出了湖北省人民代表大会代表在男女比例上的不均衡现象，与女性实际占人口比例相差甚远。

第四，湖北省人大代表的党派构成。在现实生活中，身为一名共产党员，应当时刻想着为人民服务，充分发挥模范先锋的作用，当选人大代表之后，更能够方便发挥自身的为人民服务的精神，同时也能增强人民群众对党和党员的信任。但是党员的比重过大，就会限制其他群体的代表比重，比如说少数党派和无党派人士及其他民主人士的代表比重就会下降，这样就不利于这些人表达自己的政治意见。因此，应该平衡人大代表构成中的共产党员比重，使其比例不能过高也不能过低，过高会影响到其他群体意见的表达，过低则会使得党联系人民群众，发挥党员先锋模范作用的能力降低。

表5　　　　　　　　　　十二届湖北省人大代表党派构成

	武汉	黄石	十堰	襄阳	宜昌	荆州	荆门	鄂州	孝感	黄冈	咸宁	随州	恩施	仙桃	潜江	天门	神农	总计
中共	95人	29人	30人	46人	43人	54人	32人	12人	37人	44人	26人	23人	30人	11人	9人	15人	6人	542人
少党	13人	5人	5人	5人	3人	5人	2人	3人	6人	7人	2人	2人	3人	2人	1人	1人	0人	65人
其他	17人	2人	7人	10人	6人	4人	4人	2人	6人	11人	2人	3人	5人	4人	1人	2人	0人	86人
总计	125人	36人	42人	61人	52人	63人	38人	17人	49人	62人	30人	28人	38人	17人	11人	18人	6人	693人

（资料来源：湖北省人大常委会官网，网址：http：//www.hppc.gov.cn/，湖北省人民代表大会共有729名人大代表，表中除去了26名解放军代表）

---

① 《中国2010年人口普查资料》，中华人民共和国国家统计局网站，http：//www.stats.gov.cn/tjsj/pcsj/rkpc/6rp/indexch.htm，访问时间：2017年10月18日。

表 5 中反映出了中国共产党党员比重过高的问题。所有代表中共产党员占比 78.2%，占据着绝大多数；少数民主党派占比 9%，其他无党派人士占到 12.8%，少数民主党派以及无党派人士占比之和 21.8%。有些市人大代表的党员比重高达 80% 以上，甚至于 90% 以上，例如神农架地区等。

（二）湖北省人大代表构成存在的问题

通过对上面湖北省关于改革开放前和改革开放后的人大代表做了一个简要的分析，并且对现任即第十二届湖北省人大代表的城乡、职业、性别、党派等做了详细的分析，本文总结出了人大代表构成上存在的一些问题，这些问题集中体现在两个方面。

一是官员代表主导化。在对湖北省人大代表的职业构成作出分析之后，能够得出最直接的信息是人大代表中官员的比重过大，官员占人大代表的比重已经接近于一半，有些地区更是超过了一半，官员主要来自"一府两院"和党组织的工作人员。这个现象并非只存在于省一级的人大代表中，在全国人大代表中也是这样的，在第十二届全国人大代表中，官员所占的比重达到了 40% 以上，并且以省部级高官居多。① 导致这一现象的原因归纳起来主要有三个方面。一是选举方式有待完善。在我国，县级及其以下人大代表选举采用的是直接选举方式，由人民群众自己作出决定，这样选举在多数情况下都能使不同群体拥有相应的人大代表代表自身的意志，表达自己的意愿。但是县级以上的人大代表选举所采用的是间接选举的方式。间接选举会使得选民直接运用自己的选举权选出代表本群体的代表人的可能性降低，因为此时选民已经把选举的权力交给了自己所选择的人员，普通选民无法决定自己所选举出来的代表人之后会选举何人。如此一来，选举出来的县级以上人大代表很可能无法最广泛地代表选民的意志。二是直接选举过程中存在问题。直接选举的候选人提名方式包括十名以上选民提名以及各政党、各人民团体单独或联合推荐。由于在基层选举中，候选人很少同选民进行对话交流，使得选民提名的候选人很少被其他选民认同，而各政党及人民团体推荐的人基本属于当地在一些方面比较突出的人，比如官员、企业家等，这些人在当地的名气很大，即使不用过多的宣传，知名度也会很高，特别是一个地区的官员领导人物。三是选民对选举的重视程度不够，选民缺乏选举的热情，选民对选举抱一种无所谓的态度，当看见自己熟悉的官员或者企业家就会选上。

二是代表身份精英化。代表的精英化是湖北省人大代表构成所暴露的另一个问题。在第十二届湖北省人大代表中，官员、企业家和知识分子所占的比重特别大，官员 49%，企业家 30%，知识分子 12%，三者相加已经达到了 91% 的比重，造成这种现象的原因同样是多方面的。其中有些原因就是如上述分析的一样，选民通常会对本区域的精英阶层产生好感，这是其在本区域的名气决定的，同时选民选择精英是相信他们的能力能够给自己带来好处。但是还有一个重要的原因就是所谓人大代表的多重身份。改革开放以后，我国的经济大发展，随之而来的是社会结构的变化，很多人在经济发展的浪

① 参见赵晓力：《论全国人大代表的构成》，载《中外法学》2012 第 5 期。

潮中改变了自身的命运，这里所说的多重身份就是指这些切实享受到改革开放利益成果的人。这些成为人大代表的人往往身兼多元身份角色，他可能是农民身份，外出打拼之后又可能成为民营企业家；他既可能是知识分子、专业技术人员，又可能同时是企事业单位负责人；既可能是妇女代表，又可能具有少数民族、知识分子等身份。因此，在选举时如何保障工人、农民等处于底层的民众保持适当的人大代表比例成为一个大问题。① 在湖北省第十二届人大代表中，有很多民营企业家，他们也有可能是以工人和农民身份当选。官员和企业家为主体的精英组成人大代表是不利于我国的社会主义民主政治建设的。另一方面，这种单一化的人大代表构成难以有效疏导社会矛盾。如果在国家权力机关中有本群体的代表，特别是那些处于弱势地位的基层群体如果自身利益能够得到很好的表达，就不会出现那么多的上访事件。对于涉及弱势群体的社会矛盾应当以疏导为主，让他们的声音能够通过人民代表大会制度顺利地反映出来，通过正当合法的途径予以解决。

三、优化湖北省人大代表构成的建议

上述研究表明，优化湖北省人大代表的构成，既有深刻的法理依据，也有充足的现实理由。它有利于使湖北省人大代表的构成更加合理，从而更好地实现湖北省人民代表大会的职能，促进湖北省政治建设、经济建设、文化建设、社会建设以及生态文明建设更快、更好地发展，并为其他地方人大代表构成乃至全国人大代表构成的合理化提供参考和借鉴。然而，正如毛泽东所说的："我们不但要提出任务，而且要解决完成任务的方法问题。我们的任务是过河，但是没有桥或没有船就不能过。不解决桥或船的问题，过河就是一句空话。不解决方法问题，任务也只是瞎说一顿。"② 优化湖北省人大代表构成，必须找到方法和路径。笔者依据法律规定，对优化湖北省人大代表构成提出以下建议。

（一）人大代表构成优化的基本原则

优化湖北省人大代表构成不能随心所欲、天马行空，必须遵循一定的基本准则，这些基本准则构成优化湖北省人大代表构成的基本原则。那么，优化湖北省人大代表构成的基本原则有哪些？根据《宪法》《选举法》《全国人民代表大会和地方各级人民代表大会代表法》等法律的规定，优化湖北省人大代表构成的基本原则主要包括地区平等原则、同比例原则和广泛性原则三个方面。

第一，地区平等原则。地区平等原则是指在中华人民共和国内，无论是东、中、西部地区还是南、北地区，人民的选举权利是平等的，每个有选举权的选民的选票的效力

---

① 徐理响、黄鹂：《人大代表结构与代表身份选择合理性问题探析》，载《中南大学学报》（社会科学版）2016年第1期。

② 《毛泽东选集》第1卷，人民出版社1991年版，第139页。

是平等的，不会因为各个地区的经济发展程度、宗教信仰以及其他各方面的差异而使得每个选民选举的效力不平等。同时对于经济文化相对落后地区，应当提供足够的经费支持，保证每个选民都能真实自由的行使自己的选举权利。选举上地区平等保证了政治上的人人平等。在新中国成立以前，每个人的身份地位不同，地区存在巨大差异使得选举成为身份地位高的人和经济发达地区的专有权，落后地区连最基本的温饱都无法解决，更不用谈论选举权的行使，人们称这种选举为"虚伪的选举"，原因就在于它忽视了经济不发达地区人民的选举权利。民国时期的选举基本都是东部地区的人，中西部地区真正能够参与到选举中的人很少。新中国成立后，人民代表大会制度打破了身份和地区的差异限制，充分保障了人民的选举权利。改革开放后，经济大发展，也为人民的选举提供了更加雄厚的物质基础，区域差异逐渐消失，地域平等原则也越来越得以贯彻。湖北省是一个经济发展较为不平衡的地区，从表3中就可以清楚地呈现出来，武汉、襄阳、宜昌这些地区的经济发展状况较好，而广大的鄂西北地区经济发展相对滞后。针对经济文化相对落后的地区，湖北省应当在选举过程中给予更多的财力支撑，做好宣传工作，保证选民能够真实有效的表达自己的愿望。

第二，同比例原则。同比例原则主要是指在人大代表的选举中，每一代表所代表的人口数相同不因城市和农村而有所区别，城乡的比例是完全平等的。虽然中华人民共和国成立后的一段时间里在人大代表选举中实行按城乡不同比例原则配置选举权制度，但最终在2010年《选举法》所确定的城乡同票同权制度所取代，2015年《选举法》承袭了2010年《选举法》的城乡代表同比例原则①。贯彻同比例原则要求正确理解《选举法》第18条对少数民族代表比例的特殊规定②，少数民族代表比例可以略低。这是考虑到我国的少数民族人口少且分布不均匀，为了保证其参与国家社会管理、表达自己意愿而做出的变通性规定，这是对代表广泛性原则的一个保障。但是上述法条还规定了代

---

① 2015年《选举法》第16条规定："全国人民代表大会代表名额，由全国人民代表大会常务委员会根据各省、自治区、直辖市的人口数，按照每一代表所代表的城乡人口数相同的原则"（第16条）；"地方各级人民代表大会代表名额，由本级人民代表大会常务委员会或者本级选举委员会根据本行政区域所辖的下一级各行政区域或者各选区的人口数，按照每一代表所代表的城乡人口数相同的原则"（第14条）。《中华人民共和国全国人民代表大会和地方各级人民代表大会选举法》，中国人大网，http：//www.npc.gov.cn/npc/xinwen/2015-08/31/content_1945577.htm，访问时间：2017年10月19日。

② 《选举法》第18条规定的内容是："聚居境内同一少数民族的总人口数不足境内总人口数百分之十五的，每一代表所代表的人口数可以适当少于当地人民代表大会每一代表所代表的人口数，但不得少于二分之一；实行区域自治的民族人口特少的自治县，经省、自治区的人民代表大会常务委员会决定，可以少于二分之一。人口特少的其他聚居民族，至少应有代表一人。聚居境内同一少数民族的总人口数占境内总人口数百分之十五以上、不足百分之三十的，每一代表所代表的人口数，可以适当少于当地人民代表大会每一代表所代表的人口数，但分配给该少数民族的应选代表名额不得超过代表总名额的百分之三十。"《中华人民共和国全国人民代表大会和地方各级人民代表大会选举法》，《中国人大网》http：//www.npc.gov.cn/npc/xinwen/2015-08/31/content_1945577.htm，访问时间：2017年10月19日。

表比例的下限，这同样是对同比例原则的规定。这种变通是在广泛性原则与同比例原则之间找到的平衡点。在湖北省人大代表中，来源于乡村的人大代表占有比例仅仅只有10%，严重少于城市出身的人大代表的90%，而湖北省的乡村人口占总人口的比例在40%以上，这与《选举法》规定的同比例原则相去甚远。因此，湖北省应当提高省级人大代表中来源于乡村的人大代表，特别是广大农民的比例。当前以习近平总书记的党中央正在推进"脱贫"工作，打好"脱贫"攻坚战的核心在农民，只有人大代表中有足够的乡村人大代表，他们能够以自己的切身感受为扶贫献言献策，同时能够有效监督政府在脱贫中的工作表现，避免出现"数字脱贫"等假脱贫。

　　第三，广泛性原则。广泛性原则亦称普遍性原则，是指人民代表大会代表的来源必须具有广泛性，各个领域、各个行业、各个民族、各个党派、各种性别等都要有自己的人大代表，代表本领域、本行业、本民族、本党派、本性别的利益。我国《选举法》第6条中明确规定有："全国人民代表大会和地方各级人民代表大会的代表应当具有广泛的代表性，应当有适当数量的基层代表，特别是工人、农民和知识分子代表；应当有适当数量的妇女代表，并逐步提高妇女代表的比例。全国人民代表大会和归侨人数较多地区的地方人民代表大会，应当有适当名额的归侨代表。旅居国外的中华人民共和国公民在县级以下人民代表大会代表选举期间在国内的，可以参加原籍地或者出国前居住地的选举。"[1]　与同比例原则一样，广泛性原则既是人民当家做主地位的具体体现，其次还有依法治国的客观要求。人民是国家的主人，依法治国的"法"必须体现全体人民的意志和利益，因而作为立法者的人大代表必须具有广泛性。从湖北省第十二届人大代表的构成分析来看，这些数据表明湖北省人大代表构成的广泛性有待加强。官员49%；企业家30%；工人1%；农民7%；知识分子12%；其他1%。由此可以看出官员比重大，企业家比重也比较高，其他人员包括知识分子、农民、工人等所占比例都较低。这样的代表构成既不符合同比例原则的要求，是对广泛性原则的背离。我国是工人阶级领导的，工农联盟为基础的社会主义国家，工人和农民占人口的绝大部分，然而工人、农民的人大代表比例却远远低于官员、企业家。可见，坚持广泛性原则，是优化人民代表构成的基本要求，也是完善人民代表大会制度的重要内容。湖北省应当提高本省内的工人、农民、知识分子的代表比重，使得各行各业都有适当的代表参与到人民大会代表中来。此外，妇女代表比重也应当提高，当前妇女比重仅仅只有24.7%，比例很不适当。提高女性在人大代表构成中的比例，有利于彰显女性的社会地位，也有利于保护妇女权益。

（二）湖北省人大代表构成优化的具体路径

　　地区平等、同比例、广泛性这三项原则为湖北省人大代表构成提供了指导，但是原

---

① 《中华人民共和国全国人民代表大会和地方各级人民代表大会选举法》，中国人大网，http：//www. npc. gov. cn/npc/xinwen/2015-08/31/content_1945577. htm，访问时间：2017 年 10 月 19日。

则具有抽象性，必须将其具体化以增强其可操作性。具体而言，优化湖北省人大代表构成，可以从降低限制官员比重、实现精英化与平民化之间的平衡以及直接选举与间接选举相结合等方面进行。

第一，适当降低人大代表的官员比重。依照人民代表大会灰度，行政机关和司法机关从人民代表大会产生，对其负责，受其监督。一旦人大中的官员代表比例过大，就会出现自身监督自身、自己对自己负责的现象，导致各级人大代表会议中"真正唱主角和掌握发言权的，往往是那些党政官员出身的人民代表，而按照各种代表构成选举出来的代表则成了那些官员代表们发表政见的忠实听众与提交议案的附和者"①。这样，人民代表大会很难对行政机关和司法机关的工作形成有效的监督。无论是监督官员的工作，还是扩大其他主体的代表比例，都应当对官员代表比重予以适当限制，规定官员代表不得超过代表总人数的一定比例。十多年前，曾有学者建议，实行各级领导干部与人大代表身份相脱离，行政机关和司法机关领导不兼任人大代表职务。② 虽然实行领导干部与人大代表身份相脱离在我国难以实现，将目前官员在人大代表中的比重降低是可以做到的。官员比重的下降并不会有损国家机关在人民群众中的权威，相反会提高人民群众对官员的信任，因为人民群众的代表比例上升，可以更好地表达自己对于国家机关的看法，这样使得官员与人民群众之间的关系会更紧密，矛盾也会减少很多。此外，通过发展经济能够提高知识分子和企业家的比重，有效改善官员比重过大的现象。

第二，实现精英化与平民化的平衡。人大代表应该精英化还是平民化，这是我国民主发展道路上的一个难题。有人主张精英化，认为精英当选人大代表，其作出决策时会运用自身的专业素质做出最符合利益最大化的决策。然而，随着我国民主政治的发展和人们权利意识的提高，"代表构成的精英化倾向，近年来受到越来越多的质疑"③。在笔者看来，不能因为精英决策的优势否定普通民众的智慧，亚里士多德早就说过："集会中任何个人可能都不及那才德最高的一人。但城邦原为许多人所合组的团体……自许多事例上，群众必任何一人有可能作较好的裁断。"④ 我国是以工人阶级为领导、以工农联盟为基础的人民民主国家，人民当家做主的国家性质决定了必须坚持普通人民群众参与治理国家。而且，精英治理国家很容易形成庞大的政治利益集团，一旦如此就会使人民群众的主体地位得不到保障，从而背离我国政权性质。所以，坚持人民代表平民化是必需的。人民代表平民化并非否定精英作为人大代表。事实上，治国理政事是一项复杂且艰巨的系统工程，需要有足够的高素质人员的参与。所以，在人大代表中应该有来自各界的精英。但是，精英群体的比重不能够过高，要保障人民群众参与国家治理的权利，同时也要注重提高工人和农民等基层人员治理国家的能力。从湖北省第十二届人大

① 王金红：《从人大代表辞职引发对人大代表构成及代表性的思考》，载《岭南学刊》2005 年第 1 期。

② 蔡定剑：《论人民代表大会制度的改革和完善》，载《政法论坛》2004 年第 6 期。

③ 赵晓力：《论全国人大代表的"精英"构成与治本之策》，载《中外法学》2012 年第 5 期。

④ ［古希腊］亚里士多德著，吴寿彭译：《政治学》，商务印书馆 1983 年版，第 163 页。

代表构成看，官员和企业家等为代表的精英阶层占据大多数，工人和农民的比重严重不足，因此在湖北省未来人大代表制度建设中，应该适当增加工人、农民等平民阶层的比重，以实现人大代表的精英化和平民化之间的平衡，这是社会主义民主的要求，也是社会主义民主的真谛所在。

第三，推进以直接选举为基础的选举方式改革。人大代表构成与人大代表产生方式之间有着密切关系，扩大直接选举方式的范围有利于调适人大代表的构成比例。众所周知，我国《选举法》规定的选举方式有直接选举和间接选举两种方式，在县级及其以下人大代表由直接选举产生，县级以上人大代表由间接选举产生。这样的选举制度安排有利于节约选举成本，但是高级别人大代表由间接选举产生，不利于民意的真实表达。为了保障民意的表达，我国的选举方式应当做出适当的调整，逐步提高直接选举的级别，因为直接选举才是能够充分体现民意的选举方式，正如恩格斯所说的："为了防止国家和国家机关由社会公仆变为社会主人"，"必须把行政、司法和国民教育方面的一切职位交给由普选选出的人担任，而且规定选举者可以随时撤换被选举者"①，"普选制是测量工人阶级成熟性的标尺"②。目前，我国的物质基础比较扎实，人民的民主政治素质也有显著的提高，这些为扩大直接选举的范围提供了条件。将直接选举的级别提高到省一级，不仅能使选举更好地体现民意，而且能增加省级人大代表、全国人大代表的基层人员比例、降低其精英人员的比例。与此同时，应当对选举程序进行改革。当前，直接选举的候选人多数未与选民见面，基本上是组织者在组织选民选举时念一念候选人的简历，选民不了解候选人的思想情况，也不知道假如被选为代表后是如何履行、是否会履行作为代表的职能。选民不了解候选人，只能凭借着自己的感觉随意的选举。这样的选举并不是真正的民意表达，也不利于实现社会主义民主。因此，建议在选举程序中加上一个环节，即候选人与选民见面环节。在这个环节中，候选人向大众提供自己的有关信息，宣扬自己当选的主张，保证在当选后选民能够随时找到自己表达意愿。这样，拉近了候选人与选举的距离，有利于选民选举出真正代表自己意志的代表，也利于选民对被选上的人大代表进行监督，促使人大代表更好地履行职能，从而充分彰显人民代表大会的价值功能。

结语

同湖北省人大代表构成一样，全国各地的人民代表构成随着依法治省的推进和民主政治建设的加强而日益完善，但毋庸讳言目前也存在着需要完善的方面。虽然《宪法》和《选举法》对人大代表构成的基本原则作出了规定，这些原则包括地区平等、同比例、广泛性原则等，但实际上官员、企业家与工人、农民、知识分子在人大代表构成中的比例失衡，前者偏高，后者偏低。这样的人大代表构成不利于发挥广大人民群众参与

---

① 《马克思恩格斯选集》第 3 卷，人民出版社 1995 年版，第 12-13 页。
② 《马克思恩格斯选集》第 4 卷，人民出版社 1995 年版，第 173-174 页。

政治生活的积极性，不利于夯实人大代表的民意基础。党的十九大报告指出：当今中国已经进入中国特色社会主义新时代，"新时代我国社会主要矛盾是人民日益增长的美好生活需要和不平衡不充分的发展之间的矛盾，必须坚持以人民为中心的发展思想，不断促进人的全面发展、全体人民共同富裕"[①]。优化人大代表构成、完善湖北省人民代表大会制度，是贯彻落实"以人民为主体的发展思想"的基本要求和题中之意。我们期盼，对湖北省人大代表构成的研究为其他地方人大代表构成合理化提供有益的启示。我们也相信，有中国共产党的领导、有各地人大常委会的组织实施、有广大人民群众的参与，包括湖北省在内的全国各地人大代表构成将更加优化，人民代表大会将更好地履行推进社会、经济和人的全面发展的职能。

[①] 习近平：《决胜全面建成小康社会 夺取新时代中国特色社会主义伟大胜利》，载《人民日报》2017 年 10 月 19 日。

论习近平新时代中国特色社会主义
人权思想的丰富内涵

汪火良 *

摘要： 十八大以来，以习近平同志为核心的中央领导集体发表了一系列重要讲话和作出了重要的决定报告，这些重要讲话和决定报告之中处处流露出深厚的人文底蕴，饱含着时刻把人民的冷暖得失放在心中、关爱民生的赤子情怀，抒发了中国共产党人始终服务人民、振兴民族的使命担当，其凝结为马克思主义人权理论的最新理论成果——习近平新时代中国特色社会主义人权思想。习近平新时代中国特色社会主义人权思想的丰富内涵可以概括为：凸显人民主体地位、以人民为中心的人权主体论；丰富权利类型、拓展人权范围的人权客体论；坚持在发展中保障和改善民生、促进人的全面自由发展的人权目的论；以中华民族伟大复兴为己任、造福人民的人权目标论；全面推进依法治国、以法治保障人权实现的人权保障论。这一系列关于人权理论的新理念、新观点和新思想进一步深化了中国特色社会主义人权理论，进一步丰富了中国特色社会主义人权理论体系，为中国特色社会主义人权实践指明了方向。

关键词： 习近平新时代中国特色社会主义人权思想；人权主体论；人权客体论；人权目的论；人权目标论；人权保障论

人权是人民意志、愿望、利益的具体化、法律化和经常性的表现形式。实现人民的意志、愿望和利益，从本质上说，就是保证人民依法享有广泛的权利和自由，尊重、保障和促进人权。① 十八大以来，以习近平同志为核心的中央领导集体发表了一系列重要讲话和作出了重要的决定报告，讲话和报告的内容涉及经济、政治、文化、社会、生态和党的建设等各个领域，贯通改革发展稳定、内政外交国防、治党治国治军等各个方面。这些重要讲话和决定报告不仅文风朴实、字字珠玑、语重心长，句句说到了人们心坎上，而且主题鲜明、高屋建瓴、举重若轻，处处点到了问题的实质上。个中流露出深厚的人文底蕴，饱含着时刻把人民的冷暖得失放在心中、关爱民生的赤子情怀，抒发了

＊ 作者简介：汪火良（1972— ），汉族，男，湖北黄梅人，湖北师范大学政法学院副教授、法学博士，主要研究法政治学和法理学。

① 汪习根、汪火良：《法治是执政党尊重和保障人权的基本方式》，载《检察日报》2014 年 11月 14 日。

中国共产党人始终服务人民、振兴民族的使命担当,其凝结为马克思主义人权理论的最新伟大成果——习近平新时代中国特色社会主义人权思想。这是人权理论发展史上的重大突破,使人权理论回归到对人本身的研究,重视对人格尊严和幸福生活的保障与发展,强调发展是人类永恒的主题,形成了中国特色社会主义人权理论体系的基本框架①。习近平新时代中国特色社会主义人权思想的丰富内涵可以概括为:凸显人民主体地位、以人民为中心的人权主体论;丰富权利类型、拓展人权范围的人权客体论;坚持在发展中保障和改善民生、促进人的全面自由发展的人权目的论;以中华民族伟大复兴为己任、造福人民的人权目标论;全面推进依法治国、以法治保障人权实现的人权保障论。这一系列关于人权理论的新理念、新观点和新思想进一步深化了中国特色社会主义人权理论,进一步丰富了中国特色社会主义人权理论体系,为中国特色社会主义人权实践指明了方向。

一、人权主体论

主体是权利的载体、承担者、享用者,一般是指具有自主性、自为性、自觉性、自律性、主动性、主导性的个人,但人权的国际化使集体成为特别的人权主体,"法人和集体作为人权的主体仅具有手段性的意义"②。因此,主体论上的人权,就是具有人性的个人的权利③,"人权主体应主要限定为个人,人权是一种个人权利"④,是人之为人的权利,是人之所以成其为人的权利,是使人成为有尊严的人的权利。西方人权观认为人权的主体是个人,从而使个人与社会分离开来,个体主义与集体主义似乎成了不可共存的两种人权观。我国的人权观从个人与社会相互关系的原理出发,明确提出"中国梦是民族梦,也是每个中国人的梦",体现了民族集体人权和个人人权的高度统一。社会主义人权首先是人民群众的集体人权,中国共产党执政为民、人民政府执法为民、司法机关司法为民都是坚持人民的主体地位,"把人民放在心中最高位置"的人民主体人权观。在新形势下,以习近平同志为核心的新一届党中央领导集体继承、发展了中国共产党的立党为公、执政为民理念,强调人民群众的首创精神,提倡尊重人民群众的实践主体地位,深刻阐释了以人民为中心的思想,进一步发展了马克思主义的人民主体观,进一步深化了坚持人民主体地位的人权观。

---

① 李龙、郑华:《中国特色人权理论体系纲要》,载《广州大学学报(社会科学版)》2017年第1期。

② 徐显明、曲相霏:《人权主体界说》,载《中国法学》2001年第2期。

③ 谭希培、刘真金:《人权涵义探析——对A.格维尔茨人权五要素的解读》,载《湖南税务高等专科学校学报》2006年第5期。

④ 张文显:《论人权的主体与主体的人权》,载《中国法学》1991年第5期。

（一）"人民是历史的创造者，群众是真正的英雄"的历史唯物主义人权观

习近平同志指出："人民是历史的创造者，群众是真正的英雄。"① "实现全面建成小康社会、建成富强民主文明和谐的社会主义现代化国家的奋斗目标，实现中华民族伟大复兴的中国梦，就是要实现国家富强、民族振兴、人民幸福。"② 将国家富强、民族振兴与人民幸福紧紧结合在一起，体现了其尊重人民创造主体地位的思想主旨。

"功崇惟志，业广惟勤。"幸福不会从天而降，一切美好都要靠辛勤劳动来创造；梦想不会自动成真，宏伟目标要靠人民的历史创造活动来实现。人民群众是历史的创造者，毫无疑问也是推动改革的主体力量。"在任何时候任何情况下，与人民同呼吸共命运的立场不能变，全心全意为人民服务的宗旨不能忘，群众是真正英雄的历史唯物主义观点不能丢，始终坚持立党为公、执政为民。"③ 我们倡导的富强民主文明和谐、倡导的自由平等公正法治、倡导的爱国敬业诚信友善的社会主义核心价值观高度体现了社会主义人权观的价值目标、价值取向、价值准则。在新形势下，协调推进"四个全面"战略布局，实现"两个一百年"奋斗目标、实现中华民族伟大复兴中国梦，需要我们始终"把人民放在心中最高位置"，以人民为"历史的创造者和剧中人"，焕发人民群众的无穷创造活力，凝聚亿万人民的智慧和力量，以劳动创造铺就梦想之路。

（二）人民大众是人权梦的力量源泉和享有主体

中国的人权梦以和而不同、求同存异的中国价值观为基础，从个人与社会的相互关系原理出发，明确提出"中国梦是民族的梦，也是每个中国人的梦"。④ 个人主义与集体主义并非不可通约的两种完全不同的人权理念观，中国人权梦体现了民族集体人权和个人人权的高度统一，并最终通过让每一个人都享有人生出彩、梦想成真的平等机会而归宿于现实的真实的个人主体。⑤ 习近平同志指出："我们要坚持'以百姓心为心'，倾听人民心声，汲取人民智慧，始终把实现好、维护好、发展好最广大人民根本利益作为一切工作的出发点和落脚点，让发展成果更多更公平惠及全体人民"。⑥ 要保证人民在党的领导下，依照法律规定，通过各种途径和形式管理国家事务、管理经济和文化事业、管理社会事务。要把体现人民利益、反映人民愿望、维护人民权益、增进人民福祉落实到依法治国全过程，使法律及其实施充分体现人民意志。

1. 一切为了满足人民对美好生活需要的思想。中国共产党 97 年来的一切奋斗，归根到底都是为了人民。党自诞生之日起，就勇敢担当起带领人民创造幸福生活、实现中

---

① 习近平：《习近平谈治国理政》，外文出版社 2014 年版，第 5 页。
② 习近平：《习近平谈治国理政》，外文出版社 2014 年版，第 39 页。
③ 习近平：《习近平谈治国理政》，外文出版社 2014 年版，第 367 页。
④ 习近平：《习近平谈治国理政》，外文出版社 2014 年版，第 40 页。
⑤ 汪习根：《中国梦与人权——当今中国人权的法政治学解读》，载《人权》2014 年第 3 期。
⑥ 奚洁人：《中国特色社会主义与中国共产党——论习近平对中国特色社会主义基本要求的丰富发展》，载《解放日报》2015 年 6 月 30 日。

华民族伟大复兴的历史使命。党领导新民主主义革命，是为了改变人民遭受压迫奴役的悲惨状况；领导建立社会主义基本制度，是为了保障人民当家做主的地位和权利；组织开展社会主义建设，是为了使人民过上美好生活；实行改革开放和社会主义现代化建设，是为了更快地实现国家富强和人民幸福。习近平同志指出："老百姓对美好生活的追求，就是我们的努力方向。"① 坚持发展为了人民，是我们党推动科学发展的根本目的。坚持发展为了人民，就要顺应人民过上更好生活的新期待，从满足人民的物质文化需要、实现人的全面发展出发，把人民放在心中最高位置，把人民幸福作为第一目标，把人民要求作为第一任务，把人民呼声作为第一信号，深怀爱民之心，恪守为民之责，善谋富民之策，为群众诚心诚意办实事、尽心竭力解难事、坚持不懈做好事。②

2. 一切依靠人民为创造主体的思想。中国人权梦是民主梦、人民梦。我们追求的民主梦是有中国特色社会主义民主，是有利于保持国家活力的民主制度，是有利于解放和发展社会生产力、推动经济社会全面发展的民主方式，是有利于维护与促进社会公平正义、实现全体人民共同富裕的民主道路。民主的本质是制约和监督权力，实现人的全面、自由和可持续的发展。全面建成小康社会，主体力量是人民群众，依靠力量是人民群众。习近平同志指出："人民群众是我们的力量源泉"。③ 坚持发展依靠人民，就要密切联系群众，始终相信群众，倾听群众意见，接受群众评判；全面贯彻尊重劳动、尊重知识、尊重人才、尊重创造的方针，努力营造鼓励人们干事业、支持人们干成事业的良好氛围，最广泛最充分地调动一切积极因素，最大限度地发挥人民群众的聪明才智，放手让一切创造社会财富的源泉充分涌流。

二、人权客体论

从哲学上讲，客体是与主体相对的范畴，是指主体的意志和行为所指向、影响、作用的客观对象。④ "人们奋斗所争取的一切，都与他们的利益有关"。⑤ 人权的客体从实质上讲，就是基于人性需要和要求的各种利益。人权客体通常体现为人权主体应该享有的权益，而国家和社会负有提供和实现这一权益的义务。作为国家和社会实现义务的人权客体具体包括：关于人身权利方面的客体；关于政治权利方面的客体；关于经济、社会、文化权利方面的客体；在国际社会中，还有国家独立、和平、发展、自然资源、环

---

① 习近平：《在广东考察工作时的讲话（2012年12月7日——11日）》，中国新闻网，http://cpc.people.com.cn/xuexi/n/2015/1112/c385474-27806893.html，2013年10月18日。
② 侯远长、王增杰：《中国特色社会主义新探》，中国言实出版社2014年版，第75-76页。
③ 习近平：《在十八届中共中央政治局常委同中外记者见面时的讲话》，新华网，http://www.xinhuanet.com/18cpcnc/2012-11/15/c_113697411.htm，2012年11月15日。
④ 张文显：《法理学》，高等教育出版社、北京大学出版社2007年版，第163页。
⑤ 《马克思恩格斯全集》第1卷，人民出版社1956年版，第82页。

境等人权客体①。中国梦下的人权致力于改造物质形态和精神形态的人权客体，以全面改革的精神实现中国的人权梦。具体来说，通过对人权之对象与客体的改造与优化，中国梦致力于更加适宜而深刻的人权实践，②这个人权实践在当前必须与"经济、社会、文化权利与公民、政治权利紧密结合和协调发展"③，全面贯彻到政治、经济、文化、社会、生态的"五位一体"建设之中，从而不断丰富权利类型、拓展人权范围、创造人权保障的条件。

1. 一切为了造福人民、让人民获益的思想。"中国人权梦"是托起全体人民的"幸福梦"。让每一个中国人都活得有尊严是中国人权理念的基本出发点，改善民生、提高幸福指数是中国政府一以贯之的施政要务。④新形势下，习近平总书记指出，要在幼有所育、学有所教、劳有所得、病有所医、老有所养、住有所居、弱有所扶上持续取得进展，不断实现好、维护好、发展好最广大人民根本利益，使发展成果更多更公平惠及全体人民。坚持发展成果由人民共享，就是努力把改革发展取得的各方面成果体现在不断提高人民生活质量和健康水平上，体现在不断提高人民思想道德和科学文化素质上，体现在充分保障人民享有各方面权益上；坚持维护社会公平正义，逐步建立权利公平、机会公平、规则公平为主要内容的社会公平保障体系；坚持走共同富裕道路，妥善处理公平与效率、局部与全局、当前与长远的关系，进一步完善发展成果由人民共享的保障机制，实现发展成果更多更公平惠及全体人民。

"中国人权梦"也是造福世界人民的"和平梦"。据权威机构统计，2017年，中国对世界经济增长的贡献率超过30%，成为拉动世界经济增长的主要引擎之一。近年来，中国通过多种形式的援助，在减贫、粮食安全、贸易发展、危机预防与重建、人口发展、妇幼保健、疾病防控、教育、环境保护等领域，支持和帮助发展中国家特别是最不发达国家。面对埃博拉病毒在西非国家的肆虐，中国派出多个公共卫生专家组赶往几内亚、利比里亚和塞拉利昂等疫情最严重的国家，并提供大批紧急人道主义物资援助，帮助当地预防和控制疫情。自1990年首次参加联合国维和行动至今，中国已参加24项联合国维和行动，累计派出维和军事人员2.5万余人次，是联合国所有维和出兵国中派出工兵、运输和医疗等保障分队最多的国家，也是缴纳维和摊款最多的发展中国家。⑤中国政府坚持主权和人权的统一，反对任何国家借人权问题干涉别国内政，主张遵循主权平等和不干涉内政的原则，尊重人权普遍性原则，遵守国际人权标准，通过国际合作保护人权，保证区域安全，促进世界和平。

2. 一切为了人民利益创造保障条件的思想。人民主体地位的实现"绝不是轻轻松

① 张光杰、徐品飞：《人权是什么？——三种阐释与一个回答》，载《南京大学法律评论》2002年秋季号。
② 汪习根：《中国梦与人权——当今中国人权的法政治学解读》，载《人权》2014年第3期。
③ 《江泽民文选》第2卷，人民出版社2006年版，第56页。
④ 黄孟复：《走适合中国经济基础和人文环境的人权发展道路实现"中国梦"》，载《人权》2013年第4期。
⑤ 蔡名照：《坚持走符合中国国情的人权发展道路》，载《人权》2014年第5期。

松、敲锣打鼓"的事情,"全党必须准备付出更为艰巨、更为艰苦的努力",通过经济、政治、文化、社会和生态建设的方方面面去体现和实践。习近平总书记指出,坚持人民主体地位,要时刻把群众安危冷暖放在心上,及时准确了解群众所思、所盼、所忧、所急,"切实把人民利益维护好、实现好、发展好。"① 为此,我们可以从如下几个方面着手:

第一,从制度上保证人民当家做主。党的十九大报告指出:"用制度体系保证人民当家做主"。因此,坚持和完善人民代表大会制度、中国共产党领导的多党合作和政治协商制度、民族区域自治制度、基层群众自治制度等中国特色社会主义民主制度是保证人民当家做主地位的基石,不可动摇。

第二,拓宽人民群众意愿表达的途径与渠道。特别是与群众利益直接相关的矛盾与问题,要主动、及时、深入地摸清情况。在党和政府的积极推动下,不断拓宽人民群众意愿表达的渠道和途径,健全与完善相应的体制机制;不断地丰富民主形式,保证人民当家做主落实到国家政治生活和社会生活之中,真正让人民群众有获得感、幸福感、安全感。

第三,完善与健全党和政府主导的维护群众权益机制。根据党的十八届三中全会提出"建立畅通有序权益保障机制"的明确要求,我们必须在实践中,着力于从制度、机制上把维护人民群众主体地位的要求转化为具体的体制机制,尤其是要健全畅通有序的民意表达机制、利益协调机制、矛盾调处机制、权益维护机制等,并努力使之纳入法制化轨道,使广大群众的基本权益,最大限度地体现于实际工作、生活和直接利益密切相关的具体法律之中,保证他们在国家和社会生活中的主体地位、中心地位。

第四,积极探索人民主体地位的具体实现方式。一是必须坚持执政为民。坚持群众路线,体察群众意愿,紧密结合实际,不提脱离实际的指标与计划,远离劳民伤财的工作与要求,解决好"为谁决策"的问题,使之经得起实践检验和群众评价。二是必须坚持集中民智。在深入实际、深入基层、深入群众的过程中,广泛听取各个方面的意见与要求,充分发扬民主、集中群众的智慧,解决好"靠谁决策"的问题,使决策过程既成为党和政府组织实际运行的过程,更体现为广大群众参与决策的过程,使决策能够最大限度地反映广大群众的意愿。三是积极推进基层民主,保证人民群众能够享有充分参与社会生活和社会管理的实际权益。畅通民主渠道,健全基层选举、议事、公开、述职、问责等机制,积极开展基层民主协商,使广大群众在社会实践中体察、感受到自己所享有的民主地位。

三、人权目的论

党在十八大报告和十八届三中、四中全会报告中反复强调要切实"尊重和保障人权""完善人权的司法保障制度""加强人权司法保障制度完善"。党能否巩固自己的执

---

① 《新形势下党的群众工作的根本指南》,载《人民日报》2014年7月22日。

政地位，归根到底取决于党代表人民意志、实现人民的愿望、维护人民利益、为人民服务的能力，取决于党尊重和保障人权的水平。党要消除执政合法性危机、巩固执政地位需要不断地用自己尊重和保障人权的实践和为人民服务的行动来赢得人民的拥戴和支持，这是一个没有完结的过程。① 当代中国的人权是执政的共产党顶层设计和领导的人权，是以马克思主义人权观为指导的人权，是坚持走适合中国国情的独特的发展道路的人权，是得到社会主义法治切实保障的人权，是实实在在的社会主义人权。② 这一切在以习近平同志为核心的领导集体的治国理政思想中就体现为"人民对美好生活的向往，就是我们的奋斗目标"的真诚表达。

（一）在发展目的上，确立"以人为本的民生理念"为核心的民生人权观

民生即人民的生计，泛指人的全面发展、人格尊严和幸福生活③。民生和人权都要求以人为本，在某种意义上，民生在法律意义上的表现就是人权。④ 中国知识分子素有"当官为民做主"的传统，习近平在地方担任干部时就由衷推崇焦裕禄，努力追求"为官一任，造福一方"。习近平总书记用老百姓喜闻乐见的话语，生动描绘了实现全面小康的图景：我们要建成的全面小康，是干部清正、政府清廉、政治清明的全面小康；是破除城乡二元结构，建设农民幸福生活的美好家园的全面小康；是国家物质力量和精神力量都增强，全国各族人民物质生活和精神生活都改善的全面小康；是让人民群众在每一个司法案件中都感受到公平正义的全面小康；是望得见山、看得见水、记得住乡愁的全面小康；是为实现中国梦提供坚强力量支撑的全面小康等。他还强调中国发展要以民生为先，民生为重，民生为本。总之一句话，就是让人民活得有尊严。

尊严的问题，是人权问题。我们讲尊严，既讲国家尊严、民族尊严，也讲每一个中国人的个人的尊严。历史告诉我们，没有国家的尊严、民族的尊严，就不会有个人的尊严；有了国家的尊严、民族的尊严，而不尊重和保护公民个人的尊严，国家、民族在当今世界也没有尊严可言。⑤ 这个尊严要融入到"实现中华民族伟大复兴的中国梦"之中去，"人格权"首次被写入党的十九大报告，充分彰显了以人民为主体、以人民为中心的价值追求。我们追求的，不仅是国家的尊严、民族的尊严，也是每一个中国人的尊严。实现中华民族伟大复兴，就是要让中国人民有更好的教育、更稳定的工作、更满意的收入、更可靠的社会保障、更高水平的医疗卫生服务、更舒适的居住条件、更优美的环境，让孩子们成长得更好、工作得更好、生活得更好。让每个人都能发展自我和奉献

① 汪习根、汪火良：《法治是执政党尊重和保障人权的基本方式》，载《检察日报》2014 年 11 月 14 日。

② 谷春德：《中国特色社会主义法治与人权保障》，载《人权》2015 年第 1 期。

③ 李龙、郑华：《中国特色人权理论体系纲要》，载《广州大学学报（社会科学版）》2017 年第 1 期。

④ 《罗豪才洛杉矶谈中国人权事业成就》，中国新闻网，http：//www.chinanews.com/gn/2013/05-22/4844032.shtml，访问日期：2015 年 3 月 18 日。

⑤ 李君如：《中国梦中国人民的人权梦》，载《人权》2013 年第 5 期。

社会，共同享有人生出彩的机会，共同享有梦想成真的机会，共同享有平等参与、平等发展的机会。进一步说，就是要让中国人民过上更加富裕、更有尊严的生活，实现每个人自由而全面的发展。① 人的尊严权凝聚和涵摄着富民的经济权、平等的民主政治权、和谐的社会权、绿色的生态权、强国的集体权与和平权。为此，我们要按照"守住底线民生、突出重点民生、保障基本民生"的思路做好民生工作，关键是围绕人民的诉求，持续深入地建立有利于人民权利主张和利益表达的长效工作机制。底线民生就是要增加居民收入，让老百姓看到真金白银；重点民生就是要解决困难群众的基本生活保障，建立以权利公平、机会公平、规则公平为核心的社会公平保障体系；基本民生关键是稳定和扩大就业，尤其要解决好以高校毕业生为重点的青年就业问题。保障民生的关键在于富民，让人民分享充裕的改革开放成果。藏富于民已经为世界各国现代化进程所证明是任何一个国家走向繁荣富强并保持可持续发展的必由之路。我们可以通过减税、增加居民的财产性收入、制定实施合理的收入分配政策等来藏富于民。其目的在于防止公共权力与民争利，消除或缓解过大的贫富差距现象，使中等收入者成为主要人群，鼓励民众积累财富，让财富向民众倾斜。② 我们欣喜地看到：党中央国务院对教育、医疗、卫生、社会保障、食品药品安全、生产安全以及精准扶贫等社会事业和社会管理改革发展，做出一系列具体部署，并要求各级党委政府要把这些加强民生建设的举措落到实处。解决民生问题，还要从根本上树立正确的幸福观，强化通过辛勤劳动来创造幸福生活的理念，我们要发扬"愚公移山"的精神，要有"蚂蚁搬家"的定力，"一件事情接着一件事情办，一年接着一年干"，"众人划桨开大船"，齐心协力、众志成城全面建成小康社会。

（二）在工作方法上，树立走群众路线和反腐反特权相结合的群众人权观

密切联系群众是我们党克敌制胜的法宝，是治国理政最大的政治优势。"一切依靠群众，一切为了群众，从群众中来、到群众中去"的群众路线以"实现好、维护好、发展好最广大人民群众根本利益"为核心价值追求，体现了中国共产党人执政为民的政治情怀。"密切党群、干群关系，保持同人民群众的血肉联系，始终是我们党立于不败之地的根基。一个政党、一个政权，其前途和命运最终取决于人心向背。"③ "坚持群众路线，就要坚持人民是决定我们前途命运的根本力量"，"坚持群众路线，就要坚持全心全意为人民服务的根本宗旨"，"坚持群众路线，就要保持党同人民群众的血肉联系"，"坚持群众路线，就要真正让人民来评判我们的工作。"④ 习近平同志在其讲话中对坚持走群众路线的系统阐述，是我们在实际工作中的根本遵循。科学的群众工作方法

---

① 蔡名照：《坚持走符合中国国情的人权发展道路》，载《人权》2014年第5期。

② 郭良婧、郭广银：《认真学习习近平重要讲话精神深入把握努力实践人民主体思想》，载《探索》2014年第1期。

③ 习近平：《习近平谈治国理政》，外文出版社2014年版，第15页。

④ 习近平：《习近平谈治国理政》，外文出版社2014年版，第27-28页。

就是要把弘扬优良传统与坚持改革创新有机结合起来，与群众"零距离"交流沟通，努力做"狗不叫"的干部，必须走到群众中去，真正进得了门、谈得上话、交得了心，使群众的想法在倾诉中表达，困惑在沟通中消除，情绪在交流中理顺。做群众工作要提高四种能力：第一，调查研究能力；第二，沟通交流能力；第三，解决实际问题能力；第四，驾驭复杂局面能力。① 这些系统论述深刻阐释了坚持群众路线的根本所在是尊重群众、相信群众、依靠群众、保护普遍群众的利益。"群众利益无小事"，"一枝一叶总关情"。尊重、保护群众利益从本质上就是尊重和保障普遍人权，坚持"从群众中来、到群众中去"实际上就是实现和发展人民民主权利。

特权不仅导致腐败，也导致形式主义、官僚主义、享乐主义和奢靡之风，严重败坏党和政府的形象。要保障人民群众的普遍人权必须反对特权，反对特权就是为了更好实现人民群众的人权。腐败的最大危险就在于会引起党组织功能的退化、异化进而导致"免疫"功能瘫痪，而党组织最好的免疫场就是置身于人民群众之中，时刻接受群众的监督。"如果不坚决纠正不良风气，任其发展下去，就会像一座无形的墙把我们党和人民群众隔开，我们党就会失去根基、失去血脉、失去力量。"② 习近平同志指出，要坚决查处党内的各种不正之风和腐败问题，"不管涉及谁，都要一查到底，决不姑息"，要坚持"老虎""苍蝇"一起打。③ 广大党员干部要做践行社会主义核心价值观的模范，讲党性、重品行、做表率，为民、务实、清廉，以人格力量感召群众、引领风尚。"各级领导干部都要牢记，任何人都没有法律之外的绝对权力，任何人行使权力都必须为人民服务、对人民负责并自觉接受人民监督"，④ 做到为民用权、公正用权、依法用权、廉洁用权，"要加强对权力运行的制约和监督，把权力关进制度的笼子里，形成不敢腐的惩戒机制、不能腐的防范机制、不易腐的保障机制。"⑤ 共产党的领导干部要"常怀忧患之思，常念人民之托"。⑥ "要继续把人民对我们党的'考试'，把我们党正在经受和将要经受各种考验的'考试'考好，努力交出优异的答卷！"⑦ 那么，怎么样才能完成人民交给中国共产党人的重托呢？领导干部应该经常"照镜子、正衣冠、洗洗澡、治治病"，做到"修身要严，用权要严，律己要严；谋事要实，创业要实，做人要实"，把党的宗旨具体化为修身做人的准则。

① 石泰峰：《始终与人民群众心心相印同甘共苦》，载《唯实》2013 年第 4 期。
② 习近平：《习近平谈治国理政》，外文出版社 2014 年版，第 387 页。
③ 习近平：《习近平谈治国理政》，外文出版社 2014 年版，第 388 页。
④ 习近平：《习近平谈治国理政》，外文出版社 2014 年版，第 388 页。
⑤ 习近平：《习近平谈治国理政》，外文出版社 2014 年版，第 388 页。
⑥ 习近平：《习近平谈治国理政》，外文出版社 2014 年版，第 425 页。
⑦ 《习近平在调研指导河北省党的群众路线教育实践活动时强调：充分调动干部和群众积极性保证教育实践活动善做善成》，载《光明日报》2013 年 7 月 13 日。

四、人权目标论

从邓小平时代提出"三步走"战略目标，党的十六大提出全面建设小康社会的奋斗目标，党的十七大、十八大对全面建成小康社会提出的新要求，到十九大确立决胜全面建成小康社会后将开启全面建设社会主义现代化国家的新征程的奋斗目标，我们党始终为"实现中华民族伟大复兴的中国梦"，为"实现国家富强、民族振兴、人民幸福"① 而努力。中国梦蕴含着中国人民和中华民族的价值体认和价值追求，意味着每一个人都能在为中国梦的奋斗中实现自己的梦想，凝结着中华民族团结奋斗的最大公约数，表达了中华民族将为和平与发展作出更大贡献的真诚意愿。②

（一）中国梦实质上是人权梦

我们确立的"两个一百年"奋斗目标既是对人权的直接确认与宣示，也是对发展和提升人权的决心与信心。第一个目标是到 2020 年全面建成小康社会，就是由经济持续健康发展的经济权利、人民民主不断扩大的政治权利、文化软实力显著增强的文化权利、人民生活水平全面提高的社会权利、资源节约型环境友好型社会建设取得重大进展的环境权所组成的一个人权体系。第二个目标是到 2050 年建成富强民主文明和谐的社会主义现代化国家，实现中华民族伟大复兴。这一复兴梦所蕴含的经济、社会、文化、公民、政治权利诉求，无一不体现了大同世界、共同富裕、人人平等、让发展成果公平分享的人权理想。③ 因此，中国梦与中国人权同根、同源。④

"中国梦归根到底是人民的梦，必须紧紧依靠人民来实现，必须不断为人民造福。"⑤ 实现"两个一百年"的奋斗目标，就是让中国人民获得实实在在的幸福。⑥ 而人民幸福就体现在每一项基本人权得到尊重和保障。从生命权、健康权、财产权、公民权利和政治权利，到劳动权、社会保障权，再到文化权、环境权等，这些权利在本质上都是保障人民追求幸福的权利。实现中国梦，从最根本的意义上来说，就是实现中国人民的人权梦。实现中华民族的伟大复兴，就是要始终坚持以人为本，整体推进各项人权协调发展，让中国人民的各项权利实现和保障的程度达到世界的先进水平。

（二）"国家好，民族好，大家才会好"的人权情怀

"历史告诉人们，每个人的前途命运总是与国家和民族的前途命运紧密相连。国家

---

① 习近平：《习近平谈治国理政》，外文出版社 2014 年版，第 39 页。
② 魏立平：《论中国梦的政治认同》，载《甘肃社会科学》2015 年第 4 期。
③ 汪习根：《中国梦与人权——当今中国人权的法政治学解读》，载《人权》2014 年第 3 期。
④ 赵达：《中国梦与中国人权同根同源》，载《光明日报》2014 年 5 月 18 日。
⑤ 习近平：《在第十二届全国人民代表大会第一次会议上的讲话》，载《人民日报》2013 年 3 月 18 日。
⑥ 张晓玲、王若磊：《论中国梦与人权的关系》，载《人权》2014 年第 3 期。

好，民族好，大家才会好。"① 习近平总书记的这句话质朴简明、思想厚重，道出了古往今来的历史和现实所昭示的真理：国家处于太平盛世，大家就有好日子过；离开了国家的发展、社会的进步、民族的振兴，任何人的梦想都难以变成现实。中国梦首先是国家、民族和全体社会成员的梦想，其次才是每个中国人的梦想，是国家、民族与其成员共同的梦想。中国梦的本质特征是国家富强、民族振兴和人民幸福。民族独立、国家富强的最终价值依归是实现人民幸福。在我们国家，人民才是当家做主的主人，是一切公共权力的来源，更应该是经济社会文化权益的直接享有者。"生活在我们伟大祖国和伟大时代的中国人民，共同享有人生出彩的机会，共同享有梦想成真的机会，共同享有同祖国和时代一起成长与进步的机会。"② 个人的创业梦、个人的成长成才梦与国家振兴梦、人民幸福梦交相辉映，和谐共振描绘出壮丽的中国梦图景。

"一个国家要谋求自身发展，必须也让别人发展；要谋求自身安全，必须也让别人安全；要谋求自己过得好，必须也让别人过得好。"③ 习近平总书记指出：暴力恐怖活动漠视基本人权、践踏人道正义，挑战的是人类文明共同的底线，既不是民族问题，也不是宗教问题，而是各族人民的共同敌人。我们要坚定不移相信和依靠各族干部群众，团结他们一道维护民族团结和社会稳定。同样的道理也是我们为谋求世界和平与发展所应持的基本态度。面对针对中国人权状况的质疑，他直率地说，世界各国在人权方面，"没有最好，只有更好"。国际社会日益成为一个你中有我、我中有你的命运共同体，民族的也是世界的，只有同舟共济、和衷共济、共同发展，才能增进人类共同利益，共同建设更加美好的地球家园。

（三）中华民族是人权梦的坚强依托

道路决定命运，道路的选择检验民族的生命力和创造力。④ 对于中国人来讲，"为实现民族复兴的中国梦而奋斗"之所以具有那么大的震撼力，是因为我们在近代即 19 世纪 40 年代到 20 世纪 40 年代，遭受过整整一个世纪的民族磨难。我们经常讲，中国是在八国联军占领我们的首都北京这样一个历史耻辱的时刻进入 20 世纪的，是在民族尊严完全被列强践踏的历史时刻进入 20 世纪的。由此，中国人形成了一个共同理想：振兴中华。落后就要挨打，落后就会被人踩在脚下丧失尊严；振兴中华，就是要通过自己的奋斗让中华民族在世界上重新赢得尊严。在这个意义上，我们要实现民族复兴的"中国梦"，就是要实现中华民族的尊严梦。⑤

随着这个目标实现的期限越来越近，人们对它的期盼也越来越强烈。"我们党领导

---

① 习近平：《习近平谈治国理政》，外文出版社 2014 年版，第 36 页。
② 习近平：《习近平谈治国理政》，外文出版社 2014 年版，第 441 页。
③ 习近平：《习近平谈治国理政》，外文出版社 2014 年版，第 40 页。
④ 侯惠勤：《中国道路和中国模式》，社会科学文献出版社 2015 年版，第 1 页。
⑤ 李君如：《中国梦中国人民的人权梦》，载《人权》2013 年第 5 期。

人民搞革命、搞建设、搞改革，最终目的就是让人民过上好日子。"① "我们的责任，就是要团结带领全党全国各族人民，继续解放思想，坚持改革开放，不断解放和发展社会生产力，努力解决群众的生产生活困难，坚定不移走共同富裕的道路"。② 这是我们党对人权的郑重表达，也是对人民的责任的庄严承诺。在国内通过完善人权司法保障制度，全面实现公民的生命权、自由权、财产权等实体性权利，实现公正审判权、人道待遇权、回归社会权等程序性权利，实现司法救济权、法律援助权和律师帮助权等综合性权利，让人民群众在每一个司法案件中都感受到公平正义，以司法正义实现社会正义，以社会正义促进司法正义。在国际上，中国共产党立基于道路自信、理论自信、制度自信、文化自信，秉持合作与对话的原则立场，平等相待、积极参与世界人权秩序的构建，发出一个有担当大国的人权声音。

五、人权保障论

人权是衣、食、住、行的权利，是生活在安全与尊严中的权利，是参与社会公共事务的权利。③ 人权作为人的福利，极容易被侵犯、减损，救济的手段不可缺少。保障人权是法治的根本目的，尊重和保障人权是全面推进依法治国的根本价值目标。人权与法治虽然概念不同但内在联系密切：人权是法治的基本价值和根本目标，法治是人权的确认和保障。④ 人权是维系法治的灵魂，法治是实现人权的保障，人权要依靠法治予以确认。只有通过法律的确认，人权才能从应然权利转变成法定权利，进而成为公民能够真正享受到的实有权利。⑤ 习近平同志在《关于〈中共中央关于全面推进依法治国若干重大问题的决定〉的说明》中四次提到人权，而且《决定》和《说明》中多次提到的人民的权益、公民的权利、政治权利、经济权利、社会权利、文化权利等都是指的人权。根据"依法治国、依法执政、依法行政共同推进"和"法治国家、法治政府、法治社会一体建设"的要求，从科学立法、严格执法、公正司法、全民守法这四个方面全面推进依法治国，促进国家治理体系和治理能力现代化。⑥ 因此，中国人权梦的实现途径从根本上就在于实现人权的制度化、法治化，通过法治来规范和保障人权，从立法、执法、司法和守法等方面来切实保障人权梦的实现。

（一）以立法引领和推动改革来规范人权

立法保障是人权保障的重要条件。通过国家立法来保护、享有和实现人权是世界通

---

① 人民日报理论部编：《深入学习习近平同志重要论述》，人民出版社 2013 年版，第 178 页。
② 习近平：《习近平谈治国理政》，外文出版社 2014 年版，第 4 页。
③ 张晓玲：《进一步保障人权》，载《学习时报》2014 年 12 月 8 日。
④ 谷春德：《中国特色社会主义法治与人权保障》，载《人权》2015 年第 1 期。
⑤ 谷春德：《中国特色社会主义法治与人权保障》，载《人权》2015 年第 1 期。
⑥ 李君如：《在全面推进法治中全面保障人权》，载《人权》2015 年第 1 期。

例。有法可依，是保障和实现人权的基本前提。中国特色社会主义法律体系中的法律法规都同保障人权有着密切关系，有些就是直接保障人权的法律法规。因此，中国特色社会主义人权保障制度体系基本形成。它分为三个层次：① 第一个层次是宪法对基本人权保障制度的规定。包括"国家尊重和保障人权"正式写入《宪法》，把保障人权从党的执政目标提升为宪法原则；宪法规定了公民广泛的基本权利和自由；宪法规定了公民的政治权利以及经济、社会和文化权利。第二个层次是各项具体的法律保障制度，进一步明确了"尊重和保障人权，保护公民的人身权利、财产权利、民主权利和其他权利"。第三个层次是各种具体的人权保障制度。其包括工作权利、基本生活水准权利、社会保障权利、受教育权利、健康权利、文化权利、环境权利等经济、社会和文化权利保障制度，各项公民权利和政治权利的保障制度，以及少数民族、妇女、儿童、老年人、残疾人等特殊群体权利的保障制度。通过这三个层次的人权保障制度的建立，让我国的人权保障基本做到了有法可依，也为我们进一步构建有中国特色社会主义人权法律体系打下了深厚基础。

社会总是走在法律前面，立法者可能非常接近两者缺口的结合处，但永远无法缝合这一缺口。② 人民创造的丰富改革成果能否成为提升人民生活幸福指数的直接来源，取决于这个缺口缩小的快慢。因此，及时通过立法来固化改革成果，符合时代潮流和人民利益的根本要求，是对人权的明确宣示。习近平同志多次指出，凡属重大改革都要于法有据，在整个改革过程中，都要发挥立法的引领、推动和规范作用。改革要于法有据，并不是要约束和否定改革，而是为了提高改革的质量和实效，保障改革的既有成果。只有改革于法有据，才能保证各项改革事业不变道、不走样，才能避免"违法改革"，防止"破窗效应"。只有通过科学立法和民主立法，汇聚全体人民的意志和利益诉求，协调各方面的社会矛盾，才能有效保障改革有序进行，才能有效维护改革成果。

（二）以执法规范和约束公权来落实人权

全面推进依法治国要求公权和私权都要在法治的框架下行使，但"必须以规范和约束公权力为重点，加大监督力度，做到有权必有责、用权受监督、违法必追究，坚决纠正有法不依、执法不严、违法不究行为"。为此，要严格贯彻权力法定和权利推定原则，并完善相关实施机制。所谓权力法定就是"法定职责必须为、法无授权不可为"。习近平同志多次强调要"把权力关进制度的笼子里"，就是要求用国家法律这种稳定常态的制度设计划定公权力的运行范围，形成明确的权力清单，严守好公权力边界，做到不越位、不错位、不缺位。对政府而言，"法定职责必须为"是说法律法规规定政府权力的，特别是关于公共服务、社会管理等，更要加强，不能懈怠。"法无授权不可为"就是当政府要做出对公民和企业不利或消极的影响时，必须有法律的授权。实际上就是

---

① 常健：《中国特色社会主义人权发展道路、理论和制度》，载《中国人权评论》2013 年第 2 辑。

② 习近平：《习近平谈治国理政》，外文出版社 2014 年版，第 17 页。

政府的行为要规范，做到依法办事，不仅不能不作为、乱作为，也不能不担事、不干事、实施"懒政"。结合法治政府建设的实际，政府的权力释放应遵循两条途径：一是扎紧权力的笼子，依法行政不任性；二是简政放权，明确权力清单。"法定职责必须为"对应的是"权力清单"和"责任清单"，要求政府在清单范围内行使权力，而且必须行使到位，否则就是失职。"法无授权不可为"对应的是"负面清单"，告诉政府部门不得从事法律没有授权的事项，任何部门都不得法外设权。所谓权利推定就是对于公权力行使主体而言，凡是法律没有明确授权的，就是其不得随意涉足的领域，也就是要遵守"法无授权即禁止"的戒律；对于公民而言，凡法律没有禁止的，就是其权利可以自由行使的空间，应当坚守"法无禁止即自由"的理念。

孟德斯鸠云："一切有权力的人都容易滥用权力，这是万古不易的一条经验，有权力的人们使用权力一直到遇有界限的地方才休止。"① 通过依法规范和约束公权力来弥补人性的弱点也是一条通则。十八届四中全会《决定》提出要坚持严格规范公正文明执法，依法惩处各类违法行为，加大关系群众切身利益的重点领域执法力度，建立健全行政裁量权基准制度，全面落实行政执法责任制。特别是在全面推进政务公开时，遵循以公开为常态、不公开为例外原则，推进决策公开、执行公开、管理公开、服务公开、结果公开。要推行政府权利清单制度，建立行政机关内部重大决策合法性审查机制，建立重大决策终身责任追究制度及责任倒查机制，健全行政执法和刑事司法衔接机制。要真正约束权力还必须要让"权力在阳光下运行"，具体应做到两点：一是把党的内部监督、人民代表大会的监督、人民群众的监督、行政监督、司法机关的监督、审计监督、社会新闻媒体的监督等有机结合起来，形成整体监督的合力；二是让人民监督权力。让人民充分参与对权力的监督，让人民成为权力的真正赋予者。当前，特别是要围绕政务公开、村务公开、厂务公开、校务公开等制度，深入推进基层民主法治建设，真正落实群众的知情权、参与权和监督权。要充分利用当前舆论载体的多样化、便捷化赋予公民知情权、参与权和监督权的新载体，健全舆论监督机制，充分发挥舆论监督对公权力的制约作用。

（三）以司法限制和惩治滥权来保障人权

司法是人权保护的最后一道防线，在现代法治国家，司法保障是人权国内保障最重要的方式，也是人权保障水平的基本标志。习近平同志多次强调要"完善人权司法保障制度"。在中国特色社会主义法律体系已经建成、尊重和保障人权已被确立为一条宪法原则、人权的国内国际立法蔚为大观之际，不失时机地从人权立法的主战场转向人权司法的主战场已经成为改革的共识，主要表现为以下七大领域：进一步规范涉案财产的查封、扣押、冻结、处理程序，废除劳教制度，减少死刑的适用罪名，实行非法证据排除以及严禁刑讯逼供、体罚虐待，规范监外执行和完善社区矫正制度，司法救助、法律援助制度和律师执业权利保障机制和违法违规执业惩戒制度。在实践中应当重点研究这

---

① ［法］孟德斯鸠著，张雁深译：《论法的精神》，商务印书馆1995年版，第104页。

些人权保障司法制度的精细化、可操作化和有效性问题。此外，在人权与法治的关系上，树立以法治思维解决人权矛盾的法治信念与信心，正确处理维稳与维权、上访与司法的关系。明确维稳的基础是维权、维权的基本方式是法律，这一思想观点是人权法治化的必然要求。构建法治化维权制度，以法治思维和法治方式去化解矛盾、维护人权，在法治中国大背景下，将人权梦与法治梦融为一体。①

司法公正是人权保障的前提。司法公正对社会公正具有重要引领作用，司法不公对社会公正具有致命破坏作用。习近平同志指出："当前，司法领域存在的主要问题是，司法不公、司法公信力不高问题十分突出……司法不公的深层次原因在于司法体制不完善、司法职权配置和权力运行机制不科学、人权司法保障制度不健全。"② 他进一步指出："要重点解决好损害群众权益的突出问题，决不允许对群众的报警求助置之不理，决不允许让普通群众打不起官司，决不允许滥用权力侵犯群众合法权益，决不允许执法犯法造成冤假错案。"③ 为此，要完善确保依法独立公正行使审判权和检察权的制度，建立领导干部干预司法活动、插手具体案件处理的记录、通报和责任追究制度，建立健全司法人员履行法定职责保护机制；要优化司法职权配置，推动实行审判权和执行权相分离的体制改革试点，最高人民法院设立巡回法庭，探索设立跨行政区划的人民法院和人民检察院，探索建立检察机关提起公益诉讼制度；要推进严格司法，坚持以事实为根据、以法律为准绳，推进以审判为中心的诉讼制度改革，实行办案质量终身负责制和错案责任倒查问责制；要保障人民群众参与司法，在司法调解、司法听证、涉诉信访等司法活动中保障人民群众参与，完善人民陪审员制度，构建开放、动态、透明、便民的阳光司法机制；还要加强人权司法保障，强化诉讼过程中当事人和其他诉讼参与人的知情权、陈述权、辩护辩论权、申请权、申诉权的制度保障。

司法审查维护宪法权威，保障人权。一切政治权力的运作要服从宪法的安排。具体社会制度的设计可以而且应当考虑到本国的历史文化及其面临的实际问题，但对人的自由和平等权利的保护不能克减。公共权力机构和公民一样，都必须服从宪法和法律。司法审查通过宪法制约立法权和行政权的扩张，维护宪法的至上地位，保障人权。④

（四）以全民守法提升人权意识普及人权

全民守法是一种积极主动遵守宪法和法律，自觉维护法律尊严和权威，理性表达和捍卫权利的动态过程。⑤ 守法是全民的责任也是全民的福祉，全民守法是对人民主体地位的尊重也是实现公民权利的保障。尊重和保障人权的义务主体不仅仅是政府，还包括

---

① 汪习根：《中国梦与人权——当今中国人权的法政治学解读》，载《人权》2014 年第 3 期。
② 《〈中共中央关于全面推进依法治国若干重大问题的决定〉辅导读本》，人民出版社 2014 年版，第 57-58 页。
③ 习近平：《习近平谈治国理政》，外文出版社 2014 年版，第 148 页。
④ 广州大学人权理论研究课题组：《中国特色社会主义人权理论体系论纲》，载《法学研究》2015 年第 2 期。
⑤ 公丕祥主编：《法治》，江苏人民出版社 2015 年版，第 196 页。

企业、社会组织和每个个人。因此，促进人权保障不仅要靠法律的规定和实施，而且要靠全民守法来实现。欲真正践行法治必先知人权，因为，法治的真谛是人权。

根据法治精神，公民守法既不是实现法治国家的工具，也不是仅仅出于对国家强制力乃至暴力的恐惧，而是一种主体性自觉行为。人权意识就是人权主体对履行尊重和保障人权责任的高度自觉。对国家公职人员而言要树立"有权必有责"的观念，正如习近平同志所告诫："各级领导干部要带头依法办事，带头遵守法律，牢固确立法律红线不能触碰、法律底线不能逾越的观念，不要去行使依法不该由自己行使的权力，更不能以言代法、以权压法、徇私枉法"。① 对普通公民而言要树立"有权利就有义务"的观念，对整个社会而言，人权是做人和做事的底线，守住了人权底线，社会才能文明和谐。为此，要广泛开展人权教育，对公务人员进行人权培训，在各级各类学校开展形式多样的人权教育，在全社会普及人权知识，提升国民人权意识，让人权"像空气一样无处不在"，成为人们的生活方式。中国人权梦是每一个中国人的人权梦，需要每个公民尊法用法守法护法，整个社会依法依规有序运行，为此，要建设完备的法律服务体系，推进覆盖城乡居民的公共法律服务体系建设，完善法律援助制度，健全司法救助体系；要健全依法维权和化解纠纷机制，建立健全社会矛盾预警机制、利益表达机制、协商沟通机制、救济救助机制，畅通群众利益协调、权益保障法律渠道；还要完善立体化社会治安防控体系，保障人民生命财产安全。②

（五）以建立依法维权机制来救济人权

这是权利的时代，人们的权利意识日益苏醒，普通公民的维权行动也是此起彼伏。③ 城市里的房屋强制拆迁与农村中农民失去土地成为当前中国非常突出的社会问题。有关拆迁的立法缺失，公权过度侵害私权，行政监督不力，普通百姓缺乏行政和司法救济途径，官商勾结和大规模的腐败败坏了社会风气，侵犯了基本人权，引发了尖锐的民生问题，健全依法维权和化解纠纷机制已是刻不容缓。习近平强调，"要处理好维稳和维权的关系，要把群众合理合法的利益诉求解决好，完善对维护群众切身利益具有重大作用的制度，强化法律在化解矛盾中的权威地位，使群众由衷感到权益受到了公平对待、利益得到了有效维护"。④ 诉讼作为社会纠纷解决的主渠道，但司法的成本高，有必要通过当事人的自主协商、仲裁机构的仲裁、调解机构及调解组织的各种类型的调解等替代性纠纷解决机制和诉讼一道共同化解社会矛盾，达成人与人之间的共识，有效地处理社会矛盾。同时在制度和机制上进一步完善针对社会矛盾的预警机制，群众利益诉求的表达机制、协商沟通机制和救济救助机制，构建起一个集群众利益协调、权益保障和社会稳定为一体的社会治理体系，切实保障人民群众的生命财产安全。

---

① 习近平：《习近平谈治国理政》，外文出版社 2014 年版，第 149 页。
② 李君如：《在全面推进法治中全面保障人权》，载《人权》2015 年第 1 期。
③ 习近平：《习近平谈治国理政》，外文出版社 2014 年版，第 54 页。
④ 习近平：《习近平谈治国理政》，外文出版社 2014 年版，第 148 页。

    习近平新时代中国特色社会主义人权思想是中国特色社会主义人权理论中的有机组成部分，是对从毛泽东、邓小平、江泽民、胡锦涛以来历代中央领导集体人权思想的继承与发展，更是集中展示新一代领导集体执政为民的人权情怀和追求大同世界、共同富裕、人人平等、让发展成果公平分享的人权理想，也是回应西方国家对中国人权状况指指点点的有力证明和坚实支撑。它立足于张扬人民主体地位（人权主体论），不断丰富人权种类和方式、扩大权利范围（人权客体论），回归到人民真正当家做主的民主政治权利、经济社会和文化权利、可持续发展权利（人权目的论），并为实现人权设定切实可行的权利目标（人权目标论）以及提供坚实的法治保障（人权保障论）。中国特色社会主义人权事业是前无古人的事业，没有完成时，永远在路上。伟大的爱国诗人屈原的"哀民生之多艰"的诗句，表达了居安思危、胸怀天下、心忧黎民、情系民生的深重的忧患意识。新时代催生新思想，新思想引领新征程。习近平新时代中国特色社会主义人权思想饱含"像爱自己的父母那样爱老百姓"的赤子之心、"干在实处，走在前列"的大无畏精神、"功成不必在我"的改革气度、"不破楼兰终不还"的坚定信念，既是对人权的直接确认与宣示，也是对发展和提升人权的决心与信心。我们有理由相信在党的坚强领导下实现中华民族的伟大复兴的人权梦指日可待。"长风破浪会有时，直挂云帆济沧海"。

论新时代人权范畴的理论特质

范兴科 *

摘要： 党的十九大报告正式提出"中国特色社会主义进入了新时代"的科学命题，在"新的历史方位"特别强调"加强人权法治保障，保证人民依法享有广泛权利和自由。"厘定新时代人权范畴遂成为一个基本和紧迫的课题，康德将范畴定义为"纯粹知性真正的基本概念"，人权抑或只是一个先天地关涉一般直观对象的纯粹知性概念，还是存在于现实的物质生活条件之中。中国政府以人权对话的积极姿态，接连发布重要人权文件，纷呈"新时代"人权的多彩样态，辩证的逻辑抽掉知识的所有内容与表象，证成人权不是抽象性的存在，而是现实性的存在；不是孤立性的存在，而是对象性的存在；不是碎片性的存在，而是统一性的存在。新时代人权具有三个重要特质：质的范畴与量的范畴的统一，时间范畴与空间范畴的统一，自存性范畴与依存性范畴的统一。

关键词： 人权；范畴；新时代；统一性

党的十九大报告作出"中国特色社会主义进入了新时代"的科学判断，澄明"这是我国发展新的历史方位。"[①] 在新时代视域下，特别强调"加强人权法治保障，保证人民依法享有广泛权利和自由。"凸显我们党"以人民为中心"的人权理念。就在过去的一年，中国政府接连发表《国家人权行动计划》（2016—2020年）与《中国司法领域人权保障的新进展》白皮书两个关于人权的重要文件，作为当下我国推进人权建设的阶段性成果，彰显新时代人权理论的蓬勃生机和巨大活力。白皮书纷呈新时代人权的多彩样态，用翔实的事实与数据诠释人权与法治的共生关系。《行动计划》贯穿推进人权之法治原则，"依法推进，将人权事业纳入法治轨道"，"务实推进，把人权的普遍原则和中国实际相结合"。人权建设成就斐然。然而，西方主流人权话语对中国特色人权满怀狐疑，这一方面是因为对西方人权话语垄断地位即将被打破的不安，另一方面也是对中国特色人权欠缺正面的了解，因此亟待从理论上建构"新时代"人权话语，进一步展开人权学术对话，消弭分歧，共同促进人权事业发展。

---

* **作者简介：** 范兴科，男，四川渠县人，武汉大学法学院博士研究生，主要研究方向：法理学。

① 习近平：《决胜全面建成小康社会　夺取新时代中国特色社会主义伟大胜利——在中国共产党第十九次全国代表大会上的报告》，人民出版社 2017 年版。

一、"范畴"一词的历史演绎

从汉语语义发展的视角溯源"范畴"一词，最早出自《尚书》里的"洪范九畴"，众所周知的"五行"就是"九畴"中的第一畴，涵括金、木、水、火、土等元素，五行作为一个"相生相克"关系推演系统，也是一个基本的物质分类系统，五行体系的精髓体现在"行"这个字上，揭示了变化不息、生灭流转的宇宙观。其他八畴包括政治、修养、天文、道德、气象和人生幸福等。据考证，《尚书·洪范》成文于战国时期，而五行的理念则更为古老。

在西方，爱奥尼亚哲学有相似的发现，他们以水、土、火和空气等物质基本元素为范畴。①其重心在于激起人们在认识问题上的兴趣，并演变成为哲学分类系统的毛胚。柏拉图认为范畴是精神存在的证明，并具体界分了五个范畴：自、它、区别、永恒和变化。亚里士多德在《范畴篇》里首先使用范畴这个术语，亲手界定出十个范畴，作为基本概念，具体为：数量、实体、关系、活动、性质、遭受、时间、地点、姿态、状态。②亚氏认为，规定明确而清晰的范畴是为了判断，判断是为了在最后得出结论，这个过程就是推论。伊曼努尔·康德定义范畴为"纯粹知性真正的基本概念"，视范畴为先天的理性，强调范畴的存在价值在于，能将经验转化为知识。

范畴作为反映事物普遍联系及本质属性的基本概念。范畴概念在哲学中常被用于对所有存在之最广义分类。比如说空间、时间、质量、数量、关系等都是范畴。范畴在分类学中被视为最高层次的类的统称。显然，范畴论归属形而上学，它既区别于学术界按照学科对学问的分类，又不同于以人类和自然为中心的对知识的分门别类，范畴论是一个聚焦于存在之本质区别的哲学分类系统。分析范畴是哲学的最重要的任务之一，具有普遍的方法论意义。

二、新时代人权范畴的存在样态

人权是一个基本范畴。唯物辩证法制定了科学的物质范畴，"这个范畴抓住了一切物质现象的普遍的本质，即它们的客观实在性。因此，它不仅适用于自然现象，而且也适用于社会现象。"③人权作为一种社会现象，具有客观实在性，因此，隶属于物质范畴。康德指出，"一切感性直观都从属于范畴，只有在这些范畴的条件下感性直观的杂多才能聚集到一个意识中来。"④ 关于繁多的人权社会现象，自然从属于人权这个基本

---

① 杨巨平、张丽霞：《试论米利都的文化中心地位及其成因》，载《山西大学学报（哲学社会科学版）》2002 年第 4 期，第 31-35 页。

② 王路：《亚里士多德的范畴分类》，载《晋阳学刊》1989 年第 4 期，第 49-53 页。

③ 李达：《唯物辩证法大纲》，人民出版社 2014 年版，第 146 页。

④ ［德］康德著，邓晓芒译：《纯粹理性批判》，人民出版社 2017 年版，第 74 页。

范畴，因为"范畴在事物的知识上除了应用于经验对象外没有别的运用。"①

人权是天赋的吗？中西方对人权这一基本范畴有歧见。人权是一个先验的纯粹知性概念，还是与现实的物质生活条件有关？在康德思维的中心，也有这样一个问题，"纯粹知性概念如何能够与对象相关？"② 中国特色"新时代"人权作为一个特别的范畴，不应该是一个抽象性的、孤立性的、碎片性的存在，而是一个现实性的、对象性的、统一性的存在。与以往一切时代和一切国家固有的人权理念与范畴相比，具有崭新的、生动的存在价值与意义。

（一）人权不是抽象性的存在，而是现实性的存在

马克思指出，"非对象性的存在物，是一种非现实的、非感性的、只是思想上的即只是想象出来的存在物，是抽象的东西。"③并强调，人权不是天赋的，而是历史的产物，从应然人权到法定人权，再到实然人权，是一个嬗变的历史过程。人权不是先验的概念，而是存在于现实的物质生活条件之中。

人权不应该是抽象的存在，比如，被称为美国国父的华盛顿，一方面是"天赋人权"的积极倡导者，强调人人生而平等。另一方面，又在自家庄园中大量使用奴隶。《独立宣言》的起草者杰斐逊也是一个大奴隶主，据统计，《独立宣言》签署者中70%是奴隶主，制宪会议代表中49%是奴隶主。美国直到南北战争结束后，林肯总统才宣布废除奴隶制。但其后种族歧视又长期成为美国人权污点。由此可见天赋人权的虚幻性和虚伪性，同时也证明人权是一个现实的存在，依存于现实的物质生活条件，是历史的产物。

中国人权事业取得的巨大成就，从正面证成，人权是一个现实的存在。中国依法保障人民群众生命财产权利，全面遏制涉及食品安全犯罪对人权的伤害，2015年，检察机关依照法律，监督公安机关立案877件，建议食品监管机构移送司法的涉嫌食品安全的犯罪案件1646件。为了保障安全生产，检察机关完善生产安全事故的调查机制，起诉重大责任事故犯罪2199人，调查和惩处事故所涉职务犯罪823人。据统计，2012年至2015年，各级法院共审结黑社会性质组织犯罪案件2070件，杀人、绑架、抢劫、强奸等犯罪案件105.05万件，毒品案件41.73万件。④ 用法治的方式和手段确实保障人民的生命权和健康权。

（二）人权不是孤立性的存在，而是对象性的存在

人权是一种对象性存在，马克思指出："一个存在物如果不是另一个存在物的对

---

① ［德］康德著，邓晓芒译：《纯粹理性批判》，人民出版社2017年版，第75页。

② 参见《本诺·埃德曼所作的科学院版〈纯粹理性批判〉第一版编者导言》，载［德］康德著，李秋零译注：《纯粹理性批判（注释本）》，中国人民大学出版社2011年版，第5页。

③ 《马克思恩格斯文集（第一卷）》，人民出版社2009年版，第211页。

④ 国务院新闻办公室：《中国司法领域人权保障的新进展》白皮书，新华社2016年9月12日。

象，那么就要以没有任何一个对象性的存在物存在为前提。"① 人权的存在以人未完全摆脱自然与社会的奴役为前提，以人未获得完全解放和自由为前提，关于对象性存在的内涵，马克思特别作了阐释，他说："对象如何对他来说成为他的对象，这取决于对象的性质以及与之相适应的本质力量的性质；因为正是这种关系的规定性形成一种特殊的、现实的肯定方式。"② "每一种本质力量的独特性，恰好就是这种本质力量的独特的本质，因而也是它的对象化的独特方式，是它的对象性的、现实的、活生生的存在的独特方式。"③ 人权在本质上恰好契合这种方式，是一种现实的、活生生的、对象性的存在。

古典自然法学派的宗师格劳秀斯（Grotius，Hugo，1583—1645）很早就在尝试将人权与法治链接起来。他认为，法律的作用在于保障人民的权利免受侮辱。作为人文主义者和启蒙思想家，他对西方人权理论的贡献是里程碑式的，其提出的"天赋人权"（Natural Rights）（直译是"自然权利"，中国人习惯译作"天赋人权"），对于资产阶级革命的胜利立下了大功，格劳秀斯不仅被公认为"天赋人权说"的创始人，④还是近代西方法学思想家中第一个系统地论述了自然法理论的人。⑤ 作为现代国际法的"鼻祖"，在其巨著《战争与和平法》中，首次将惨烈战争中的人权问题纳入法治保障的轨道，他认为，"除了为捍卫权利之外，不应当进行战争。战争一旦开始，它只能在法律和诚实信用原则的范围内进行。"⑥关于法律与人权的关系，他分析说，"法律的另一个意义是，它可以被视为一种与人有关的权利体系。"⑦并将人权定义为一种法律权利，他说，"法学家们把充分的权利称为一个人自身享有的权利。因此，我们可以恰当或者严格地称之为一种'法律权利'。"⑧ 在格劳秀斯那里，法律是理解人权范畴的重要参照，进而发展成为人权范畴的基本组成要素。

中国特色人权本身也不能孤立地存在，与对象紧密关联，比如，关于环境权等人权的保障与实现，法治就是不可或缺的对象性存在，从 2012 年到 2015 年，各级法院审结环境案件共计 49.55 万件；2013 年至 2015 年，最高人民法院先后发布 33 个环境资源典型案例，指导和保障相关法律的全面、正确、统一实施，完善生态环境司法治理。⑨

---

① 《马克思恩格斯文集（第一卷）》，人民出版社 2009 年版，第 210 页。
② 《马克思恩格斯文集（第一卷）》，人民出版社 2009 年版，第 191 页。
③ 《马克思恩格斯文集（第一卷）》，人民出版社 2009 年版，第 191 页。
④ 李廷贵、欧潮泉：《论"天赋人权说"》，载《贵州民族大学学报（哲学社会科学版）》1995 年第 4 期，第 1-8 页。
⑤ 刘潇：《格劳秀斯与自然法》，载《现代法学》2003 年第 1 期。
⑥ ［荷］格劳秀斯著，马呈元译：《战争与和平法（第一卷）》，中国政法大学出版社 2015 年版，第 12 页。
⑦ ［荷］格劳秀斯著，马呈元译：《战争与和平法（第一卷）》，中国政法大学出版社 2015 年版，第 33 页。
⑧ ［荷］格劳秀斯著，马呈元译：《战争与和平法（第一卷）》，中国政法大学出版社 2015 年版，第 34 页。
⑨ 国务院新闻办公室：《中国司法领域人权保障的新进展》白皮书，新华社，http：//www.xinhuanet.com/politics/2016-09/12/c_1119549617.htm，访问日期：2016 年 9 月 12 日。

（三）人权不是碎片性的存在，而是统一性的存在

人权是一种统一性的存在，马克思认为，"世界的存在是它的统一性的前提。"①"统一性只能在于：我们所说的一切对象都是存在的、实有的。它们被综合在这种存在的统一性中，而不在任何别的统一性中。"②马克思生动阐释了统一性的内涵，他说："你最感兴趣的正是证明'果品'在它的这一切生命表现即苹果、梨、扁桃等等中的统一性，也就是证明这些果实的神秘的联系，证明'果品'怎样在这些果实的每一种中逐渐地实现自身，并怎样必然地从自己的一种定在转变为另一种定在，例如，从葡萄干转变为扁桃。"③具体论及人权，其就是一个完整和统一的体系，是人的尊严与价值的存在方式，正如马克思所设想的人权发展美好愿景，每个人自由发展是一切人自由发展的前提和条件，欲实现这一图景，显然，人权与法治必须是一种统一性的存在，"为了自为存在的不可分割的统一性而把对象设定为自身。"④"由于自为存在的不可分割的统一性而知道对象是它自身。"⑤

人权的实现是整体的实现，全面的实现，个人的权利必须在共同体中来实现，马克思指出，"只有在共同体中才有自由"，才有权利的真正实现。生存权、发展权、环境权等权利不能碎片化存在和实现，平等、自由等个人权利必须在共同体中存在和实现，没有共同体，没有国家，人权只能是"镜中月、水中花"。人权是一个统一性的存在。

三、新时代人权范畴的理论特质

（一）质的范畴与量的范畴的统一

唯物辩证法对质的范畴与量的范畴进行了科学的界定，"对质的范畴作如下的定义：质是由事物内部的特殊矛盾所决定的、通过各种属性表现出来的、使一事物区别于其他事物的内在的规定性。"⑥人权的内在规定性揭示的就是人成为其人应该拥有的全部权利。"事物除了质的规定性以外，还有量的规定性。""量是标志质的范围和等级的范畴。"⑦人权量的规定性决定了人权的范围与等级。康德强调指出，质的范畴与量的范畴不能截然分离，有人认为，"哲学仅仅以质为客体，而数学则仅仅以量为客体，认为由此就把哲学与数学区分开来了的人，乃是倒果为因。"事实上，"哲学同样讨论量，

① 《马克思恩格斯文集（第九卷）》，人民出版社 2009 年版，第 47 页。
② 《马克思恩格斯文集（第九卷）》，人民出版社 2009 年版，第 47 页。
③ 《马克思恩格斯文集（第一卷）》，人民出版社 2009 年版，第 279 页。
④ 《马克思恩格斯文集（第一卷）》，人民出版社 2009 年版，第 207 页。
⑤ 《马克思恩格斯文集（第一卷）》，人民出版社 2009 年版，第 212 页。
⑥ 李达：《唯物辩证法大纲》，武汉大学出版社 2007 年版，第 246 页。
⑦ 李达：《唯物辩证法大纲》，武汉大学出版社 2007 年版，第 246 页。

就像数学也讨论总体性、无限性等等一样。"① 人权范畴是质的规定性与量的规定性的统一，是质的范畴与量的范畴的统一。

中国特色的人权成果很好地诠释了这种量的范畴与质的范畴的统一。人权在质的范畴是人之为人应该有的权利，可以描述和表达为应然人权、法定人权、实然人权。不仅涵括公民权利和政治权利，以及经济、社会和文化权利，还应包括特殊群体权利。既强调个体人权，又主张集体人权。《行动计划》列举中国特色人权包括工作权、基本生活水准权、社会保障权、财产权、健康权、受教育权、文化权、环境权、人身权、表达权、宗教信仰自由、获得公正审判的权利、知情权、监督权、参与权、少数民族权利、妇女权利、儿童权利、老年人权利、残疾人权利等权利。

在量的范畴是人权的具体数量和样态，如生命权、平等权、自由权、财产权、工作权、基本生活水准权、健康权等等。《行动计划》② 列举中国特色人权多达 20 项权利，从量的范畴对中国特色人权作了生动的诠释，比如，保障人民的知情权，截至 2015 年年底，访问中国审判流程信息公开网达 87.85 万人次；中国裁判文书网总访问量达 4.1 亿人次，公布裁判文书 1448 万份；执行信息公开网提供信息查询 3685 万人次，共发布被执行人信息 3434.7 万条。2015 年中国法院庭审直播网直播庭审 3795 次。2016 年 1 月，累计 100 余万人在线观看"快播案"庭审直播。2014 年 10 月，人民检察院案件信息公开系统正式运行，截至 2015 年，共计发布案件程序信息 254 万件、案件信息 102 万条及生效法律文书 76 万份。有效保障当事人和公众的知情权、监督权。人民法院改立案审查制为立案登记制，更好保障当事人诉权。2015 年 5 月至 12 月，各级法院登记立案 994.4 万件，同比增长 29.54%，当场立案率达 95%。土地征用、房屋拆迁、政府信息公开等行政诉讼"立案难"问题得到基本解决。预防和纠正冤假错案，贯彻疑罪从无原则，保障司法人权。2015 年检察机关针对证据不足或不构成犯罪的，决定不起诉 25778 人，不批捕 131675 人，提出抗诉 6591 件。最高人民法院特别发布《关于建立健全防范刑事冤假错案工作机制的意见》，确保无罪的人不受追究，规定证据不足的案件应当依法宣告被告人无罪。规范强制措施，减少羁押性强制措施的适用。检察机关严格执行审查逮捕程序及法定逮捕条件，2015 年检察机关对无社会危险性的轻微犯罪决定不批捕 90086 人，对依法不需要判处刑罚的决定不起诉 50787 人。③ 工作权，行动计划忌空谈，而是用量来做坚实支撑，实现城镇新增就业 5000 万人以上，累计培训农民工 4000 万人次，安全事故死亡人数累计降幅 10%，亿元国内生产总值事故死亡率累计

---

① ［德］康德著，李秋零译注：《纯粹理性批判（注释本）》，中国人民大学出版社 2011 年版，第 479 页。

② 国务院新闻办公室：《中国司法领域人权保障的新进展》白皮书，新华社，http：//www.xinhuanet.com/politics/2016-09/12/c_1119549617.htm，访问日期：2016 年 9 月 12 日。

③ 国务院新闻办公室：《中国司法领域人权保障的新进展》白皮书，新华社，http：//www.xinhuanet.com/politics/2016-09/12/c_1119549617.htm，访问日期：2016 年 9 月 12 日。

降幅 30%。①

概言之，我国人权无论在质的范畴，还是在量的范畴，均很好地统一起来。《白皮书》不仅重申中国"尊重和保障人权"的宪法原则，还用大量具体数据充分支撑中国人权实现量的规定性，进而证成中国人权实现质的规定性，中国特色人权充分实现了人权质的范畴与量的范畴的统一。

人类人权的发展进步史，始终以人权的改善为指针，并在量的范畴和质的范畴逐步达成统一。作为人权发展的普遍规律，中西方的人权发展进程均可作为例证，具有普遍性。以平等权为例，作为一项基本人权，理应不分肤色、种族、贫富，人人都应该享有。然而，在现实性上，由于人权实现在量的范畴的有限性，遏制了人权在质的范畴的有效性。在古代，只有少数人享有权利，数量众多的奴隶，并没有被看做人来对待，几乎没有任何权利，毫无平等可言。而这种不平等，在奴隶社会被认为是天经地义的，是正常的现象。柏拉图赞同等级制度，他认为，人是应该分等级的，"由于造人的质料分为金银铜铁，不同阶层的人是神用不同的金属创造的。"② 人人平等当然是不可能和不应该的。亚里士多德也主张和支持等级制度，公开为野蛮的奴隶制进行辩护，在他看来，奴隶制是天然的、合理的，是社会分工的要求，因而也是正义的。"凡是赋有理智而遇事能操持远见的，往往成为统治的主人；凡是具有体力而能担任由他人凭远见所安排的劳务的，也就自然地成为被统治者，而处于奴隶从属的地位。"③ 公然鼓吹等级特权，因此，在这个时期，人权量的范畴无论是权利的数量，还是享受权利主体的数量，多个层次上无一不受到限制，从而减损了人权质的规定性。其与中国特色人权成就形成鲜明的对比，高下立判，也从反面论证了人权发展的普遍规律。

（二）时间范畴与空间范畴的统一

中国特色人权是时间范畴与空间范畴的统一。"空间和时间是运动着的物质的存在形式。"④ 列宁指出，"世界上除了运动着的物质之外，什么也没有，而运动着的物质只有在空间和时间之内才能运动。"⑤ 恩格斯认为，"一切存在的基本形式是空间和时间，时间以外的存在和空间以外的存在，同样是非常荒诞的事情。"⑥ 康德说，"一切外部显象都在空间中并按照空间的关系被规定"，"所有一般显象，即感官的所有对象，都处

---

① 国务院新闻办公室：《国家人权行动计划（2016—2020 年）》，新华社，http：//www.xinhuanet.com/politics/2016-09/29/c_129305921.htm，访问日期：2016 年 9 月 29 日。

② ［古希腊］柏拉图：《理想国》，商务印书馆 1986 年版，第 157 页。

③ ［古希腊］亚里士多德著，吴寿彭译：《政治学》，商务印书馆 1965 年版，第 5 页。

④ 李达：《唯物辩证法大纲》，武汉大学出版社 2007 年版，第 168 页。

⑤ 列宁：《唯物主义和经验批判主义》，载《列宁全集》第 14 卷，人民出版社 1957 年版，第 179 页。

⑥ 恩格斯：《反杜林论》，载《马克思恩格斯选集》第 3 卷，人民出版社 2012 年版，第 91 页。

在时间中，并以必然的方式处在时间的各种关系中。"① 人权不可能是超越时空的存在，不是抽象的存在，而是具体的存在，是社会历史的产物。人权存在于具体的时间与空间之中，中国特色人权存在于社会主义初级阶段的中国，在这一时间与空间领域中，人权取得巨大的进步与成就，彰显人权是时间范畴与空间范畴的统一。

在人权实现的过程中，迟到的正义也是正义，值得肯定。比如，纠正冤假错案，预防当然是我们的基本要求，但有错必纠和及时纠正，救济人权，实现矫正正义，仍属正义，2012 年至 2015 年，人民法院依法宣告 3369 名被告人无罪。张辉、张高平案，呼格吉勒图案，念斌案，徐辉案，王本余案，黄家光案，于英生案，钱仁风案，陈满案，杨明案，徐金龙案等一批冤假错案得到依法纠正。②

人权存在和实现于特定的空间，更大的空间范围彰显人权的广泛性，比如，基本生活水准权，就是要保障居民基本住房、用水、食品安全和出行便利。到 2020 年国内生产总值和城乡居民人均收入比 2010 年翻一番，实施精准脱贫精准扶贫方略。到 2020 年，实现异地扶贫搬迁 1000 万人，转移就业脱贫 1000 万人，特色产业脱贫 3000 万人，社保政策兜底脱贫 2000 万人。保障住房安全，改造各类城镇棚户区住房 2000 万套；保障用水安全，全国新增供水能力 270 亿立方米，农村自来水普及率达 80% 以上，农村集中供水率达 85% 以上。③

哲学大家李达指出："空间和时间的无限性的实质，在于它表现了具有无限丰富的具体内容的、不断发展着的物质世界的不可穷尽性。"④ 人权在时间和空间中不断发展与进步，揭示中国特色人权发展"没有最好，只有更好"。

（三）自存性范畴与依存性范畴的统一

从应然层面来看，人权是自存性范畴，涵摄人之为人所有的权利，是道德权利，是神圣的权利，致使西方提出的"天赋人权"思想很有市场。同时，人权又是依存性范畴，不能离开对象物孤立地存在，依存于社会物质生活条件。只强调自存性或只强调依存性都是片面的，因此，人权是自存性范畴与依存性范畴的统一。中国特色人权依存于社会主义物质生活条件，决定了生存权、发展权、民生权是基本人权，依存于法治中国的保障，人权与法治始终共同生长，紧密关联。

自 2009 年以来，国家根据社会主义物质生活条件，高质量完成了两期人权行动计划，人民生活水平和质量进一步提高，公民权利和政治权利得到切实保障，经济、社会和文化权利得到全面加强，全社会人权意识明显提升，国际人权交流纵深发展，中国特

---

① ［德］康德著，李秋零译注：《纯粹理性批判（注释本）》，中国人民大学出版社 2011 年版，第 62 页。

② 国务院新闻办公室：《中国司法领域人权保障的新进展》白皮书，新华社，http://www.xinhuanet.com/politics/2016-09/12/c_1119549617.htm，访问日期：2016 年 9 月 12 日。

③ 国务院新闻办公室：《国家人权行动计划（2016—2020 年）》，新华社，http://www.xinhuanet.com/politics/2016-09/29/c_129305921.htm，访问日期：2016 年 9 月 29 日。

④ 李达：《唯物辩证法大纲》，武汉大学出版社 2007 年版，第 177 页。

色社会主义人权事业取得新成就。同时，粗放的经济发展方式，不协调、不平衡、不可持续的问题，区域城乡发展差距，必然会影响人民群众的医疗、养老、教育、收入分配、食品药品安全、环境等方面权利的实现，法治化水平的提升直接关系到更高水平的人权目标的达成。①

中国特色人权将人权目标与政治建设、经济建设、社会建设、文化建设、生态文明建设和党的建设结合起来，坚持以人民为中心的发展思想，将保障人民的生存权和发展权放在首位，把促进人的全面发展与增进人民福祉作为人权发展之出发点与落脚点，维护社会正义，使全体人民的各项权利得到更高水平的保障。中国特色人权依存人权司法保障，维护公民的人身权利，必须严格公正文明执法；保障公正审判的权利，需要提高公正司法水平；健全社会主义民主政治，促进公民参与权、知情权、监督权和表达权充分实现。②

结语

人权不是天赋的，中国特色"新时代"人权植根于社会主义初级阶段的物质生活条件，是现实性、对象性、统一性的存在，中国人权事业的卓越成就，证成人权范畴是质的规定性与量的规定性的统一，时间与空间的统一，自存性与依存性的统一。揭示了人类社会人权事业发展的一条普遍规律。

① 国务院新闻办公室：《国家人权行动计划（2016—2020年）》，新华社，http：//www.xinhuanet.com/politics/2016-09/29/c_129305921.htm，访问日期：2016年9月29日。
② 国务院新闻办公室：《国家人权行动计划（2016—2020年）》，新华社，http：//www.xinhuanet.com/politics/2016-09/29/c_129305921.htm，访问日期：2016年9月29日。

习近平新时代社会建设思想的人本向度

李慧敏*

摘要：以人民为中心思想是新时代中国特色社会主义的社会建设在政治理性层面上的高度概括。十八大以来，我国坚定不移地走深化改革之路，在扶贫、环境保护、医疗卫生、就业、社会救助等民生方面提出了"以人民为中心"的社会建设目标，彰显了人民的主体地位，体现了社会权的人本向度。以人民为中心的思想，既是加快推进新时代社会建设和促进法治社会发展的核心内涵，也为社会权的保障指明了方向。

关键词：社会权；以人民为中心；共享发展；以人为本

中国共产党的十九大报告明确指出："中国特色社会主义进入新时代"。新时代，是国家繁荣富足、强起来的新时代，也是人人奔小康、实现全面发展的新时代。新时代的社会主要矛盾已经转化为人民日益增长的美好生活需要和不平衡不充分的发展之间的矛盾。要解决这一矛盾，满足人民日益增长的美好生活需要，作为"五位一体"中的社会建设又是重要一环。通过人本导向的社会建设增进全体公民的社会权是新时代人权与法治建设的基础工程。

一、以人民为中心的人本向度

党的十九大强调指出："必须坚持人民主体地位，坚持立党为公、执政为民，践行全心全意为人民服务的根本宗旨。"十九大报告一共有 203 处使用了"人民"一词，并把"以人民为中心"提高为执政活动的最高标准，彰显了人民的主体地位，体现了以人为本的人本向度，展现了新时代中国特色社会主义社会建设的出发点和根本目标。

坚持"以人民为中心"，是以人为本的伦理理性在政治理性层面上的高度概括，是马克思主义唯物史观的当代表达。历史唯物主义强调人民群众是历史的创造者和推动社会发展的决定力量，是生产力中最活跃、最能动、最具革命性的因素，决定着包括法律制度在内的上层建筑的性质和发展方向。坚持以人民为中心的最高标准，就是将"以人为本"的社会建设理念奠定在科学的历史唯物主义的基础之上，赋予其以人为本的现实基础和丰富内涵，使其成为执政的重要指导原则。习近平总书记指出："人民是历

---

* **作者简介**：李慧敏，福建福州人，武汉大学法学院博士研究生，法学理论方向。

史的创造者，群众是真正的英雄。人民群众是我们力量的源泉。"① 在保障人民主体地位上，"要随时随刻倾听人民呼声、回应人民期待，保证人民平等参与、平等发展权利"。② 十九大首次提出了新时代我国社会主要矛盾，要解决新时代的主要矛盾，就必须坚持以人民为中心的发展思想，自觉地把广大人民群众置身于中国新时代特色社会主义事业实践的主体地位和推动社会发展的根本力量，切实把人的全面发展贯穿于经济社会发展的全过程。

以人民为中心的人本向度思想具体表现在：

一是社会建设要以人民根本利益为出发点和落脚点。习近平总书记强调，以人民为中心的社会建设就是要把人民当家做主和人民安居乐业作为社会建设的价值本位，坚持以人民为中心的工作导向，把增进人民福祉、促进人的全面发展作为社会建设的出发点和落脚点，维护社会公平正义，贯彻社会主义核心价值观，使每一项立法反映人民意志。

二是促进人民的民生得到全面保障。习近平总书记强调，必须始终"站在人民大众立场上，立党为公、执政为民，把服务群众、造福百姓作为最大责任"③。要从教育、就业、居民收入、社会保障、人民健康等方面促进民生制度的完善和民生的保障。"要多谋民生之利，多解民生之忧。"④ 民生连着民心，民心凝聚民力。要把人民最关心最直接最现实的利益问题放在首位，在学有所教、劳有所得、病有所医、老有所养、住有所居等方面持续取得新进展，不断实现好、维护好、发展好最广大人民根本利益。要深怀爱民之心，善谋富民之策，恪守为民之责，真正做到发展为了人民，发展依靠人民，发展的成果由人民共享。

三是倡导人性，保障人权。习近平总书记指出："让老百姓过上好日子是我们一切工作的出发点和落脚点。""检验我们一切工作的成效，最终都要看人民是否真正得到了实惠，人民生活是否真正得到了改善，人民权益是否真正得到了保障。"⑤ 社会主义的社会建设中的法治建设必须尊重人，以人性和人道为基本前提，体现人本关怀，重点要保障妇女、儿童、残疾人等弱势群体的人权，促进社会正义和公平，保障人民的基本生存权利，要坚守底线，做到"弱有所扶"，满足人民的基本生活需要。习近平总书记

---

① 习近平：《人民对美好生活的向往，就是我们的奋斗目标》，载《人民日报》2012 年 11 月 16日。

② 习近平：《在第十二届全国人民代表大会第一次会议闭幕会上讲话》，载《人民日报》2013年 3 月 18 日。

③ 习近平：《深入学习中国特色社会主义理论体系，努力掌握马克思主义立场观点方法》，《求是》2010 年第 7 期。

④ 习近平：《在前进道路上多谋民生之利多解民生之忧》，《求是》2013 年第 1 期。

⑤ 习近平：《让老百姓过上好日子——关于改善民生和创新社会治理》，载《习近平总书记系列重要讲话读本》，人民出版社 2016 年版，第 213 页。

指出，"中国梦归根到底是人民的梦"，① 必须紧紧依靠人民，必须不断为人民造福。

总之，坚持以人民为中心的发展思想，是社会建设的重大理论问题和实践问题，不仅充分反映了社会主义社会建设"为了谁"的政治要求，而且还体现了社会主义社会建设要遵循包容性发展规律和以人为本的本质要义，丰富了马克思主义人民观、发展观。

二、精准扶贫的人本向度

扶贫是社会权得以实现的基本路径之一。十九大报告指出：在发展中补齐民生短板，到 2020 年，要确保贫困县全部摘帽，解决区域性整体贫困，做到脱真贫、真脱贫。消除贫困、改善民生是社会主义本质要求，也是全面建设小康社会"最后一公里"的重要环节。习近平总书记指出："小康不小康，关键看老乡，关键在贫困的老乡能不能脱贫"。② 只有守住了群众的民生底线，才能实现共享发展和小康社会。习近平总书记首次明确提出了精准扶贫的思想，即"扶贫攻坚贵在精准、重在精准，成败之举在于精准"③，并要求做到"扶持对象要精准、项目安排要精准、资金使用要精准、措施到位要精准、因村派人要精准、脱贫成效要精准"的"扶到点上、扶到根上"的六个精准的具体要求。④

精准扶贫思想主要由两个相互联系的层面构成：

一是要"真扶贫"。真扶贫是与粗放扶贫、"一刀切"扶贫、"漫灌"式扶贫、盲目扶贫等相对而言的提法，要求做到扶贫资源合理配置，使扶贫资源更好地瞄准贫困目标人群。习近平总书记指出：扶贫要有针对性，做到应扶尽扶，不能"大水漫灌""手榴弹炸跳蚤"，⑤ 少搞一些"盆景"，更不能假立扶贫项目或挪用扶贫资金。而是要引导各类扶贫资源优化配置，实现扶贫到村到户，实现由特定区域扶贫转向特定具体对象扶贫的转型，逐步构建精准扶贫、科学扶贫的工作长效机制。

二是要"扶真贫"。扶真贫就是要瞄准特困地区、贫困群众、特困家庭，建立健全精准扶贫的制度机制，使扶贫落到实处，使贫困地区群众不断得到实惠。习近平总书记强调，做到扶真贫，要在识别的基础上因人施策，实施靶向治疗三个紧密联系的环节。

首先要精准识别，做到"有的放矢"。精准识别就是要解决"谁是贫困者""贫困者在哪"的问题，也就是要通过一系列扶贫工作机制、程序、工具等机制，将具体的

① 习近平：《在第十二届全国人民代表大会第一次会议上的讲话》，载《习近平谈治国理政》，外文出版社 2016 年版，第 40 页。

② 习近平：《加快国际旅游岛建设，谱写美丽中国海南篇》，《人民日报》2013 年 4 月 11 日。

③ 习近平：《让老百姓过上好日子——关于改善民生和创新社会治理》，载《习近平总书记系列重要讲话读本》，人民出版社 2016 年版，第 220 页。

④ 习近平：《认清形势聚焦精准深化帮扶确保实效，切实做好新形势下东西部扶贫协作工作》，《人民日报》2016 年 7 月 22 日。

⑤ 《人民日报民生观：用精准扶贫防手榴弹炸跳蚤》，人民日报 2015 年 4 月 1 日。

贫困人口准确辨别出来，提高瞄准的准确性。

其次是因人施策，做到"有效放矢"。习近平总书记指出："扶贫要实事求是，因地制宜。"① 这一过程要解决"贫困者的贫困表现是什么""贫困者的贫困原因是什么"的问题，以便根据贫困家庭的致贫原因和程度来因户因人施策，更好地适应贫困家庭的差异性、多样性和复杂性，消除致贫的关键因素，采取针对性的扶贫措施，做到"有效放矢"，即要扶到点上、扶到根上，对症下药、"靶向治疗"、整村推进、因户施策，达到"战果体现在户"目标。如对丧失劳动能力的实施兜底性保障政策，对生态特别重要和脆弱的实行生态保护扶贫，对因病致贫的提供医疗救助保障，将实行低保政策和扶贫政策衔接起来，对贫困人口应保尽保。总之，就是要因地制宜、因人制宜，做到因地施策、因人施策，采取"滴灌"方式瞄准贫困对象，真正使得贫困人口得到帮扶，走出贫困，最终达到减少贫困人口和消除贫困。

最后，坚决确保困难群众基本生活，做到"有力放矢"。习近平总书记强调，要"采取力度更大、针对性更强、作用更直接、效果更可持续的措施，特别要在精准扶贫、精准脱贫上下更大功夫"②。当前，扶贫已进入啃硬骨头、攻坚拔寨的冲刺期，各级党委和政府必须增强紧迫感和主动性，在扶贫攻坚上进一步理清思路、强化责任，要扶真贫、真扶贫，少搞一些盆景，多搞一些惠及广大贫困人口的实事，统筹救助体系，强化政策衔接，推进制度整合。

三、生态环境保护的人本向度

既要温饱更要环保，既要小康更要健康，生态环境质量已经成为影响人民群众生活幸福的重要指标，环境问题已成为突出的民生问题。2012 年 11 月，党的十八大首次把"美丽中国"作为生态文明建设的宏伟目标。2017 年 10 月，十九大报告指出，坚持节约资源和保护环境的基本国策，形成绿色发展方式和生活方式，到 2035 年，生态环境要根本好转，美丽中国目标基本实现。建设生态文明，必须依靠制度和法治。习近平总书记指出："只有实行最严格制度，最严密的法治，才能为生态文明建设提供可靠保障。"③ 生态环境质量是实行全面小康和持续发展的关键，"正确处理好生态环境保护和发展的关系，是实现可持续发展的内在要求，也是推进现代化建设的重大原则。"④ 总书记的辩证环境观，既是对生态环境的准确定位，又是对民生内涵的丰富发展，体现了对自然的尊重，对人民健康的尊重，彰显了以人为本的执政理念。生态环境保护的人本

---

① 《习近平总书记的"扶贫观"：因地制宜"真扶贫，扶真贫"》，人民网，http://politics. people. com. cn/n/2014/1017/c1001-25854660. html，访问日期：2014 年 10 月 17 日。

② 习近平：《谋划好"十三五"时期扶贫开发工作，确保农村贫困人口到 2020 年如期脱贫》，载《人民日报》2015 年 6 月 20 日。

③ 《绿水青山就是金山银山——关于大力推进生态文明建设》，载《习近平总书记系列重要讲话读本》（2016 年版），人民出版社 2016 年版，第 240 页。

④ 《习近平在参加贵州代表团审议时的讲话》，载《人民日报》2014 年 3 月 8 日。

向度主要体现为以下几个方面：

一是生态环境保护的代际公平思想。生态环境既要满足当代人的需要，还要满足子孙后代的需要，既要关注代内的民生，更要关注代际公平。习近平总书记指出："生态环境保护是功在当代、利在千秋的事业。"[1] 他要求全党，要清醒认识保护生态环境、治理环境污染的紧迫性和艰巨性，以对人民群众、对子孙后代高度负责的态度和责任，为子孙后代留下天蓝、地绿、水清的生产生活环境。习近平总书记强调，要建立代内与代际共享的生态环境保护的制度机制，调整优化空间结构，划定农业空间和生态空间保护红线，确实执行下去。"生态环境问题是利国利民利子孙后代的一项重要工作，决不能说起来重要、喊起来响亮、做起来挂空挡。"[2]

二是生态环境是关系人民福祉的思想。从"求生存"到"求生态"，从"盼温饱"到"盼环保"，已成为人民群众的共同愿望和福祉。党的十八大把生态文明建设纳入中国特色社会主义事业五位一体总体布局，明确提出大力推进生态文明建设，实现中华民族永续发展。习近平总书记指出："良好生态环境是最公平的公共产品，是最普惠的民生福祉。"[3] 保护生态环境，关系最广大人民的根本利益，是一项关系人民福祉的"事业"，是努力建设美丽中国、关系民族未来的大计的事业。首次把生态环境保护从一项"措施"上升为"文明"和"事业"的高度，体现了对生态环境的科学认识和高度重视。总书记强调指出："环境就是民生，青山就是美丽，蓝天也是幸福。要像保护眼睛一样保护生态环境，像对待生命一样对待生态环境。"[4] 生态环境是一个社会发展的基础，过去的发展是以牺牲环境为代价的、贫富差距愈拉愈大的局部发展，而且是发展成果仅惠及少数人、群体和少数区域，而让整体社会付出沉重代价的"伪发展"，这会导致公平正义的缺失和人民福祉的丧失。生态文明建设是惠及所有人的福利，为人民创造良好生产生活环境的重要保障。这种生态福利的民生观，开辟了人民福祉的新境界。

三是人与自然和谐的思想。习近平总书记强调，必须树立尊重自然、顺应自然、保护自然的生态文明理念，给自然生态以必要的人文关怀和时间空间，使自然生产力逐步得以恢复，"绿水青山本身就是金山银山"。[5] 要树立尊重自然、顺应自然、保护自然的生态文明理念，完善生态制度、维护生态安全、优化生态环境，形成节约资源和保护环境的空间格局、产业结构、生产方式、生活方式。只有尊重自然规律和资源环境承载能力，才能实现一个社会的可持续发展。习近平总书记从社会变革上构建人与自然和谐关

---

① 习近平：《努力走向社会主义生态文明新时代》，载《习近平谈治国理政》，外文出版社2016年版，第208页。

② 《习近平强调必须顺应人民群众对清新空气、清澈水质、清洁环境的迫切需求，决不能说"重要"喊"响亮"做"挂空挡"》，载《解放日报》2015年3月10日。

③ 《加快国际旅游岛建设，谱写美丽中国海南篇》，载《人民日报》2013年4月11日。

④ 《绿水青山就是金山银山——关于大力推进生态文明建设》，载《习近平总书记系列重要讲话读本》，人民出版社2016年版，第233页。

⑤ 《绿水青山就是金山银山——关于大力推进生态文明建设》，载《习近平总书记系列重要讲话读本》，人民出版社2016年版，第230页。

系提供了科学的社会主义思路，进一步丰富了马克思主义关于人与自然关系的理论，丰富了人类社会结构内涵，即除了人与人的关系外，还有人与自然的关系。其实，人本身就是自然存在物，是自然界的组成部分之一，全部历史"第一个需要确认的事实"就是"个人对自然的关系"，"任何历史记载都应当从这些自然基础以及它们在历史进程中由于人们的活动而发生的变更出发"。① 所以，人本身是自然界的产物，"是在自己所处的环境中并且和这个环境一起发展起来的"②。社会既是人与人的现实统一，又是人与自然的现实统一。人化的自然界与自然界的人化是社会发展的根本向度，是"人的实现了的自然主义和自然界的实现了的人道主义"③，即在人的社会实践上的人的自然主义与自然的人道主义的统一，达到人与自然的和谐。正如十九大报告指出，人与自然是生命共同体，人类对大自然的伤害最终会伤及人类自身。人类必须尊重自然、顺应自然、保护自然。

四是严格执法，实现环境保护的思想。习近平总书记指出："牢固树立保护生态环境就是保护生产力、改善生态环境就是发展生产力的理念"。④ 这一重要论述，深刻阐明了生态环境与生产力之间的关系，揭示了正确处理好经济发展同生态环境保护关系的极端重要性。习近平总书记指出："只有实行最严格的制度、最严密的法治，才能为生态文明建设提供可靠保障。"⑤ 要"像保护眼睛一样保护生态环境，像对待生命一样对待生态环境"⑥，要着力推进制度创新，把资源消耗、环境损害、生态效益等体现生态文明建设状况的指标纳入经济社会发展评价体系，建立体现生态文明要求的目标体系、考核办法、奖惩机制；建立责任追究制度，对那些不顾生态环境盲目决策、造成严重后果的人，必须追究其法律责任，而且应该终身追究；切实解决守法成本高、违法成本低的问题，提高生态环境执法的刚性和权威。习近平总书记在 2015 年两会期间强调，保护生态环境要"久久为功"，对破坏生态环境的行为，不能手软，不能下不为例。十九大报告进一步强调，要设立国有自然资源资产管理和自然生态监管机构，统一行使所有国土空间用途管制和生态保护修复职责，加强对城乡各类污染排放的监管，坚决制止和惩处破坏生态环境行为。

---

① 《马克思恩格斯选集》第 2 版第 1 卷，人民出版社 1995 年版，第 67 页。
② 《马克思恩格斯选集》第 2 版第 3 卷，人民出版社 1995 年版，第 374-375 页。
③ 《马克思恩格斯全集》第 1 版第 42 卷，人民出版社 1979 年，第 122 页。
④ 《绿水青山就是金山银山——关于大力推进生态文明建设》，载《习近平总书记系列重要讲话读本》，人民出版社 2016 年版，第 234 页。
⑤ 《绿水青山就是金山银山——关于大力推进生态文明建设》，载《习近平总书记系列重要讲话读本》，人民出版社 2016 年版，第 240 页。
⑥ 《绿水青山就是金山银山——关于大力推进生态文明建设》，载《习近平总书记系列重要讲话读本》，人民出版社 2016 年版，第 233 页。

四、共享发展的人本向度

社会权应当为每一个人所享有。共商共建共享是社会建设的基本原则，也是落实社会权的根本指导。改革开放近 40 年来，从"效率优先，兼顾公平"到"共享改革发展成果"，从"解决温饱问题"到"全面建成小康社会"的"中国梦"，体现了以习近平同志为总书记的党中央对新时代社会主义建设规律的深刻认识和把握。"中国梦归根到底是人民的梦，必须紧紧依靠人民来实现，必须不断为人民造福。"[1] 共享的发展理念，明确了以人民为中心的发展思想，凸显了人在发展中的主体地位和价值，实现了发展理论的又一次创新。

第一，共享发展思想反映了中国共产党的根本宗旨，也是中国特色社会主义本质要求。马克思主义认为，人民群众是历史的主体和创造者，是社会赖以存续和发展的物质财富和精神财富的创造者。中国共产党自诞生以来，一直以马克思主义理论为指导，一直以谋求广大人民的解放和共同富裕为己任。在中国共产党 96 年的奋斗历程中，全心全意为人民服务是贯穿其中的一条主线和根本立场。习近平总书记指出，"一切改革归根结底都是为了人民，是为了让老百姓过上好日子"，[2] 要一件事情接着一件事情办，一年接着一年干，"使发展成果更多更公平惠及全体人民，朝着共同富裕方向稳步前进"。[3] 这回答了为何发展、靠谁发展、发展成果由谁共享等根本性问题，凸显了党全心全意为人民服务的宗旨。

同时，共享发展体现了中国特色社会主义本质要求。习近平总书记指出："消除贫困、改善民生、逐步实现共同富裕，是社会主义的本质要求，是我们党的重要使命。"[4] 社会主义的本质是解放生产力，发展生产力，消灭剥削，消除两极分化，最终达到共同富裕。发展生产力是共享、共富的基础，共享为发展生产力提供动力和指明方向。发展生产力和共同富裕共同构成一个统一的有机整体，统一于坚持和发展中国特色社会主义伟大实践中，统一于中国特色社会主义道路、理论体系和制度中。社会主义的特点是人民共同富裕，而不是贫穷。坚持共同富裕，就是要求社会发展的成果能够为全体人民共享。"改革发展搞得成功不成功，最终的判断标准是人民是不是共同享受到了改革发展成果。"[5]

---

① 习近平：《在第十二届全国人民代表大会第一次会议上的讲话》，载《习近平谈治国理政》，外文出版社 2016 年版，第 40 页。

② 习近平：《谋求持久发展，共筑亚太梦想》，《人民日报》2014 年 11 月 10 日。

③ 习近平：《紧紧围绕坚持和发展中国特色社会主义，学习宣传贯彻党的十八大精神》，载《习近平谈治国理政》，外文出版社 2016 年版，第 13 页。

④ 习近平：《脱贫攻坚战冲锋号已经吹响，全党全国咬定目标苦干实干》，载《人民日报》2015 年 11 月 29 日。

⑤ 习近平：《征求对中共中央关于制定国民经济和社会发展第十三个五年规划的建议的意见》，《人民日报》2015 年 10 月 31 日。

第二，公平正义的社会环境是共享发展的重要保障。社会正义已经成为衡量一个国家行为和制度的正当性标准。习近平总书记指出："全面深化改革必须着眼创造更加公平正义的社会环境，不断克服各种有违公平正义的现象，使改革发展成果更多更公平惠及全体人民。"①一个国家和社会的制度安排是否体现社会正义，直接影响制度的存在和价值本身。社会正义包含以实现权利公平、机会公平、分配公平等为主要内容的社会公正体系，而实现人民共享发展成果则是社会公正体系的重要价值目标，也是社会主义制度公正的内在要求。当前，实现共享发展，最重要的是要坚持普惠性、保基本、均等化、可持续方向，从解决人民最关心最直接最现实的利益问题入手，坚持教育优先发展，促进起点公平和机会公平，兜住兜牢人民群众生活底线，努力实现基本公共服务全覆盖。习近平总书记强调，坚持共享发展，必须"作出更有效的制度安排，使全体人民在共建共享发展中有更多获得感"②，真正实现人人享有的共享发展，绝不能出现"富者累巨万，而贫者食糟糠"的现象。③

"平出于公，公出于道。"习近平总书记指出："不论处在什么发展水平上，制度都是社会公平正义的重要保证。"④只有作出体现社会公平正义的制度安排，完善共享发展得以实现的社会法治，建立包括养老保险、医疗保险、失业保险、社会救助在内的更加公平的社会保障制度等民生方面的公正保障制度，建立以权利公平、机会公平、规则公平为主要内容的社会公平保障体系，通过保障人民的社会权利来增进人民福祉，才能实现共享发展。习近平总书记指出："我们要通过创新制度安排，努力克服人为因素造成的有违公平正义的现象，保证人民平等参与、平等发展权利。对由于制度安排不健全造成的有违公平正义的问题要抓紧解决，使我们的制度安排更好体现社会主义公平正义原则。"⑤

第三，共享发展思想包含深厚的民生伦理和人文关怀。民生问题始终是当代中国实现共享发展的核心和关键，也是从政治理性向民生伦理转化的实践基点。党的十八大以来，以习近平同志为总书记的党中央进一步强化民生改善的普惠性要求，守住民生底线，将共享发展理念直接作用于民生伦理，并丰富了民生伦理内容，形成了集普惠性、共生性、均等化等共享性机制于一体的人文关怀制度体系，强调"决不让一个少数民族、一个地区掉队"，⑥让改革发展成果更多、更公平、更实在地惠及广大人民群众。

---

① 《决定当代中国命运的关键一招——关于全面深化改革》，载《习近平总书记系列重要讲话读本》，人民出版社 2016 年版，第 76 页。

② 习近平：《中国共产党第十八届中央委员会第五次全体会议上的讲话》，《人民日报》2015 年 10 月 30 日。

③ 习近平：《在党的十八届五中全会第二次全体会议上的讲话》，《求是》2016 年第 1 期。

④ 《切实把思想统一到党的十八届三中全会精神上来》，载《习近平谈治国理政》，外文出版社 2016 年版，第 97 页。

⑤ 《切实把思想统一到党的十八届三中全会精神上来》，载《习近平谈治国理政》，外文出版社 2016 年版，第 97 页。

⑥ 习近平：《在广西代表团参加审议时的讲话》，载《人民日报》2015 年 3 月 9 日。

共享发展必须守住民生底线，突出民生重点，"坚守底线"。[①] 坚守民生的底线，就是要守住就业的底线；坚守民生的底线，就是要守住贫困底线；坚守民生的底线，就是要守住社会保障水平的安全线；坚守民生的底线，就是要补齐普惠民生的"最后一公里"，不断满足人民日益增长的美好生活需要，使人民获得感、幸福感更加充实、更有保障。这富含深厚的民生普惠性伦理和人文关怀的思想。

五、健康中国的人本向度

健康既涉及公民人身权利，也与社会权密不可分。促进人类健康是一个世界性的话题。1978 年国际初级卫生保健会议发布的《阿拉木图宣言》正式提出了"健康是人类的基本权利"的战略理念。1986 年，世界卫生组织在《渥太华宣言》中指出"健康促进"不仅是居民健康素养的提高，更应该是"国家层面"系统化的健康促进公共政策。进入 21 世纪后，"全方位的健康"逐渐成为国际社会的主流价值观。

在国际健康战略理念的影响下，建立在"四个全面"战略布局引领下的"健康中国"战略正式提出。健康中国的基本内涵是，以提高国民健康为目标，遵循预防为主、防治结合的原则，以解决危害国民健康的主要问题为重点，促进公共卫生服务均等化，让人民群众少生病或不生病，普遍提高国民的整体卫生素质。健康中国是一项旨在全面提高全民健康水平的国家战略，是一项维护全民健康理念的创新思想和观念体系，是实现全面建成小康社会的核心和基石。"人民身体健康是全面建成小康社会的重要内涵。"[②] 通过健康来护小康，通过小康来看健康，阐述了健康和小康的辩证关系。

一是要让人民群众"看得上病"，解决看病难的问题，就是要提高基本医疗卫生服务可及性。健康是每个人成长和实现幸福生活的基础，要全面建立中国特色基本医疗卫生制度、医疗保障制度和优质高效的医疗卫生服务体系。习近平总书记指出："没有全民健康，就没有全面小康。"[③] 要实现这一目标，要坚持"保基本、强基层、建机制"基本原则，推动医疗卫生工作重心下移、医疗卫生资源下沉，为群众提供安全有效方便价廉的公共卫生和基本医疗服务。要优化医疗卫生机构布局，健全上下联动、衔接互补的医疗服务体系，形成人人享有有效方便的医疗卫生服务和公共服务均等化的制度机制，提高医疗服务可及性，解决医院人满为患、一床难求的"看病难"的问题。

二是要让人民群众"看得起病"，解决"看病贵"的问题，也就是要提高医疗服务的可负担性。生命健康权是人最基本的权利，尊重人、维护人民群众的尊严，首先要保障人民群众的生命健康权。当前，"看病贵"、因病返贫现象仍然是一个问题。要解决

---

① 习近平：《在中央经济工作会议上的讲话》，载《人民日报》2012 年 12 月 17 日。

② 习近平：《发展体育运动增强人民体质，促进群众体育和竞技体育全面发展》，载《人民日报》2013 年 9 月 1 日。

③ 习近平：《主动把握和积极适应经济发展新常态，推动改革开放和现代化建设迈上新台阶》，载《人民日报》2014 年 12 月 15 日。

这一问题，就要全面推进公立医院综合改革，坚持公益属性，破除逐利机制，建立符合医疗行业特点的人事薪酬制度；就要完善基本药物制度，理顺药品和医疗服务价格，全面取消以药养医，健全药品供应保障制度，增加艾滋病防治等特殊药物免费供给；就要加强传染病、慢性病、地方病等重大疾病综合防治和职业病危害防治，通过多种方式降低大病慢性病医疗费用。总之，建立更加公平有效的医疗卫生体制，保障全体国民获得均等化的基本医疗卫生服务，促进社会公平，为全面建成小康社会和富强民主文明和谐的现代化国家奠定健康基础。

三是让人民群众"看得好病"，解决药品安全问题。通过有效的社会卫生监管，提高药品质量，确保用药安全，保障群众获得健康的生产生活环境、安全的食品药品、有效的医疗卫生服务，增强群众的获得感。坚决杜绝"毒胶囊"、"问题疫苗"等有害群众健康的事件发生，加大农村食品药品安全治理力度，完善对网络销售食品药品的监管。从以疾病为中心转向以健康为中心，构建完善的公共安全保障体系和社会支持系统，形成以健康为中心的经济社会发展模式，实现人人享有健康的生产生活环境和社会环境，人人形成健康的生活方式和行为方式。

六、平安中国的人本向度

十九大报告明确指出，要加强和创新社会治理，建设平安中国，维护社会和谐稳定，确保人民安居乐业。平安是人民幸福安康的基本要求，是改革发展的基本前提，更是实现全面建成小康社会的基础。习近平总书记强调，要牢固树立安全发展观念，"把人民群众对平安中国建设的要求作为努力方向"，[①] 坚持人民利益至上，维护最广大人民根本利益，最大限度增加和谐因素，通过法治来全面推进平安中国建设。

一是以人民安全为宗旨。中国古代就有不患寡而患不均，不患贫而患不安的说法，说明安全稳定一直是普通群众的基本需求和期盼。群众个人安全是社会安全和国家安全中基础性、根本性的因素，而一个国家的稳定社会秩序则是保持人民对国家认同感和归属感的基础。只有坚持以人为本，坚持常态、共享、联动、共赢的原则，努力回应人民群众新期待，把个人的安全感和满意度作为平安中国建设的根本，把个人安全作为其价值基点来全面推进平安中国建设，努力实现保障人民权益与维护社会秩序相统一，才能把握规律、创新机制，满足人民群众的安全需求和归属需求。坚持以百姓之心为心，始终把维护群众合法权益放在第一位，筑牢社会和谐稳定的民心基础，从源头上预防和减少社会矛盾，就能赢得广大群众发自内心的认同和拥护，就能保障新时代中国特色社会主义事业在和谐稳定的社会环境中顺利推进。

二是坚持以人民安居乐业、社会安定有序为目标。良好的社会秩序、安定的生活环境是人类延续和社会发展的基本前提。习近平总书记指出，"社会和谐是中国特色社会

---

① 习近平：《在深化平安中国建设工作会议上的讲话》，载《人民日报》2013 年 6 月 1 日。

主义的本质属性"，要"确保人民安居乐业、社会安定有序、国家长治久安。"① 人民安居乐业是民生之本，也是人民群众的朴素追求。习近平总书记强调，要把平安中国建设置于中国特色社会主义事业发展全局中来谋划，坚持源头治理、系统治理，通过建立全面的创业就业促进机制和全覆盖、保基本、多层次失业保障制度来实现人民安居乐业的总目标。社会安定有序是社会稳定之基，是"平安中国"的核心要素，是社会发展规律性、社会控制有效性和社会生活和谐性的有机统一，体现着国家的政治和社会发展的有序状态。当前，传统安全威胁和非传统安全威胁相互交织，增加了安全问题的综合性、复杂性和多变性，这就需要进一步完善社会治安综合治理制度机制，完善社会矛盾排查预警和调处化解的相关制度，有效预防和化解矛盾纠纷，重点预防和整治影响群众安全感的治安问题，维护社会秩序。只有依法治理，努力解决深层次问题，才能确保人民安居乐业、社会安定有序，才能建设平安中国，才能达到国家的长治久安。

三是法治是平安中国建设的最有力武器。"小智治事，中智治人，大智立法。"通过法治建设来促进平安中国的建设是习近平总书记法治思想的重要内容。习近平总书记指出，"法律是治国之重器，法治是国家治理体系和治理能力的重要依托"，② 习近平总书记把"平安"与"法治"紧密联系起来，指出了平安中国建设的根本途径和规律。因为，法治是治国理政的基本方式，只有把解决各种利益矛盾纳入法治框架内，依法定纷止争，才能科学高效持久地解决影响社会和谐稳定的问题。从现实来看，无论是建立矛盾联调、问题联治还是建立治安联防、平安联创的治理机制，都离不开法治思维和法律制度。习近平总书记要求，全国政法机关要顺应人民群众对公共安全、司法公正、权益保障的新期待，坚持从严治警，坚决反对执法不公、司法腐败，进一步增强人民群众安全感和满意度，进一步提高政法工作亲和力和公信力，努力让人民群众在每一个司法案件中都能感受到公平正义。

确实，法治是发展的可靠保障，秩序良好的和谐社会本质上是法治社会，是中国特色社会主义的建设目标，正如习近平总书记指出："期盼有更好的教育、更稳定的工作、更满意的收入、更可靠的社会保障、更高水平的医疗卫生服务、更舒适的居住条件、更优美的环境。"③ 这些思想为新时代中国特色社会主义的社会建设指明了方向和奋斗目标。

---

① 习近平：《在十八届中共中央政治局第一次集体学习时的讲话》，载《人民日报》2012 年 11月 19 日。

② 习近平：《关于〈中共中央关于全面推进依法治国若干重大问题的决定〉的说明》，载《人民日报》2014 年 10 月 29 日。

③ 习近平：《人民对美好生活的向往，就是我们的奋斗目标》，载《人民日报》2012 年 11 月 16日。

法治化背景下的信访制度：功能与改革

陈楚伟[*]

摘要：新时期的信访制度在权利保障方面为民众保留了"底线救济"的权利。同时，信访制度接纳和集中了群众意见，它对党和国家的各项事业形成了一种社会监督。因此，信访越来越多地成为了社会治理的制度性资源。在此可以认为，当前某些呼吁取消信访制度的专家学者对于信访制度现实性的认识存在一定偏差，而诸如此类论断之所以产生不可不说部分是由于信访人员的行政惰性或抗争的无奈情绪。但在现实社会中，信访制度也会出现治理上的负外部性以及信访的实践异化信访制度设计的现象。因此必须整体把握信访制度本身，把信访纳入到法治化的轨道，并且具体可以从信访工作程序、信访请求受理范围、信访考核评价机制以及信访人权力义务分配等方面提出制度性尝试。

关键词：信访制度；社会治理；信访救济；法治化

一、信访制度的功能变迁

我国信访制度起始于 1951 年政务院（即后来的国务院）颁布的《关于处理人民来信和接见人民工作的决定》，这项制度是从中国共产党的群众路线中诞生出来的一项符合历史要求的政治发明，是中国共产党践行人民主权理论的具体体现。从更深层次的政治合法性角度来说，新的国家政权的产生，急需证明政治制度的正确性，以获得人们对政治权威的信任，具体来说，合法性是社会对国家所维持的统治秩序的认可或同意。①哈贝马斯认为合法性以互动机制为前提。通过互动机制，国家通过制度资源控制社会，而社会对国家进行监督或者抵制。因此，党和国家建立信访制度，并最终完成意识形态的合法化。新中国的信访制度区别于封建帝制时期的上诉制度，前者是赋予人民民主监督和自我救济的权利，后者主要是主权者抑制权利再生产的工具。前者的上访主体包括了被动员的广大人民群众；而后者上访主体体现了主动性，目的主要是伸张冤屈（区别于现代意义上的权利主张），因此上访者范围限制在境遇相对单一的群体内。

---

* 作者简介：陈楚伟，中南财经政法大学法学院 2016 级法理学研究生。

① 强世功：《法制与治理——国家转型中的法律》，中国政法大学出版社 2003 年版，第 21 页。

在不同的历史时期，使用者赋予信访制度不同的效果期待。因此，它会体现异质的功能定位，以改革开放为界限大体上可以分为两个时间段。改革开放之前，信访工作的基本取向是动员民众参与国家主导的政治斗争。① 信访制度在此过程中激发群众维护新政权并承担开展斗争的运动功能，以保持国家、社会和人民的互动。当然在群众参与政治动员中新政权也会体现对个人利益诉求的回应，也即国家同时需要实现矛盾化解的功能取向。但是在整个制度设计中，这一类型的权利救济并不是主要目的。改革开放以后，信访制度服务于阶级斗争和大众动员这一政治目标的功能不断弱化，化解纠纷以实现救济的功能不断加强。信访制度给权利遭受侵害的群众提供了一种非常规的救济手段。范愉将其理解为替代性纠纷解决。② 在社会治理取向下，国家释放了底层群众因不公的情绪而积累的矛盾，同时也削弱了政权合法性危机或信任危机。正如斯蒂尔曼指出："只有当政府的产出与社会的价值范式相符合的时候，一个政府才是合法的。"③ 综上可知，从国家的角度讲，信访制度的功能取向主要包括政治参与和社会治理。它构成了政府有效性和价值认同的制度性资源，是国家政治主体意识所选择的治理技术。

新时期，信访制度主要承担的解决利益诉求，保护信访人的合法权益的功能。从信访权利救济功能的衍生进路上来看，它极大地受到传统文化的影响。古代的"登闻鼓"制度与现今的信访制度有诸多共通之处。"登闻鼓"是反映民意的工具，它体现为一种体态符号，并要求在文化体成员之间达成一致，完成意义活动，使得意义通过这种符号来表达。而现今的信访制度上通下达，具有反应利益诉求的征象。但是，信访制度只是替代性纠纷解决机制，在实践效果上，它相对于正式法律救济机制具有"搜残补阙，网罗遗佚"的作用。④ 这是否意味着信访制度只是具有现实作用，在常规救济不断完善之后，就能克服或摆脱对于信访制度的依赖？现代社会中权利救济功能的主要担纲来源于司法的常规实践，只有司法制度行使救济的常规功能。那么信访制度存在的解纷意义几何？实际上，司法救济由于科层组织理性化范式并不能完全满足解纷的多元需求，救济效力有限，这就产生了难以克服的缺口。边沁认为："法律的救济一定存在受苦。"⑤ 而信访制度此时则体现了替代性价值：第一，信访救济可以节省救济成本或至少让信访人感觉成本较低。⑥ 信访救济成本主要包括恶化自身处境的风险、经济成本、社会成本和心理成本。⑦ 信访救济的成本一定程度上取决于政府在此过程中的信息甄别机制和上访预期效果。一方面国家直面上访人上访的能力有限，另一方面国家又希望通过信访制

---

① 陈柏峰：《信访制度的功能及其法治化改革》，载《中外法学》2016 年第 5 期。

② 范愉：《申诉机制的救济功能与信访制度改革》，载《中国法学》2014 年第 4 期。

③ PETER G. STILLMAN, "The Concept of Legitimacy", policy 10, 11, No. 1（1971）：39-42.

④ 刘国乾：《想象、现实与出路：纠纷解决事业下的行政信访》，法律出版社 2015 年版，第 257 页。

⑤ ［美］边沁著，毛国权译：《论一般法律》，上海三联书店 2008 年版，第 69 页。

⑥ 参见应星：《作为特殊行政救济的信访救济》，载《法学研究》2004 年第 3 期。

⑦ 参见贺雪峰：《国家与农民关系的三层分析——以农民上访为问题意识之来源》，载《天津社会科学》2011 年第 4 期。

度了解并约束地方行为。因此，国家很难过滤上访人的利益诉求。对于上访人来说，信访救济也就处于低成本运行状态。笔者在重庆市 L 镇调研过程中了解到，当地有些信访人在上访过程中即使是无理上访通常也可以得到信访工作人员的积极回应，双方或多方通过协商，问题自然消解。第二，信访救济常常能产生理想的社会效益、效果。从受案范围来看，诉讼或行政复议有着形式化的要求，即必须是法律规定的救济范围之内，并且范围明显不足以支持纠纷当事人诉求。而与此相反，信访制度所产生的救济具有不确定性，陈柏峰教授也认为信访具有模糊的合法性。① 而这种不确定性或模糊性就为容纳更多的纠纷提供了制度空间。奥尔特曼以法律的抽象性为例，表达了类似的观点，"法律的抽象能在实质上有助于保护人们免受不宽容"。② 从救济方式来说，信访制度相比诉讼具有更高的可接受性。信访制度中的调解是应有之义，它体现了亲和性。而诉讼，特别是行政诉讼，它具有明显的对抗性，诉讼当事人双方常常是一种零和关系，而这就意味着对抗之后人际关系将产生修复障碍，意味着它对单方或双方施加痛苦。因为冲突的公开会导致矛盾激化。③

因此可以看到，一种古老的解纷技艺被一种新的权利关系所捕获和驯服，被一种新的意识形态所笼罩和消弭，被一种新的文化传统所吸纳和消化。④ 围绕信访制度这一治理技术和治理实践产生的话语空间不仅越来越远离古老的工具性意义，而且溢出了自己创设时的领域，而直接进入私权利救济的空间。

综上可知，新时期的信访制度在权利保障方面为民众保留了"底线救济"的权利。⑤ 同时，信访制度接纳和集中了群众意见，它对党和国家的各项事业形成了一种社会监督。因此，我们在此可以认为当前呼吁取消信访制度的专家学者对于信访制度的现实性存在认识上的偏差。取消信访制度的观点忽视了基本国情，相当程度上脱离了实践。诸如此类的论断之所以产生不可不说部分是由于信访人员的行政惰性或抗争的无奈情绪。

二、法治化语境下的信访困境

信访制度作为公共产品是社会治理的制度性资源。但在现实中，信访制度体现出了

---

① 陈柏峰：《缠讼、信访与新中国法律传统——法律转型时期的缠讼问题》，载《中外法学》2004 年第 2 期。

② ［美］奥尔特曼著，信春鹰、杨晓锋译：《批判法学——一个自由主义的批评》，中国政法大学出版社 2009 年版，第 239 页。

③ ［美］贝克尔著，张默雪译：《局外人——越轨的社会学研究》，南京大学出版社 2011 年版，第 106 页。

④ 参见强世功：《法制与治理——国家转型中的法律》，中国政法大学出版社 2003 年版，第 122 页。

⑤ 张红、李栋：《中国信访制度：困境与变革》，载《华中科技大学学报（人文社科版）》2012 年第 6 期。

外部负效应，信访的实践也在某种程度上异化了信访制度设计。信访制度安排因信访案件的剧增而产生拥堵，信访系统运转困难，信访也因此成为社会稳定的潜在威胁。具体来说，首先，作为主导性纠纷解决方式的诉讼权威性逐渐被信访制度弱化。公民日益不信任基层和下级的各个公共机关，轻视法制和法治，迷信权大于法，相信信访而不是司法才是能够解决纠纷、实现自己利益的最优路径。① 由此信访制度还严重干扰了法院的司法审判工作，消解了司法权威。其次，信访成本由信访人向地方信访机关转移，信访人因低成本的或几乎无成本地借上访提出要求，纠纷解决的功能变质，同时也导致大量行政资源的浪费。尽管 2005 年《信访条例》试图通过制度规范来化解信访问题，但是由于法律设计上的缺陷，民主权利和社会稳定之间的张力问题仍然没有得到解决。

分析信访制度困境的原因能够在一定程度上为信访改革提供启示，但很多学者对信访制度的分析仅局限于对《信访条例》的反思。② 实际上，如果分析原因时仅仅着眼于《信访条例》会限制对信访制度本身的全面认识，有忽视制度背景的可能性。而这在一定程度上模糊或限缩了问题指涉的范围，从而导致对信访制度评价的偏差和信访制度政策性建议的投放偏差。因此，在分析信访制度困境时，应考虑完整的制度背景。具体来说，信访制度运行过程中存在一种张力。一方面，国家需要借助信访制度弱化官僚主义。因此，必须发挥信访制度在运行过程中的监督功能，以保证公民的民主权利，提高政治决策的正确性。另一方面，国家为了维护社会秩序的稳定，也希望对不符合规定的信访行为进行甄别并将其控制在基层，于是各地被动地将上访作为政绩考核的指标。而在这样的权衡过程中，如何没有保证有效的救济手段，平衡机制就会被打破，从而产生社会稳定的威胁。

而从制度设计层面来说，现有的信访机构、信访规范和信访机关的职权都存在可修复的缺陷，难以满足社会治理功能的实现。具体来说，目前指导信访活动的规定主要是《信访条例》，它由国务院制定，法律位阶较低，权威性不足。这种效力层级低的规定只能规范行政信访，对于人大、党委、司法机关和社会组织信访实践难以产生约束力。在机构设置上，信访机关的多元化，很难形成具有明确隶属关系的归口机构，例如下一级的政府信访机构并不是隶属于上一级的政府信访机构管理。在信访机关的职权上，尤其是基层信访部门，呈现"小马拉大车"，责任重大而权力受限的情势。

三、信访制度的法治化改革

尽管法律在现实生活中并不是维系社会治理的唯一手段，但是法律话语却将法律装扮成维系社会秩序的唯一具有合法性的手段，并且合法性程度与法律位阶成正比。因此，其他社会治理技术也需要将技术手段的法律化作为其合法性的源泉，以此维系社会秩序。此时，法律成为一种提供合法性的知识。

---

① 参见童之伟：《信访体制在中国宪法框架中的合理定位》，载《现代法学》2011 年第 1 期。
② 李栋：《信访制度改革与统一〈信访法〉的制定》，载《法学》2014 年第 12 期。

党的十八届四中全会《决定》（以下简称《决定》）提出，"把信访纳入法治化轨道，保障合理合法诉求依照法律规定和程序就能得到合理合法的结果"。这一重大决策部署，抓住了信访工作的关键，明确了信访工作制度改革的方向，也是做好新时期信访工作的基本遵循。同时，这一决策也是对社会治理转型困境的有效回应。信访法立法能够从制度设计的层面落实信访改革的共识，弥补既有信访制度设计之不足。另外还有学者认为《信访条例》及配套地方性法规相对稳定地输出，信访研究者和实践者对信访问题也做出诸多尝试，具备一定的经验储备，因此，信访法立法的条件已经成熟。① 实际上，2017 年 12 月举行的十二届全国人大常委会第三十一次会议已经将制定信访法作为本届全国人大常委会立法工作计划预备项目，目前正在抓紧进行起草工作。

信访是党联系群众的有效方式，它所体现的意识形态具有鲜明的政治意义。通过信访法立法可以让信访制度准确回归到政治参与和民主监督的功能取向上，同时可以巩固法治的权威。

现有的信访制度改革方案没有形成整体性的理论共识，但是笔者认为首先可以确立一种分析路径，具体来说，信访制度改革或者信访法立法，都必须以明确信访制度的目标或功能为前提。不少学者认为应该首先通过信访法立法，并以立法的形式剔除与法治相违的功能。实际上他们忽视了制度功能以及国家对信访的制度依赖，所以这样的改革难以回应社会治理的需求。具体来说，信访制度的法治化改革应该以信访制度的实践功能为依归，将异化的信访制度拉回正轨，明确给信访制度定位，彻底剥离其权利救济功能，积极发挥信访制度的参政议政、权力监督功能，使之成为政府、社会组织、公民良性互动的重要渠道和多元主体参与公共权力的重要方式，使信访制度所蕴含的多元主义因素，借助于法治化的路径，在宪法的框架下得以发挥，从而实现政府治理和社会自我调节、居民自治良性互动的局面。②

德沃金认为法律原则使法律获得道德特性。③ 根据信访立法的目的和宗旨，笔者认为可以考虑确立以下原则以作为信访法立法的指南：一是保护信访人基本权利的原则；二是公开与公正原则；三是依法、合理、及时、便民原则；四是预防和化解社会矛盾原则。

（一）明确信访工作程序

信访制度应体现仪式化，不仅仅是因为它是程序规范化的要求，而且还源于信访制度是法律权力的一部分，它体现制度的权威和神圣性。因此，信访制度应该设置规范性工作流程，使信访案件的处理体现程序性要求。首先，建立信访机构和行政部门的衔接

① 朱应平：《浅谈制定信访法的几个问题》，载《信访与社会矛盾问题研究》2013 年第 5 期。
② 参见《中共中央关于全面深化改革若干重大问题的决定》（2013 年），中央政府门户网站，http：//www.gov.cn/jrzg/2013-11/15/content_2528179.htm，访问日期：2017 年 12 月 20 日。
③ ［美］德沃金著，信春鹰、吴玉章译：《认真对待权利》，中国大百科全书出版社 2008 年版，中文序言第 21 页。

机制，保证信访案件的快速分流，划分信访处理管辖范围，减少或杜绝越级信访行为。其次，还必须建立配套的信访诉求终结机制，保证信访事项的有效终结。最后，还必须保证信访程序的公开。在事实查明的过程中，信访工作人员主要是接收信访人单方的证词和文件材料，当然有时也会对事件的相关情况进行询问和实地调查。但是信访制度在多数情况下并不提供双方当事人对质和协商的机会，信访事由也就存在事实存疑的可能性。因此，处理程序必须公开，其中包括双方当事人的共同参与和信访程序的对外公开，以保证群众的监督。① 双方当事人的参与需要在信访制度中明确双方互动的必要性，并借助信访平台落实到具体实践中。信访程序的对外公开，要求信访工作人员接受信访案件以外群众的监督，从而保证信访的权威。

（二）建立诉访分离机制

虽然《信访条例》和各省、自治区、直辖市的信访条例都有明确规定信访机构对属于司法职权范围内的信访事项不予受理，但是这些规范都没有从国家这个大的层面上明确信访事项的具体范围。信访途径和一般的法定途径之间的关系也没有厘清。② 当前仍然有大量的涉诉信访案件涌入权力机关或行政机关，这在一定程度上消解了司法机关的权威性。2013 年，中共中央办公厅、国务院办公厅关于《关于依法处理涉法涉诉信访问题的意见》提出了改革涉法涉诉信访工作机制，把解决涉法涉诉信访问题纳入法治轨道，由政法机关依法按程序处理，将信访投诉处理作为一种行政救济渠道，与司法程序加以严格区别，实现维护群众合法权益与维护司法权威的统一。因此，建立诉访分离的机制是当前信访改革的应有之义。具体来说，在信访过程中，要甄别出适用法律救济的信访事项，并将其从法治体制中分离出来。需要指出的是，笔者认为，此处需要甄别的是信访事项而非信访案件，它是整体与部分的区别。因为信访实践中会出现合法合理、非法无理和合理不合法等诉求同时存在的现象，将甄别范围限缩到具体的信访事项，更能够保证诉访的有效分离。在此基础上，信访请求的受案范围应进一步做出区分，从横向上可以区分为人大信访、行政信访、法院信访等，应根据信访请求的关联度合理落入不同权力部门。

（三）健全考核评价体系

从笔者调研的经历来看，基层党政部门工作人员普遍认为信访维稳的压力大，层层叠加的信访考核指标使得基层部门和公务员投入大量时间成本处理信访人员以及相关的信访事项，并且信访工作人员普遍感觉责任追究压力较大。在实践中，这种考核首先表现为地方"信访排名"，即上级部门对管辖范围内下级上访情况，特别是越级上访量和到京上访量进行排名统计；其次这种压力还来源于以"零上访"或"零进京访"为评价标准实行"信访工作一票否决制"，即各地方对辖区内出现人员越级上访、群体非正

---

① 参见杨小军：《信访法治化改革与完善研究》，《中国法学》2013 年第 5 期。

② 参见李栋：《信访法制研究》，中国政法大学出版社 2016 年版，第 249 页。

常上访造成恶劣影响，或其他信访工作未达标的情况，采取以结果为导向，均实行一票否决。因此，各级党政部门为避免或者减少辖区内出现"非正常上访"，以使本地本部门的信访工作不被一票否决，尽可能地使用了各种手段，所以常常也会出现不合规范的处理行为。

因此，改善考核方式要考虑各地信访事项，包括它的信访数量和事项的偏向，同时还需要考虑解决问题的实效，提高考核的科学性。建立正确的信访分类原则，并针对不同的信访事项进行类型化处理，① 以此疏通信访渠道。另外，作为配套措施，笔者认为还需要完善信访工作人员的责任机制，加强对信访的监督。具体来说主要包括上级信访部门对下级信访部门的监督和社会舆论的监督。上级信访部门对下级信访部门的监督首先需要明确上下级之间的隶属关系，使得监督具有合法性和合理性，下级在处理信访问题应该接受上级的检查。而舆论监督首先主要是信访的相对公开，并在此基础上接受社会公众对信访案件的监督。值得注意的是此处的监督是区别于信访制度功能取向中的权力监督，此种监督是对权力监督的补充与修正。

（四）明确信访人的权利和义务

在信访实践中，国家为了社会治理的需要会对地方政府施压，从而常常诱发信访人产生通过闹访获得不正当利益的现象。并且，这一部分信访人认为闹访的程度与获得利益的多少成正比。因此，信访人会机会主义地借助扩大矛盾事实，并夸大信访纠纷解决效用，以此获取更多的利益。姑息、纵容这些闹访者，满足他们的需求，看似解决了社会矛盾，但实际上却产生了更多的社会不稳定因素。

统一制定的《信访法》应该明确信访人的权利和义务。信访人应如实反映情况，不得捏造、歪曲事实，不得诬告、陷害他人，同时应该遵守信访秩序，按照法定方式和程序进行信访活动。对于诸如违规越级上访等破坏信访秩序的信访行为，信访法应规定相应的法律责任，甚至不排除采取强制性的处罚措施。当然，无论是说服教育还是强制性处罚都应当建立在法治的基础上。

四、结语

在社会结构急剧变革的时代，任何领域的改革都可能与整体的社会行动紧密联系。信访制度在社会结构变革时代承担着社会治理的功能，信访制度改革的方向是信访的法治化，这是信访工作的基本遵循。在社会治理系统中，实现依法信访，依法化解矛盾纠纷，才能维护社会长治久安。这印证了拉德布鲁赫的认识："法律的第一任务是安定性"。②

信访是我国法治体系中的一项重要制度和实践，这要求信访制度研究需要走向田

---

① 参见陈柏峰：《农民上访的分类治理研究》，载《政治学研究》2012 年第 1 期。

② ［德］拉德布鲁赫著，王朴译：《法哲学》，法律出版社 2013 年版，第 94 页。

野，用科学的态度对待实践。不是用我们学到的理念、理论去切割实践，而是要从田野实践中理解这些事物。在实践中提升信访制度的问题意识，从而厘清信访制度和信访工作实践的主要内容，推动我国国家治理现代化的进程。

循着法治发展的时间轨迹探寻正义与人权

聂长建*

摘要： 正义与邪恶犬牙交错于正义发展的时间维度上，人类的法治发展史过程，也就是不义的法律退场和正义的法律入场的过程，正义是法律的运行轨迹和价值导向。在时间维度里，法律是公正的，一切不义行为在法律面前不仅是不道德的，也是不明智的。法律达到公正也是一个过程，是在与不公正的坚决斗争中逐渐实现的，公民不仅有拒绝遵守恶法的权利，也有拒绝遵守恶法的义务，司法审判也不能以恶法作为依据。法律最终实现正义，法治是依法之治和良法之治的最佳结合，法治是一种优良的生活方式和善治，每个公民以良好的法律心态依据良法堂堂正正做人，在正义发展的时间维度上留下光明的印记。

关键词： 法治；法律；正义；时间；维度

古往今来，时间都是哲人们研究的主题，马克思指出："时间实际上是人的积极存在，它不仅是人的生命的尺度，而且是人的发展的空间。"① 法律作为人类特有的重要的社会现象，和时间休戚相关。对法律观念、法律事件、法律术语等认识，都要放在法律的时间轨迹里，从连续性、动态性、发展性等视角去认识，孤立的、静态的、静止的视角只能得出错误的结论。例如，很多人推崇西方的法治，却把孔子当做法治的阻碍因素。孔子那个时代，根本就没有现代意义的"法治"，我们今天和孔子不在时间坐标的同一点上。"法治"概念的发展有一个时间轨迹，古人的"法治"观念属于早期不成熟状态，今人不能超越当时的各种制约因素而苛求古人的法律思想。亚里士多德也说过法治是良法之治，但又鼓吹奴隶制，把奴隶制的法律当做良法，这与我们今天的法治观念相差甚远。"即使古代有'法治'这一术语，那也和现代的'法治'术语具有完全不同的意义。"②

法律和法治是一对既有区别又有密切联系的概念，法治顾名思义即"法律的统

---

* **作者简介：** 聂长建（1969— ），汉族，男，中南民族大学法学院副教授、法学博士，主要研究法学理论和法学方法论。

① 《马克思恩格斯全集（第 47 卷）》，人民出版社 1979 年版，第 532 页。

② 聂长建：《法治进行时中孔子法律思想的"现代性阐释"》，载《西北师大学报（社会科学版）》2015 年第 1 期。

治"，法治离不开法律，但有法律不意味着有法治，二者还是有较大区别的：法律是伴随着国家而产生的，其标志是以国家强制力为后盾；法治是伴随着现代国家而产生的，其标志是国家权力受到制约，"限制公权力，保护私权利"是法治社会非常鲜明的特点。和法治社会相对应的是专制社会，又称前法治社会，法治社会和前法治社会都需要法律，但法律的地位、使命、性质、表征都是不一样的：就地位而言，法治社会"法律至上"，前法治社会法律处于从属地位；就使命而言，法治社会的法律限制国家权力维护公民权利，前法治社会的法律扩张国家权力损害个人权利；就性质而言，法治社会非常关注法律本身的性质，恶法非法，法治是良法之治，前法治社会并不关注法律本身的性质，恶法亦法，法律仅仅被当做社会治理的手段而没有价值维度；就表征而言，虽然法治社会和前法治社会的法律都以权利和义务为内容，但前法治社会是"义务本位"，法治社会是"权利本位"。法律与法治，在时间上有法律在先、法治在后之分，在形态上有法律静态、法治动态之分，在内容上有法律是良法性质、法治是良法之治之分，因此有法律未必有法治，有法治必然有法律。而法治既然是良法之治，法治对法律具有强大的筛选功能和塑造作用，法治淘汰恶法而催生良法。正是法律的发展推动法治的产生和发展，而健全的法治又提供了法律发展的良好平台，法治的发展必然伴随着法律的发展，恶法被废止不再适用，良法被制定出来并得到正确适用。

法律的使命在于维护正义，只有到了法治社会，法律的这一使命才得以凸显，因为在法治社会，才突出良法之治，只有良法才能实现正义，恶法只能摧残正义。正如罗尔斯所言"正义是社会制度的首要价值，正像真理是思想体系的首要价值一样。"① 而正义的到来是有一张时间表的，博登海默指出："正义有着一张普洛透斯似的脸，变幻无常、随时可呈不同形状并具有极不相同的面貌。"② 法律未必总是能够完成这一使命，法律也会制造邪恶，甚至以正义之名制造邪恶。正义发展的时间之维上，必须清醒认识每一正义或邪恶是如何进场、在场和退场的，并"对号"自己的行为，"入座"自己的角色：正义、邪恶或介入二者之间的平庸角色，不断反思自己所扮演角色的思想、行为和法律价值。

一、法律正义的发展历程

法律被称作正义女神，但法律又有良法、恶法之分，只有维护正义的良法才是正义女神，摧残正义的恶法只是正义的魔鬼。"庆父不死鲁难未已"也是法律正义发展的真实写照，如果恶法不死，那么良法不生，正义的灾难就不会停止。正义的发展是恶法良法争锋的过程，必然是曲曲折折的，而不可能是一帆风顺的，但良法必然战胜恶法，正义前进的总趋势是不可阻挡的，法治是良法之治，也必然是一个异常艰难的动态过程。

---

① ［美］罗尔斯著，何怀宏等译：《正义论》，中国社会科学出版社1988年版，第1页。

② ［美］博登海默著，邓正来译：《法理学、法哲学与法律方法》，中国政法大学出版社2004年版，第261页。

尽管正义存在于多个领域，除法律外，政治、经济、社会等也存在正义问题，但法律正义是根本的和具有最终意义的，因为司法是社会正义的最后一道屏障，其他任何领域的正义最终通过法律来解决，中外历史上的具有历史意义的政治改革，如商鞅改革、王安石改革、梭伦改革的主要内容都是变法，正义的发展主要体现在法律上，也只有到了法治社会，法律才能够确保正义的实现。在法治的坎坷之路上，邪恶的法律制造惨绝人寰的罪恶，至今仍让我们不寒而栗，当引以为鉴，避免悲剧重演。

罗萨·帕克斯，一位美国黑人女裁缝，却在法治的时间坐标上树立一座令人景仰的丰碑。当她于 2005 年 10 月 24 日晚以 92 岁的高龄悄然辞世时，引起全世界的热烈反响。当年她那平凡而又超凡、理智而又勇敢的行动，推动了反种族歧视斗争，使种族歧视法律最终成为历史遗迹。1955 年 12 月 1 日，帕克斯下班后，如往常一样坐在公交车中排的座位。座位坐满后，上来一位白人男子，按当地法律，黑人在座位满时必须让座给白人。在司机喝令下，当时车上的其他 3 位黑人站起来了，但是帕克斯拒不让座。这在今天看来再平凡不过的小事在当时对于一个黑人来讲却是生死攸关的大事，没有将生死置之度外的巨大勇气是做不到的，帕克斯可能被白人种族主义者打死或被警察逮捕。随后赶到的警察吼叫道："不站起来，就逮捕你。"帕克斯只是平静地说："不。"这声平静的"不"字，在法制史上犹如巨雷震耳欲聋，代表了所有黑人对种族歧视法律的抗议和拒绝，是正义的呼吁、是权利的诉求、是蔑视恶法的勇气、是法治发展的推动力。公民有拒绝遵守邪恶法律的权利，也让我们明白，今天我们所有享受的正义和权利，并不是自然而来的，而是通过斗争争取来的，帕克斯之伟大就在于她以拒不让座的抗争方式为黑人争取权利。帕克斯的被捕激励了当地的黑人群众，人们纷纷参加了抗议和抵制运动。美国最高法院裁定在公交车上实行种族隔离制度违宪，帕克斯争取权利的斗争取得胜利，被视为美国黑人"民权运动之母"。帕克斯争取权利的方式是"非暴力"，这也是其值得浓墨重彩的地方，法治要求用法律维护正义和解决争端，暴力只能制造邪恶和更多的争端。实践证明，"为权利而斗争"的最佳方式是非暴力的，暴力带来血腥仇杀和以暴易暴的恶性循环，是对他人权利的野蛮剥夺，最终带来的不是权利保障而是权利丧失，法国大革命以"天赋人权"为旗帜，最终却是断头台的血雨腥风，被枉杀的无辜者哪有什么权利可言，而每个人都有可能成为下一个被杀者。

冷战期间，一道柏林墙将德国一分为二。可以想象，有多少翻墙者在邪恶法律下死于非命，多少制造邪恶的开枪士兵受到嘉奖。但邪恶终于走到尽头，那尽头的一枪必定成为界碑，演绎着一个正义发展史上具有里程碑意义的案件。在东德士兵英格·亨里奇射杀了一名越墙偷渡者后，柏林墙很快倒塌，这名东德士兵被推上法庭并被判处三年半徒刑。尽管亨里奇的律师以执行命令为由作无罪辩护，但被法官以抬高枪口一厘米是其应主动承担的良心义务却没有承担的理由驳回。"那条规定射杀翻墙者的命令是邪恶的，并不是真正的法律，也不应该得到遵守，因此士兵从守法的良心义务出发，就应该主动抬高枪口一厘米，而不能真的射杀翻墙者。"[1] 在士兵射杀翻墙者时，正义隐身了，

---

[1]　聂长建：《法律修辞与法律思维》，载《山西大学学报（哲学社会科学版）》2014 年第 1 期。

任凭邪恶肆虐，但正义终于到来，虽然是迟到，还是迎来了对开枪士兵的审判，并由于法官的善良和智慧而对开枪士兵绳之以法，正义终于大放光彩了。

法律和正义是"名实"关系，法律如果违背正义，那就名不副实，正如孔子所言"名不正，则言不顺；言不顺，则事不成；事不成，则礼乐不兴；礼乐不兴，则刑罚不中；刑罚不中，则民无所措手足。"（《论语·子路》）正义的法律当有如下标准：其一，以人为本，真正把人当做目的而不是手段；其二，善良宽宏，以其正当性获得民众的尊敬而非仅仅以其强制性迫使民众畏惧；其三，人人平等，法治建立在民主的基础之上，法律是所有公民参与制定的，因此对所有公民一视同仁；其四，权利保障，限制公权力保障私权利是现代法治的一个重要特征。反之，邪恶的法律的标识是：其一，以特权者为本，把人当做手段而非目的；其二，恶劣褊狭，依靠强大的暴力恐吓人民服从法律；其三，平等缺失，没有民主基础，法律是少数人制定也就偏向少数制定者，不能够对全体公民一视同仁；其四，权力膨胀，权力大于法律，权力吞噬权利。对于当今我国的法治建设，法律的正义与邪恶观念区分具有十分重要的意义，因为正义的法律才是正义的保护神，才能制造正能量，实现法治，保护公民的权利；邪恶的法律必是邪恶的帮凶，只能制造负能量，有法制而无法治，损害公民的权利。"二战"后的纽伦堡大审判，纳粹法官以执行法律为名拒不对屠杀犹太人认罪，但执行法律不是免罪的理由，因为迫害犹太人的纳粹法律是邪恶的，执行邪恶的法律就是有罪的。"二战"后自然法的兴起很大程度上是基于对纳粹法律的反思，并重新审视法律实证主义的道德法律的分离命题："法律就是法律"，而是首先确立法律的正邪性质：良法是法、恶法非法。法律的正邪观念之区分，关系到法治发展的大方向问题。纳粹德国居然也以"法治国"自居，这是法律实证主义坚持"恶法亦法"的理论必然，而实证主义所坚持的"事实价值分离"命题源自对休谟伦理学问题的误解。休谟在《人性论》第三卷第一章第一节的最后一段的附论中提到"是"与"应该"的关系时，强调"应该"这个新关系不能由完全不同的另外一些关系推出来。休谟离世后近三百年，伦理学家黑尔于二十世纪初将休谟附论命名为对伦理学产生重大影响的"休谟法则"，"是"与"不是"当做事实判断，"应该"与"不应该"当做价值判断，这句话就被当作事实判断与价值判断相分离的休谟问题。自黑尔首提"休谟法则"一百多年来，"休谟问题"不仅成为伦理学最为重要的问题，而且向整个人文社会科学渗透，在法学领域是对"恶法亦法"最为有力的支撑。最新研究表明，黑尔对休谟附论的解读是完全错误的，伦理学领域所谓的"休谟问题"是子虚乌有的，尽管已经发生长达一百多年的真实影响。放在休谟的情感主义道德观里理解这个附论，休谟所说的"新关系如何能由完全不同的另外一些关系推出来"就是指"应该"与"不应该"的道德关系不能够由"是"与"不是"的理性关系推导出来，而不是像误读的那样，认为这是说事实判断（"是"与"不是"）推不出价值判断（"应该"与"不应该"）。[①] 正因为正义价值是法律的灵魂，所以"恶

---

① 聂长建：《误解与正解：对休谟伦理学问题是否存在的追问》，载《伦理学研究》2015 年第 5 期。

法非法"与"白马非马"是两种不同性质的命题，"白马非马"从逻辑上判断是错误的，"恶法非法"从价值上判断是正确的。既然恶法非法，良法才是法，法治必然是良法之治。

人类的法律发展史过程，也就是不义的法律退场和正义的法律入场的过程。法官的上司是法律，而法律的上司是正义。正义就是社会的"宇宙"，如果说自然界的"宇宙"是时间上无始无终，空间上无边无垠，那么正义就是社会最高和最终的价值。正义是法律的运行轨迹和价值导向，如果法律无视正义，就像汽车没有方向盘和刹车器一样，不仅不会快速安全到达目的地，还可能是南辕北辙甚至车毁人亡，在法律的时间坐标上，死在邪恶法律下的无辜生命会多于死于车轮下的生命。随着人类逐渐走向法治社会，被法律剥夺生命、自由、财产的情形越来越少，进入法治社会人们才能获得广泛的安全感和幸福感，因此说法治社会是正义发展史上的高级区域。法治社会的一个普通公民也比专制社会的君王幸福。由于法律的保护，这位公民是安宁的，基本上能活到自然死亡的年龄。而在专制社会，由于没有法律的保护，一个人在掌握权力时肆无忌惮杀人，又在权力丧失时被肆意屠杀，人人自危、朝不保夕，在互相残杀中，很少能活到自然死亡的年龄，墨索里尼、东条英机、萨达姆、卡扎菲等都逃不脱杀人被杀的恶性循环。法治发展的道路并不平坦，尽管法治发展的前途是光明的。

到了法治社会，任何人一律得到法律的厚爱，法律和正义具有同一性，公权力不再是肆意的"利维坦"任意践踏公民的权利，而是在法律的驯服下忠诚保护公民的权利，公民有可能在强盗面前死于非命，却不会冤死于权力和法律面前。萨达姆之流在那个世界里如果也是法治社会，一定会后悔自己的所作所为，认识到是正义的法律而不是邪恶的权力才是任何人哪怕最大权力人的保护神，如果让他们再生，他们会赞成法治，但时间不给他们这个机会，只是警示每一个人尤其是那些掌握权力玩弄法律和人民的人，玩过头就把自己毁灭了，这就是萨达姆之流的宿命，若想避免这种宿命，就不要和他们同流合污，而是顺应历史潮流，融入法治社会。在法治社会，法律最大，任何人和权力都要服从法律，法治社会没有独裁者，没有独裁者在残杀人民后又被杀掉的血雨腥风的恶性循环，任何人只有在法治社会才能得到最大限度的保护，正义在法治社会才能得到充分实现。法治是人类最伟大的发明，比牛顿的万有引力和爱迪生的白炽灯还要伟大得多，如果没有法治，正义就很难从理想走向现实，只是水月镜花似的乌托邦。孔子"近者说，远者来"的理想只有在法治社会才能够得到根本性实现。

二、司法正义的实现历程

司法是社会正义的最后一道屏障，正义的实现最终体现在每一个司法案件上。法律在发展，法治在完善，每一个公民也最终受到法律的善待。十八届四中全会提出："努力让人民群众在每一个司法案件中感受到公平正义。"个案正义是相对于一般正义而言的，集中反映了哲学上个别和一般的关系，个别是一般的基础，一般存在于个别之中，没有个别就没有一般，没有个别正义就没有一般正义，一般总是通过个别实现的，社会的一般正义总是通过每一个具体案件的正义实现的。个案正义实现的曲折反复折射出正义发展的艰难历程，实现个案正义是我们孜孜以求的目标，其中的一些案件值得反思。

发生于 2006 年 4 月的许霆案于 2007 年 11 月审判，一审以盗窃金融机构的盗窃罪判处无期徒刑，此案立即引起社会的广泛关注。媒体的讨论铺天盖地，学界也参与其中，围绕着罪与非罪、是否重判和是否"盗窃金融机构"等方面展开激烈的争论。许霆提起上诉，广东省高院发回重审。2008 年 3 月，广州中院认定许霆犯盗窃罪，判处有期徒刑 5 年。许霆案之所以成为法治发展史上的经典案例，就是因为它来的正当其时，产生即时的轰动效应，推动了司法意识形态的发展，"其实，许霆案动摇了克制主义的内核：把法律等同于规则，遵守法律就是遵守法律规则，对规则本身的正当性和适用范围则缺乏考虑。"[1] 但是机械司法的破产也不意味着完全抛弃司法克制主义而支配于司法能动主义，因为司法克制主义对确定性的强调符合现代社会科学理性的要求，司法能动主义对正确性的强调符合现代社会正义权利的要求，既然现代社会既是科学理性的社会又是正义权利的社会，那么就应该对原有的司法克制主义和司法能动主义两种意识形态进行"执两用中"的整合，"第三种司法意识形态也就呼之欲出，那就是司法能力主义。"[2] 假如许霆案早来 8 年时间，媒体不够发达，许霆案就难以得到社会各界的关注，难以得到重审和改判的机会。2000 年与之类似的云南何鹏案也是以盗窃金融机构判处何鹏无期徒刑，只不过是何鹏案在当时毫无反响而已。当然，许霆案后，已经坐牢 8 年的何鹏由无期徒刑改为 8 年零 6 个月的有期徒刑，也很快出狱了。假如许霆案晚发生 5 年，2011 年刑法修正案（八）出台，取消了对盗窃金融机构和盗窃文物的加重处罚，也不会在一审判处无期徒刑，更不会有是否"盗窃金融机构"的争论了。

何鹏案刑期改为 8 年零 6 个月，而许霆的刑期是 5 年，法院提不出何鹏究竟在哪一条上比许霆罪加一等，但我们也不要以为这个刑期是法院随意定出来。何鹏的刑期可以说是法院反复权衡、"削足适履"定出来的，但却并非是按照"罪责刑"相适应的原则，按照何鹏的什么罪行定出来的。从 2009 年 11 月 24 日云南省高院对何鹏案的改判，到 2009 年 12 月 7 日最高人民法院下发刑事裁定书对云南高院的这一判决予以核准，何鹏 2010 年 1 月 16 日出狱的时间大致定下来了。而刑期是从羁押时间算起：2001 年 3 月 5 日，何鹏被刑事拘留；2001 年 3 月 12 日，何鹏被释放，同年 4 月 6 日被逮捕，11 月 23 日被取保候审；2002 年 3 月 11 日再次被逮捕。由于刑期只能到年月而不能到天数，所以何鹏的刑期就定为 8 年零 6 个月。可以想象，如果何鹏早出事早被羁押一年，那刑期就改判为 9 年零 6 个月，与其服刑时间相等；如果何鹏晚出事晚被羁押 3 年零 6 个月，那刑期就改判为 5 年，还是与其服刑时间相等。一言以蔽之，刑期就是何鹏的已服刑时间。法官这样判确实也有难言苦衷，如果刑期少于已服刑时间，就意味着何鹏服刑

---

① 聂长建、景春兰：《司法能力主义——对司法克制主义和司法能动主义的平衡》，载《中南大学学报（社会科学版）》2012 年第 1 期。

② 聂长建、景春兰：《司法能力主义——对司法克制主义和司法能动主义的平衡》，载《中南大学学报（社会科学版）》2012 年第 1 期。

时间超出刑期，就无法对超出的服刑时间交代，就是自找麻烦留下后遗症。但我认为麻烦的背后是正义的维护、公民权利的保护和司法公信力的提高，这三者都是无价的，麻烦因此远远小于收获，我们本应该欢迎这麻烦却失之交臂了。这个8年零6个月的刑期确实表明法官不想在利益衡量的限度内多判何鹏一月徒刑，局外人很难看出法官在这个问题上的良苦用心。单从刑期来看，很难说这是一个"以事实为根据，以法律为准绳"的改判，判决的根据是法律、法院、当事人、社会等各方面的利益衡量而不是法律的要求和当事人的权利保护，这是实用主义的判决而不是正义的判决。

何鹏案被媒体称作"云南许霆案"，这就有点不专业了。很遗憾，专业的法院后来也跟着不专业的媒体走，当然我们也相信法院和媒体都不专业的表现形式在本质上是不一样的，因为法院不是无知而是无奈。法院本是很专业的，因为无奈才变得不专业，是"被"不专业的。在现代法治社会，正义是国家对公民的庄严承诺，这个承诺并没有在何鹏案中兑现。无论从事实还是法律来讲，何鹏无罪，当事人、旁观者、法官和检察官都是知道的。但是法官有难处，宣布已经有八年半牢狱之灾的何鹏无罪将带来巨额的国家赔偿，但是对于法治国家而言，正义比财产更有价值，正义才是最大的财富。当然法官也可能身不由己，判决也不必苛求，毕竟刑期从无期改为8年零6个月是一个比较大的进步，但那也得反思我们的司法体制，应当能让法官做得更好。

两案有什么不同呢？在许霆案中，许霆有道德瑕疵和法律小恶，他为银行保管钱的辩护就引发连事先同情他的网友对其品性不诚实的指责。而在何鹏案中，我们看不到何鹏有任何道德瑕疵或法律小恶。许霆把钱挥霍了还诡辩说替银行保管钱，何鹏没有挥霍一分钱但也没说替银行保管钱，何鹏算是坦荡诚实的人。许霆案中，机器出错并为许霆所知，这笔钱就算一个正常的人也认为是不义的，许霆的携款潜逃正是他心虚理亏的直观体现。一些辩护者断言：我们都会成为下一个许霆，我看不尽然，不拿不义之财应该是我们的道德底线，许霆突破了这个底线，受罚不冤。但我也不认为许霆是大恶之人，他的犯意是机器出错临时诱发的，主观恶性与原始的盗窃金融机构的主观恶性不能相提并论，但这不是其免责的理由，只是减轻刑罚的理由。在何鹏案中，何鹏取出的钱都是卡上所有的，何鹏每取出1000元，卡上就显示出少了1000元；而不是像许霆案那样，明明见卡上只有171元，却能一次取出1000元，且卡上只显示少了1元钱；因此何鹏取钱不会像许霆那样有发不义之财的感觉，何鹏没有任何主观恶性，何鹏没有盗窃金融机构1分钱。何鹏案中也没有许霆案中机器出错的偶然诱发因素，何鹏的储蓄卡在建行、中行和工行的取款机上都能取出钱来。就算是银行出故障，何鹏也不能从卡上看出，也不该承担任何责任。或许还有辩解说：何鹏一个学生难道不知道自己没有100万元钱吗？但是一个储户取自己卡上的钱是神圣不可侵犯的权利，无须要进一步追问钱的来源。这100万元钱也有合法的可能解释渠道：父母发了一笔横财寄给自己，但为给自己一个惊喜而不事先通知，或者是哪个好心人资助自己打过来的，或者是哪个老板出错打过来的，也有可能是银行操作出错打过来的，不管怎样，持卡人没有查清卡上余款的来源并决定是否取出的法律义务。卡上明明白白的钱，持卡人就可以明明白白地取出来，这是天经地义的。如果是谁打款错了来取回，能做到完璧归赵就是高姿态了，不应该承担任何罪名；即使何鹏拒不退款，也只能是不当得利罪而非更重的盗窃罪。法律的生命力在于正确适用，何鹏案显然是对法律的错误适用。现在都用工资卡，在每月正常的工资之外，突然多了万儿八千元，极可能是奖金、奖励或补发工资等，难道我们非要跑到财务处问明白才敢取出来吗？按照何鹏案的逻辑，一个人"被"犯罪是容易的，一个人或单位想栽赃他人犯罪也是容易的：向他的卡上打上100万，他若警惕性不够取了这笔钱那就是8年零6个月的徒刑；向他的卡上打上三五千元，他根本就无法警惕，也免不了一年半载的徒刑，这样一想下去，未免有点恐怖，我们都可能成为下一个"被犯罪"的何鹏了。因此，何鹏案的正义是打折扣的，而一个法治社会，正义本应该是无价的，是不能被利益考量扼杀的，是原原本本的而非折扣的。何鹏案会不会再审宣布无罪，我也承认可能性很小，但如果这是正义的呼吁，总是有希望的，如其然，必将是法治发展史上的一座丰碑。何鹏案如果发生在今天，也绝不会定为盗窃罪。最近发生的一起类似何鹏案的真实事件，当事人将公司错汇的500万元钱退回，不承担任何法律责任。① 何鹏案因许霆案将无期徒刑改为8年零6个月的刑期，能否因这个没有立案的事件而改为无罪呢？至少这个事件增加了我的期待，这是法治发展进步的必然要求。

2006年11月彭宇案发生，诉讼两次围绕着彭宇是"扶助"还是"撞倒"展开论辩，但都拿不出有力证据。南京鼓楼区法院一审宣判，双方对事故均无过错，按照公平原则，彭宇付给受害人40%的损失。彭宇案中，法官在原告提不出证据情况下，根据或然性很大的经验法则，推定彭宇撞了老太太。法官根据日常生活经验，认为原、被告如果素不相识，一般不会贸然借款。但是这个生活经验也不能否认彭宇那200元钱的借款性质，"在没有特殊情况下，素不相识的人是不会贸然借款给别人的。但是，在别人遇到困难或危难（如遇到车祸）而他身边又没有亲人或同伴，或者即使身边有亲人或同伴，但他们都无力拯救受害者于危难的时候，素不相识的人施以援手的事例几乎每天都见之于新闻媒体和报刊，这些人不仅给受害人出钱看病，而且往往不留姓名就离开。"② 我以为，由于没有摄像和目击证人，彭宇是撞人者还是救人者真的说不清，就算彭宇真是撞人者，也只有双方当事人知道，法官用经验法则来推定出彭宇是撞人者并不恰当。当然此案也对以后法官审理类似案件是一个很好的警醒。此案后，社会影响消

① 《天上掉下500万！重庆女子卡里多500万报警 不料却是真的》，浙江网络广播电视台网站，http：//n.cztv.com/news2014/1096477.html，访问日期：2018年2月24日。小徐家住在九龙坡区歇台子。国庆最后一天假期，她收到意外惊喜，手机短信显示银行账户进账500万元。起初小徐担心是骗局，立即通过网上银行查询，500万元已在账上，这简直是天文数字。谁打来的巨款？是否是违法犯罪？会不会对自己银行征信产生影响？小徐拿着银行卡，不知所措。犹豫不决时，一通陌生电话打来。"我们是渝北区黄泥塝派出所民警。"小徐警觉起来，担心陷入骗局。谨慎起见，小徐打了110，并来到歇台子派出所报警。经核实，黄泥塝派出所民警是真的，对方也接到报警：一家位于黄泥塝的公司因出纳失误，将本该打给客户的钱，错汇入小徐卡内。昨天中午（2015年10月8日），在警方见证下，该公司负责人和小徐在渝中区大坪一家银行完成汇款。
② 张继成：《小案件 大影响——对南京"彭宇案"一审的法逻辑分析》，载《中国政法大学学报》2008年第2期。

极，"以后还有谁敢做好事？"表达了人们对判决的不满。以后发生的小悦悦事件，18个路人都没有施以援手，除了人情冷漠外，还与怕惹麻烦有关，这也是彭宇案留下的阴影。还有施救者出于自保需要，在施救之前拍照、找证人等，也耽误了施救的时机。2013年6月，四川达州市，三位小孩扶起蒋老太太后，老太太坚持是被其中的一个小孩撞倒的，而小孩则坚持是老太太倒地后呼叫才去扶起的。由于案发现场不远有商家住户，几位目击证人都证明是老太太自己倒地呼叫后由小孩扶起的。达州市公安局达川区分局根据《治安管理处罚法》第四十九条之规定，决定对蒋某某给予行政拘留7日的处罚（因违法人员蒋某某已满70周岁，依法决定不予执行），同时对其闹事的儿子龚某某给予行政拘留10日，并处罚款500元的处罚。我们可以看出，此案中的三个小孩比彭宇幸运，但这种幸运是建立在旁边有目击证人的前提下。如果没有目击证人，怎么判，考验着法官的智慧和司法理念。撞人者撒赖不承认和原告虽没被对方撞倒而诬告敲诈的情况都是有的，这有时成为无厘头之案。但法官应坚持正义理念，不冤枉无辜者，不放纵作恶者，以证据说话，而不是把或然性很大的经验推定当作证据。可以说，这个案子的社会影响就比彭宇案好，正义得以实现。

十八届四中全会提出：坚持法治国家、法治政府、法治社会一体建设，实现科学立法、严格执法、公正司法、全民守法。在这四个"实现"中，"公正司法"虽然排序第三，但实处于枢纽地位，原因在于司法是社会正义的最后一道屏障，公正司法既是科学立法的价值，又是严格执法的督促，更是全民守法的保证，没有司法公正就没有社会正义。

没有谁愿意成为冤案的主角，而如果没有正义，却谁也难以避免成为冤案的主角。

有的冤案永远不会昭雪，"及时的正义"和"迟来的正义"都没有。赵作海案中，若不是那个"被害人"赵振晌回到村中，赵作海岂不是牢底坐穿。赵振晌流落村外11年，随时都有死的可能，那赵作海真是死无对证。赵作海被冤枉是不幸的，但不幸中有万幸，所谓的"被害人"11年也没有死并最终回来了，于是才有"迟来的正义"。假如下一个赵作海没有这个万幸，岂不要把冤罪带到另一个世界里。当然，把赵作海的幸运寄托在所谓的"被害人"复活回村来，是极不可靠的。如果我们每一个人要有可靠的幸运，那还是寄托在法律上，消灭刑讯逼供这块毒瘤。

在呼格案中，若不是赵志红落网后交代的10起强奸杀人案的第1起就是9年前认定呼格吉勒图杀人案，那么呼格案就不会暴露为冤案而是定位于铁案，当年诸多警官都因为"迅速破获大案"而获得从二等功到通报嘉奖的表扬和升迁，如今却都要受到法律的追究。2015年人代会上，"两高"报告同提呼格案教训，把严防冤假错案作为必须坚守的底线，把实现个案正义落到实处。

长期以来，困扰个案正义实现的一大困惑是证据的获取，犯罪事实和显示的证据之间出现较大的缝隙以致无法科学地锁定嫌疑人。但随着科技的发展，侦破技术空前提高，事实与证据之间的缝隙越来越小，高科技将事实原原本本地显示为证据，在高科技面前，事实被彻底撕下伪装的面具而呈现本来面目。指纹、DNA、植物基因等鉴定手段能够将最隐蔽的犯罪事实还原再现，在高科技面前，再智能的犯罪也失去伪装力而昭然若揭了。遍布的摄像能准确及时甄别各种诬陷或抵赖，试想，彭宇案现场如果有摄像头，那么法官何须所谓的经验推理，只需看看摄像就行了，近来发生的几起诬陷救人的案件就这样轻松地解决了。① 高科技鉴定手段和密布的监控能够保证个案正义的实现，而个案正义既然能够得以充分实现，人们再去犯案就愚蠢了，在摄像头底下的诬陷和抵赖不是正常人所为。个案正义的实现必然震慑潜在的犯罪分子，使他们放弃作案的愚蠢想法，养成自觉遵守法律的法治生活方式。

通过公正司法实现每个案件正义而实现整个社会正义，这是正义发展的时间轨迹上闪耀的亮点。时间不是终止的一点而是绵延的一线，不管时间轨迹上的每一点如何不公正，但时间作为绵延一线是公正的最终裁决者，在每一个时间点上做事的人都应该把目光放得远一点，看到今日的不义必然是明天的惩罚，让不义止步于今天。在正义发展的时间轨迹上，人们对正义更为钟爱，制定出的法律更加优良，适用法律更加正确，正当程序更加保证司法正义不至于脱离轨道，再加上科学的方法和技术广泛应用于个案之中，冤假错案无立足之处，不义当成往事，正义必蠹立于今天和明天。我们有理由相信，在正义发展的时间轨迹上，不义的污点会越来越少，正义的亮点会越来越多。

三、法律心态的成长轨迹

正义不是天上掉下来的馅饼，不可能唾手而得，而是每个公民积极努力争取来的。阿伦特说，洪水吞没了村庄，每一滴水都参与了犯罪。在邪恶猖獗时，我们是不是那滴参与犯罪的水？你会说自己不是主谋，也不是帮凶，但哪怕是一个袖手旁观者，也是给邪气添柴加油，也是间接的参与者，在法治发展史上留下浑浊的痕迹。听见假话怯于揭露等同说谎，看见罪恶惧于制止无异作恶，在不义面前保持沉默最后不是明哲保身，而是个人保护的自毁长城。沉默源于试图免遭报复麻烦的恐惧，同时也使邪恶更为嚣张，正义得不到及时支援，受害者因此变得更为恐惧，旁观者的沉默、作恶者的嚣张和受害者的恐惧这三者之间，形成了互为因果、互相推动的恶性循环，并使曾经的沉默者循环为最终的恐惧者，就如马丁·路德·金的警告："我们看到真相却一言不发之时，便是我们走向死亡之日。"社会是一个匿名循环系统，今天的他者就是明天之你我，我们今天对"他"遭受不义的恐惧视而不见，以沉默支援不义之徒，难免明天"你我"就处在今天"他"的位置，"他者"也以沉默的方式支援不义之徒，你我也照样无力对抗不义之徒的侵害。时间是连续性和间断性的统一，短视的人只见时间的间断性，只见今天和明天的区别，却不见时间的连续性，不见今天和明天的联系，在正义的时间轨迹里，今天的正义或不义将会在明天延续。正义就是将今天和明天紧密相连，今天维护他者的

---

① 如 2015 年 7 月 24 日《北京晨报》报道，四川彭州一老人骑自行车过马路时，在一路口不慎摔倒。而后，一名骑着自行车路过的学生停车，热心地问候伤情。不过，该学生却遭到老人的诬陷，称是学生将其撞倒。好在当地公安调取监控画面，为学生证明了清白。录像显示，骑车老人先倒地，然后骑车学生前来扶起他。

正义就是明天你作为他者时也受到正义的保护；不义就是将今天和明天分割，让鼠目寸光者只见今天成为每个今天的沉默者而被不义分割各个击破，旁观者和受害者在轮换中无论今天和明天都得不到正义。因此，对于不义切不可沉默不语而是应拍案而起，这不仅是利他的道义要求，也是利己的明智选择。在法治社会，每个公民勇于同邪恶作斗争，依靠法律伸张正义，成为正义长城的一砖一石，这才是避免不义侵害的最可靠的方式和成熟心态。

苏格拉底之死是法律时间轨迹上的浓墨重彩之笔。公元前 399 年，经雅典五百人会议投票表决，苏格拉底被以 281 票对 220 票判决有罪。苏格拉底一方面认为审判不公，另一方面遵守接受不公正的审判，把朋友们所安排好的逃生当做与法律相抵触的不义行为而选择放弃。对这一重大的法政事件，很多研究者从正面意义解读，认为无条件地遵守法是法治的基础，苏格拉底以死遵守法庭判决是法治的典范，即使这判决是不公正的。其实，苏格拉底之死对法治并无正面意义，只有反思意义。亚里士多德就认为，法治有两层含义：遵守法律且所遵守的法律是良好的法律。苏格拉底固然在遵守法律却是遵守不良的法律，服从不公正的审判不是保障雅典的法治而是摧毁雅典的法治，结果是雅典人最终幡然悔悟时，连改过的机会也没有，对三位指控者美勒托、阿尼图斯和吕孔的仓促严厉处罚也是矫枉过正和乱用法律。法律被称作善良和公正的艺术，人们都期盼法律公正，但法律达到公正也是一个过程，是在与不公正的坚决斗争中逐渐实现的，这其中也包含着对不公正判决的抗拒。像苏格拉底这样完全接受不公正的判决，绝不是遵守法律的美德，而是亵渎了法律的美德品质，并将不公正的法律和判决向下传递，形成新的不公正，司法在苏格拉底的视野里不可能成为社会正义的最后一道防线。这也正如亚里士多德所言："而法律的实际意义却应该是促成全邦人民都能进于正义和善德的［永久］制度。"[①] 十八届四中全会公报强调：法律是治国之重器，良法是善治之前提。因此，虽然苏格拉底的勇气值得称道，但心态当受批评。苏格拉底服从不公正判决，帕克斯不遵守不公正的法律，谁坚持正义，苏格拉底还是帕克斯？谁的行为推动法律发展，苏格拉底还是帕克斯？答案在今天是很明显的，而古希腊三贤之首的苏格拉底却犯糊涂了。当然这也说明在正义发展的时间之维上，对待法律的心态也是一个发展过程，大思想家苏格拉底在这个问题上并不比一个普通黑人帕克斯高明。

"己所不欲勿施于人"，明天你不想被冤枉也千万不要今天冤枉别人，明天你想得到别人帮助也要今天挺身而出帮助别人。时间不是片段而是延续的，今天你冤枉了别人难免日后又被冤枉，今天你不帮助他人怎么指望日后他人帮助你。在时间面前，你和他人是平等的，只不过是轮次不同而已。在时间坐标这头制造对他人的不义等于在时间坐标那头制造对自己的不义，在时间坐标这边维护他人的正义等于在时间坐标那边维护自己的正义。如果我们的视野开阔一点、眼光长远一点、理智健全一点、心胸豁达一点，我们的认识就会真实一点、准确一点、透明一点，就会发现在时间轨迹里，法律是公正的，人己之间互补大于冲突，一切不义行为在法律面前不仅是不道德的，也是不明智

---

① ［古希腊］亚里士多德，吴寿彭译：《政治学》，商务印书馆 1965 年版，第 142 页。

的，那么我们就没有什么理由不相信法律最终实现正义、不堂堂正正做人。

孔子说："七十而从心所欲，不逾矩。"（《论语·为政》）孔子谈到十五、三十、四十、五十、六十等各个阶段的志于学、而立、不惑、知天命、耳顺，而人生的最后一个阶段就是不逾矩的心态，这种平常无违的心态是成熟人生的标识，有了它，人类的作奸犯科之事纵然还有，那也是稀少的另类。每个人自觉地将"己所不欲勿施于人"的原则贯穿于行为中，"己所不欲勿施于人"应该是人类社会最伟大的原则之一，因为复杂的社会关系可以概括为人己关系，而在人己关系中，人己的角色是转换的，每个人相对于自身是"己"，相对于他身则是"人"，人己处于循环关系中，一个人不把自"己"的不欲强加于他"人"，不制造他"人"的不快，他"人"也不把他的不欲强加于"己"，制造"己"的不快，这样人己都能够将心比心，处于良性循环的关系中，这当然是理想的社会关系状态。一个正常的不想伤害自己的人必然也不会伤害他人，每一个人心中都有一杆秤作为行为准则，也就没有什么人违法。"心态"是法律的软件，相对于"强制力"等硬件更显示出法治发展程度上的区别，就如德沃金所言："法律的帝国并非由疆界、权力或程序界定，而是由态度界定。"① 在"不逾矩"心态下，法律也就达到"无为之治"的理想状态了，也就是法治发展史的最高阶段。法治社会既是知识系统又是行动系统，而每个人的行动总是和他的心态相联系，法治要求法律从字面知识变为人们遵守法律维护正义的行动，这都要求敬畏法律维护法律尊严的良好心态，没有这种良好的心态，再好再完备的法律也可能只是一纸具文。而良好的法律心态的形成，既有赖于法律文化的熏陶，又依赖正义制度的调整特别是对利益机制的调整。在健全的法治利益机制调整下，损人必将损己成为不明智之举，利人必将利己成为明智之举，利人利己成为人己之间的良性循环关系，"己所不欲勿施于人"成为人们生活中的金律，唯有遵守不损害他人利益的法律，才能保护自己的利益，实现社会正义。

"会当凌绝顶，一览众山小"，法律就是我们仰望的绝顶和正义的护身，站在法律的绝顶上，就会看见一切不法行为何其之渺小、可耻和弱智，遵守法律才是伟岸、正气和明智，对于正义发展的时间之维上的法律，我们实在没有什么理由不多一些理性而少一些任性。

---

① ［美］德沃金著，李常青译：《法律帝国》，中国大百科全书出版社 1996 年版，第 367 页。

在权利、权力、义务和法治四个维度中构造法的概念

刘 浩*

摘要：对法的概念进行一个相对确切的定义是十分困难的。我们何以对我们所认识的一切形成内心确信，或者形成内心确信后又何以确定这种内心确信与真实的客观性存在相一致的状态。诚然，无论是理性主义，还是经验主义，都无法让我们形成绝对的内心确信。即使对法概念进行一个相对确切的定义，很难说定义本身存在什么意义。我们应当换一种思维，那就是立足于现实，分析法的概念构成，在分析法具有哪些要素的过程中，进而促进法治理论的发展与完善。而"法应当是什么"就是从"法是什么"的问题中分离出来的，当考虑法的价值，完善法的概念构成时，它才更具有理论上的意义。法的概念分析是在现行的实证法秩序的框架内进行的，它需要遵循形式法治的精神与正当的规范体系。并且，对于我国目前的法治发展阶段而言，仍需要以形式法治的思维来对规范权威予以塑造。

关键词：法的概念；秩序；形式法治；规范权威

引言

对于法的概念的探寻本是法理学中的一个重要问题。笔者主张对法的概念进行一个构成式的定义。如果以权利相对论为框架，可以初步建构起一种法的概念构成，具体的四个维度分别是权利、权力、义务和法治，法治是其得以产生并存续的内在因素，也是概念构成赖以存续的外在保障。对于法治的形式与实质之争也是由来已久，通过对法的概念定义的探寻，也是坚持了形式法治的基本立场的。法治是一种治国手段，但绝不仅限于此。法的概念构成是以权利为基础，以法治为重心，是一种新的法的概念定义分析。它可以解释权利、法治、人治、权力等一系列法理学的基本问题。法的概念定义旨在回答"法是什么"的问题，而"法是什么"以及"法应当是什么"，由于涉及道德、伦理、历史和地域等因素，很难取得广泛的共识。但我们依然会时常追问"法是什

---

* **作者简介**：刘浩，中南财经政法大学刑事司法学院刑法学硕士研究生，助教。

么"，并不由地涉及"法应当是什么"的问题，而"法应当是什么"往往是对"法是什么"的一种反思。于是，"是什么"的问题并不能时常寻到确切的回答，但这会引发对本体论问题予以追问。德沃金认为，法律是一个解释性的概念，具有建构性。对于法律是什么这一问题的回答，不仅取决于法律是什么，还取决于法律应该是什么。① 如果这样说来，法律若具有解释性的话，那法的元概念就是构成性的。就目前而言，还没有一个统一的、得到整个法学界认可的法的概念定义。法的概念分析具有一定的现实意义：一是对于权利至上的法治启蒙作用。因为它更加形象地宣示了权利本位，权利至上。二是可以有效地进行权利推定。因为权利总量是恒定的，盲目地宣示可予推定的权利不仅毫无意义，反而有碍正常的权利实现。此外，对于可以推定的权利，需要一套能够及时地予以现实化的机制。三是其可以揭示形式法治对法的概念的确认与保障，以及法的概念构成对法治状况的检验与促进，同时也说明法治不仅是一种状态，更是具有类似于时间的一维性与客观性，法治永远是向前发展的。四是在正确揭示法的概念构成的关系后，对于立法、执法、司法、守法与法律监督等一系列现实的法制运转环节可以予以反思与审视，具有批判性的论证功能。最后，法的概念构成也具有一定的解释作用。

一、关于一个本体论的问题：法是什么

法是什么的问题既是人与法的一种共同地适时性地自我反思，也是法不断自我发展与完善的一种源于概念本源的内生性力量。而法是什么与法应当是什么，在形而上的层面是根本不同的两个问题，同时在实质上，二者也存在着一些重合性的地方。法的概念本身同时具有经验与先天的成分，其中，经验的成分要更多一些。"法是什么"具有相当的经验性因素，而"法应当是什么"则具有诸多的先天性的因素，而对法的概念定义的目标则是在理性的统摄下，将此种经验与先天的因素解开缠绕，并渐渐地使得先天的因素消融于经验的因素之中，从而使得法的概念定义得以可能，进而使得法的理性表达得以可能。"法应当是什么"既有从应然意义上出发而对法的某种状态的向往，同时也会导致对法是什么这个问题的回答的争议。换言之，就是当你认为法是什么的时候，而我不同意，因为我认为法是什么，而我认为法是什么相对于你而言，逻辑思维在无形之中就会跳跃到一个问题，即"法应当是什么"。就是说，"应当是什么"的主观差异性往往远强于"法是什么"的客观同一性。而对规范以概念为开端的思考是我国塑造规范权威，增强国民规范意识的必经之路。对法的概念分析应尽可能客观地予以探寻，这也是为了证成实证法体系下的法的概念构成，进而为法教义学的逻辑展开奠定必要的规范体系前提与基础。其实，我国的规范意识与基本的规则体系仍是十分欠缺的，这也是笔者不断重申坚持形式法治的基本立场，进而对法的概念予以逻辑分析的根本原因。当然，笔者对形式法治立场的坚持并不代表忽视权利这一实质法治的重要追求，恰恰是将权利与法治放在了一个重要的位置。本文对法的概念的分析部分包括了权利、权力、

---

① 高鸿钧、赵晓力主编：《新编西方法律思想史》，清华大学出版社2015年版，第206页。

义务和法治四个维度，得出的结论之一就是，法的概念的形式分析不仅不排斥，反而内含了权利至上与法治权威两大重要价值追求。

（一）法的本体论问题的缘起

就本体论而言，法的本体论不同于法的认识论，而认识论又是方法论的基础。认识论不是解决问题的方法论，仅仅是建构方法论的基础。本体论对方法论建构来说也是个枷锁。考夫曼作为本体论解释学的代表，认为法律认知完全是直观的、动态的和创造性的。[1] 法的本体论是在承认法这一客观事物存在的前提下探讨法到底是什么。法的本体论是法的本质在确定前提下，同时关注一些与本质有重要关联度的因素。现象与本质是我们经常会碰到的一对范畴，但不得不承认，本质这个命题既有其功能，也有其疑问。究竟什么是本质，恐怕我们并不一定能说得很清楚，而且，我们所谓的发现了事物的本质，其实未必就是所谓的本质。

假如暂且承认本质的概念，那本质是相对稳定的，它由质变而非量变决定，也就是说，质变一定程度上就是本质的改变。当我们暂且假定"本质"这个概念是可以成立的且是科学的时候，法所谓的本质也就存在着被探寻的可能性，而探寻法的本质则需要法具有一定的稳定性。"法律必须稳定，但不能一成不变"。[2] 法律具有一定的稳定性，不论是成文法，还是判例法，作为法体系，法秩序，更作为法本身而言，法律必然具有稳定性，具备行为预测的可能性，这是形式法治的一个基本要求。退一步讲，即使不强调法治的某个历史时段，稳定性也是法律得以发挥效力，具备权威性的一个前提。法律体系的稳定性背后是目的的正当性。"法律体系在总体上是良善的，并且它是信任其法律制定和司法机关的理由"。[3] 于是，在具体的位阶上是这样的：目的正当性—体系稳定性—法律权威性。在稳定性的前提下，探究法的本质就是存在可能的。法不仅仅是指制定法。在近代以前，有关于"制定法与法律"，以及"制定法与福音书"的讨论，是在有关人类是否单纯"在法律规定之下"便能生存，或者人类的正当化、人类的"解脱"，仍然需要其他工具的争论问题下进行。在近代，这个问题总是在制定法的优越性，甚至是在决定性的意义下，来加以决定的。当然，这个过程是渐进地，而且也不是毫无歧义地进行。[4] 制定法的优越性与法教义学的发展是不可分离的。

法作为一个相对独立的范畴，它自身的内涵是不断发展与完善的。换句话说，法是为了人而存在，而不是人为了法而活着。海德格尔认为，哲学的核心问题就是人的存在问题。存在包括存在着的人对存在的领会和解释。存在的具体方式是特定人的存在，此

---

① 陈金钊：《法学意义上的法治思维》，载《国家检察官学院学报》2017 年第 1 期。

② ［美］本杰明·N. 卡多佐著，李红勃、李璐怡译：《法律的成长》，北京大学出版社 2014 年版，第 14 页。

③ ［英］约瑟夫·拉兹著，朱峰译：《法律的权威》，法律出版社 2004 年版，第 213 页。

④ ［德］阿图尔·考夫曼著，刘幸义等译：《法律哲学》（第二版），法律出版社 2011 年版，第 162 页。

在标示出存在的时间性。① 又如康德所说，"人只能作为目的，而不能作为手段而存在"。反思法在历史上是什么，现在是什么，未来可能是什么，反思法是什么以及法应当是什么的目的都是为了在对法有一个清晰认识的基础上，更好地服务于现实民众的生活。贴近实在法、贴近法律实践问题，就是贴近人类生活本身。只有贴近生活的法学理论才具有绵延不绝的生命力。② "法是什么"的关键是，在当下，法是什么以及法应当是什么，而这无疑是当下的实证法体系前提下的法的概念分析，其也是在探讨法教义学的概念时所应当注意的问题。

(二)"法是什么"这一问题的重要性

概念是思维的重要工具，法律概念是法律规范的基础，也是进行法律思维和推理的根本环节。③ 而法的概念更是从法哲学的范畴出发所作出的最为基础的元概念思考。从不同的概念出发所构造的理论具有迥然相异的风格，从"物质"概念切入所构造的理论会导致绝对主义和教条主义，无论其话语体系的宣言如何辩证，其实践结果都是教条化的；从"权利"概念出发所构造的法哲学理论会呈现出一种启蒙的价值，但难免陷入主体性的扩张中；从"本土化"概念出发所构造的法律理论自然会引发语境论的哲学反思，但难免陷入保守主义的陷阱中；从"方法论"概念出发所构造的法律理论会表现出一种严谨的思想风格，但会导致科学主义的片面性；而从"实践"概念出发的法哲学建设契合了法的本性，满足了生活世界的合理性期待，表现出法的实践合理性欲求。④ 而我们在对法的概念基础要素进行分析的时候需要同时具备启蒙、理性和实践的意义。

二、对法的概念定义路径的探寻

虽然对法的概念下一个定义是困难的，但是，我们却可以证明哪些规范不是法。法的概念具有直接现实性，也就是说，"法应当是什么"不是法的概念分析所直接指向的对象。正如德沃金所说，"法律的存在是显明的事实。法律是什么绝不取决于它应当是什么"。⑤ 我们对法的概念的定义逻辑是这样的，通过比较法与其他规范的不同，以及其他规范对法的影响而得出法不是这样的，以及那样的规范不是法，进而顺带地抽象概括出法的一些共同特征，为法的概念构成分析进行一个必要的筛选与铺垫。

---

① 高鸿钧、赵晓力主编，马剑银副主编：《新编西方法律思想史》，清华大学出版社 2015 年版，第 256 页。

② 舒国滢：《法哲学：立场与方法》，北京大学出版社 2010 年版，第 50 页。

③ 雷磊：《法律概念是重要的吗》，载《法学研究》2017 年第 4 期。

④ 武建敏：《中国法治实践学派的哲学基础》，载于《浙江大学学报（人文社会科学网络版）》2016 年 4 月 21 日。

⑤ ［美］罗纳德·德沃金著，许杨勇译：《法律帝国》，上海三联书店 2016 年版，第 6 页。

（一）法的概念定义何以可能

法的定义与法律的定义还不太一样，但有的时候也是可以等置的。康德明确区分了"法理学"和"法哲学"，其提出了完整的法律的定义。法律可以理解为"全部条件，根据这些条件，任何人的有意识的行为，按照一条普遍的自由法则，确实能够和其他人的有意识的行为相协调"。而一项法律权利，应该有两个方面的要件：一是这项权利有其法律的依据。二是对权利的侵害会导致对侵害者的强制。① 而笔者认为，法律应当具备持续性和稳定性的特征，这是法具有预测可能性的一个前提。为了保证持续性和稳定性，法又必须是具有强制性的。但这种强制性必须是出于公意的，否则这种强制性就会因为缺乏正当性而遭遇搁浅。"也就是说，个人对个人的强制不但不是法律，反而是在价值上的反自由，而与法律自身的形式与精神相违背，存在被法律否定的可能。法律具有相对稳定和持久发展的特点，而一个人对另一个人的纯粹暂时性的支配地位，则很自然地被看成是与法律相反的一个极。我们仍需看一看这个简单的（尽管公认是模糊的）概念，即普遍地、习惯性服从于以威胁为后盾的普遍命令这个概念，是否足以表现法律制度所具有的稳定性和连续性特征"。② 法既需要权力予以支撑，而法又限制权力，但这本身并不矛盾，也不会出现宇宙中二律背反的情况，更不会突破光速作为宇宙中的极限速度这一类目前公认的罕见的绝对真理。国家权力的支撑是国内法的特性。③ 法本身具有权力的维度，但不只是权力的维度，于是，它置于一个维度体系内，本身又受到体系的制约，就如同体系对教义学者的制约是一样的。

法至少应包括四个方面的特征：持续性、稳定性、强制性和公共性。那是否就可以说具备持续性、稳定性、强制性和公共性的规范就是法呢？这样定义法的概念，主要存在但不限于如下两个问题：一是内涵不清，没有揭示出法的本质属性。二是缺乏现实的理论意义。但又不得不承认，给法的概念下一个定义是可能的，因为概念是事物的一般性范畴，它具备抽象性，其是主客观属性兼具而又以相对客观化的形态存续，对于定义一个概念而言，无非是存在其是否科学的，是否被广泛认可的争论。因此，法的概念定义是存在可能的，但难以揭示法的本质并达成共识，更无法希冀对法治建构提供一些理论性的支持，其更多是一种思维基础和基本立场。

1. 概念的抽象化

我们在对一个具体事物进行抽象化的时候，往往总是有些任性的。因为在抽象化的时候，必然会存在一定的争议，但这种争议又往往并不激烈。然而，在具象化的时候却总不是那么的尽如人意。例如，法律意志这个概念，当我们在抽象化地说这个概念的时候，并不会存在什么疑问，反而感觉它是目的论导向解释的一个必不可少的因素。但"法律的意志"这种表达方式，不当的把法律拟人化，而这种拟人化只是用来遮掩立法

---

① 徐爱国、李桂林：《西方法律思想史》（第二版），北京大学出版社 2009 年版，第 221 页。

② ［英］哈特：《法律的概念》，张文显等译，中国大百科全书出版社 1996 年版，第 25 页。

③ J. Bentham, of laws in General, (London：Athlone Press, 1970), P. 22.

者原本的意图与法律"经演绎之后"的标准内涵之间的紧张关系，这种遮掩并不济事，紧张关系仍然存在。追求法律意志往往以正义等为理由。但法律总是宣称追求正义，但是法律是一种很形式化的东西，在形式上是合法的，正义的，但实际的结果往往不符合情理，不符合实质的正义。① 但是，当出现这种情况的时候，我们为什么总是先埋怨法律的形式与机械，而首先反思的不是自己呢？正如德国学者拉伦茨所说，"法律的规范意义"是将此种紧张关系包含在内，而非排除在外，其仍须与立法者的意志取得联系。② 我们可以看到，概念在抽象化之后在促进知识论的统一方面具有十分重要的作用，但其本身也掩盖了太多事实层面上的一些问题，而这也是任何事物都难以完美的一个体现。

2. 对法的概念进行定义的目的

在对法的概念进行定义的时候，总是难以对其内涵存有一个清晰的认识，时常在概念的外延周围徘徊，这就难以对概念有一个准确地把握，更难以达成相对的一致性。我们为什么要对法的概念下一个定义呢？是为了对法有一个最直观最简洁的认识，而事实证明，这是相当困难的，并没有达到当初定义法的概念时所预想的目的，更没有在概念形成之后就能够以概念分析的方式为权利的保障有一个很好的说明，为法治的建设提供一个应有的理论支撑。于是，我们应当重新审视最初的目的，并思考如何对法有一个更为生动与科学的认识。定义法的概念有其目的，法律自身也有其目的，如正义就是法的目的，也是法的正当性基础之一。正义与法之间的联系存在于其本质中，因为法律自身就涵盖了其目的。③ 目的是我们定义法的概念时所应当时刻考虑的问题，如同政策与目的对法教义学的概念定义的制约与引导一样。但目的是主观的，它又可以是形式的。应当说，法律本身就是形式的，人是实质的，但人的实质理性应当尊重规范的形式理性。规范理性应当是第一位的，而实质理性则是第二位的。法治尽管是形式的，但却不是简单堆砌的。

（二）法的概念如何定义

概念是逻辑判断与推理论证的一个基础，对法的概念难以精确定义内涵时，换种思维路径也未尝不可。我们可以先对法的概念的构成进行结构分析以求对法的内涵有一个更为清晰的认识，建立一个法的概念构成分析的法理模型，由自然到至善，再进而到善良的规范性与意志自由，而后又再次过渡到权利。于是，法的一个最基本，最核心的规范构成就是权利。但权利又是相对的，因为权利无法单独存在。于是，对法的概念分析应当坚持以权利为基础，并兼顾权力、义务与法治这几个要素，也就是应当坚持法的概念构成的形式分析，而具体的四个方面主要是指动态化的四个维度，分别是权利、权力、义务和法治，其中，形式法治具有双重性的特征。

① 徐继强：《西方法律十二讲》，重庆出版社 2008 年版，第 174 页。
② ［德］卡尔·拉伦茨著，陈爱娥译：《法学方法论》，商务印书馆 2003 年版，第 199 页。
③ ［英］布莱恩·辛普森著，范双飞译：《法学的邀请》，北京大学出版社 2008 年版，第 32 页。

各个学科的知识在思维上是共通的，存在方法论上的共通属性。就法学而言，倘若我们认同法学是一门科学的话，就应当在研究法学的时候，多一些人文的关怀与理工科的严谨，至少在研究刑法教义学的时候，笔者一直在努力试图尽量以这种态度来要求自己。当然，就世界上的一些国家而言，也是存在这样一些方面的体现的，例如，德国的量刑学与美国的量刑指南等，就是将数学模型等引入刑法学的量刑阶段的体现。其主要针对具体量刑而言，以求量刑的客观化与具体量化。结果暂且不论，这种科学的态度就足以让人尊重。

什么是科学？出生于奥地利的英国哲学家卡尔·波普尔说："科学之所以是科学，不是因为那些知识是真的、对的，而恰恰在于它们可能会是错误的。一个有可能被否定的命题，才能称得上是科学的命题。科学的知识当然得接受经验的检验，但是即使有了经验事实来证明某一个过程，也不能说这个命题就是正确的。"于是，科学必然具有的一个特征是相对不确定性。那法学是一门科学吗？科学具体拥有哪些特征呢？科学的特征包括但远远不限于理性、客观性、实验性、分科而学、可证成性、可证伪性、规律性、事实性、相对不确定性、具有方法、可以得出结论等。显然，我认为法学当然是一门科学。对待科学的态度，首先是要尊重，只有尊重科学，科学才会回馈人类，人类也才能不断有所发现。但只有尊重还不够，因为法律是手段，人才是目的。于是，不可或缺的还包括，人的良知、宽容与强烈的人文关怀等。而就这些道德层面的以及形而上层面的世界观与价值观而言，法学，其他社会科学以及自然科学等领域的人都是需要具备的。于是，在本体论上，存在着相当的差异性，这也是法学作为一门独立学科的原因之一，即是一个在存在论或者说是物本逻辑层面的理由。但是，在认识论与方法论上，科学这一共同的上位概念，使得它们具有许多相通的属性。"当然，必须承认的是：精确的自然科学比规范的科学接近科学的理想。法学不仅是科学，也是一种技术"。①

权利、权力、义务和法治之间呈现动态关系的构成就是法的概念构成，其中，权利始终是处于顶点地位。在此，我们对法可以作广泛意义上的理解，既包括某个部门法，也可喻指整个法体系。将行为主要予以分析法的概念构成之中，以求对法的概念有所深化认识的同时，试图能够对法的适用的宏观指导与法治的发展提供概念分析上的理论支持。法的概念构成是人类自身建构法则的过程中所形成的，它有别于自然界的，物理学上的物体的维度存在。康德认为，"自然法则是自然界中一切自然存在物的规律，作为知性的法则，它属于理论理性的认识领域。而道德法则乃是一切有理性的存在的规律，作为理性的法则，它属于实践理性的道德领域。因此，前者受必然的自然法则支配是必然的领域，后者则受自由的规律统治是自由的领域。在法治社会状态下，个人权利的表现方式，是对他人选择意志的占有。这种占有作为一种能力，能够以我的选择意志，按照自由的法则来规定他人的意志做出某种行为。这样，个人权利之间发生关系的方式，就被规定为自由意志之间的决定方式"。黑格尔也说，"自然规律是自在自为的存在的

---

① ［德］阿图尔·考夫曼著，刘幸义等译：《法律哲学》（第二版），法律出版社 2011 年版，第 73 页。

法，法律则是任性所认为的法"。① 当然，这不是巧合，因为人类本身就是自然界的产物。

人的智力具有局限性，我们不可能以有限的精力和智力去对各个学科都有所涉猎，这与"术业有专攻"的分科而学的科学精神与特征也不相符合。但是，存在我们又必须看到的一个问题，那就是无论哪个学科，分科是人为的，实际上的自然本质并不能形成个人的某种内心确信。无论哪个学科，必然存在一些共同的思维范式，在坚持本体论的前提下，积极地汲取其他学科的方法论。② 很多伟大的哲学家有着十分广阔的思维，例如，康德，既是一位伟大的哲学家，同时对天文学充满兴趣。这种思维的无限广延性对于任何一个学科的思考均有着深刻的意义。同理，在法学中，有的时候，换种思维路径会让人觉得有种别有洞天的感觉，并产生继续探寻的动力。对于法的概念而言，在精确定义内涵存在争议之时，我们可以探寻法的概念构成。这如同在刑法学中的犯罪构成一样，给犯罪构成下个定义很难，且是没有必要的，于是，可以先确定犯罪构成中的几个要件，犯罪构成的概念自然也就变得相对清晰一些。权利、权力、义务和法治是不断变化着的，从这个意义上看，它们具备了物理学中的维度自身所具有的一些属性，并且，在这种思维路径之下，法的概念构成的各个要件也就不是可以随意进行定义的，因为对超越概念构成的要素的论述对于法本身而言是没有太多意义的，对于我们尽可能准确地理解法的概念也无太多助益。通过对以权利的相对性和最高性为一般基础，对权利、权力、义务和法治进行一个全方位地分析，并以形式法治的精神与理性为指导，才能够正确把握法的概念的基本精神和根本内涵，并反作用于法治的运转与完善，这也是法的概念构成分析所应有的理论价值。

三、权利相对论基础之上的法的概念构成

权利相对论之法的概念构成在定义法的概念之时会刻意地考虑形式法治这个问题，因为法和法治尽管不是等同的，但就横向和纵向上缩小后的法的概念定义的范围以及法治是作为类似于时间维度的一维性和客观性而言，它是必然需要被提及的。法治的维度之下，承认权利、义务、责任与法治之间以及权利之间的冲突，甚至认为这种冲突是必不可少的。"法治的生活方式之所以能称之为一种和平的生活方式，原因之一即是法治在不同的利益之间的平衡和妥协。权利也不是一种极端的话语，具有权利冲突是一个社会状况良好的表现，权利的冲突、利益的衡量不是零和博弈，而是一种平衡和妥协的艺术"。③ 提及法治这个问题，旨在说明，法的概念分析在法不是法治之法和正义公平之法时，法的概念也就毫无意义，因为在法本身毫无意义的情况下，法的概念定义又有何

---

① 陈兴良：《刑法的启蒙》，法律出版社 1998 年版，第 117 页，第 126 页，第 136 页。
② 刘浩：《法理学的概念追问与法学的尊严》，首发北大法律信息网 2016 年法学在线栏目，http：//article. chinalawinfo. com/ArticleFullText. aspx？ArticleId＝97618，访问日期：2018 年 2 月 24 日。
③ 王金霞：《权利是法治的元概念》，载《学习时报》2017 年 1 月 11 日。

意义呢？于是，法的概念不同于其他事物的概念性范畴，这或许也是法的正义性所使然。其不仅对于认识法是什么具有重要的意义，而且对于法律实施过程中的许多问题也具有一定的方法论意义。

法究竟是什么呢？今天，当我们在定义法的概念的时候，我们会从纵向上对法进行不同的定义。我们会谈到自然法学派眼中的法是什么，历史法学派眼中的法是什么，分析法学派眼中的法是什么，现实主义法学派眼中的法是什么，以及社会法学派眼中的法是什么等。法是一种时空概念，法治当然更是具有一定的时空性与普世性。从近代中国1898年6月11日的戊戌变法时开始算起，时间就更长了。从欧洲的历史背景看，现代的法治则是在文艺复兴、宗教改革和启蒙运动后开启了现代性的进程，随着资产阶级革命的胜利和资本主义的发展而逐步巩固和发展的。法治是一个现在进行时，而不是一个过去进行时，更不仅仅是一个将来时。它确实类似于时间的一种客观性和相对性。

其实，在很多年以前，亚里士多德就曾对法治进行过一个抽象性地描述，这一描述即使在今天看来，其中也不乏一些充分的合理性。然而，法治本身就是一种动态化的现实存在，并且从这个语词本身的含义来看，其动态性的特征也是十分明显的。法治不仅是一种动态化的现实存在，而且也是一种抽象的精神存在以及某种精神性的诉求。法治的精神层面是无形的，而且其永远都会存在着一个更高的准则体系和价值诉求。在当代中国，"以法治社会为重心的一体建设的法治发展观，符合法治的一般成长规律和我国社会的现状"。① "对于法治的客观存在部分，存在着法治国家、法治政府和法治社会的划分。法治国家的法治强调权力控制，法治政府的法治强调依法办事，依法行政，法治社会的法治更强调人权保障"。② 将法治置于法治政府、法治国家和法治社会之下或者直接予以等置，这存在着以偏概全的逻辑错误，更为重要地则应当是统一而完备的法治体系。

但从法治国家到法治政府，再转向法治社会这一纵向发展的脉络则是存在一定合理性的。故法治社会应当是客观的法治要素最为全面的一个历史发展阶段。法治不仅是一种存在着的制度框架体系，更是一种抽象的精神理性范畴。主体于法治社会之中，如同人于空气之中，鱼于水中一样，感到美好却无意觉察它的存在，但又无时无刻地不处于它的存在之中。我们有时对于法治的思想仍是很不健全的，碎片化的法治理论没有哲学上的理论根基与逻辑思维上的穿针引线，法治理念的形成以及法治体系的构建必然仍是一个漫长的过程。"正如同一个逻辑的思想如果没有表现成功，即不成为思想，至多只是对于将起未起的思想的一种朦胧的预感"。③ 我们可能对法治的理解仍处于这种预感之中。法治国家、法治政府与法治社会的划分本身是无可厚非的，但只有将法治社会与法治精神予以体系性地整合，以法治社会为框架，以法治精神为引导，并积极地作用于法治的构建与完善，法的概念构成分析才是具有现实意义的。

---

① 江必新、王红霞：《法治社会建设论纲》，载《中国社会科学》2014年第1期。
② 姜明安：《论法治国家、法治政府、法治社会的相互关系》，载《法学杂志》2013年第6期。
③ ［意］克罗齐著，朱光潜译：《美学原理》，商务印书馆2012年版，第69页。

（一）权利相对论基础之上的法的概念构成何以可能

权利的相对论首先是承认权利是相对的，作出此种宣示并不是说明权利是次要的，相反，这表明了个人在实际权利享有的基础之上对包括应然权利在内的各种权利的一种美好愿望与更高的期望。因为个人不想在面对应然权利的时候，被开具一些权利的"空头支票"，这对权利与自由，人权与法治而言毫无意义，甚至会对之造成损益。在对主要的一些权利予以了法律上的成文化之后，一些人却无法坐享权利保护所带来的盛宴。就单纯宣誓性地权利推定而言，此举很可能是权利者的饮鸩止渴，削足适履。权利正在渐渐地被侵蚀，而这一切似乎都是顺其自然的，而等到忍无可忍之时，人们发现已经只能靠流血来解决，这是每一个人都不想看到的。耶林所说的为权利而斗争要趁早，并且，越早越好。当然，这也涉及实然法与应然法的问题，但应当将应然法存在的法律需要及时地转化为实然法，权利只有在实然法中才能得以切实地保障，尽管应然法具有无可替代的重要作用。

权利相对论并不是权利本位论的简单演进，它更加注重启蒙，更加注重权利自身的变化维度，注重体系性和科学性。诚然，法学界对于权利是否是本位的问题早有争论。例如，有的学者谈到，"西方的权利本位论是指上个世纪 70 年代以来，罗尔斯、诺齐克、德沃金等英美的自由主义思想家在批判功利主义理论过程中所提出的 'right-based' 理论。权利本位论将功利主义原理视为是权利保障最大的威胁，强调权利的神圣不可侵犯性，反对在权利保障上进行功利计算。根据哈特、桑德尔等人的分析，英美权利本位论可以分为以诺齐克、哈耶克为代表的自由至上主义（libertarian）权利本位论和以罗尔斯、德沃金为代表的平等主义（egalitarian）权利本位论。权利本位论的基本思想概括为四个'先于'，即权利先于功利、权利先于义务、权利先于权力，权利先于立法"。[①] 法的概念的构成承认权利的重要地位，但更注重形式法治的时空性，在权利至上的观念下，对权利进行具体分析。权利先于功利无可厚非，因为同种权利在不同主体之间具有平等性。紧急避险等法定阻却事由也是在立法上给予了确认，并且损害的权利被认为是事后可以更为合理或者至少是同样的予以补足的。于是，权利先于立法，立法一旦侵犯权利，则属于缺乏正当性的立法。权利先于权力与义务更为明显，因为权利不存在，何来义务和权力？这与人类的理性存在根本的悖论。权利中也当然包含自由，因为自由本身就是一种天赋人权。权利至上不代表自由至上，但自由仍是权利至上的一个伴随性的体现，它只是权利的一个方面，同样受到秩序的制约。在西方政治哲学和道德哲学中，自由至上主义是一个以捍卫个人自由和自由市场、反对国家干预和社会强制为基本立场的思想流派。[②] 今天我们对自由的强调仍是不可或缺的，而法的概念分析过程中也体现了权利与自由的一种重要理念。

人们对于权利的不同看法也无可厚非，理性并非排斥多元化。也正如罗尔斯所认为

---

① 黄文艺：《权利本位论新解》，载《法律科学》2014 年第 5 期。
② 黄文艺：《权利本位论新解》，载《法律科学》2014 年第 5 期。

的那样，"在自由社会中，人们的正常理性行为的自然趋向是越来越多元，而不是越来越不多元。即使在消除了偏见、愚昧和自私自利的理想社会中，具有理性的人们也仍然会在基本价值、生活理想、政治原则等问题上持不同的意见，这是因为人的知识总是有限的，人的判断总是承受着某种负担"。① 建构一个相对体系化的法的概念分析方法也是为了更好地认识到权利的变化与维护权利的重要性。权利至上的观念基础是很重要的，因为人的本质与人之外的一切事物的目的对于人来说是什么呢？而将权利至于法的概念构成之下，旨在对权利实现尽可能充分、科学与平等地保护。

现实社会中，权利主体的理性与价值诉求往往在权利遭遇侵犯的那一刻起，瞬间就会消失，继而烟消云散，被侵害者往往就会感到很无助。诚然，一味地对权利予以宣示，而权力却不作为，或者来不及作为，甚至是故意地不作为或者乱作为，这是让权利在唱独角戏吗？比如，刑事政策与刑法教义学的关系问题，刑事政策的实施既是国家的权力，也是其义务，一定程度上还是国民的权利，并且同时具有法治的属性，需要置于法治的大前提之下。我们说，权利的相对性并不是否定权利的不可侵犯性，而是重新对抽象权利与具体权利，应然权利与实然权利予以明晰，并且更加注重权利的实有状态和切实保障。人们不愿意对权利予以完全性地列举，自然是考虑到权利立法的滞后性，而不愿意去彻底地揭开权利背后的面纱。立足于我国现实状况，对权力的制约与权利的保障仍是最为重要的部分。如有的学者所说，中国的经济、政治结构不但没有开辟出如西方自由主义、新自由主义的治理空间，反而加强了国家的绝对性权力。解决方案很清楚：去除传统的"社会恐惧症"，重建社会，形成对权力的有效制约，在此基础上，增强权力的治理能力和形成多元化的社会治理模式。②法的概念构成对于保障权利具有理论与实践的意义。权利与权力，义务以及法治之间是一种伴生性的关系，彼此是不可分离的。权利必须在法律上寻找明确的依据，才可以实现权力的法定化，即对权力而言，法无授权即禁止。继而才能使得即使是在权利推定的过程中，也能产生所预期的权利效果。以权利、义务、权力和法治四个要素的辩证统一关系为直接形式依据会对法的概念分析产生一定的影响。

法的概念构成具体包含着四个维度，分别是权利、权力、义务和法治。在这四个维度中，并不存在着何者为本位的问题。因为无论是权利本位，还是义务本位，均没有实质性地看到权利、权力、义务的一种动态性地守恒关系，而法治在这三者的动态守恒中起着法自身的制度性的、规范性的保障作用。并且，权利、权力、义务本身也蕴含着法治本身的前置性与权利地位的基础性。法的概念本身应当是动态的，法治也是动态化的。法的社会中的公正价值是绝对性的，而自由和秩序的兼顾并以权利与自由为回归的趋势，使得个人容忍了权力这一维度的存在，并且，我们也需要它的存在。当回归自由之本质时，为了防止自由碰撞后会产生诸多的不自由，并且这种不自由被认为是不可以

① John Rawls, Political Liberalism, (New York: Columbia University Press, 1993), p. 54.
② 张美川：《福柯的治理理论及其警示》，载《社会理论学报》（香港）2016年春季第十九卷第一期。

立即得到原谅的，那么，公权力机关的产生也就具备了正当性和合理性。

　　权利、义务、权力和法治通过交流与碰撞，从而使得各个维度保持着动态性的守恒关系，而这也是法的概念构成的一个立论根基。如果不是在法治的时空下，从实证法体系前提下所进行的法的概念分析也就是无意义的，法教义学的展开也是不可能的。因为脱离法治的权利保障是不确定的，这进而会导致权利自身界限的模糊化。例如，法理学中的权利是美好的，但为何具体到各部门法后，就会出现权利的相对萎缩状态？权利相对论本身的含义是权利存在的实有与推定的状态，而这不仅是从权利、权力、义务和法治的动态守恒关系中予以推论而得出的，而且，这实际上也部分地考虑到了权利成本收益的法经济学问题。只符合效益价值而违反正义价值准则，或者只注重公平和正义但因造成资源浪费而违反效益原则，都不是完整意义上的善法。① 我们不会只为了定义概念而定义概念，探寻"法是什么"也不只是为了满足好奇心与求知欲。法的概念不同于法治，但法治之下的并由法治所构成和保障的法的概念会更加的清晰，法的概念构成分析也应当对法治的观念发挥一些理论指导性的作用。

　　法的概念构成是坚持权利为根本，法治为保障，形式逻辑为方法，立足当代实证法概念的分析框架，以动态性的目光审视法的概念构成。这是适合于当下市民社会的一种分析逻辑，也有利于习惯和法以及权利之间的辩证统一关系的互动。一旦形成了以政治国家为一方、市民社会为另一方的权利义务主体，进而调节权利—权利关系的私法和权力—责任关系的公法就成为法律体系的基本组成。② 而责任本身其实是权力的组成部分，相当于义务对于权利的维度。有的学者主张在权利与权力、权利与权利、权力与权力是否平衡的问题上，将是否有利于法权总量、从而相应利益总量和财产总量的最大化作为衡量权利与权力、权利与权利、权力与权力的配置是否平衡的基准点，并以这个基准点作为衡量这几种法关系的两端是否平衡的统一标准。否定权利本位论，在国家主义与个人主义之间不偏向任何一端。③ 当然，这是一种功利主义的哲学立场，但对权力的制约而言，本身就是制定法的应有之义。制定法赋予决策者的权力，其行使，必须总是促进该法案的政策和目标，而不应阻止或者促进其他目标。④ 这主要体现为法本身对权力的制约。

　　笔者坚持形式法治的基本立场。首先，权利至上的启蒙在我国还未全面开始。其次，从社会契约论的逻辑出发，权利本位也没有太大问题。再次，功利主义只是权利保护的一个考量因素，而非目的。最后，法治的双重维度属性下，不存在偏向国家还是个人。难道国家不也是由个人组成的吗？权力也是权利主体赋予的。康德认为，一切知识都开始于经验，但又并非都来源于经验。即承认经验论的前提之下，经验里又含有具有普遍必然性的先天的成分，其中包含时间和空间等感性能力。那么，同理，法学的知识

---

① 曲振涛：《法经济学》，中国发展出版社 2005 年版，第 22 页。
② 曲振涛：《法经济学》，中国发展出版社 2005 年版，第 41 页。
③ 童之伟：《法权中心主义要点及其法学应用》，载《东方法学》2011 年第 1 期。
④ ［英］汤姆·宾汉姆著，毛国权译：《法治》，中国政法大学出版社 2012 年版，第 89 页。

作为知识的范畴，必然也开始于经验，但又并非都来源于经验。法的概念既有经验的成分，也有先验的成分，而法作为一种相对客观的社会存在，不同的时间，不同的地域，必然具有不同的存在样态，因此，法的时空性是法的本质特征之一。故无论是从物本逻辑层面的本体论出发，还是从经验和先天综合判断出发，权利相对论基础之上的法的概念构成都是得以可能的。

当然，坚持形式法治的基本立场并不意味着对法的实质价值的彻底否弃，法的形式定义也不可能完全忽视其实质意义，至少实质意义上的法会在某种程度上投射到形式意义的法之中。一个鲜明的例子是，在立法活动中，任何参与者，无论是仅仅发表意见还是最终做出决策，都会将自己的价值观即对实质意义的法的理解表达出来，并尽可能地使其反映到立法之中。另一方面，法的概念构成中的权利维度同样也是实质意义上的法追求的重要价值目标之一。人权保障永远是关于实质意义上的法的探讨中不可或缺的主题，形式法治立场下的法的概念构成同样坚持以权利为根本。

（二）法的概念构成的四个维度

法的概念构成的四个维度是权利、权力、义务和法治。权利、义务和法密不可分。事实上，"权利和义务作为一种文化和制度现象，是与法一同出现于人类社会的。"① 权力同样对"法"这一概念有着重要的意义。失去权力的保障，法的概念构成也就是失去了意义的，因为一切都会成为偶然性的，这就如同空气中的泡沫一样，不知道什么时候但却知道其一定会破碎的。而法治，正如前文所讲述的那样，代表着一种依据正当的规范治理社会的制度事实，也代表着这样的价值追求。权利、权力、义务和法治作为四个维度，是不断变化着的，这既是一种构成性的要求，也是一种逻辑上的必然，四个维度的总量是不断变化着的，彼此的比重也是相对稳定的，它们之间的作用力也是相互的。当然，对权力本身的制约也是法的应有之义。法治并不仅仅是一种制度，一种文明，它本身寓于法律之中，又寓于法律之外。监督不代表单一制，联邦制也有监督；分权不代表联邦制，单一制也有分权。监督和分权都是控权手段。法的概念的构成中体现了某种力量的制约与守恒。没有权力的保障，权利、权力、义务，谁为本位的问题自然就会随之而来。因此，权利相对论的实质是，在权利至上这一逻辑的大前提之下，以权利、权力、义务和法治为具体的四个维度，其中，法治是双维度的，具有双重属性。权利的保障如此的重要，那在没有权利保障的社会岂不是没有法的存在，但任何一个时代一定是存在权利保障的，只能说保障程度的充分与否。如果真的没有任何的权利保障，只能说那个社会确实是没有法的。至于那些看起来像法的东西究竟应当叫做什么，这本身已无所谓。概念具有抽象性，可以将具体事物予以涵盖，也可以予以漠视，这也体现了概念的包容性和一定意义上的缺憾。

---

① 张文显主编：《法理学》，高等教育出版社 2007 年版，第 135 页。

（三）法的概念构成的内部构造

法的概念构成包括权利、义务、权力与法治，而这四个维度以"维"予以命名，是因为它们本身都是变量，在不同的法治时空范围下，会不断地发生着变化，这是权利相对论的法的概念构成的理论根基之一。并且，也是它们之间的相互作用的关系得以存续的一个客观性的保障。如果没有法治的话，法的概念构成是不存在的，并且，当且仅当在现代法治社会中，法的概念构成也才是具备理论与实践意义的。权利与权利之间，权利与权力之间，权利、权力与义务之间以及权利、权力、义务与法治之间的相互守恒的关系的确是法的概念构成得以构造的理论基础，它们彼此之间的相互关系也是其存续的一个必要条件，这亦是法的概念构成的一个必要逻辑支撑。

1. 权利与权利的关系

权利与权利之间的关系是一种共存与共生的关系，彼此的偶尔碰撞也能为一些法律原则或其他道德规范所缓冲，尤其是在平等的主体之间。但当权利处于静止状态时，并非就意味着权利者不享有权利，因为权利的相对静止只是说明权利在相同的时间正在以另一种方式行使着。此时，权利的相对静止本身就是一种权利的客观存在。异种权利之间具有一种存在样态上的差异，同种权利与异种权利之间均伴随着与义务的相互转化。当然，并不是说权利与义务之间就是严格意义上的一一对应的关系，只是此时对权利与义务的内涵予以了抽象化，并对其外延进行了无限性地延伸。权利与权利之间的动态守恒与和谐共存的前提是在法治的时空前提下，唯此，权利在一定范围内的动态化与和谐性才能够得以可能。权利与义务之间以及权利与权利之间的共生既是必要的，也是必然的。

很多情况下，权利对应的义务只是一种不干涉，而且，某个权利主体在一定的时空范围内享有的权利在换个时空的情况下，权利会由积极状态变为消极状态，而这并非就是盲目的，而是有自由意志的。这种权利要求对于所有人都是适用的。用洛克的话说就是，"无论是个人、教会甚至是共同体都无权侵犯公民权利，都不允许以宗教之名剥夺彼此的世界财产"。① 洛克在这里所说的权利就有着自由的意蕴。人类用认识的活动去了解事物，用实践的活动去改变事物，用前者去掌握宇宙，用后者去改造宇宙。盲目的意志不是意志，真正的意志必有眼光。② 意志自由是权利存在样态的一个决定性因素，绝大多数的权利也是可以放弃的，因为此举被理所当然地认为，放弃权利本身即是在自由地行使权利，权利和权利之间也是相对和谐共存的。由于权利本身处于法的概念构成的基础地位，自愿的放弃权利并不会对权利本身构成威胁，但法治社会必然倡导积极地行使权利。

2. 权利与权力的关系

---

① John Locke, R. Klibansky and J. Gough（eds.）, A Letter On Toleration,（Oxford: Oxford University Press, 1968）, 85.

② ［意］克罗齐著，朱光潜译：《美学原理》，商务印书馆 2012 年版，第 58 页。

应当说权利与权力的关系是法理学中的重要问题。权力往往与法的权威相关联。但权力不是法的权威的缔造者，而是法的权威的维护者。法的权威源于法的效力。而法律作为一种规则，当且仅当拥有它们意欲的规范性效果时，它们才有效。① 权力具有自由保障的任务，除此之外，权力主体的存续仍是法的保障机能得以发挥的前提，但权利始终是处于基础地位，即所说的权利至上。在我们生活的时代，对权威的含义和作用的认识是不断变化着的。法律，经常被视为权威结构的栋梁，越来越多地受到审视，既因为它在维护社会压迫过程的作用，也因为它突破了律法主义的狭隘世界观。② 法的概念构成若不将权利置于基础地位，而是以统治工具论的观念看待法律，那么，法就是历史的法，而不是今天的法，更不是未来的法。诚然，权力应当以维护权利的实现为己任。权力使得国家与权利得以存续。"民主政体与君主政体、贵族政体以及任何其他的政府一样，必须确保国家的生存。一个国家存在的首要条件是它必须持存"。③ 当然，权力的主体并不仅限于国家，广义上的权力关系也包括其他具有上下级隶属关系的社会组织。以权利与权力的关系区分为线索，二者所共同面对的则是义务主体所体现出的一种状态。

3. 权利、权力和义务的关系

权利、权力的对应面均存在着义务，因为权利、权力均是一种利益诉求，而诉求的本身是需要义务主体予以协助完成的。权力所直接管束的对象并不是权利，而是义务。而它对义务的管束又是为了保障权利的实现，最终的目的是使得人得以自由地发展。权利与权力所对应的义务在本质上是相同的。如果说权利主体与权力主体所对应的义务主体需要为或不为一定行为的话，那么此时二者的区别无非是主体的身份有所差异。权利所对应的义务履行由权力予以保障。权力所对应的义务履行也是由权力予以保障。"权力主体行使权力也离不开权利主体的协助，如果说规定公民义务的普遍法律离不开政府的强制实施，那么规定政府义务的宪法不可能单纯依赖政府实施，而必须依靠人民的积极实施"。④ 公权力主体仍是权利主体所作用的一个对象，国家应在法律的框架内为一定行为或不为一定行为，说明了权利作用于权力或者权力作用于权利在义务的归属性上是一致的。任何人所担负的义务都是由他自己的行为中产生的，因为所有的人都同样的是生而自由的。⑤ 权利、权力与义务这种伴生性的关系体现了权利离不开义务，而从权利推定到权利保障存在着一个相对的时空差，这也是权利、权力与义务在一定范围内此消彼长的一个表现，但在幅度上应当尽量地予以缩小，而且在时间跨度上也应当尽量地予以缩短。义务不仅与权利存在对应关系，亦与权力存在着对应的关系，权利与权力往

---

① ［英］约瑟夫·拉兹著，朱峰译：《法律的权威》，法律出版社 2004 年版，第 133 页。
② ［美］彼得·德恩里科、邓子滨编著：《法的门前》，北京大学出版社 2012 年版，第 170 页。
③ ［英］梅因著，潘健雷、何雯雯译：《民众政府》，上海三联书店 2012 年版，第 35 页。
④ 张千帆：《宪法实施靠谁？——论公民行宪的主体地位》，载《比较法研究》2014 年第 4 期。
⑤ ［英］霍布斯著，黎思复、黎廷弼译，杨昌裕校：《利维坦》，商务印书馆 2016 年版，第 168 页。

往也是通过义务而发生相互作用的。

　　4. 权利、义务、权力与法治的关系

　　在法规范的效力中，权利的实现需要由权力予以保障，义务与权力的不履行或不适当履行也需由规范予以谴责。于是，从这一点上讲，没有制度的权利、权力与义务是根本不存在的，这也是法律与道德的一个重要的区分点。而法治本身就是一种文明的制度，规范谴责对于义务与权力的履行状态有着积极地矫正的作用。当权利、权力、义务的运行状态被破坏时，规范的矫正作用也就会产生，而规范正确效用的发挥需要法治予以内外的双重保障与印证。就外部而言，主要是法治作为一种发展着的文明制度体系，对当代法的概念的说明具有重要的意义。而就内部而言，不能保障人权与自由的法，不能体现法治精神与理性的法是恶法，而在今天，恶法非法。这个时候可以赋予法官一定程度的废法权，赋予民众基于制定法之不法的良心抵抗权。其中，赋予法官的废法权是自由裁量权的一个部分。我们不是经常说赋予法官多大的自由裁量权吗？限制权力不当或者可能不当行使的自由裁量权是可以多多地赋予给法官的。

　　法治的实质是相通的，尽管形式上存在差异性。在美国的民主制中，"法治作为美国和欧洲的指导性法律原则的地位已牢固确立。法治的标志是人们对于立宪主义具有信念，认为它是被统治者同意的明证，并相信政府本身受到法律的限制，不得专横地行使权力，且个人被赋予某些不可剥夺的权利，即使合法组成的政府的行动也不得剥夺此类权利"。[①] 法治就是都要遵循善法的治理，即使是领袖，也应当遵循法治，并且是带头遵循法治。历史上，亚里士多德首度认为自然正义与法定正义，二者事实上是得以加以区别的，因为他认为"制定法上之不法"是可能的。[②] 可以说，没有无规范保障的权利、权力和义务，权利、权力、义务和法治的构造关系对于法的概念构成分析具有一定的认识论和方法论的意义。"历史上最具影响力的对法治的阐释莫过于戴雪（A. V. Dicey）所提出的公式。他的公式包含了三个理念：①法律规定具有至高无上的权威，人民得依仗此对抗独断的权力；②法律面前所有人和阶级都平等，包括政府和官员；③宪法属于本国普通法律的组成部分"。[③] 诚然，在制定法国家，主要是指宪法的权威及其之下的一切法体系的权威和守法主体积极行使权利的意识与行为。就当代社会而言，我们在定义法的概念的时候，离不开权利、权力、义务和法治具体的四个维度，这是当代实证法体系下的法的概念构成的四个基本要素，这就是权利相对论之上的法的概念构成的一个构造基础。然后，四个要素之间呈现出一种时空关系，法的概念构成便不再只是单纯的平面组合排列，而是呈现出一种类似于立体几何式的法理空间模型，其中，法治既参与

---

　　① ［美］巴里·海格著，曼斯菲尔德太平洋事务中心译：《法治：决策者概念指南》，中国政法大学出版社 2005 年版，第 18 页。

　　② ［德］阿图尔·考夫曼著，刘幸义等译：《法律哲学》（第二版），法律出版社 2011 年版，第 25 页。

　　③ ［美］劳伦斯·索伦著，王凌暤译：《法理词汇——法学院学生的工具箱》，中国政法大学出版社 2010 年版，第 88 页。

法的概念的构建，也单独作为一个维度对其予以保障和说明。

"中国法治建设需要在不长的时期中完成法治长时期发展所要解决的问题，亦即历时性问题的共时性解决。人类法治的实践显示，特定国家法治建设的全面完成，不仅需要经历较长的历史时期，而且具有明显的阶段性特征，从法治理想的启蒙，到法治文化的培育，到法治自洽体系的构建再到法治对现代社会复杂性的适应。在此意义上说，中国法治建设具有明确的阶段超越性甚至穿越性"。① 立足于我国的传统，权利相对论基础上的法的概念构成具有现实性的意义，它敢于面对我国法治的先天不足与后天出现的一些相对的畸形。通过我国的宪法也可以看出我国的权利至上即使在根本法的层面上也没有得到很好的体现。如有的学者所说，"我国宪法基本权利功能体系的特别安排，根源于社会主义的根本制度，并在权力传统与现实因素的双重作用下形成了行政中心的权力格局"。② 权利相对论的法的概念构成旨在打破以权力为中心的中国传统的实质思维与历史惯性，将法治的阶段不可跨越性摆在了一个重要的位置，倡导形式法治的优先价值。

（四）法的概念构成的存续可能性

法治是从西方引进的一种事物，我国法治构建的意志当然坚定，因为人们都普遍性地认为法治是一个美好的事物，它有利于国家的长治久安和民众的幸福安宁，事实上也确实是如此的。但在法治构建的过程中，却时常面临着法律治理与传统社会治理思维方式之间的矛盾。"法治思维，概而言之，是指以法治理念和法治精神为导向，运用法律原则、规则和方法思考和处理问题的路径与过程法治思维是一种理性思维，权利义务思维，实践性思维，规则思维，正当性思维，程序性思维，法效思维和系统思维"。③ 立足于一系列现实社会存在的各种因素，首先需要在社会普遍树立起一种权利至上的观念与制度性框架。但说起来容易，实际上很难，权利相对论基础之上的法的概念构成分析在形式上是为了对法的概念有一个更生动地体会与认识，并树立权利至上和法律至上的法的思维方式和对形式法治权威的信赖。如同美国学者费希所认为的那样，如果抛弃了法律和法学里面这些概念化、抽象化、道德化、形而上学化的各种东西，法治便不再能扮演它原来的社会角色、履行它原有的社会功能了。法治之所以存在，是因为它确能满足人类的社会群体生活的若干需要：即他们要求社会生活具有规范性、稳定性和可预测性，他们愿意见到法律的客观性。④ 我们所说的法具有最为重要的四个维度，分别是权利、权力、义务与法治，而其中的形式法治就是极为重要的一个维度。

在当代，没有法治的社会中的一些规范，我们往往也称其为法。但是，从唯名论⑤

---

① 顾培东：《我的法治观》，法律出版社 2013 年版，第 60 页。

② 郑春燕：《基本权利的功能体系与行政法治的道路》，载《法学研究》2015 年第 5 期。

③ 姜必新：《领导干部的法治思维与法治方式》，中国法制出版社 2014 年版，第 5 页。

④ 陈弘毅：《当代西方法律解释学初探》，载《中国法学》1997 年第 3 期。

⑤ 唯名论是指将概念理解为呈现其他事物的语言实体。

的角度看，我们也可以说它们不是法。法治对我国而言，还是一个现在进行时，但法治至少作为一种文明，一种精神理性范畴，它是存在的，而且变得日益重要。我国实现中华民族伟大复兴离不开法治的日益完善。如陈金钊教授所说，"在法治还没有被逻辑证成的情况下，目前对形式法治的坚守具有重大的现实意义。在中国，法律还没有足够的权威，法治建设才刚刚起步。社会需要捍卫法治的理论，而不需要瓦解法治的理论。中国法治建设需要我们坚守形式法治的姿态，需要在教义学基础上建构法治思维的概念"。① 法的概念构成在法治这一维度上亦是坚持形式法治的基本立场的。

实际上，这种观念也可以用来反思法的本体论，并在对本体论有一个更为深入的反思基础之上建构本体论与方法论相结合的法的概念定义，通过对法的概念进行一个类似于数学和物理学中的空间考察后，可以加深对法律是手段，但其更具有至善因素的理解，这就是采取法律手段来保护人的权利。在方法论上而言，权利相对论之上的法的概念构成可以用来解释法律自身，这属于哲学上的本体论解释，类似于哲学解释学的范畴。同时，它可以用来解释法治运转中的一些现实的问题，例如，如何评价一项立法与司法的行为是否科学。同时，当法律适用过程中产生歧义的时候，它可以提供方法论意义上的目的论导向的解释。例如，如果这样解释的话，其是否体现了这种法的时空关系，是否坚持了权利至上的原则与形式法治的思维方式。

法治对于权利相对论基础之上的法的概念构成的存续具有强大的保障作用。正所谓"枪炮作响法无声"，法治不存在，社会不安定的话，权利至上的权利相对论在事实上也就根本无法可能。法的概念分析更多的是一种法治观念，一种法治思维。换言之，它既可以提供法教义学上的宏观的法解释功能，同时，它自身也对应着一种权利至上的法治观念，它包含法治却又为法治所保障，并且，一定程度上反作用于法治的构建。法的概念分析主要证成两个问题，一是权利至上基础上的实证法体系的逻辑前提预设的正当性问题。二是形式法治的基本立场。对此而言，正如有的学者所说，在法治还没有被逻辑证成的情况下，目前对形式法治的坚守具有重大的现实意义。在中国，法律还没有足够的权威，法治建设才刚刚起步。社会需要捍卫法治的理论，而不需要瓦解法治的理论。在法治初级阶段，应该以法律教义学的立场和方法作为法治的指导思想。中国法治需要我们坚守形式法治的姿态，需要在教义学的基础上建构法治思维的概念。② 形式法治应当与法的概念定义相联系，进而彰显当下我国形式法治的逻辑与现实基础。

四、结论

法的概念究竟是什么？这是我们一直以来所不断关注与探讨的一个问题，这种探讨有利于法的结构性和功能性的完善，也可以在理论联系现实的基础上增强法的能动性与现实回应性。诚然，对法的概念的认识必然有助于法的不断完善，也有助于推动法治的

---

① 陈金钊：《法学意义上的法治思维》，载《国家检察官学院学报》2017 年第 1 期。
② 陈金钊：《法学意义上的法治思维》，载《国家检察官学院学报》2017 年第 1 期。

发展，有利于国民的法律思维的养成与规范权威的塑造。法的概念定义离不开法治、权利、权力和义务四个构成要素，并且需要一定的时空观念，用发展的、相对的和联系的眼光看待法的概念定义和法治的发展趋势。法治即为制度的品德，其为个人的道德的选择所铺设的制度性、结构性前提应是我们所期望的。① 我们总是说要信仰法律，但是，什么是对法律的信仰呢？法律对于民众而言，它更多的是作为一种客观的存在，于是，民众为什么要信仰法律呢？它作为一种客观的存在绝不是一种无关的存在，而是应当给人以亲切感、自由感和安全感，而且信仰需要规范思维的引导。以权利为基础和以权力、义务和法治为基点的法的概念分析模型既是一个简单的理论分析工具，也彰显了一种权利和法律至上的法治思维与形式法治观念，启蒙性的色彩更浓一些。只有在对法的外延予以简约，并初步地对法的概念构成为一个规范性的定义后，才会得出一个结论，法就是具有权利、义务、权力和法治的属性，体现时空性的一种规范体系的存在。

---

① 孙莉：《德治及其传统之于中国法治进境》，载《中国法学》2009 年第 1 期。

第三篇　人权实践热点

从"北雁云依案"看"姓名决定权"与社会公序的价值冲突

——兼论公序良俗的规制

宋天一　陈光斌*

摘要：随着最高人民法院近日发布第17批共5件指导性案例，先前备受争议的"北雁云依案"也被重新拉回了大众视野，此案曾引发学界与司法实践界针对公民姓名权行使与社会公序的广泛讨论，并提出了几种颇具争议的观点，笔者认为，客观地认识公民姓名权的行使，还应回归法理学的分析视角，从姓名的文化渊源入手，确定"姓名决定权"的属性，认识案件背后内在的价值冲突，从法律规制与道德规制的角度提出解决方案。

关键词：北雁云依；姓名权；姓名文化；价值冲突；规制

一、"北雁云依案"案情提要

2009年，吕某为自己刚出生的女儿起了一个既不随父姓也不随母姓的名字——"北雁云依"，山东省济南市燕山派出所在为吕某之女办理户口登记（出生登记）时，认为其要求登记的姓名"北雁云依"不符合办理户口登记的条件，遂作出拒绝以"北雁云依"为姓名办理户口登记的具体行政行为。吕某认为该行政行为侵犯其女儿合法权益，于2009年12月17日以被监护人"北雁云依"的名义向山东省济南市历下区人民法院提起行政诉讼。因案件涉及法律适用问题，需要送请有权机关作出解释或者确认，该院于2010年3月11日裁定终止审理。随后该院层报至最高人民法院并由最高人民法院提出议案，提请全国人民代表大会对《中华人民共和国民法通则》第九十九条第一款、《中华人民共和国婚姻法》第二十二条做出解释。2014年11月1日，第十二届全国人民代表大会常务委员会第十一次会议通过了"全国人民代表大会常务委员会关于《中华人民共和国民法通则》第九十九条第一款、《中华人民共和国婚姻法》第二

---

* **作者简介：**宋天一（1999— ），男，河北廊坊人，中南民族大学法学院2017级研究生，邮编：430000。陈光斌（1965— ），男，湖北赤壁人，中南民族大学法学院教授，硕士生导师，研究方向：法理学、法制史学、民族法学，邮编：430000。

十二条的解释"（以下简称《解释》）。2015年4月23日，该院恢复审理此案并依法作出判决，驳回原告"北雁云依"要求确认被告燕山派出所拒绝以"北雁云依"为姓名办理户口登记行为违法的诉讼请求。①

二、引起争议的观点归纳和评析

"北雁云依"案引起了法学界的广泛争议，其观点大致分为两类。

一类认为"北雁云依"作为公民正式姓名合法的观点有：最高人民法院合议庭在多次评议中，多数意见认为，"子女可以随父姓或母姓，不违反公序良俗的，也可以随父姓母姓以外的姓。理由如下：第一，《婚姻法》第二十二条之规定不能作为有关限定姓名权案件的依据。第二，禁止姓父姓母姓以外的姓，有悖《民法通则》第99条之规定。第三，在父姓母姓之外姓其他姓，不会改变中国人起名的文化传统和风俗习惯。第四，在父姓母姓之外姓其他姓，不会造成社会秩序的混乱"②。杭州师范大学法学院刘练军教授认为，"对公安机关而言姓名登记应该是无自由裁量权的羁束行政行为。对姓名用字、第三姓、抚养方变更未成年子女姓名、基于主观价值判断的姓名变更、姓名变更次数等议题，未来立法都应持宽松和开放态度，以充分保障个人尤其是少数人的姓名权"③。苏州大学王健法学院的龚钰认为，"姓名权作为一项基本权利，即使引用公序良俗原则对其进行限制也应当区分'涉他'情况谨慎对待，法律没有禁止自创姓名，文化的约束力使得创新姓氏只是少数人的选择，从比例角度看，有序地开放公民自创姓名，并辅以适当规范加以引导，能够取得社会各方利益平衡，实现整个社会效益最大化"④。

另一类认为"北雁云依"作为公民正式姓名非法的观点有：最高人民法院合议庭在多次评议中，少数意见认为，"对于该案所涉及的姓名权问题，子女应当随父姓或母性，禁止姓父姓母姓以外的姓。理由如下：第一，《婚姻法》第二十二条规定'子女可以随父姓，可以随母姓'，其内涵是指确定公民尤其是新生儿的姓时，只能在父姓和母姓之间做出选择，而不应做其他选择。第二，对于子女尤其是新生儿的姓名使用应当作一定的限制，即受到公序良俗的限制。第三，姓名所承载的社会功能也要求对姓名的确定加以规范，以免造成社会秩序的混乱。第四，国外有关立法对姓名权都有一定的限制"⑤。"北雁云依"案的审判员，济南市历下区人民法院法官白杨认为，"公民选取'第三姓'应有不违反公序良俗的正当理由。随意选取姓氏甚至自创姓氏，会冲击文化

---

① 更加详细的案情介绍参见《山东省济南市历下区人民法院行政判决书》（2010）历行初字第4号。

② 蔡小雪：《因公民起名引起立法解释之判案解析》，载《中国法律评论》2015年第4期。

③ 刘练军：《姓名登记规范研究》，载《法商研究》2017年第3期。

④ 龚钰：《对公民自创姓名行为的法律思考——从"北雁云依案"谈起》，载《法制与社会》2015年第11期。

⑤ 蔡小雪：《因公民起名引起立法解释之判案解析》，载《中国法律评论》2015年第4期。

传统和伦理观念，违背社会善良风俗和一般道德要求，有违良俗"①。

笔者认为，认定"北雁云依"作为公民正式姓名合法与否应依全国人大常委会所做的《解释》及其精神。《解释》规定"公民依法享有姓名权。公民行使姓名权，还应当尊重社会公德，不得损害社会公共利益。公民原则上应当随父姓或母姓。有下列情形之一的，可以在父姓和母姓之外选取姓氏：（一）选取其他直系长辈血亲的姓氏；（二）因由法定抚养人以外的人的抚养而选取抚养人姓氏；（三）有不违反公序良俗的其他正当理由。少数民族公民的姓氏可以从本民族的文化传统和风俗习惯。"《解释》明确规定，姓氏的选取在原则上应随父姓或母姓，并采用"列举条款+一般条款"的方式来说明，充分体现了《解释》对少数民族风俗习惯和对特殊必要情况的尊重和保护，那么此时对一般条款"有不违反公序良俗的其他正当理由"就应当做狭义理解，即必须有不在列举条款之内的正当且必要的理由，并不违背公序良俗，其正当性与必要性应该与列举条款所列举的情况相当。"北雁云依"仅从美好寓意的角度随意选取姓氏，并不具备与列举条款情况相当的必要性，即违背了《解释》的精神，应认定为非法。

三、关于姓名权与社会公序的法理学再思考

事实上，"北雁云依"案并非我国第一起关于公民姓名权的案例，与之同样引起热议的，还有"赵c案"，两者之间既有共性又有区别。相同之处在于，两案的争议问题都与公民的姓名权有关。不同之处笔者认为有三点，一是"北雁云依案"中公安机关直接拒绝为"北雁云依"进行户口登记，而"赵c案"则是在"赵c"换取二代身份证时公安机关不予办理。二是"北雁云依案"其争议焦点主要在公民的姓氏是否可以取父姓母姓外的第三姓，即"北雁"，而"赵c案"的争议焦点则在于"赵c"的名"c"是否能作为规范汉字和数字符号被登记为名。三是处理方式上，"赵c案"发生时间较早，法院在二审中双方达成了和解，较晚发生的"北雁云依案"则是法院通过判决的方式裁定。本文主要讨论第二点，即公民的姓名决定权问题。

（一）从姓名到姓名决定权——姓名的文化属性辨析

人的姓名，是人类为区分个体，给每个个体给定的特定名称符号，是通过语言文字信息区别人群个体差异的标志。由于有了姓名，人类才能正常有序地交往，因此每个人都有一个属于自己的名字。广义的姓名包括正式姓名、字、号、艺名、笔名、小名等，狭义姓名仅指正式姓名，基于"北雁云依案"及"赵c案"是关于正式姓名登记的纠纷，本文主要围绕正式姓名展开讨论，即需要考证正式姓名的文化渊源。

1. 外国姓名文化渊源

（1）英文姓名的文化渊源

---

① 白杨：《公民选取"第三姓"应有不违反公序良俗的正当理由》，载《山东审判》2015年第5期。

　　英文的姓氏主要为了区分同族但不同家庭的人，其来源多样，有职业技能、官职爵位、先祖的名、经典文献等，英文的"姓承于父母，尤其承于父亲，在学习或工作的正式场合使用"①。而英文的"名"的选取较"姓"的选取而言较为自由，只要是褒义词或中性词皆可根据个人偏好入名，体现了西方国家的血缘宗族意识与崇尚自由的价值观念相结合。有一点需要说明的是，英文姓名的选取与中国传统"避讳"文化观念不同，"人们喜欢用名人或长辈的名字为孩子命名，一方面体现晚辈对长辈、名人的尊重和崇拜，另一方面也用这种方式寄托取名者对子女的期望"②。

　　从英文的姓名选取方式可以看出，英文姓名中的姓大多取自父亲，即便是在西方国家崇尚自由的价值观念下，在英文姓名特别是正式姓名的选取上，也受到文化传统的约束。

　　（2）俄罗斯姓名的文化渊源

　　"俄罗斯人姓名的全称由三部分组成：名字（имя），父称（отчество）和姓（фамилия）"③，"如亚历山大·巴甫洛维奇·彼得罗夫、叶莲娜·尼古拉耶夫娜·伊万诺娃等"④，第一部分为"名字"，第二部分为"父称"，第三部分为"姓"。其中单独列出的"父称"这一部分体现了俄罗斯人姓名文化中对父系血缘关系的重视。"所以，在被称之为"父称"的部分中常有表示'谁之子（女）'的意思"⑤。

　　"俄罗斯人的姓相对于名和父称来说，产生的时间较晚。据史料记载，俄罗斯人的姓最早产生于14世纪末至15世纪初，而最初拥有姓的是王公和大贵族，他们的姓多数是根据其统治的公国或拥有的封地的名称构成的"⑥。在历史的发展中，俄罗斯的姓氏文化也不断丰富，地域、宗教等因素不断入姓，直至20世纪30年代，俄罗斯才形成了现在稳定的姓氏文化，并流传下来。

　　与俄罗斯的姓和父称部分不同，俄罗斯的名则具有丰富的渊源和特征。如时代性特征、区域性特征、宗教性特征等，由于"父称、姓具有不更改性、遗传性"⑦，在俄罗斯姓名文化中名的部分体现了个人自由命名的价值，受宗教观念的影响，但在命名中仍需特别注意寓意文化。

　　综上，在俄罗斯的姓名文化特别是正式姓名中，姓和父称在选取时具有不更改性，不可随意选取，要受到家族血缘文化的制约，在名的选取时有着较大的自由，只需注意

---

　　①　刘爱叶：《浅谈英文姓名的来源与组合》，载《太原城市职业技术学院学报》2010年第12期。

　　②　肖小月：《中英姓名文化对比研究》，载《长沙铁道学院学报（社会科学版）》2010年第3期。

　　③　杨雪：《俄罗斯人姓名构成及其文化溯源》，载《佳木斯大学社会科学学报》2005年第3期。

　　④　《俄罗斯姓名》，中华取名网，https：//www.chinaname.cn/article/2011-3/68388.htm，访问日期：2017年12月30日。

　　⑤　许适琳、王烨姝：《解读俄罗斯人的姓名文化》，载《长春师范学院学报》2004年第6期。

　　⑥　贾冬雪：《浅析俄罗斯人的姓》，载《俄语学习》2015年第2期。

　　⑦　许适琳、王烨姝：《解读俄罗斯人的姓名文化》，载《长春师范学院学报》2004年第6期。

文化寓意即可。俄罗斯的姓名文化中专列"姓""父称"两部分来体现家族血缘文化，体现了俄罗斯的姓名文化中对维系家族血缘关系的功能的认同。

（3）法文姓名的文化渊源

"法国人与我们中国人一样有名有姓，但其姓名的排列次序与我们相反，名在前姓在后"①。例如著名法国作家"维克多·雨果"的"名"为"维克多"，"姓"为"雨果"。需要特别注意的是，在法国姓名文化渊源中，有一部法典对法国的姓氏文化确定起了很大的推动作用。"一八零四年颁布的拿破仑法典首次规定，全体公民必须代代相承使用一个不变的家姓。当时规定的主要原则如下：1. 嫡出子女姓父姓；2. 非嫡出子女姓确定关系的父（或母）的姓；3. 非婚生子女姓母亲的娘家姓；4. 弃婴的姓由收养机构决定"②。

拿破仑法典的法律规制，促成了法国姓氏文化的稳定传承，自此，法国的公民开始拥有并确定了较为稳定的姓氏。这对今天姓名决定权的法律规制仍有借鉴意义。

2. 我国姓名文化渊源

（1）我国汉民族姓名的文化渊源

在我国汉族传统中，姓名已经成为了稳定而具有特色的文化传统。尽管中文姓名同英文姓名的排序方式及选取来源有所不同，但父母为子女取名同样体现了子女与家庭的血缘宗系关系，包含了父母对子女的美好祝愿。

从汉族传统文化角度，"中国人的姓，大部分是从几千年前代代相传下来的。其特点是：源远流长、内容丰富、出处具体"③。具体的历史渊源有母系社会的血缘、祖先的官爵、封地、皇帝的赐姓等，体现了丰富的文化传承，自古至今，一脉相传。在我国古代社会，姓氏还有"明尊卑"即体现社会等级的作用，如明代皇帝姓朱，则朱姓即为明代社会尊贵的"国姓"。在现代社会，等级秩序已经完全被消除，但姓氏维系血缘关系的作用仍然存在，古老的姓氏传承至今不少都存留有家谱，如孔氏家谱，即为家族血缘关系的体现。

而"名"多是父母或其他亲友甚至自己所取。"秦氏有好女，自名为罗敷"④，汉代乐诗《陌上桑》中就印证了这一点。取名在汉族传统姓名文化中也是重要的一环。不同于姓氏，在古中国取名除了"避讳"规则外，有着较大的自由空间。汉族传统文化认为，"人如其名"，一个人的名字体现了父母的美好祝愿，甚至体现出家庭的文化水平。汉民族姓名的"名"渊源广泛，遍布生活中美好的事物，将美好的事物命之为名，不仅体现了父母对孩子的殷切期盼，同时体现了从古至今中国人民对美好生活的期待和向往。

---

① 张秀荣：《法国人的姓氏起源》，载《对外经济贸易大学学报》1993 年第 10 期。

② 李家骅、龚黎：《外国人的姓名（七）——法国人的姓名》，载《世界历史》1979 第 6 期。

③ 参见《中国姓氏文化》，360 百科，https：//baike. so. com/doc/6326915-6540523. html，访问日期：2017 年 11 月 21 日。

④ 《陌上桑》，汉乐府民歌。

从汉语言学的角度，姓名被解释为"人的姓氏和名字"，其中，"姓"的解释为"表明家族的字"，"名"的解释为"人或事物的称谓"，即体现了"姓"和"名"的功能差异，"姓"主要用于表示家族身份，"名"主要为了辨明自己身份，从而产生了选取时规则约束的差异。

（2）我国少数民族姓名的文化渊源——以维吾尔族和藏族为例

我国维吾尔族和藏族等少数民族在决定姓名时有其特有的文化来源和规则，以维吾尔族和藏族为例，两民族决定姓名都受到文化传统的限制。

维吾尔族的姓名主要采用"名+姓"的顺序，维吾尔族人的"姓"采用的是父亲的"名"，如维吾尔族姓名"尼加提·努尔买买提"中"名"为"尼加提"，"姓"为父亲的名字即"努尔买买提"，这一点笔者认为鲜明地体现了维吾尔族人姓名文化中的父系血缘关系的确认功能。维吾尔族的名字在选取时通常由家中长辈在一定的文化范围内商议选择，但名字的寓意不能是低俗、消极的。维吾尔族的名字受伊斯兰文化的影响，但需要说明的是，在现今时代，维吾尔族人已经形成了自己独特的民族姓名文化，很少使用由阿拉伯地区传入的宗教性很强的名字，主要使用维吾尔民族独特文化的名字。

藏族人的姓名主要由寺庙的高僧或德高望重的人来选择决定。"藏族的婴儿出生以后，经过一定时间，父母带着孩子，献上哈达和礼品，请喇嘛活佛或有威望的长者行赐名礼。藏语名字多取自佛教经典上富有吉祥意义和赞美的词句"①。如藏族姓名"扎西多吉"表达了吉祥、坚韧的寓意。从这一点可以看出，藏族人姓名的选取仪式感非常强，非常注重文化寓意与宗教因素。需要注意的是，在藏族姓名文化中，取名字一般不能与古时德高望重的人冲突，如"松赞干布"一般不能被取自名字，这与汉文化中取名的"避讳"传统有相同之处。

3. 姓名的文化作用与文化属性总结

综上，姓名的文化作用主要体现在以下几点：一是辨明身份的作用。在社会生活习惯中，尽管身份证号信息指向更为精准，但姓名往往是辨明身份的最快速简洁有效的方式，认识或记住一个人，往往是先通过认识他的名字。例如生活中常用的名片、邀请函等，主要作用就是快速地通过上面所记载的姓名信息来辨别此人的身份。在一些特有的姓名文化环境中，姓名还承载着快速辨明民族的作用。如维吾尔族人的姓名往往是"名+姓"且具有浓厚的民族文化特色，再如藏族的姓名一般具有较强的藏文化色彩，在人们的文化意识里就可以快速而准确地通过姓名辨认民族身份。一些公众人物、政府官员等的姓名，在社会生活中出现的频率较高，本身就会潜移默化的形成一种身份的象征。如果放任随意决定姓名，取出一些千奇百怪的名字，不易认识记忆，在社会生活中利用姓名来快速辨明身份将会变得困难，增添麻烦，不利于社会生产生活。二是表示血缘关系、象征家族文化的作用。通过上文对各国各民族的姓名的简单考察与总结，能够知道在当今世界多数国家和民族的姓名的决定都与家族或父系母系血缘关系的姓名有关。因为姓名的决定与家族有关，姓名往往就和家族文化产生了互相的影响。如在古罗

---

①　尕藏吉：《藏族姓名小议》，载《中国土族》2005年秋季号。

马，姓名往往采用三分法决定，即本名+次名（氏族名）+家族名，一个人的姓名也涵盖着家族的文化象征。在古罗马，家族阶级化十分严重，"名门望族"的身份就能享受更多的社会权利，这种家族身份就靠姓名来确认，所以他们为了清晰的确认家族身份，在本名后专列两部分来确定。需要注意的是，在古罗马君主赐予的"荣名"是不能继承的，"荣名"是古罗马为了奖励做出重要贡献的人的一种荣誉称号，写在姓名里。正因为"荣名"不能继承，人们可以很快地通过荣名知道一个人曾获得的光荣成绩，从而在社会环境中给予他所在的家族肯定的评价。罗马帝国的首位君主盖维斯·屋大维·奥古斯都原名盖维斯·屋大维·图里努斯，"盖维斯"是"本名"，"屋大维"是"氏族名"，"奥古斯都"是元老院授予的称号家族名而不是"荣名"，意为"神圣伟大"，其继承者养子提比略·尤里乌斯·恺撒·奥古斯都继承了"奥古斯都"这一家族名，继续执政罗马帝国，这就是"奥古斯都"这一罗马帝国皇帝家族名的起源。再如在古代中国，也有"光宗耀祖""株连九族"等文化，通过姓名来确定宗族关系，形成宗族文化，享有特定的宗族权利，履行特定的义务。皇帝也会通过"赐姓"来给予作出重大贡献的人名誉上的奖赏，或是对犯下严重罪行的人施以惩罚，一旦赐姓，即意味着此姓将代代流传下去，家族的文化与荣誉即与姓名有了明显的象征关系。即便在当今社会，人人平等，由于家族带来的"特权"或"特定义务"已经不存在了，但在传统文化的影响下，姓名仍然会被认为象征了一种家族的文化传承，姓名也是传承"家风"等优良文化的纽带，如"孔氏家规""孔氏族谱"等，以血缘关系为载体，通过姓名来确认传承一种良好的家族规制文化。三是承载文化寓意的作用。"人如其名"，我国从古至今都对姓名的寓意十分重视。传统文化认为，姓名会影响一个人的生命轨迹。尽管这种说法缺乏科学性，但作为一种文化仍对现在产生了深远的影响。如上文所述，在社会生活中，人们在决定姓名时，往往会非常审慎的考虑其寓意是否美好。美好的姓名寓意既体现了家长对子女的殷切希冀，同时也是社会人文关怀的体现。当然，由于每个人的价值观不同，对于姓名的决定特别是名的决定有较大差异，这种差异与自由是被我们所认可的，有利于姓名文化的百花齐放，但前提是不违背社会共识下的善良风俗。倘若决定的名字粗俗且带有恶意鄙视等强烈的消极色彩，则姓名的文化寓意作用就被湮灭甚至践踏了。四是姓名的文化价值。姓名的文化价值在于其特有的文化属性所产生的影响，是姓名的文化属性所衍生的价值。如下文所述，姓名是一种"具有财产性的人格权"。因此，姓名本身的文化价值是可以转化为物质价值的，如许多明星用自己的姓名进行代言获得收益，就是利用了姓名的社会文化影响。对于姓名的文化价值，我们应该积极保护，以防止姓名文化价值的损失，为了达到保护姓名的文化价值的目的，在决定姓名时就应尊重社会公共秩序与善良风俗。

姓名在当今世界各国各民族中主要有辨明身份、承载家族血缘文化、表达美好文化寓意以及孕育文化价值等作用，姓名文化源远流长、影响深远，已成为当代中国社会乃至世界的善良风俗。姓名的文化作用十分重大，违背姓名的文化属性来决定姓名会产生诸多不利的影响。姓氏和名的选取也分别有不同的文化渊源和规则，一般"姓"较"名"而言选取的限制更多，姓主要体现血缘关系，名主要体现文化寓意，但无论是姓氏与名字都应在一定的文化范畴内选取不违背公序良俗的姓名。

在我国现代立法中，充分考虑到姓名的重要文化意义和现实意义，在《民法总则》《婚姻法》和《侵权责任法》等多部法律中都有关于姓名的法律规定。通说认为，姓名权是公民依法享有的决定、使用、变更自己的姓名并要求他人尊重自己姓名的一种人格权利，即姓名决定权、姓名使用权、姓名变更权。

所以，尽管姓名通常作为一个整体来使用，但由于姓氏与名字的来源不同，其外延与内涵也大有不同，在讨论姓名决定权的属性时，我们就需要区分讨论姓决定权与名决定权。

（二）姓名决定权的法律属性辨析

关于姓名权的法律属性，学界主要有三种观点，即身份权论、人格权论和财产权论。身份权论的支持者主要是从姓名的历史渊源来考虑，认为姓名主要作用是明辨个人身份地位。人格权论的支持者占大多数，即认为姓名权是一种抽象的人格权，其主体是且必须是自然人，具有人格权的一般特征。财产权论的支持者主要认为姓名权的决定、使用、变更同财产所有人的占有、使用、收益、处分有实质上的共同之处，且姓名权在现实生活中获取物质利益的现象也并不罕见。

笔者同意这种观点，即姓名权是"具有财产性的人格权"，理由如下：第一，姓名权具有人格权的一般特征。《民法总则》第一百一十条规定，自然人享有生命权、身体权、健康权、姓名权、肖像权、名誉权、荣誉权、隐私权、婚姻自主权等权利。从此条可以看出，姓名权是一项对世权，主体是广泛的自然人，具有人格权的一般特征。第二，姓名权具有财产权的部分特征。姓名使用权，包含了使用姓名获利的权利，即使用权和收益权。当今时代，不少明星利用姓名肖像等进行广告代言获利，我们认为这仍然是合法善意取得的财产，受到法律保护。

因此，在理解姓名决定权的法律属性问题上，应将姓名权归结为"具有财产性的人格权"，从姓名决定权的行使入手分析。在父母为孩子决定姓名时，笔者认为，是父母在行使亲权的一种体现。"亲权，是父母基于其身份对未成年子女的人身、财产进行教养保护的权利和义务"[1]。将姓名权理解为"具有财产性的人格权"，即父母在决定子女姓名时，实质上可以理解为在对子女的人身、财产权利进行教养保护。因为子女此时尚不能自主行使姓名决定权，遂由父母代为行使。亲权既是一种权利也是一种义务，即父母既有为子女决定姓名的权利，也有为子女决定姓名的义务。

另外，中国法院网曾有关于"断绝父子关系协议书"的案例讨论，学者发表观点称，"《民法通则》第五十八条规定：违反法律或者社会公共利益的行为，属无效民事行为，从行为开始起就没有法律约束力。'断绝父子关系协议书'违背了'父慈子孝'

---

[1]　易军：《亲权制度研究及其立法建构》，载《私法研究》2002 年第 1 期。

'家庭和谐''家和万事兴'等公序良俗,所以是无效的"①。笔者赞同这种观点,并由此可以得出,法律保护血缘关系文化形成的公序良俗,而如上文所述,姓名具有维系血缘关系家族文化的作用,那么姓名权的行使也应该受到公序良俗的法律规制。

(三) 姓名决定权的社会属性辨析

根据社会契约理论,国家权力是由公民权利的让渡得来的。为保证社会生产的效率和秩序,就必须由国家权力对公民权利的行使做出一定限制。一个人的姓名,即其在社会生产活动中所称用的代号称谓。人的一生中,大量需要使用正式姓名来辨明身份,参加社会活动,如户籍管理、婚姻登记、房产登记、就医入学等。如果滥用姓名决定权,人为地创制出一些奇名怪姓,将会大大增加社会管理成本。另外,姓名作为一种社会文化符号,倘若恣意滥取,违背善良风俗,也不利于社会优秀文化的形成。如在日本,曾有父母为孩子取名为"恶魔",公安机关不予户籍登记,父母将之诉至法庭,最终以败诉收场。这样不符合善良文化风俗的名字,显然是不应被采用的。

综上,考虑到姓名的文化属性、社会属性和法律属性,三者的统一就必须对公民行使姓名权的自由做出一定限制,在不违背公序良俗的前提下自由行使姓名权,用以维系社会良好秩序与文化传统,保证姓名的价值。那么,公民行使姓名权特别是姓名决定权的边界应如何确定呢?

(四) 姓决定权和名决定权行使的边界探究

"你挥舞拳头的权利止于我的鼻尖",这句著名的西方法谚揭示了一个基本法律原理,即任何权利都有其边界。那么姓决定权和名决定权的行使边界在哪里呢?本部分将试做探讨。

1. 外国立法关于姓名决定权的行使边界

纵观世界各地区立法实践,往往承袭了一个基本观点,即对姓决定权限制较多,对名决定权限制较少。如《日本民法典》第790条规定:"子女须使用父母双方或其中一方姓氏"②。美国法律承认教名(即美国姓名中的第一个部分),教名的选取必须符合相关文化传统。《阿尔及利亚民法典》第28条规定:"子女应随父姓"③。《瑞士民法典》第270条规定:"生父母相互结婚的,子女从父姓,生父母未相互结婚的,子女从母姓,母因过去婚姻使用双姓的,从第一姓"④。对名决定权的限制则体现在字音字形上,如《阿尔及利亚民法典》第28条规定:"名字应具有阿尔及利亚音,但子女父母

---

① 《断绝血缘关系的'协议书'是否有效?》,中国法院网,http://www.chinacourt.org/index.shtml,访问日期:2017年12月20日。

② 参见王书江译:《日本民法典》,中国法制出版社2004年版,第15-47页。

③ 尹田译:《阿尔及利亚民法典》,中国法制出版社2002年版,第27-98页。

④ 殷生根、王燕译:《瑞士民法典》,中国政法大学出版社1999年版,第43-87页。

为伊斯兰教信仰者除外"①。《日本户籍法》则规定子女名字必须使用通用易认的字。

从上述立法样例来看，姓决定权的行使应主要承袭父姓或母姓，而名决定权的行使则应使用本国家民族的通用字音字形。

2. 试析我国姓名决定权行使的边界

对于姓决定权，我国《婚姻法》第二十二条规定，子女可以随父姓，可以随母姓。《解释》规定"公民依法享有姓名权。公民行使姓名权，还应当尊重社会公德，不得损害社会公共利益。公民原则上应当随父姓或母姓。有下列情形之一的，可以在父姓和母姓之外选取姓氏：（一）选取其他直系长辈血亲的姓氏；（二）因由法定抚养人以外的人的抚养而选取抚养人姓氏；（三）有不违反公序良俗的其他正当理由。少数民族公民的姓氏可以从本民族的文化传统和风俗习惯"，其立法精神即在于限制公民随意行使姓决定权。因此，笔者认为对《解释》第三款"有不违反公序良俗的其他正当理由"中的正当理由应作狭义理解，即"必须有不可抗力的正当理由"方可适用。

对于"名"决定权鲜有单独规定，《中华人民共和国居民身份证法》第四条：居民身份证使用规范汉字和符合国家标准的数字符号填写。民族自治地方的自治机关根据本地区的实际情况，对居民身份证用汉字登记的内容，可以决定同时使用实行区域自治的民族的文字或者选用一种当地通用的文字。即除了民族自治地方外，身份证登记应使用规范汉字和符合国家标准的数字符号。对这一条而言，笔者认为从社会管理与文化传统角度讲，应做狭义理解，从文化传统出发，公民应使用规范汉字作为名字。

综上，我国公民行使姓名决定权的边界应在于，不违反相关法律法规的前提下，充分考虑社会公共秩序与善良风俗，遵从文化传统，合理审慎的行使姓名决定权。对于姓决定权，除特殊情况外，应尽量从父姓或母姓。考虑到独生子女的情况，社会上有许多将父姓母姓合并为一个新姓氏的行为，我们国家在户籍登记实践上也予以了认可。但是，笔者认为，此处不妨做"化姓为名"的理解，合成的第三姓中另一方的姓氏可以作为名的一部分理解，即不违反"姓"决定权行使的规则。对于"名"决定权，行使时限制较小，在合乎法律规定的前提下，不违反共识性的善良风俗与文化传统即可。

（五）"北雁云依案"与"赵ｃ案"的评价

"北雁云依案"中，"北雁"作为姓氏，既非父姓亦非母姓，系自创第三姓，纵然其来源于中国古典诗词，寓意美好，但仍不符合《解释》第三款"有不违反公序良俗的其他正当理由"，创制此姓的正当性与必要性达不到《解释》中列举条款情况的正当性与必要性，即为不合法的行为。创制此姓不利于社会管理，会增加大量的社会管理成本，故法院的判决结果在法律规范和法理上都是正当的。但在判决书的说理部分，"既违背社会善良风俗和一般道德要求"②，笔者认为缺乏足够的论据支持，在说理中应重点说明创制此姓对社会公共秩序的冲击和破坏。

---

① 尹田译：《阿尔及利亚民法典》，中国法制出版社 2002 年版，第 27-98 页。

② 参见《山东省济南市历下区人民法院行政判决书》（2010）历行初字第 4 号。

"赵 c"案中，最终双方达成了和解，"赵 c"的更名符合法理精神，但行政机关应注意行政行为的规范性，即在第一次以"赵 c"为名办理户籍登记时就应不予登记。

四、"姓名决定权"类案件的实质——自由与秩序的价值冲突

在探讨如"北雁云依案""赵 c 案"等"姓名决定权"类案件时，笔者认为，应从法的价值论角度看到其内在的价值冲突，即秩序与自由的价值冲突。以"北雁云依案"为例，表面上看，是行政机关与公民对于《婚姻法》规定"子女可以随父姓，可以随母姓"的不同理解，站在公民角度是"法无禁止即可为"，在行政机关的角度则是"法无授权不可为"。但透过表面看实质，应该看到其实质在于公民自由行使权利与社会公序的秩序制约之间的价值冲突。

自由是法的终极目的之一。"法学（或法律）上自由的含义在于：自由是法律上的权利，其边界就是不能从事法律所禁止的行为"①，法律以权利和义务为主要表现形式，其目的即在于保障广泛的自由权利。但权利与义务的设定同时规制了自由不是无限的，在法律范围内行使权利才是真正的自由。确认和保障自由是法的基本价值之一，"法律不是压制自由的措施，正如重力定律不是阻止运动的措施一样……法律是肯定的、明确的、普遍的规范，在这些规范中自由获得一种与个人无关的、理论的、不取决于个别人的任性的存在。法典就是人民自由的圣经"②。例如《民法通则》第 99 条规定，公民享有姓名权，有权决定、使用和依照规定改变自己的姓名，禁止他人干涉、盗用、假冒。"决定、使用和依照规定改变"体现了公民自由行使姓名权受到法律保护。

秩序是指事物存在的一种有规则的关系状态，社会公序是社会秩序的一种具体体现。一定生产关系决定的社会秩序维护着这个社会正常的生产和生活状态。法的基本价值之一在于法对秩序的维护作用，维护正常的社会生活秩序，"如果没有一个安全的环境能让人们放心地享受其合法利益的话，人类的一切活动就都失去了最起码的条件"。"法对此主要在以下三个方面起着重要作用，第一，确定权利义务界限，避免纠纷。第二，以文明的手段解决纠纷。第三，对社会基本安全加以特殊维护"③。民法中的公序良俗原则，即《解释》第三款"有不违反公序良俗的其他正当理由"中的"公序良俗"即包含社会公序的含义，体现了法保障社会公共秩序的稳定。

在价值位阶体系中，通说认为，自由作为法的终极目的即目的价值，当于其他价值发生冲突时，应保障自由价值的实现。笔者认为，自由与秩序不能割裂开来，简单的将其进行价值比较取舍。自由与秩序，其关系应该是终极目的与必要手段之间的关系。自由是秩序的目的，秩序是自由的保障，法本身即可理解为一种社会行为规范秩序体系，正是有了秩序的存在，自由才得以最大限度的得到保障。一定程度上的限制自由，也是

---

① 张文显主编：《法理学》，高等教育出版社、北京大学出版社 2011 年版，第 264 页。
② 中央编译局译：《马克思恩格斯全集》第 1 卷，人民出版社 1995 年版，第 176 页。
③ 张文显主编：《法理学》，高等教育出版社、北京大学出版社 2011 年版，第 263 页。

为了广义价值上自由的实现。反之，如果一味地强调秩序规制，违背了自由的价值目的，这样的秩序也不是真正的民主秩序。

社会公序作为秩序在社会中的一种具体体现，是保障自由价值的途径之一，理应得到合理合法的保障。它与法律既有区别又有联系。一方面，社会公序的良好运行有利于保障法律的实施、执行，保障社会稳定，生产效率提高，有利于公共管理秩序的运行。另一方面，社会公序的运行往往缺乏强制力保障，而"社会公序"这一概念的内涵与外延本身也具有极大的模糊性与不确定性。"北雁云依"案与"赵 c"案中，最关键的模糊问题在于对社会公序与善良风俗的外延与内涵的界定，即解决了公序良俗的规制问题，就在一定意义上解决了此类问题的价值矛盾，从而可以推广至更广义的自由与秩序的价值冲突问题的解决方案。

五、"公序良俗"的法律规制与道德规制

公序良俗，即公共秩序与善良风俗的简称。对于公共秩序与善良风俗，有不同的解释方法，目前学界的通说是：所谓公序，即社会一般利益，包括国家利益、社会经济秩序和社会公共利益。所谓良俗，即一般道德观念或良好道德风尚，包括社会公德、商业道德和社会良好风尚。公序良俗原则作为一项民法基本原则，具有法律原则的一般特征，即模糊性与不确定性，其内涵与外延难以界定。公序良俗不仅仅在民法判例中有所影响，实际上对法的方方面面都有着深远的影响。因此，界定公序良俗的内涵与外延就有着重大的意义和必要。

对于违反公序良俗行为的具象分类解释，学界讨论较多但尚未达成统一。"日本学者我妻荣运用判例综合研究法，将违反公序良俗行为归纳为以下七种类型：①违反人伦的行为；②违法正义观念的行为；③利用他人窘迫、无经验获取不当利益的行为；④极度限制个人自由的行为；⑤限制营业自由的行为；⑥处分生存基础财产的行为；⑦显著的射幸行为"①。我国学者梁慧星先生将其分为如下十种类型："①危害国家公共秩序类型；②危害家庭关系类型；③违反性道德行为类型；④射幸（侥幸）行为类型；⑤违反人权和人格尊严类型；⑥限制经济自由的行为类型；⑦违反公平竞争行为类型；⑧违反消费者保护的行为类型；⑨违反劳动者保护的行为类型；⑩暴利行为类型"②。

笔者认为，在中国这样一个地域广泛、人口众多、民族众多的国家背景下，判断公序良俗的内涵和外延，不应机械的套用某一学术标准，而应该根据公序良俗本身的属性综合判断，充分发挥其对法律的补充作用。

公序良俗具有时间性。不同时代的公序良俗随其时代背景而变化。例如在我国古代，婚丧嫁娶燃放鞭炮这一风俗传播广泛，体现了人们对于人生中重大事项的重视与美好祝愿，在当时应被视为一种善良风俗。而随着科技的进步，科学发展观和环保观念深

---

① 梁慧星：《市场经济与公序良俗原则》，载《中国社会科学院研究生院学报》1993 年第 6 期。
② 梁慧星：《市场经济与公序良俗原则》，载《中国社会科学院研究生院学报》1993 年第 6 期。

入人心,在今天,人们认识到这种行为是不环保、不利于发展的,即脱离了善良风俗的范畴。

公序良俗具有地域性。"十里不同风,百里不同俗",中国国土面积广达 960 万平方公里,每个地域都有其独有的文化特色,形成了一定的公共秩序与善良风俗。如在贵州省华寨村,形成了"以歌劝和"的独特秩序习俗,对于这种地域特色明显的公序良俗,应予充分的认可。

公序良俗具有民族性。不同民族有着不同的民族习惯。五十六个民族流传至今天,在长期的社会生活实践中形成了稳定独特的民族文化和风俗。在民族地区处理公序良俗问题时,应充分考虑当地少数民族特有的公序良俗。

在考虑公序良俗的规制问题上,由于其兼有法律属性、社会属性和文化属性,因此应分别通过法律与道德的途径进行规制,互相补充,充分发挥作用。

在公序良俗的法律规制问题上,应明确公序良俗的法律属性,即公序良俗原则是一项基本法律原则,法律原则的模糊性和不确定性固然为司法和执法中的法律适用准确提出了挑战,但也正是因为这种特性才使得法律原则能够很好地发挥其对法律规制的补充作用。因为立法的有限性和社会日新月异的发展,很难将所有的范畴和社会关系全部纳入法律规定之中,这就需要在立法中赋予公序良俗原则一定的法律规制范畴。同时,在涉及规制公民基本权利的问题方面,仍应该坚持法律保留原则,以法律的形式规制公民的基本权利自由行使,确保公序良俗原则不被滥用。在执法过程中,执法机关应遵循合法性原则和合理性原则,树立"行政比例原则"意识,即行政行为应符合必要性、适当性和狭义比例原则,通过对公民权利的最小侵害方式依法行政,维护社会秩序。同时在执法过程中应充分尊重社会公序良俗,尊重不同民族不同地区的公共秩序与善良风俗,在合法的前提下灵活执法方式,达到合理目的。在司法中,应注意贯彻公平公正的原则。如"姓名确定权"类案件,往往大多是行政诉讼案件。行政诉讼案件中应保证诉讼双方主体在法律上的平等地位,依法保护公民的合法权利。司法中还应强化公序良俗法律原则的适用标准,不同地区不同民族的司法对于什么是公序良俗、怎样适用公序良俗应有符合本地区公共秩序善良风俗的认识,当然,这种认识必须是基于法律允许的框架内和不与共识性社会价值观相矛盾的前提下的。同时,将具有代表性的判例由最高人民法院以指导性案例的方式下发,供地方参考。守法方面,公民在行使自身权利时,应注意个人利益与集体利益国家利益的相统一。权力与义务具有相统一性,在行使"姓名确定权"的自由权利时,应注意同时负有遵循社会公序良俗的义务。树立集体观念、法治意识,在合理合法的行使权利的同时,学会通过法律途径维护自身合法权利。

由于公序良俗本身固有的文化属性,道德规制必将成为公序良俗运行的重要手段之一。道德与法律相比,缺少确定性与强制力保障,但却更能深入到社会生活的方方面面来解决问题,甚至预防问题的发生。遵守公共秩序,尊重善良风俗,本身含有道德层面的要求。在新时代的背景下,社会主义核心价值观即为全国范围内的道德标准守则,是全国公民都需要遵守的"公序良俗"。加强道德规制,就是要发挥道德规制的力量,弘扬中华民族优秀道德文化,依法治国与以德治国相结合,全面深入理解贯彻社会主义核心价值观，结合时代背景发挥其作用。在社会生活中，要求我们不断完善道德教化，树立道德模范与道德榜样，增强公民的社会道德意识。对于本地区本民族的公共秩序与善良风俗，符合国家价值导向且形成稳定模式的，应该充分尊重与发扬，违背国家基本价值取向的，应该在道德教化上予以摈弃。还应该注意，对于违反法律，与法治精神不符的地方民族秩序与风俗，应该通过多种手段予以废弃，移风易俗。

在涉及具体案件的公序良俗适用时，应综合考虑法律规制与道德规制，发挥法指引、教育、评价、强制、预测的规范作用。充分尊重国家层面的价值导向与本地区本民族的道德要求，保障公共利益与个人利益的相统一，从而在一定程度上解决自由与秩序的价值冲突，使其达到实质上的辩证统一。同时，在每件具体案件中，法律人应该不断努力，使立法执法司法法律监督促进提高公民的守法意识，将有利于培养公民的公共秩序观念，形成遵守公序良俗的良好风尚。

破产案件审理中司法权与行政权的边界

曹文兵*

摘要： 司法权及破产案件自身固有的特质、市场这只 "看不见的手" 本身固有的缺陷决定了行政权应当适度介入破产案件的审理。破产审判工作是一项系统工程，关乎经济发展、民生保障与社会和谐稳定，需要司法权和行政权各司其职，各尽其能，明确各自的权力边界。积极探索构建行政权尊重司法权、行政权服务和保障司法权的有序运行机制，保证行政权与司法权的顺畅衔接，唯有如此，企业破产程序才能顺利推进。

关键词： 破产案件；破产程序；司法权；行政权

2007 年企业破产法实施以来每年进入法院的破产案件数量偏少的原因除了思想观念、现行体制、机制等外，另外一个不容忽视的因素在于政府与法院的沟通协调机制不健全、不完善，更深层次的原因在于企业破产的社会转轨成本政府负担缺失①，它在很大程度上掣肘了批量破产案件的依法受理。如何有效地处理法院司法权②与政府行政权的关系，俨然成为破产审判破解企业破产案件受理难、确保企业破产程序顺利推进亟待解决的重大理论和现实课题。

一、破产案件中行政权适当介入的必要性

破产审判中行政权的适当介入主要基于以下几个方面的考虑：

（一）司法权固有的特质决定了法院根本难以解决企业破产所引发的社会问题

诚如汉密尔顿所言："司法权在构成国家权力体系的立法权、行政权和司法权中是最弱的一个权力。司法部门既无强制、又无意志，而只有判断；而且为实施其判断亦需

---

* 作者简介：曹文兵（1980—   ），男，湖北大冶市人，武汉大学法学院博士生，湖北省武汉市中级人民法院一级法官，主要研究方向为法学理论、公司法、破产法、劳动法。

① 王欣新、王斐民：《政府与市场之间的经济法——以政府保障破产法实施为例》，载史际春：《经济法学评论（第十二卷）》，中国法制出版社 2012 年版，第 39 页。

② 在我国，司法权包括法院行使审判权和检察院行使检察权，本文所称司法权仅就法院行使审判权而言。

借助于行政部门的力量。"① "司法权的本质属性是判断权。"② 司法权具有被动性、中立性的特征，以公平与公正优先为价值取向，只服从于法律，从而确保它的行使不受其他力量的影响，排除非法律力量的干涉。司法权的这些特性也决定了法院在其职能范围内仅仅审理涉及债务清偿的问题，并不具有调配、整合社会资源及社会动员能力，仅凭法院的司法裁判难以统筹解决破产审判中常常会遇到的诸如企业风险处置、资产变现、职工安置、税费减免、引入战略投资人、为企业提供政策帮扶等社会层面的行政事务性问题。司法权在解决企业破产所引发的社会问题方面存在着相当的局限性。而行政管理发生在社会生活的全过程，它不一定以争端的存在为前提，其职责内容可以包括组织、管制、警示、命令、劝阻、服务、准许、协调等行动。③ 政府行政权具有主动性和扩张性，以效率优先为价值取向，偏向于积极主动干预社会公众的经济和生活，其目的是"维护社会的安全秩序与普遍的社会福利与公共服务"。④ 企业破产衍生的系列社会问题显然属于政府应尽的职责，无论是维护职工队伍的稳定，还是与债权人的沟通、投资人的谈判，政府都具有其得天独厚的条件，而且政府还具有在劳动社会保障、金融监管、工商、税务、公安等方面的职能资源优势⑤，政府具有公共服务和社会管理的职能，应当依法为实施市场化破产程序创造条件。行政权力只在破产法外部为其创造良好的社会环境和法制环境，使破产程序突破行政权力的瓶颈，真正实现司法权指导下的私权自治。⑥

（二）破产案件自身的固有特质决定了行政权应当适度介入

企业破产案件往往表现出法律关系多元化、触及的利益主体多、矛盾纠纷复杂化、法律适用与企业管理复合化、社会影响巨大等特征。它不仅牵涉到破产企业与其债权人、债务人之间的各类债权债务关系，还涉及物权、股权、知识产权、证券、保险等法律问题，甚至还涉及劳动、土地、税务、工商等行政管理部门之间的错综复杂的管理关系，具有开庭与开会相结合、办案与办事结合、裁判与谈判相结合的特点，加上我国计划经济体制历史遗留问题复杂，不可避免地嵌入着政府行政管理职能的内容，这也就决定了破产案件的审理不仅仅是一个单一的事实认定与法律适用问题，而且是一项需要统筹兼顾、多方协调、整体推进的多元化系统工程。企业破产必然会对包括债权人、职

---

① ［美］汉密尔顿、杰伊、麦迪逊等著，程逢如等译，《联邦党人文集》，商务印书馆1980年版，第391页。

② 孙笑侠：《司法权的本质是判断权——司法权与行政权的十大区别》，载《法学》1998年第8期。

③ 孙笑侠：《司法权的本质是判断权——司法权与行政权的十大区别》，载《法学》1998年第8期。

④ 季涛：《行政权的扩张与控制：行政法核心理念的新尝试》，载《中国法学》1997年第4期。

⑤ 蒋馨叶：《无锡尚德太阳能电力有限公司破产重整案评析》，载王欣新、郑志斌：《破产法论坛（第10辑）》，法律出版社2015年版，第25页。

⑥ 董灿：《论破产法中行政权力的定位》，载《经纪人学报》2006年第3期。

工、出资人或股东、消费者、破产管理人等在内的破产企业利益相关者产生重大而深刻的影响。我国现行尚未健全的社会保障制度以及现行破产法的规定都不足以充分有效地平衡与保护破产企业各利益相关者的利益，他们的利益若得不到妥当解决，必然会影响经济社会稳定，这就客观上必然要求政府行政权进行适当干预，借以弥补市场失灵。因为"政府有能力在破产企业的有限资源之外调动其他各种社会资源，解决人民法院、债权人会议、债权人委员会和破产管理人无法解决的问题。"① "政府职能部门行使社会管理职能和促进经济发展职能，其中包含了涉及企业主体退出、依法破产的相关内容，政府职能部门发挥协调作用是其职责。"②

（三）市场这只"看不见的手"本身固有的缺陷决定了行政权有适度介入之必要

企业破产是一种市场行为，是市场经济条件下企业竞争的必然结果，是企业参与市场竞争，接受优胜劣汰，优化产业结构，实现资源合理配置，提升市场率的一种有效途径。企业破产并不仅仅是市场效率的体现，有时恰恰是市场失灵——市场不能保证宏观经济的稳定的体现。③ 企业破产尤其是金融机构、上市公司、大型国有企业等重大企业的破产不仅涉及一个企业的生死存亡，涉及众多债权人的经济利益，而且与企业职工的切身利益紧密相连，职工安置、社会维稳等问题处理稍有不当，极易引发群体性事件，会对经济安全、社会稳定产生巨大影响。

在旧破产法架构下，行政机关主导的清算组对因破产引发社会问题的解决在一定程度上曾起到了积极作用。但是这种过于僵化、行政命令式、强制性、政策性极强的企业清算方式完全不适应我国市场经济发展的要求。2007 年企业破产法以市场化、法治化为导向，以保障债权人与债务人利益、促进市场竞争机制良好运行为立法宗旨，借鉴国际先进立法经验首次引进了破产管理人制度，明确规定了破产管理人的一系列职责，贯彻了管理人中心主义理念，但并未明确规定解决社会层面问题的专门机构，大幅度地削减了政府行政权对破产案件的影响，政府亦就破产引发的社会问题的处理缺乏积极性。企业破产的市场化改革导向并不排斥政府保障法律实施的职能④，亦并不意味着完全忽视和绝对弱化政府的职能作用，因为众多破产案件的审理急需政府解决相关社会问题，完全切断或绝对回避政府行政干预几无可能，也不符合我国当前的现实国情。申言之，绝非完全摒弃行政权对破产案件的干预和介入，而是顺势引导和合理规范行政权在破产程序中的界限，将行政权的介入控制在合理的范围之内，充分发挥政府行政权对破产法实施的促进作用，减少其不利影响。"为此破产法的实施过程必须引入经济法的理念，需要国家的适当介入，从社会本位角度维护社会整体利益，解决各种社会资源配置的合

---

① 尹正友：《企业破产与政府职责》，法律出版社 2010 年版，第 84 页。
② 姚明：《法院受理破产案件与政府协调作用的发挥》，载《中国律师》2010 年第 10 期。
③ 尹正友：《企业破产与政府职责》，法律出版社 2010 年版，第 71 页。
④ 王欣新、王斐民：《政府与市场之间的经济法——以政府保障破产法实施为例. 经济法学评论（第十二卷）》，中国法制出版社 2012 年版，第 45 页。

理调控，才能完成现代破产法的历史使命。"① "需要国家干预理论"是政府行政权介入破产审判的理论基石。从这种意义上讲，政府参与破产审判程序其本质上就是一种"国家干预"，这种干预是建立良好市场秩序所必需的，是国家调控与市场经济发展相协调的有效保障，亦是社会主义市场经济发展的应有之义。

（四）域外破产立法例为我国政府行政权适当介入破产审判提供了有益经验

当今世界，不少成熟市场经济国家和地区，政府常常采取例如提供专项财政资金、设立公共服务机构、指导建立基金等诸多形式介入破产案件的审理，确保了破产案件的顺利推进。美国 1978 年破产法改革中设置了新的联邦政府机构——联邦托管人机构，该机构承担了破产案件中的行政管理职能，其主要的职责之一是确保在破产案件中公共利益得到保障。② 英国设置破产署，其主要职能在于：监管破产执业者、负责处理企业清盘程序、负责使用国家保险基金支付失业雇员的遣散费等。俄罗斯政府于 1992 年设立了独立的联邦企业重整与破产管理局，同时在各大区和地区设立了相应的垂直领导的分支机构，该局的主要职能是：提出有关破产的法律、规范性法律文件以及相关政策的建议；在破产案件中行使国家债权人的职能；培训和管理仲裁管理人等。③ 德国则设立了由企业主缴纳、国家控制的劳动保障基金，企业破产时由该基金清偿职工的债权。④我国香港破产管理署的职能主要包括：根据法院或债权人的任命提供破产管理服务，变现资产，裁定债权人的债权，以及分配财产；为那些资产不足以支付清盘费用的企业破产个案提供公众服务等。⑤ 上述国家和地区的成功经验为我国政府行政权如何适当介入破产审判提供了可资借鉴的宝贵材料。

二、法院司法权在破产程序中的主导作用

"在发达的市场经济中，企业是否破产有一套明确的规则，实施规则的主要机构也是法院，而不是行政当局。"⑥ 破产程序本质上属于清偿债务的司法程序，目的在于通过公平、公正的程序使得债务人的债权人获得公平集体清偿，具有化解企业债务风险的作用。法院作为破产程序的组织者、主导者和裁判者应当对每一个环节或程序进行司法审查和全程监督指导，要秉持公正与中立，确保破产程序推进的透明与公正，抑制行政

---

① 王欣新：《论破产法在市场资源配置中的重要作用》，载《中共杭州市委党校学报》2014 年第 6 期。

② 尹正友、张兴祥：《中美破产法律制度比较研究》，法律出版社 2009 年版，第 89 页。

③ 李飞：《当代外国破产法》，中国法制出版社 2006 年版，第 138 页。

④ 王欣新：《论破产法在市场资源配置中的重要作用》，载《中共杭州市委党校学报》2014 年第 6 期。

⑤ 董文彬：《如何规制我国破产程序中的行政权》，载《江苏经济报》2009 年 6 月 17 日。

⑥ ［美］德怀特·铂金斯著：《中国经济的增长前景及其面临的挑战》，载吴敬琏主编：《比较》（第 15 辑），中信出版社 2004 年版，第 28 页。

权的不当干预，从而实现对破产企业各利益相关者的利益平衡与保护。法院在破产程序中居于主导地位绝非意味着法院可以就破产案件所涉及的任何事项发挥决定性作用。法院作为居中裁判者，囿于人财物的限制，实无必要参与具体而繁琐的破产财产管理和清算事务，避免从程序的督导推动者沦为破产事务的具体操作者。法院应当在破产程序中找准角色定位，要明确自己的具体职责，既不能越俎代庖，擅自代替管理人或债权人会议作出决策，也不可疏于对破产程序进行监督与指导，更不能忽视与政府的沟通、协调和联动。

（一）法院在程序方面的职责

在破产案件审理过程中，法院在程序方面的职责主要涵括以下几个方面：第一，审查破产申请人提出的破产申请，裁定案件是否受理。在破产程序启动后，及时指定破产管理人并决定管理人的更换。第二，公告、通知债权人申报债权，召集第一次债权人会议。第三，中止对债务人已发生的诉讼程序、执行程序，维护债务人财产的完整性、安全性、合法性。第四，对破产管理人管理债务人行为的合法性和正当性进行监督与指导。第五，依法裁定终结破产程序等。

（二）法院在实体方面的职责

在破产案件审理过程中，法院在实体方面的职责主要包括以下几个方面：第一，对债权人、债务人或清算责任人申请破产所提出的破产原因及可能存在的破产障碍进行依法审查和认定，尽可能避免"虚假破产、真逃债"现象的发生。第二，确定破产管理人的报酬。第三，依法集中管辖并审理债务人之诉，对债务人不当处置财产行为予以撤销。第四，对当事人之间关于行使破产抵消权、别除权、取回权等方面进行裁决。第五，对于债务人提出的和解程序裁定是否批准，裁定确认经债权人会议表决通过的和解协议。第六，依法裁定是否准许债务人重整，审查重整计划时应当坚持对所有债权人既得利益在重整中不得予以损害原则，采取形式审查和实质审查相结合的审查方法，着重审查重整计划的合法性和可行性，并依法决定是否行使强制批准权。第七，对于债务人重整失败、和解失败的情形，及时宣告债务人破产并公告，裁定确认经债权人会议表决通过的破产财产变价方案与分配方案。对于表决未能通过的破产财产变价方案与分配方案依法决定是否行使强制批准权。

（三）法院在协调方面的职责

在破产案件审理过程中，法院在协调方面的职责主要包括以下几个方面：

第一，协调解除其他法院、执法机关对债务人财产已采取的司法强制措施或行政强制措施。破产程序具有排他性，法院受理破产案件后，对于债务人财产所采取的保全措施和执行程序都应当自动解除和终止。若不及时解除已采取的强制措施，破产财产就无法进行变价和分配，若不中止已采取的执行程序，就会有损于全体债权人公平受偿。但是，在破产审判实践中，受到地方保护主义及部门保护主义的影响，其他法院、执法机关往往对破产案件受案法院发出的终止执行程序或解除强制措施的要求要么置若罔闻，要么不积极配合，严重阻却了破产程序的顺利进行。因此，受案法院一方面要积极协调其他法院解除或终止已采取的保全措施或执行程序，另一方面也要积极与其他执法机关沟通协调及时解除对破产企业已采取的强制措施，支持和配合破产程序的顺利推进。

第二，协调与政府的关系。在破产程序正式启动前，法院应当积极配合破产企业所在地政府，做好破产程序启动前期调研，掌握破产企业的情况及相关行业政策，充分研判企业破产程序一旦正式启动后可能出现的各种维稳风险，提前制定合理的应对预案及风险防控措施，协调政府及其相关职能部门解决职工安置、资金垫付、维护社会稳定等方面的问题，避免引发群体性事件，为破产程序的顺利进行奠定良好基础。在破产案件审理过程中，法院应当主动地就破产程序中涉及的职工权益保障、破产财产变现、税费减免、破产重整企业信用修复、战略投资人的引进等社会问题，通过召开联席会或重大信息通报会等多种方式，与政府相关职能部门进行磋商、沟通与协调，争取政府的全力支持与配合，更好地推进破产审判工作。

第三，协调与破产管理人的关系。"在破产程序开始后，除非应当由法院作出决定，破产程序中的事务性管理工作应当由专业的管理人来完成，法院的作用应当被限定为仅做争议的裁决者。"[1] 厘清法院与破产管理人的职责界限，确立破产管理人在日常管理及商业判断事务中的决策权、对债权人会议的决议及法院的决定的执行权，充分发挥破产管理人的主观能动性，凸显破产管理人的核心地位。"对于破产程序中的事务性工作，不论《企业破产法》有无具体规定应当由管理人负责，都应当解释为管理人的职责范围内的事务，这不是应当由法院认为或者决定的事情。"[2] 法院作为破产程序的主导者、组织者及主持者应当明确其职责范围，避免全面介入具体而繁琐的破产财产管理和清算事务，正确行使破产程序主持权、法律规定事项的决策权及对破产管理人的指导与监督权。但是，对于破产管理人因履职能力欠缺，确实需要法院予以协助的，法院可以向破产管理人施以协助，为其履职打开绿色通道。

三、政府行政权在破产程序中的协调辅助功能

在我国破产审判实践中，政府的角色定位往往会呈现出两个极端：要么政府行政权对破产审判进行过度干预和不当介入，政府支持力度大于配合，致使法院在破产程序中无法起到主导作用；要么政府以企业破产不属于政府法定职责为由消极不作为，撒手不管，不积极履行职责解决企业破产所涉及的社会问题，将本应由政府解决的社会问题推诿给法院承担。司法权效力的终极性特质决定了行政权必须接受司法权的终极性，亦决

---

[1] George M. Treister, etc., Fundamentals of Bankruptcy Law, 3rd edition, (American Law Institute, 1993), 89.

[2] 邹海林：《破产法——程序理念与制度结构解析》，中国社会科学出版社2016年版，第185页。

定了政府在企业破产程序中要充分尊重法院司法权在破产程序中的主导作用。政府行政权的缺位和越位在很大程度上影响了破产审判效率，阻却了破产案件的顺利推进。因此，政府要明确自己在企业破产程序中角色及具体职责，要摒弃破产案件受理后把所有社会问题踢给法院的错误理念，应当和市场保持适当距离，有限地对濒临破产的企业实施拯救，妥当处理好行政权与司法权的关系，做到有所为、有所不为，既不缺位，也不越位。

（一）政府行政权应有所为：不缺位

1. 政府在前期企业风险处置中的职责

企业破产通常会涉及债权债务清偿、职工安置、资金垫付、税费减免、土地处置、企业信用的修复、引进战略投资人、维护社会稳定等诸多方面的问题，需要财政部门、税务部门、社保部门、国土部门、规划部门、工商部门、公安机关等多个政府职能部门相互协调配合才能得以解决。破产审判实践中，一些地方政府为支持和配合法院破产审判工作先后成立了临时性的工作组，专司本辖区企业风险处置工作，但是因其职责范围缺乏法律明文规定，政府与法院之间信息沟通不畅，协调事项不够到位，很大程度上影响了各自职能的有效发挥。因此，我国可以借鉴美国、英国、德国、俄罗斯等国家的成功经验，设置破产行政管理机构，专门负责协调化解破产企业风险，承担企业破产过程中的行政管理职责，协调解决破产企业财产扣押解除、破产财产追回、税费减免、房屋土地产权确认、土地功能和性质的变更、工商登记注销、职工社会保险金缴纳、银行对不良资产的核销、破产财产变现、战略投资人引进、股权变更、破产清算和重整企业信用级评定等问题，积极构建与破产程序对接的常态化企业风险处置机制。

2. 政府在破产程序启动后的职责

第一，职工权益保护问题。依法优先保护劳动者合法权益既符合企业破产法的立法旨趣，也是企业破产法的重要价值取向。企业破产，尤其是大型国有企业、集体企业的破产，与企业职工的切身利益密切相关，职工权益保护问题成为困扰破产案件审理的重大障碍和难点。对职工权益的保护其实不仅仅限于对职工债权的保护以及对职工各种程序性权利的保护，还包括对职工的再就业安置、职工各种福利设施的社会化移交以及对国有企业老职工超额贡献的补偿。[①] 职工权益保护问题能否妥善解决，既影响到社会的和谐稳定，也直接影响到破产程序能否顺利推进。职工权益保护问题仅靠法院自身力量根本无法解决，政府作为社会管理者在破产案件中应当肩负起提供社会保障和维护社会安全的重任。破产程序一旦启动，法院应当及时联络协调政府相关部门，积极争取政府相关部门的支持。对于企业破产后符合领取失业保险的职工，社会保险机构应及时组织好相关资金用于向破产企业职工发放失业保险。对于破产财产不能全额兑现职工的欠发工资或者欠缴社保费用而又无力补缴的破产企业，政府可以通过设立储备金或者鼓励第三方垫款的方式优先解决破产企业职工的安置问题，政府民政部门应组织好相关资金用

---

① 尹正友：《企业破产与政府职责》，法律出版社 2010 年版，第 189 页。

于向破产企业职工发放最低生活保障。"从表面上看，政府代替企业进行工资的垫付，是替经营不良的企业承担了一定的责任，但站在更高的行政管理角度而言……实际上就是保障了社会整体利益。"① 政府和第三方就职工债权的垫付款，转化成了相应的债权，在破产案件中取得代位求偿权，当然可以在破产程序中按照职工债权的受偿顺序优先获得清偿。此外，政府相关部门应当积极协调、引导、妥善解决职工的再就业问题，实现人力资源的合理开发、利用与配置。

第二，资产变现问题。破产财产变现难是制约破产案件审判效率、阻碍债权清偿程度的极其关键的因素。破产财产的变现往往涉及土地及地上附着物的处置问题。主要体现在两个方面：其一，国有企业、集体企业土地使用权大多属于划拨土地，以划拨方式取得的国有土地使用权不属于破产财产，而划拨土地上的附着物却属于破产财产。其二，土地及地上附着物因未办理登记手续或手续不完备、产权不明晰、征地补偿等历史遗留问题而无法进行拍卖。这些无疑给破产企业的财产变现带来了非常棘手的难题。划拨土地性质的变更、划拨土地及地上附着物的回购（收储）、土地及地上附着物产权不清障碍的清除无一例外地需要政府相关职能部门的通力合作、密切配合。

第三，税费减免问题。根据税法等相关法律的规定，企业应缴纳的税费通常包括营业税、增值税、企业所得税、流转税、印花税、房产税、契税等。国家向企业征税一方面是为了维持国家机器的正常运转，另一方面也是服务于市场和企业的重要方式。破产企业往往资不抵债，濒临倒闭，困难重重，在此种境况下，若国家再向破产财产的处置行为进行征税，就丧失了税收行为的正当性，损伤了税收之根基，严重背离了税收"取之于民，用之于民"的宗旨，它不仅会进一步加重企业的负担，降低破产清偿率，影响企业破产重整的成功，而且会变相地将破产企业的纳税义务转嫁到全体债权人身上，极大地损害全体债权人的利益，甚至还会引发影响社会稳定的严重问题。税收优惠是指国家基于财政目的以外的特别目的，通过税法上之例外或特别规定，给予特定纳税人减轻或免除税收债务之利益的各种措施的总称。② 破产财产的管理与处置必然触及各种税费问题，税收优惠政策在破产清算程序中能够起到促进清算和提高债权人受偿率之功效。在企业破产重整过程中，若能够对破产企业施之以税收优惠政策，则有利于破产企业轻装上阵，直接降低企业重整成本，增加重整后的预期收益，有益于破产企业重整成功，有助于形成一个规模有序的破产企业营业市场，实现资源的有效配置。政府应当充分发挥税收优惠政策在企业破产重整中的作用，通过政府税收政策的干预引导破产企业营业交易市场的建立和运行，并利用这一市场进行宏观调控，最终实现企业破产重整

---

① 戴晶莹：《论风险社会下司法权与行政权在破产机制中的协调——以政府先行垫付破产企业工资问题研究为切入》，载王欣新、郑志斌：《破产法论坛（第10辑）》，法律出版社2015年版，第403页。

② 陈少英：《税法基本理论专题研究》，北京大学出版社2009年版，第212页。

制度价值的最大化、市场机制的效果充分化、宏观调控能力的强化。① 因此，政府税务部门应当平衡国家利益与债权人利益及不损害国家利益的前提下，在坚持现有税收优惠政策的基础上进一步扩大破产企业税收优惠政策受益主体的适用范围，尤其要适当倾向于破产清偿率低、社会影响重大的破产企业，在法律和政策允许的范围内制定与推行更多的缓、减、免相关税费的优惠政策，进一步扩展税收优惠期间，扩大优惠税种范围，提高破产清偿率，实现全体债权人利益的最大化，促进企业成功重整，实现企业更生再建。

第四，破产重整企业信用修复问题。重整企业信用修复制度是指重整或重整成功后的企业，企业的法定代表人或责任人，在征信机构、法院、政府、管理人和债权人等的共同参与下，按照一定的法律程序和规定的条件，被获准消除其原有失信记录，重建其信用的法律制度。② 破产重整企业信用修复主要包括以下两种类型：一种是金融机构不良信贷信息修复，另一种是不良公共信用信息修复。重整企业信用修复涉及的具体内容通常涵括银行、工商部门、税务部门、质监部门、食药部门、环保部门、司法机关等公共征信机构的信用记录，其中以银行征信信息的信用修复最为繁杂。破产重整企业不良信贷信息修复的诉求主要来自两个方面：一是企业进入破产重整后，重整计划可能涉及银行融资，但它在银行的贷款早已或即将逾期，已被银行列入不良贷款客户名单，基本上不可能再从银行融资；二是在重整计划通过、重整程序终结后，企业在人行征集系统的信用报告上仍有逾期欠款信息，在重整计划执行完毕前逾期欠款信息可能导致企业无法融资。③ 破产重整企业能否获得再生与再建在很大程度上取决于或依赖于重整企业信用修复制度的构建和完善。破产重整企业往往资不抵债，在银行、工商部门、税务部门、质监部门、食药部门、环保部门、司法机关存有失信记录，这些不良记录若不能被及时清除必然会影响破产重整企业向金融机构的再融资行为，加大战略投资人引进的难度，进而阻滞企业营业事务的顺利开展，最终影响破产重整企业取得实质性重整成功。因此，人民银行、工商部门、税务部门等征信机构应当对破产重整企业推行宽松的资信认定标准，果断地清除破产重整企业旧有的失信记录，录入全新的信用信息，助推破产重整取得实质性成功。

第五，战略投资人的引进问题。企业破产重整往往涉及重大的资产重组、经营模式的选择、引入战略投资人等商业运作的内容。战略投资人的引入在整个破产重整程序中尤为重要。战略投资人引进难题的妥当解决对于重整能否取得实质性成功具有决定性作用。我国市场化的管理人模式尚处于培育阶段，不少中介机构管理人能力和经验相对欠缺，难以完全胜任引进战略投资人的职责，而政府以其固有的公共服务职能、独特的资源配置优势、超强的沟通协调能力，应当通过建立企业破产资产招商交易平台的方式，积极地配合管理人做好引进战略投资人的工作，确保企业重整成功。

---

① 张文辉：《论税收优惠政策与企业破产重整制度的结合》，载王欣新、尹正友：《破产法论坛（第 7 辑）》，法律出版社 2012 年版，第 324 页。

② 宋玉霞：《实施破产重整企业信用修复制度》，载《人民法治》2016 年第 9 期。

③ 南单婵：《破产重整企业信用修复研究》，载《上海金融》2016 年第 4 期。

第六，设立破产费用援助基金。现代破产程序具有纠正债务人欺诈行为、检索债务人财产、保障债权人清偿利益的多重功能。无产可破案件不宜简单地径行裁定终结业已成为共识，因为"简单地终结破产程序，将反而促使债务人作出逆向选择——债务人通过欺诈行为将财产转移得越多，支付破产费用的可能性就越低，破产程序进行的可能性就越低，欺诈行为被追究的可能性也就越小，债务人也就越安全。"① 但是，无产可破案件的审理通常会产生诸如案件受理费、管理人报酬、职工基本安置费等费用，上述费用的支付问题倘若未能有效解决，必然降低债权人和债务人申请破产以及破产管理人履职的积极性，破产程序也无法继续推进。我国可以借鉴英国等国家的成功经验，政府可以通过适当比例的财政拨款补贴、鼓励债权人及债务人的出资人等利害关系人垫资、提取其他案件管理人一定比例的报酬、对企业征收部分破产资金等多种形式设立专门的破产费用援助基金，用以解决无产可破案件中破产费用、管理人报酬、职工基本安置费等经费的来源问题，从而为破产程序的顺利推进扫清障碍，最终实现破产程序的社会目的。浙江、广东等地对设立破产费用援助专项基金进行了有益的探索，并取得了良好的效果。这些地区的成功实践为下一步在全国范围内设立破产费用援助专项基金制度提供了鲜活的素材，积淀了弥足珍贵的案例资源。

（二）政府行政权有所不为：不越位

政府作为社会经济的宏观管理者，在破产案件的审理中，遵循"政府只有在必须出现的时候才出现的原则"，不宜过多介入破产案件所涉及的法律问题，应当扮演着协调者的角色，充分发挥其公共管理及社会服务职能，积极协助法院解决企业破产所引发的系列复杂的社会问题，若行政权过多介入或不当介入就属于越位行为，则会破坏市场规则。"当行政力量过度膨胀时，不仅破产法的实施效果被扭曲，而且市场力量的空间被挤压，受到损害的不仅是破产法，而且是整个市场健康发展的基础。"② 因此，在破产案件审理中，政府行政权不宜过多或过度介入，行政权应当充分尊重司法最终裁判权，不得恣意挤压法院司法权发挥作用的空间。

四、结语

破产审判工作是一项系统工程，事关经济发展、民生保障与社会和谐稳定，需要司法权和行政权各司其职，各尽其能，明确各自的权力边界。积极探索构建行政权尊重司法权、行政权服务和保障司法权的有序运行机制，保证行政权与司法权的顺畅衔接，唯有如此，企业破产程序才能顺利推进。

---

① 宋晓明：《在全国法院审理企业破产案件工作座谈会上的总结讲话》，载最高人民法院民事审判第二庭编：《商事审判指导（第27辑）》，人民法院出版社2012年版，第19页。

② 李曙光、王佐发：《中国破产法实施三年的实证分析——立法预期与司法实践的差距及其解决路径》，载《中国政法大学学报》2011年第2期。

安全权与全球治理法治化的中国策略选择

——以南海地区安全合作机制建立为例

涂少彬　江　河*

摘要： 当今国际社会，安全权的实现面临着严峻挑战。南海地区安全合作机制的建立与维护是中国在全球推动建设以"合作共赢"为核心的新型国际关系的缩影与样本。与国际法治不同，全球治理依据不限于国际法，而国际法治虽相对独立于全球治理但又受后者深刻塑造。相对国际法而言，在全球治理领域，中国的策略选择空间与利益更大。以南海仲裁案为核心的国际法律战是美国在南海地区实行"成本强加战略"破坏中国主导的南海地区治理秩序的战略的一部分。南海地区安全合作机制建立在中国作为定义一方主导的全球治理及国际法治以及中国与东盟国家基于"一带一路"而形成的市场一体化的基础之上，而南海地区安全合作机制应以程序化机制为优先建设目标。

关键词： 全球治理；国际法治；南海地区安全合作机制

在全球治理与国际法治语境下，南海地区安全合作机制建立是中国在全球推动建立以"合作共赢"为核心的新型国际关系①的一个缩影，为全球安全权的实现提供了一个样本。要破南海复杂之局，须将其置于全球治理与国际法治的语境下，因为要有效地探索出一套策略与机制，这不仅是南海问题，更是中国推动全球治理理念实现的试水及全球治理改革必须跨越的一个挑战。

一、微妙现实：全球治理与国际法治的中国处境

（一）全球治理与国际法治的认识误区及初步检讨

2015 年，中国政府首次在国际场合提出"共商共建共享"的全球治理理念，并据

* **作者简介**：涂少彬，男，湖北浠水人，中南民族大学法学院副教授，法学博士，主要研究方向：法理学、国际法基础理论。江河，男，湖北浠水人，中南财经政法大学法学院教授，博士生导师，主要研究方向：国际法基础理论。**基金项目**：本文为 2015 年度教育部哲学社会科学研究重大课题攻关项目《南海地区安全合作机制研究（项目批准号：15JZD036）》之阶段性成果。

① 习近平：《推动构建以合作共赢为核心的新型国际关系——关于国际关系和我国外交战略》，载《人民日报》，2016 年 5 月 11 日。

此指导中国参与全球治理，推进全球治理新格局和建立全球治理新体制。① 中国政府这一提法与学界之"法治作为全球治理的根本方式"② 的判断存在着看似较小实则较大的差异。因为"法治作为全球治理的根本方式"，既没有反映全球治理的历史，也不合乎全球治理的实际，在客观上对实力、地位与国际影响力日增的中国不利，挤压了中国作为全球治理大国的作用空间。实际上，前述观点在国内国际法学界相当具有代表性，它过分强调全球治理与国际法治之间的强关联。如果将之比较在国际关系领域既有经验又有重要影响力的美国前国务卿基辛格博士的论断③，我们会发现，国内学界对于目前这个全球治理格局处于结构性大变革的时代的认识，普遍倾向于重国际法治轻全球治理，或者脱离中国需要与国际实际过分强调国际法治对全球治理的功能。

　　实际上，上述倾向忽视了一些重要问题：如，国际法治之既有国际法以及国际法的实践是否更多地代表了传统国际强权的意志与利益，它对当今国际社会的公正、效率与秩序是否最合适的，有没有对之进行边际调整甚至是部分领域重构的巨大空间？当今中国作为实力继续上升的世界第二经济大国，是既有的国际法还是大国之间的博弈与协调，包括与广大发展中国家在"共商共建共享"的基础上对国际社会进行规制进而对既有的国际法进行调整的全球治理会更有利于中国与世界？既有的国际法体系能够多大程度上应对全球治理的需要解决的新问题？如果这些问题不是导致全面倾向于支持既有的国际法运作体系，那么，在一个中国崛起与国际力量结构性大调整的时代，简单地主张"法治作为全球治理的根本方式"严重地压缩了全球治理中中国作为大国的力量与利益空间，也是一种自我遏制的主张：如在南海问题上，美国及其核心盟国断然声称，"中国在南中国海发动了针对国际法的战争"④、"国际法是中国在南中国海声索的真正威胁"。⑤ 美国把国际法律战与舆论战作为其自我定义的全球治理的一环来遏制中国，学界如果简单地局促于"法治作为全球治理的根本方式"来应对，这种判断如果用在南海地区安全合作机制的建立上就是一种错位且无效的南海应对策略。

　　无论从概念的所指还是范畴来看，全球治理与国际法治存在着明显的区别。有代表性观点认为，全球治理是"指全球社会组织，通过权威的规范系统、规则、机构、实

---

① 刘斐、王建华：《中国首次明确提出全球治理理念》，新华网，http：//news. xinhuanet. com/2015-10/14/c_1116824064. htm，访问日期：2017 年 10 月 14 日。

② 赵骏：《全球治理视野下的国际法治与国内法治》，载《中国社会科学》2014 年第 10 期。

③ 基辛格博士强调应以中美俄三国为当今全球治理的核心权威、以英法为外围次级权威来塑造全球治理的新格局。（See Niall Ferguson, "Donald Trump's New World Order The American Interest," accessed February 5, 2017. http：//www. the-american-interest. com/2016/11/21/donald-trumps-new-world-order/. ）基于本文的写作逻辑，本文在第二部分再分析这一设想，此不赘述。

④ Dean Cheng, "China's War against International Law in the South China Sea", accessed August 12, 2017. http：//nationalinterest. org/feature/chinas-war-against-international-law-the-south-china-sea-12913.

⑤ Jill Goldenziel, "International Law Is the Real Threat to China's South China Sea Claims," accessed August 13, 2017. http：//thediplomat. com/2015/11/international-law-is-the-real-threat-to-chinas-south-china-sea-claims/.

践及前述手段，通过集体，从地方到全球来处理全球事务。"① 但所谓规范系统、规则既可以是实体性的国际规范，也可以是程序性的国际规范，而后者常常只是国际政治运行的程序性与形式性规范，它对国际实体法秩序并不产生确定性指引，只为全球治理的权威大国如联合国五大常任理事国（下文简称五常）尤其是中美俄三国提供议事程序框架。质言之，全球治理尽管要以国际规范为工具，但它本质上是一个国际政治概念，其所指也更多是指国际政治行为。② 而对于国际法治，美国国际法学者伊安·赫德（Ian Hurd）认为，人们虽然常常用到国际法治这个概念，但却较少对它进行定义，而国际政治的发展方向又是建立在对国际法治的不同定义之上。③ 伊安·赫德认为，国际法治有三种模式，第一种仅指国家遵守国际法律义务，第二种将国际法治严格类比于国内法治，第三种则非常工具化，将国际法治降格为国家外交行为合法性的论证；④ 伊安·赫德还认为，经过对当今国家实践的比较，第三种模式对国际法治提供了最具概念一致性的理解（the most conceptually coherent understanding of the international rule of law）。⑤ 如果根据伊安·赫德的论断进行推论，当今世界的国际法治实践是非常国际政治性的。

而在我国，国际法治不仅被一些学者赋予了形式主义的要求，更赋予了实质主义的要求，即认为国际法治要求国际法至上，并应有国内法治那样的价值追求，将国际法治定位为拥有严格类似于国内法治的形式与实质要求；然后，又认为全球治理必须以国际法治作为根本模式，在国际法的原则与强行法的约束下进行。如果站在国内法治的角度来看，这种观点当然正确，但站在国际法治的角度来看，这类观点虽然对国际法治充满了良好的期待，但它忽视了国内法治与国际法治权威来源与构造的关键不同，罔顾中国作为世界大国的实力、地位与利益的实际需要，存在着对全球治理与国际法治关系的模糊认识，将国际法治不恰当地类比于国内法治，所以有必要进行深入检讨。

（二）博弈论与国际法主体行为的理性分析

在英语文献中，博弈论在国际法领域中有着较长时间的运用，且被声称服务于新标签的国际法的现实主义。⑥ 博弈论不仅可以用来解释国际法，更可以用来解释全球治

① John Gerard Ruggie, "Global Governance and 'New Governance Theory' Lessons from Business and Human Rights," Global Governance 20 (2014).

② 关于全球治理的内涵与性质下文还有进一步分析。根据法理学中政治与法律的关系的原理来推论，国际政治更多强调大国之间的博弈与协调，进而对国际秩序产生宏观裁量性指引，也就是说大国之间的博弈与协调更多的是确定国际秩序的宏观走向框架；而国际法治更多强调按照既有国际法处理国际纠纷，也就是说按照既有国际法来解决微观与具体的国际争议，进而对国际秩序产生微观确定性指引。

③ Ian Hurd, "Three Models of The International Rule of Law," Eidos No. 23 (2015).

④ Ian Hurd, "Three Models of The International Rule of Law," Eidos No. 23 (2015).

⑤ Ian Hurd. "Three Models of The International Rule of Law," Eidos No. 23 (2015).

⑥ Jens David Ohlin, "Nash Equilibrium and International Law," Cornell Law Review Vol. 96 (2011).

理、国际法治与国际法之间的关系与演进。正如有美国学者所言，"离开博弈论，社会理论则只是一项残破的事业。"①

博弈论是实证的理性行为科学。博弈论对国际法主体行为选择进行理性化分析，以理性人的假设来模型化国际法主体的行为选择。所谓理性人假设，是指理性人总有明确的偏好，该人总是追求自我偏好满足的最大化。② 就全球治理与国际法治而言，博弈论反对偏离理性人假设，脱离实证地对全球治理与国际法治作主观想象性预期，同时也不会被"古典现实主义的有限视角"所限而排除国际间合作的可能。③ 博弈论的这种假设与全球治理及国际法治的实际非常吻合，它既不会基于某些主观愿望与价值观期待来对全球治理与国际法治及其国际环境来进行判断，也不会以此来对中国的相关应对策略来进行判断。基于博弈论之上的判断是冷峻与现实的。从方法论上来看，以国际法治来严格类比国内法治，强调"法治作为全球治理的根本方式"，实际上就是偏离了全球治理与国际法治问题分析的理性预设。④

博弈论以微观经济学的一般方法与理论为基础，⑤ 它引入数学分析工具，能既宏观又微观研究全球治理与国际法治问题，因而它更加科学。博弈论之所以具有既宏观又微观研究问题的能力，在于博弈论引入了量化思维进而引入了数学工具与数学模型。博弈论中的纳什均衡模型都可以用数学公式来表达与运算，得出量化的运算结果。当然，对于社会科学尤其是法学研究来讲，由于研究对象涉及的变量繁多、细微与多变，这意味着专业的数学模型常常难以建立，但这并不意味着博弈论因此在法学领域难以深入运用。因为对于法学研究来讲，我们要借助的是博弈论思想、方法与纳什均衡理论，借助

---

① ［美］赫伯特·金迪斯，董志强译：《理性的边界：博弈论与各门行为科学的统一》，上海人民出版社 2011 年版，第 2 页。

② 张维迎：《博弈与社会讲义》，北京大学出版社 2014 年版，第 14 页。

③ Duncan Snidal., "The Game Theory of International Political," World Political Vol. 38 No. 1 (1985).

④ 国内相当多的学术论文将国内法治的权威建立在法律信仰上。这种观点的逻辑很简单，即如果人们都信仰法治与法律，那么他们就会恪守法治逻辑并遵守法律，那法治的实现就很容易了。一些学者将这种逻辑用在国际法治的分析上，得出类似的判断：如果国际法主体信仰国际法治，那么国际法治就很容易实现。但实际上，这种逻辑假设存在多种错误：第一，违反理性人假设。理性人是以自己的个人偏好或利益而非社会包括国际社会利益为最大化目标的。第二，法治的权威来自于理性人扩大个人偏好或利益而形成的纳什均衡而非大家的共同信仰之上，信仰充其量不过是个人偏好的一小部分。进而言之，法治权威源于大家不得不遵守的演化或设计良好的制度，而非建立在虚幻而没有实证基础的共同信仰之上。当然，法治权威的来源是一个很大的问题，国内法理学界实际上并没有把这个问题研究清楚透彻。这里的简单论述实为单薄。

⑤ 目前法律经济学中运用到的经济学理论与方法都是微观经济学中的理论与方法。由于微观经济学中的边际分析方法使得数学工具引入经济学成为可能，且博弈论也需要以微观经济学的理论与方法为基础来研究人的理性行为选择，因而博弈论与微观经济学一样使用数学工具与微观经济学的理论与方法。

其被普适运用于社会科学的解释力。①

纳什均衡理论对全球治理与国际法治有着强大的解释力。所谓纳什均衡，就是数量不特定的主体——如联合国五常中的中美俄三国——在博弈中，每一个主体针对其他所有主体出具的策略而做出的自己的优势策略的集合，而这样"一种策略集合，使得每个参与人的策略是对其他参与人策略是最优反应"。② 纳什均衡最重要的特征是主体行为选择与互动关系的稳定性与自觉实施性：对每一个参与博弈的主体而言，在给定其他主体的策略中，没有任何主体愿意单独改变策略，因为改变不会有额外的收益——而每个主体的策略在这种状态下也是他所能选择的最优策略。有美国学者认为，纳什均衡对社会科学研究的价值类似于给社会主体的行为照 X 光，③ 它的发现类似于 DNA 对生物学的发现。④ 由于纳什均衡是各博弈主体基于博弈条件和自己利益所能选择的最优策略的集合，所以不特定主体之间处于均衡的博弈状态时，各方行为具有自觉实施性而无需外在权威的压迫——这正好能解释为什么国际法在大部分时候都被国际法主体所自觉遵守。纳什均衡的稳定性与自觉实施性使得其能成为全球治理与国际法治中的有效分析工具。

当然，博弈论也有其局限性。由于影响博弈的变量繁多、细微而多变，且纳什均衡对各种变量的变动又非常敏感，又由于理性主体的理性有限——无论是作为博弈主体的个人还是国家，有时做出一些并不一定对自己最有利的策略选择，因而，全球治理与国际法治中肯定存在博弈论难以详细分析的诸多问题。

（三）中国在全球治理与国际法治中的复杂处境

中国在既有的全球治理与国际法治体系中处境复杂。一方面，中国是既有国际法规则体系的受益者，在"二战"后确立的雅尔塔体系中，中国为五常之一，在国际和平与安全方面享有特别的地位与权力，处于国际政治等级制度⑤中的顶端；但另一方面，以美国为首的西方发达国家在国际事务中几乎垄断了议题设置权、议程推动权、决策专断权，甚至在国际和平与安全问题上绕开联合国单独行动。以美国为首的西方发达国家常常脱序于国际法律规范：联合国法律体系能用则用，不能用则搁置。中国在很多问题

① ［美］赫伯特·金迪斯著，董志强译：《理性的边界：博弈论与各门行为科学的统一》，上海人民出版社 2011 年版，第 179 页。

② ［美］朱·弗登伯格，［法］让·梯若尔著，黄涛等译：《博弈论》，中国人民大学出版社 2010 年版，第 10 页。

③ Tom Siegfried, A beautiful math: John Nash, game theory, and the modern quest for a code of nature (The Joseph Henry Press, 2006), p. 125.

④ Roger B. Myerson, "Nash Equilibrium and The History of Economic Theory," The Journal of Economic Literature (1999): 36.

⑤ 美国国际法学者伊安·赫德（Ian Hurd）就认为，"五个常任理事国具有超越其他任何国家的巨大法律影响力，这是一种国际政治等级制度。"（参见：冯黛梅：《联合国"合法性"取决于成员国——访美国西北大学副教授伊安·赫德》，载《中国社会科学报》2015 年 9 月 18 日。）

上被边缘化，并没能充分行使与五常地位相匹配的实际权力。如果以严格类比于国内法治要求的国际法治来看待以美国为首的西方发达国家的行为，很难做出存在国际法治的解释。但如果以美国为首的西方发达国家对国际法持选择性利用的态度以之服务于其自我定义的全球治理——合乎美国定义的全球治理的目标实现则用国际法，不合乎则以政治博弈来处理全球治理事务——来解释，则能够作出合理的解释。美国对国际法的这种态度充分体现了国际法的弱法及其博弈特征——国际法只是记载了纳什均衡，虽然有时它也会促进纳什均衡①，但如果涉及支撑国际法运行的国际权威大国时，国际秩序很可能就会按照实力来重新博弈，而非仅仅依据国际法。不仅如此，由于西方发达国家借助传统国际政治上的优势地位与资源优势，将有利于维护其既有优势国际政治格局的法律叙事、法律规范、国际司法机构、国际组织与人事安排打上深刻的西方话语、利益与人事组织烙印，使得发展中国家包括中国常常在国际法律纠纷中处于被动局面。

　　正因为中国在既有全球治理与国际法治中处于复杂而微妙的地位，中国应以国家实力与国际地位的上升为基础，根据自身利益及全球正义，以现实可行的路径，来选择通过对全球治理进行结构性调整的机会，"使全球治理体制更好地反映国际格局的变化，更加平衡地反映大多数国家特别是新兴市场国家和发展中国家的意愿和利益"，② 进而对国际法治体系进行边际调整乃至局部重构来改善其在国际法治中的不利地位。进一步来讲，中国主张的国际法治应该是基于对全球治理进行结构性调整上的国际法治，而非仅仅简单地对既有国际法治体系进行依据简单粗糙类比国内法治的国际法治。而且，国际法治并非是一个静态的规则及其运行体系，而是一个动态且不断处于变动中的体系，这个体系毫无疑问是要受全球治理结构及其运行的深刻影响。当然，对中国而言，无论是在全球治理与国际法治中，还是在南海地区安全合作机制的建立上，中国在既有国际体系中的地位以及国家的发展战略决定了中国的最优策略不应该是对以美国为首的西方国家主导的全球治理与国际法治进行全面重构，而是以在多数领域采取边际调整而在主要领域采取重点突破的方式来实现其在全球治理与国际法治中的地位与作用。

二、博弈循环：全球治理与国际法治的中国机会

（一）全球治理与国际法治的博弈循环

　　在国内学术文献中，以全球治理与国际法治关系为论述主题的文章并不多见。在

---

① 基于行文逻辑的需要，这一论断将在下文专门论述，此处不赘述。
② 习近平：《推动构建以合作共赢为核心的新型国际关系——关于国际关系和我国外交战略》，载《人民日报》，2016 年 5 月 11 日。

2015 年的一个以"国际法治与全球治理"为主题的国际学术研讨会的会议综述①上，并没有发现以二者关系为主题的论述文章。既有涉及二者关系的国内文献多只是以全球治理为国际法治的论述语境，往往缺少全面深入细致讨论二者关系的文章。

而在讨论二者关系的文章中，普遍存在着夸大国际法治功能的倾向。如有学者认为，"全球治理时代，国际社会已经出现一个以国际法为主实现法治的基本模式，这就是'国际法之治'"。② 有学者则强调，"全球治理必须在国际法的原则与强行法的约束下进行，而具体的国际法律制度则成为特定领域的全球治理的主要工具。"③ 而在讨论国际法治的文章中，也存在着脱离国际法治实际的倾向。有学者从"人类利益"的立场来强调国际法治，"国际法治意味着法治的原则适用于国际关系之中……强权政治在国际关系中仍然占据主导地位，但是有可能建立人类利益作为国家决策的基础，代替以往抽象的国家利益和安全考虑"。④ 在此基础上，"国际法治……力求避免现实主义国际关系理论所描述的权力斗争的国际场景，而按照自由主义国际关系理论的基本论断……推进建构主义国际关系理论所倡导的共同观念和良好文化。"⑤

上述论述从方法论上来看，存在着脱离博弈论中的理性主体假设，对全球治理与国际法治的主体充满缺乏实证考察的良好期待，也未深入探讨全球治理与国际法治之间的动态博弈关系。不仅如此，这些观点也没有动态把握中国作为全球第二经济大国在国际地位中的上升态势，要么站在中国过去被动的国际地位及其相应的处于守势的国际法治主张上过于强调既有国际法治体系功能的全球治理，要么站在超越现实的"人类利益"立场上，模糊了国内法治与国际法治、国际政治与国际法治的区别，忽视了中国力量变化、中国利益需要与全球治理权力结构朝着有利于中国调整的现实及其对既有国际法治秩序影响的可能，不能回答在"西方国家长期把持国际话语权、决策权，占据治理的议题设置、规则制定的优势，全球治理权力结构严重失衡"⑥ 的生态下中国与国际社会要如何去实现国际法治的问题。进而言之，在全球治理权力结构严重失衡的条件下，简单地强调全球治理的国际法治或者基于"人类利益"立场的法治，实际上是自缚手脚，对中国实现和平崛起的大目标以及目前南海地区安全合作机制建立的具体目标都是不利的。

在我国既有全球治理与国际法治关系的论述中，鲜少文献论及全球治理与国际法治之间的博弈循环关系。实际上，在全球治理中，多大比例地依赖国际法治，多大比例地

① 傅攀峰：《第十二届国际法论坛"国际法治与全球治理"国际学术研讨会综述》，载《国际法研究》2016 年第 1 期。

② 刘衡：《国际法之治：从国际法治到全球治理》，武汉大学出版社 2014 年版，第 27 页。

③ 刘志云：《论全球治理与国际法》，载《厦门大学学报（哲学社会科学版）》2013 年第 5 期。

④ 何志鹏：《国际法治：良法善治还是强权政治》，载《当代法学》2008 年第 3 期。

⑤ 何志鹏：《国际法治何以必要——基于实践与理论的阐释》，载《当代法学》2014 年第 2 期。

⑥ 马小军：《中国更深度参与全球治理》，载《学习时报》2016 年 9 月 5 日版。

依赖大国权威之间的博弈，取决于全球治理权力结构中大国权威的博弈与均衡：大国权威之间达成的合作的纳什均衡①多，全球治理依赖的国际法治就多；反之就少。进一步而言，权威大国之间的博弈与均衡是关键，而权威大国对国际法治的遵从刚好是其自身利益的需要而不是国际法治的权威与强制力使然，因为除了其自身的利益或偏好，权威大国之上再无权威。

　　要明晰全球治理与国际法治之间的关系，必须进一步阐明全球治理的含义。尽管全球治理是 21 世纪世界政治话语中的核心术语，但由于全球治理有着不同的关注重点，对不同的作者来说意味着不同的含义，明晰的共识并未达成②。尽管如此，全球治理的含义实际上有着两种代表性的取向，一种是规则制度取向，其代表观点是全球治理是"人类活动所有层次的正式与非正式的规则体系的总和"，③ 一种是国际政治权威博弈与再建取向，代表观点有"限制单边强权国说（特别是美国的自由行动）""南北权力冲突说""全球政治统治能力再建说（re-gain political governing capacity）"。④ 实际上全球治理两种内涵的定义取向并无根本矛盾，只是单独强调某种取向忽略了它们二者之间的博弈循环关系。

　　在国内，曾令良教授曾认为，全球治理是一种广义的国际治理，而国际治理是一种调整国家和其他国际行为体在世界政治不同问题领域之行为。⑤ 可以看出，曾教授对全球治理的定义偏向于国际政治范畴取向。实际上，全球治理与国际法治的关系是一种循环往复的动态博弈均衡的过程关系。为了明晰这一关系的循环过程，这里图示如下：

　　上图简要描述了全球治理与国际法治之间的关系：全球治理的关键是国际政治权威大国博弈要形成合作的基础性纳什均衡，这是国际法治的政治基础；而国际法治也会反过来对全球治理中的权威大国的博弈形成影响与制约，进而使得权威大国之间的博弈相对更受规范与可预期。

---

　　① 国内学者张维迎将纳什均衡分为所谓好的纳什均衡与坏的纳什均衡："如果这个纳什均衡达到了一个合作的目的，合作是纳什均衡，我们就说这是好的纳什均衡，否则就是坏的纳什均衡。"（张维迎：《好的纳什均衡和坏的纳什均衡》，载《FT 中文网》，http：//www.ftchinese.com/story/001064060，访问日期：2017 年 3 月。）大国之间形成合作的纳什均衡则能为国际法治提供必要的全球治理权威，否则，大国之间形成囚徒困境纳什均衡则常常使得国际法治陷入困境。

　　② Frank Biermann，"Global Environmental Governance：Conceptualization and Examples"，Global Governance Working Paper No. 1（2004）.

　　③ Frank Biermann，"Global Environmental Governance：Conceptualization and Examples"，Global Governance Working Paper No. 1（2004）.

　　④ Frank Biermann，"Global Environmental Governance：Conceptualization and Examples"，Global Governance Working Paper No. 1（2004）.

　　⑤ 曾令良：《全球治理与国际法的时代特征》，载《中国国际法年刊》，法律出版社 2013 年版，第 11 页。

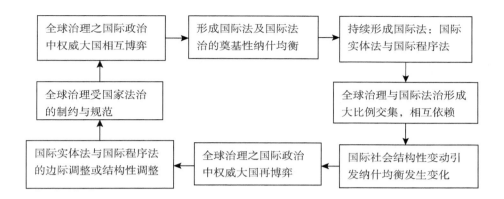

需要进一步说明的是，上文论述悬置了全球治理与国际法治关系的其他非主要因素，且强调全球治理与国际法治二者处于循环往复的动态关系之中，而权威大国在这个动态关系构造中处于主导地位。进而言之，"全球治理的实质，是大国及主要国家和非国家行为体合作，向国际社会提供解决全球性问题的国际公共产品。在全球治理中，大国向国际社会提供公共产品的能力，取决于综合国力的强弱，决定着其国际地位与话语权"。① 从根源上来讲，国际法治所遵循是国际社会尤其是权威大国之间博弈而形成的纳什均衡结果，这种均衡结果源于国际政治，但最终以稳定的各国自觉遵守的国际法的形式出现。

上述判断意味着当今国际社会权威大国之间的力量出现结构性变化时，全球治理权威大国之间的博弈正处于形成新的纳什均衡的过程中，国际法也因此被边际调整甚至是局部结构性调整。因此，当今国际社会，全球治理的权威大国博弈与再建及其均衡对国际社会发展的影响更甚于国际法治，而全球治理的内涵取向应更偏向于国际社会统治能力再建取向。

（二）基于博弈论的国际法分类与国际权威需求

美国学者哈丁在 1968 年发表了一篇名为《公地的悲剧》的论文，指出人们如果可以在公共草地上免费放牧，这将使得人们优先放牧这块公地——博弈论中的优势策略——却无人愿意对之进行管理，这将最终导致公地生态被严重破坏而所有人都遭受其害的恶果②。哈丁所讲的公地悲剧实际上是囚徒困境③博弈的结果，而囚徒困境博弈则代表与刻画了国际社会所普遍存在的博弈困境：一部分囚徒困境博弈能够通过国际法主体之间相互沟通与协调而自主走出困境，但另一部分如果没有国际权威的介入，任由国际法主体按照理性人依照自我满足最大化而不顾甚至背叛其他主体的利益来进行策略选

---

① 马小军：《中国更深度参与全球治理》，载《学习时报》2016 年 9 月 5 日版。

② Garrett Hardin, "The Tragedy of the Commons", Science Vol. 162 No. 3859 (1968).

③ 由于囚徒困境博弈矩阵是博弈论中的入门模型与基础模型，限于行文篇幅，本文不另作论述。

择，所有主体亦即国际社会最终都将深受其害——如同公地所遭受的悲剧。进而言之，从博弈论上来看，国际法实际上可以分为两部分：一部分是国际法主体之间通过自我沟通与协调形成的纳什均衡，另一部分是需要国际权威介入施加压力——成本与收益，一般为成本——才能维护与促进而形成的均衡。

在国内法上，由于存在稳定强大的主权权威，这个权威能通过立法给相互背叛的行为施加成本，促使人们相互合作而走出囚徒困境。但在国际法领域，由于不存在与国内法上相同的权威，囚徒困境的走出一部分就依赖于国际法主体之间的相互沟通与协调，实现囚徒困境均衡之外的相互合作的纳什均衡，使得各方利益之和最大化。这一部分纳什均衡被以国际法的形式记载下来，因而，才有所谓"一般和总体而言，国家按照国际法行事，对自身也是有利的"① 之说，这也就是所谓"几乎所有的国家在所有的时候都遵守几乎所有的国际法原则和国际法义务"② 的纳什均衡基础。但这种遵守并非是基于对国际法的尊重，而是国家基于自身利益所作出的理性选择，③ "一般和总体而言，国家按照国际法行事，对自身也是有利的"，④ 进而言之，"国际法最好被理解为是纳什均衡，国家之所以倾向于遵守它，只是根据其他国家的策略选择而做出理性策略的决定而已。"⑤ 既然如此，当既有被作为国际法记载下来的纳什均衡发生变动，或者需要权威介入才能够形成的纳什均衡而支持它的全球治理的大国之间的权威构造出现问题而不能提供稳定的权威支持时，国际法就可能不被遵守，这就是国际法的另一面的博弈论解释。正如有学者所看到的，"国际法已经失去了它的规范力量，国家遵从国际法仅仅是为了摆脱囚徒困境而达到他们寻求自己利益的结果。"⑥ 而且，除了宣布征服战争为非法以及人权逐渐渗透为国家的核心利益，国际法至今没有实质性变化；除了发生世界性的战争外，国家都处于一种法律均衡之中；国际法内在的结构是：对于每一个行动来说，总有一个平等或相反的报复行动与之相匹配。⑦

除了国家之间相互协调以"自觉"遵守国际法外，国际社会最类似国内主权权威的是大国之间博弈形成的合作的纳什均衡。这一部分纳什均衡一般通过国际程序法乃至于大国之间临时协调出来的非国际法律性框架内博弈出来的，它并不总是被记载为国际法，因为它常常是权威大国之间的政治性博弈，属于全球治理的范畴，但这种博弈结果

① 邵津：《国际法》，北京大学出版社 2000 年版，第 2 页。
② Louis Henkin, How Nations Behave: Law and Foreign Policy (Columbia University Press, 1979), 47.
③ Andrew T. Guzman, How International Law Works: A Rational Choice Theory (Oxford University Press, 2008), 260.
④ 邵津：《国际法》，北京大学出版社 2000 年版，第 2 页。
⑤ Jens David Ohlin, "Nash Equilibrium and International Law", Cornell Law Review, Vol. 96 (2011).
⑥ Jack L. Goldsmith, Eric A. Posner, The Limits of International Law (Oxford University Press, 2006), 184.
⑦ Anthony D'Amato, "Is International Law Coercive?", Northwestern University School of Law Scholarly Commons Faculty Working Papers (2008).

常常是那些需要外在权威才能予以执行的那部分国际法的权威的来源。而且，相对于各国自主沟通与协调达成的那部分国际法，这部分需要外在权威才能执行的国际法对国际社会更重要，因为它往往涉及的是国际社会根本利益的和平与安全的那部分。进一步而言，国际法治秩序权威的关键来自大国权威之间相互博弈与协调而产生的合作的纳什均衡。当权威大国之间形成合作的纳什均衡时，需要外在权威才能予以执行的那部分国际法才能真正具有权威。很明显，国际法治权威是存在缺陷的，因为既然大国之间的博弈常常会形成非合作的博弈均衡，即所谓囚徒困境纳什均衡，而这部分囚徒困境就无法再寻求另外的权威来保证走出了，因为这部分囚徒困境是在全球最具有权力的大国之间形成的。这使得国际法会因此而失去作为强制执行基础的外在的权威——作为国际法强制执行基础的大国权威之间因互不合作——而丧失执行力，国际法的权威不再。

很难想象，如果国际法不是纳什均衡的记载，在国际权威存在缺陷的情形下——实证的表现往往是联合国五常之间尤其是中美俄之间陷入矛盾与冲突，国际法被外在权威保障执行的几率有多大？从联合国国际法院的判决书、咨询意见和命令摘录①的数量来看，1948 年到 2002 年，国际法院作出的判决书、咨询意见和命令摘录一共才 139 项。虽然从以国际法来解决纠纷的角度来看，这个数字似乎比较大，但相对于国际纠纷与冲突的数量来看，这个数字很小。有鉴于此，有学者认为，国际法院的支持者希望国际法院能激励国际社会对国际法有更多的尊重，但实际上国际法院对提高国家尊重国际法的作用微乎其微。②而对于全球治理中的事务来讲，这个数字就更小。不仅如此，从国际法院判决书、咨询意见和命令摘录的内容来看，国际法院判决书、咨询意见和命令所关涉的事务一般不构成纠纷当事国的重大或根本利益，涉及各国重大或根本利益的纠纷问题如和平与安全问题的处理常常是与大国权威博弈相关，尤其是与联合国五常中的中美俄的博弈相关。

与国内立法不同，国际法的约束力来源于"各国意志之间的协调"，③但实际上，从博弈论的角度来看，这只是国际法约束力的部分来源。国际法是国际社会之间的规范，而"规则本身的目的在于协调人们之间的预期，从多个均衡中筛选出一个特定的纳什均衡。"④有些国际法——纳什均衡的记载——是直接协调出来的，有些国际法——被外力介入而形成的纳什均衡——则需要保持大国权威的持续稳定介入才能促进与维护。既然囚徒困境是国际社会中普遍存在的问题，而国际社会又不存在国内法上那样的权威，且国际社会间的作为纳什均衡记载的国际法以及国际法院处理的国际纠纷在实际国际实践中的作用有限，那国际社会只有依赖以全球治理的形式出现的国际权威来

---

① 联合国国际法院规约·中文文件：《国际法院判决书、咨询意见和命令摘录》（1948—2002年），http：//www.icj-cij.org/homepage/ch/，访问日期：2017 年 10 月 12 日。

② Karen J. Alter, "Do International Courts Enhance Compliance with International Law?" Asian and Pacific Studies Vol. 25（2003）.

③ 梁西：《国际法》，武汉大学出版社 2000 年版，第 12 页。

④ 张维迎：《博弈与社会讲义》，北京大学出版社 2014 年版，第 77 页。

走出另一部分囚徒困境了。

进而言之，从博弈论的角度来讲，国际法可以分为两大类，第一类国际法主要是国家间博弈形成的纳什均衡的记载。这类国际法一般被国家基于自身利益的需要而理性选择自觉遵守，"几乎所有的国家在所有的时候都遵守几乎所有的国际法原则和国际法义务"① 就属于这一类，如果说这一类国际法占了所有国际法的几乎所有部分，那只能说因为国际权威结构的缺陷使得国际法的建构力量有限。第二类则需要大国权威——在国际社会实际中即为联合国五常——促进与维护的纳什均衡，这类纳什均衡只有联合国五常权威的介入方能达成并促进与维护，而非仅仅是国家间自主达成的纳什均衡的记载。因而，这类新的均衡——第二类国际法——强烈依赖大国权威之间的博弈，依赖于全球治理的大国政治功能的输出。进而言之，这一部分的国际法的执行一般直接建立在全球治理的大国权威的公共产品之上。

（三）核心大国权威联盟与国际法治

从博弈论上来看，国际法之所以被称为"弱法"（weak law），根本原因在于国际法背后的国际权威是建立在大国权威的博弈之上，而这种博弈的结果却经常表现为囚徒困境均衡。当前国际基本秩序的维护根本上是建立在联合国五常权威治理的基础之上，而联合国五常的合法性是建立在二战后雅尔塔体系之上的。全球要维持与加强有效的治理体系，从博弈论的角度来解释，应该是利用与强化既有的联合国权威体系，尽可能减少不必要的变动给国际社会带来各种的成本，并赋予这套体系以新的内容。

强化五常权威必须厘清国际社会的平等问题。关于国际社会的平等，有学者这样表述，国际社会的平等是一种有"最高限度""最低限度"，以及从最低限度到最高限度的"连续统"，这种平等只是一种"我们有义务在为差别作公允辩护的同时捍卫平等的最低限度并促进更大的平等。"② 用经济学的概念来讲，国家主权平等是一种从最基础与最低限度并尽可能向外边际扩大过程中的平等，而绝非主权绝对平等。国家主权平等既不能限缩到危害主权国家的生存，也不能扩大到危害国际秩序存在所必需的国际权威的存在，它的范围应该在主权平等的边际收益（尽可能保证并扩大国家的权利）与边际成本（给全球治理的大国权威与国际秩序带来的危害）之间进行权衡：当边际收益大于边际成本时，这种范围内的国家主权平等才是合理与合法的；反之，当国家主权平等的边际成本大于边际收益时，这种平等必须要被大国权威所限，也是国家主权平等的边界所在，否则，国际社会将会陷入到所谓自然法的战争状态中去。

国际政治上有国家等级，国际法上有必要特权国家，这是国际社会有序、必要且合理的选择，也是国际法治存在的必要条件。《国际联盟盟约》主要起草人之一的戴维·

---

① 　Louis Henkin, How Nations Behave: Law and Foreign Policy（Columbia University Press, 1979），47.

② 　易显河：《国家主权平等与"领袖型国家"的正当性》，载《西安交通大学学报（社会科学版）》2007 年第 5 期。

亨特·米勒（David Hunter Miller）在论述大国与小国的平等时曾认为，"如果说在任何国际事务中，或者在任何当前或过去的国际关系中，几千人组成的一个独立单元或国家实体后便在世界上具有或应当具有美国这样的国家的影响力、道德权威或政治权威，那么除了几行铅字外，这纯粹是在对其他一切视而不见。"① 这段话里的"美国"，也可以换成"中国"。

国内有学者提出领袖型国家概念，认为既是一个强势大国，又能规划并构建国际体系远景，并使得人类繁荣得以最大限度实现的国家为领袖型国家②。这种领袖型国家能够承担起全球治理所需要的国际社会的公共产品。如果我们不得不接受国际社会必须存在领袖型国家的事实，且国际法治不可能寄望于国内法治那样的权威机关存在，国际社会也无法消灭国际政治的存在，那么，领袖型国家就是国际社会应主动接受的积极事实。当然，领袖型国家的存在是复数性的，其功能也必然是一体两面：国际政治及领袖型国家是国际法治的权威基础所在，同时，在现有全球治理与国际法治的语境下，领袖型国家所拥有的特权及其相互之间博弈而形成的囚徒困境均衡导致国际法治不可能严格类似于国内法治那样具有权威性、普遍性与一般性。

这种领袖型国家与国际社会中现实存在的全球治理与权威大国之间有否制度上的联系呢？从现实主义的角度来看，抛开联合国五常制度架构及大国权威来另论全球治理，是非常不现实的。对于全球治理终极权力构造，美国前国务卿基辛格有着非常现实又具有想象力的展望。基辛格希望将世界秩序建立在美中俄三方联盟（The new American-Chinese-Russian tripartite arrangement）之上，同时视英法作为这个权威联盟的外围力量，世界上的其他国家将成为这个权威共同体面前的失败者，而日本和德国将成为最大的输家。③ 基辛格关于当今全球治理的世界权威结构的展望既没有离开联合国既有的权力架构又对其进行了符合实际的边际调整，相对来讲比较符合当前全球治理的实际需要。至于其他的国家，"联合国既是一个大国操纵的机制……很显然，解决事情的天平会偏向大国，偏向那些在联合国法律机制、金融机制中占主导地位的国家"。而且，"对安理会成员国的改革实际就是政治举措，它不可能让每个成员国都满意。就好像其他改革一样，对于安理会来说，最核心的问题是要明确作出这种改变的价值和利益。机构改革最终都会产生胜利者和失败者，联合国改革也不例外"。④ 不得不说，相对于国内的一些对于全球治理的设计与展望，这些西方学者的论述更为现实而冷峻。国内一些学者的问题是，他们把国际法治的设计与展望建立在自然法学与纯粹法学的基础上，但国际法治

① David Hunter Miller, The Drafting of the Covenant (G. P. Putnam's Sons, 1928, reprinted 1969), 23.

② 易显河：《国家主权平等与"领袖型国家"的正当性》，载《西安交通大学学报（社会科学版）》2007 年第 5 期。

③ Niall Ferguson, "Donald Trump's New World Order", accessed October 15, 2017. http://www.the-american-interest.com/2016/11/21/donald-trumps-new-world-order/.

④ 冯黛梅：《联合国"合法性"取决于成员国——访美国西北大学副教授伊安·赫德》，载《中国社会科学报》2015 年 9 月版。

的基础与根本权威来源于大国博弈形成的合作的纳什均衡，把国际法治建立在自然法学的价值信仰或者纯粹法学的纯粹规范之上则是不现实的。

实际上，"二战"后的全球治理与国际法治秩序的基础远的来自于雅尔塔及联合国五常体系，近的有七国集团以及G20国集团的架构，但根本还是雅尔塔及联合国五常体系。只是由于近些年中国的结构性崛起，二战后的国际法治秩序正面临着全球治理力量结构性调整的影响。上述观点并非是要排斥国际法的权威，而是如前文所述，国际法规范要记载与体现大国权威的博弈均衡而不能静止不动，因为后者是国际法治权威的基础与来源。如果以国际法律规范来排除新兴大国权威，那规范还能实际有效吗？这是国际法治的冷峻现实，也是国际法治"不美好"的地方，但换个角度来看，这正是全球治理大国权威博弈的裁量与选择空间所在。

上文比较详细论述了全球治理与国际法治的政治实际与实质，并指出了二者之间的张力，但全球治理要依赖国际法治这一治理工具也是事实。如果我们把国际法分为国际实体法与国际程序法，而将国际法治置于国际程序法治与国际实体法治的动态发展中，这样的全球治理与国际法治之间的张力更容易被协调起来，这种协调也更符合实力不断上升的中国的利益与需要。简言之，对中国来讲，在全球治理权力结构的调整期，更多的国际程序法治是更符合中国需要的国际法治。

无论是国内社会还是国际社会，法治之实体法不可能规制所有的关系。国际实体法治不可能消灭大国权威的国际政治博弈、主导与指引；相反，国际法治中的实体法必然产生于国际政治程序。国际法治与国内法治有一个共同的地方，就是通过法治来保证国际法主体之间相互行为的可预测性，提高国际法主体之间的行为效率。[1] 而提高主体之间行为的可预测性并非仅仅在实体法领域，程序法一样能够提高主体之间行为的可预测性。当前国际实体法律秩序对包括中国在内的发展中国家存在着很多不公正，通过中国参与主导定义的全球治理的积极调整，使之反映国际正义的实际，如果仅仅强调被动机械守成既有的国际实体法，这看似很符合国际法治的一些刚性要求，但它不能反映国际正义的需要与发展方向。总而言之，全球治理与国家法治之间的关系是，在国际程序性法治框架内，全球治理不断地从程序框架内达成国际法治的实体性的合作的纳什均衡，并以此来实现全球治理与国际法治的相互协调。

三、合作共赢：南海地区安全合作机制的中国策略

（一）"成本强加战略"是南海地区安全合作机制的障碍

如果上述全球治理与国际法治的博弈分析具有说服力的话，建立其上的南海地区安全合作机制建立的策略选择就具有了理性与明智的基础。实际上，中国在全球治理与国

---

[1]　Eyal Benvenisti, Customary International Law as a Judicial Tool for Promoting Efficiency（Cambridge University Press, 2004）.

际法治中要突破的困境与目前在南海地区的情形相似，而要想突破障碍，就必须在全球治理与国际法治的博弈大循环中去寻找应对策略。

有西方学者认为，美国对南海地区的介入及中美之间的不信任感是南海地区安全合作机制建立的主要障碍。① 美国对南海地区的介入是以所谓"成本强加战略"（Cost Imposition Strategies）为重要依据的。所谓成本强加战略是近年来美澳一些具有军方背景的学者提出的针对中国南海主权主张的遏制战略。成本强加战略发源于 1980 年代的美国，其要义是，通过发起对竞争对手国的策略行为，引发对手国做出反应，并通过创造一个有利于发起国美国的博弈成本差异，从而创造有利于美国博弈态势，赢得竞争，实现自己的博弈目标。② 这个战略曾被美国用来成功应对美苏争霸。现在，这个战略被美澳的一些学者建议用来遏制中国，且"正在向美战略决策层扩展，逐步成为美制定对华政策的重要依据"。③ 具体而言，美国对中国发动的成本强加战略就是以美国的优势军事力量为支柱，通过联合其在东亚的盟国，对中国发动军事遏制、政治包围、舆论孤立以及国际法律战，并据此预测中国的策略反应，进而测算中国在南海问题上所耗费的财政、军事、安全、国际政治、国际形象、国际法律成本等方面的支出，让中国在南海主张及行为上的成本大于收益，以遏制中国乃至拖垮中国，进而继续施行美国及其盟国自我定义的全球治理中的南海秩序，进一步维持以美国为首联合其盟国为支撑力量的全球治理秩序。不过，美国学者同时也提醒，美国也可能受害于自己所施加的成本强加战略，因为它受制于美国的国内制度障碍、短时间视野和美国国内的财政约束。④ 质言之，成本强加战略的实质与关键是国家实力的竞争与较量。

美国的成本强加战略是美国自我定义的全球治理与国际法治实施中的重要一环。成本强加战略背后的方法论是博弈论。明晰这一点对中国建立南海地区安全合作机制非常重要。根据博弈论的观点，尽可能掌握对方的策略信息有利于作出己方利益最大化的行为选择。美国的成本强加战略是意图通过一系列引入中国不得不加入博弈的策略来给中国国力施加成本消耗，企图以此来结构性地损耗中国的国力，进而实现赢得竞争的目的。因此，中国在回应其策略时，要非常重视中国策略选择的成本与收益，实现赢得竞争乃至以成本强加战略反制美国的目的，为中国参与主导定义的全球治理与国家法治奠定坚实的基础。

更为重要的是，美国以其声称的国际法治秩序为表，以成本强加战略为里，反映了其定义的全球治理本质及对中国的法律战在其中的地位。对美国而言，全球安全、生态环境、国际经济、跨国犯罪、基本人权等问题的解决效果固然影响其全球治理的绩效，

---

① ［澳］萨姆·贝特曼：《不信任感成南海合作主要障碍》，载《中国海洋报》2015 年 11 月 2 日，第 A4 版。

② Col Kenneth P. Ekman, "Applying Cost Imposition Strategies against China", Strategic Studies Quarterly（2015）.

③ 张烨：《警惕美学者提出的对华"强加成本战略"》，载《国防参考》2015 年第 20 期。

④ Col Kenneth P. Ekman, "Applying Cost Imposition Strategies against China", Strategic Studies Quarterly（2015）.

但这些问题解决的效果并不影响其全球治理中的霸权地位。"现行的全球治理体系主要是战后美国'霸权模式'下建立起来的"，① 而中国的崛起却被美国视为会威胁其霸权模式的全球治理的地位。因此，南海地区的争端问题便成为美国拖垮竞争对手中国以继续维护其霸权地位的全球治理环节中的重要一环。进而言之，美国成本强加战略的本质是以军事、政治、外交、舆论与法律等为支点，以南海问题为突破口，以牺牲中国利益为代价，通过成本强加与遏制，力图拖垮中国并将中国纳入到建立在美国霸权之下的全球治理与国际法治的框架中去。与跟苏联的竞争不同，美国利用南海问题，对中国施加成本强加战略的根本目的是"聚焦于在东北亚与东南亚地区，中国和美国哪个国家的军事力量更强，以及统治与被统治的关系（relationships between governing and governed）"。②

由上观之，美国的成本强加战略是南海地区安全合作机制建立的国际背景与障碍，南海裁判不过是美国成本强加战略的一个法律工具。美国借助南海裁判，对中国发动法律战与舆论战，声称"中国对在南海对国际法发起战争"③ "国际法是中国南海主张的真正障碍"，④ 其本质仍然是给中国在南海的合法主张以及全球治理的改革主张制造成本。美国在制造中国合法南海与全球治理主张的成本的同时，通过战略收缩与霸权成本转嫁的方式来减轻自己的成本，⑤ 这一加一减，加大了美国的战略资本，以防止其在利用成本强加战略应对中国崛起时，反过来被这个战略拖垮了自己，为自己的战略加分。

（二）南海地区安全合作机制建立的国际基础

在明晰了美国的战略意图与策略行为对南海地区安全合作机制建立影响的前提下，这里简要评析我国国内对南海地区安全合作机制建立的两类偏颇思维。一类是学界存在的纯国际法应对思维，它过于强调全球治理中的国际法治维度，又将国际法治严格类比成国内法治。这种思维将国际法治建立在一种应然期待之上，偏离了博弈论的实证性特征，夸大了南海仲裁对中国的负面影响，简化了南海地区安全合作机制建立的复杂性，以这种思维来建立南海地区安全合作机制，显然会框限中国的策略选择与应对。只有明晰全球治理的本质属性及其权力结构，并以此为基础来对国际法治进行边际调整乃至于局部的结构性调整，进而形成中国作为治理权力结构中一极的国际新秩序，才能为南海地区安全合作机制创造良好的外部条件。

同时，另一类粗糙的国际政治与军事应对策略也是应该避免的。中国能否实现作为

---

① 王毅：《全球治理面临五大问题》，载《瞭望》2014 年第 28 期。

② Colonel Kenneth P. Ekman，"Winning the Peace Through Cost Imposition"，Center For 21st Century Security And Intelligence Policy Paper（May 2014）：45.

③ Dean Cheng，"China's War against International Law in the South China Sea"，accessed August 12，2017. http：//nationalinterest. org/feature/chinas-war-against-international-law-the-south-china-sea-12913.

④ Jill Goldenziel，"International Law Is the Real Threat to China's South China Sea Claims"，accessed August 13，2017. http：//thediplomat. com/2015/11/international-law-is-the-real-threat-to-chinas-south-china-sea-claims/.

⑤ 陈积敏：《美国向盟友转嫁霸权成本》，载《环球时报》2015 年 2 月 13 日。

全球治理与国际法治的稳定权威结构中的一极，最终还是要依赖中国及周边乃至世界经济的稳健发展。只有建立在经济与综合国力之上的权威，进而利用全球治理的权威地位来破解国际法治中的不利局面，并对国际法治施加大国治理的影响，才能赢得全球治理与国际法治的双赢。如果忽视对手的策略，采用激进的国际政治与军事对抗策略，不按博弈论的规律应对，进而被美国的成本强加战略所构陷，最终拖累国内的经济、社会与政治的发展，进而影响中国的持续与结构性崛起，那南海地区安全合作机制则缺乏国内实力与国际环境的结构性支持，难以有效建立。

中国不仅应该在全球治理与国际法治的权力构造中成为主导者与塑造者，而且要在全球治理与国际法治的国际社会中创造代表自身与广大发展中国家的政治基础，广大发展中国家的经济、政治与文化的国内特征及建立在这种特征之上的不公正的国际地位便是这种国际社会基础的经济基础。中国发展自己的全球治理与国际法治的国际社会实证基础在于广大发展中国家与中国有着共同的命运与发展目标。

正如前文所述，如果说当今中国被美国及其盟国自认为在南海地区处于国际法的困境中，那这种所谓困境的出路不在国际法治层面，而在全球治理权力结构的改革与调整之中。现在的问题是，美国企图维持既有旧的治理结构与治理秩序，这是它们在南海仲裁案后所宣传的所谓中国与国际法之间战争的全球治理旧结构与旧秩序的背景。但从全球治理的国际社会结构来看，在南海问题上，南海周边国家基本上是发展中国家，其国内政治、经济、文化与传统的结构、属性与特征和美国及其核心盟国普遍表现出结构性的不同，它们更需要且更可能得到中国的支持。菲律宾便是实例。菲律宾此前跟美国结盟，但是菲律宾只被美国当做其在东亚的战略支点之一，菲美同盟对菲律宾国家的发展与人民生活的改善并没有实质性提升。这不仅仅是因为美国没有相关意愿，更主要是菲律宾等东南亚国家实际上是美国统治世界的结构性构造中的一环，也是美国主导的不平等的国际经济分工中的牺牲品：美国及其核心盟国并没有真正想改善这些国家经济发展的愿望与能力，相反，美国及其核心盟国一直使这些国家沦为其在国际分工环节中的原材料、低附加值产品、服务与劳动力的供应基地及商品输出地。与其经济发展水平相适应，东南亚的一些国家即使在某种程度上采取了西式的民主政体，但这些国家由于整体生产效率低下，社会普遍表现为金字塔形——低收入阶层庞大，中间阶层萎缩，高收入阶层很小——的阶层结构，民粹力量强大，政局总体不够稳定，人权保障水平不高，这些国情使得它们在国际政治上并非天然是美国的盟友及支持者。相反，只有中国更能也更愿意帮助他们，中国也可以通过与这些国家建立多种合作机制，一起来改变发展中国家与发达国家之间不公正的国际秩序。

进而言之，中国存在与发展中国家以经济为基础的多层面国内国际属性与特征的同构性。中国可以利用这种同构性，一方面跟发达国家合作，继续维护以联合国五常尤其是中美俄三国为核心的全球治理的权威体制并进一步强化这个体制；另一方面，通过亚投行、一带一路等机制帮助中小国家尤其是东南亚国家发展经济，并在这个宏观发展框架下构建排除美国霸权的南海地区安全合作机制，实现南海安全与和平。

（三）南海地区安全合作机制的基本策略选择

1. 全球治理与国际法治的均衡循环中寻求破解策略

基于前文的分析，由于中国国力的增长与世界格局的大调整，南海地区安全合作机制的建立一定要对中国的实力、影响力与国际地位的进一步提升有相应预期并反映这个地位与影响力。仓促建立南海地区安全合作机制尤其是实体性规范有可能由于不能充分反映中国的实力、影响力与国际地位，进而不能充分维护中国的国家利益。在中美的竞争中，时间有利于中国，过早建立南海地区安全合作机制的实体性规范对于中国来说会丧失较大的机会成本①。这是因为，中国的实力离其发展该有的限度还有较远的距离，较早建立南海地区安全合作机制的实体性规范对中国不利。

南海地区安全问题复杂的关键外部原因在于美国的介入与干预，这种介入与干预很难通过南海地区安全合作机制框架来排除，也不可能在国际法治的框架内排除，只有在全球治理的框架下、在构建中美俄三国治理权威的博弈中排除美国的介入与干预，为南海地区安全合作机制的建立奠定一个合理与有利的外部环境。

2. 以经济一体化来构建南海合作凝聚力

与日本及韩国相比，美国与南海周边东南亚国家的关系远没有那么稳固，这种关系状态有着深刻的经济结构基础：日本与韩国的国内经济结构及国际经济分工与美国更相接近，处于国际经济分工的高端，是不公平国际经济秩序的既得利益者。而南海周边东南亚国家内部的经济结构与国际竞争力难以与美国形成有力的竞争，它们在国际经济分工中处于不利地位。南海周边地区国家的这种国内与国际经济结构使得它们在经济、政治与人权等问题上难以与美国进行相对平等、稳定、深入与全面的合作，经济、政治与人权等问题始终可能成为美国与南海周边国家之间建立稳定关系的暗礁。美国企图以南海周边国家为支点介入南海问题，但是，结构性不稳定的经济、政治与人权关系是这种企图的难以克服的障碍。从这个角度来看，菲律宾杜特尔特政府在南海仲裁问题上的态度与美国及其亚太核心盟国的龃龉并非偶然。缅甸的少数民族人权问题也有类似的案例。②

①　所谓机会成本，是指人们做出一行为选择时不得不因这一选择而放弃掉的其他机会。这里的机会成本是指中国如果较早就南海地区签订实体性规范，那就等于以影响力非最大时做出选择而放弃掉了未来影响力极大化时机会更优裕的有利选择。

②　缅甸的昂山素季以其人权主张与行动被西方国家贴上"人权女英雄"（human rights heroine）的标签，并在美国等西方国家强力支持下掌握了缅甸新政府的实际权力。但昂山素季掌权后，由于缺乏结构性的良好的经济基础及其相应社会阶层结构的支持，其对一系列内政与人权问题——尤其是罗兴亚穆斯林与其他一些少数民族的人权保护问题——的处理就与西方国家发生了冲突。西方一些世界性媒体如BBC、美联社等纷纷发表报道对其进行指责，而她本人也拒绝了联合国人权理事会对罗兴亚人的人权状况进行调查的决议。缅甸及昂山素季的这种现象绝非偶然，如本文所述，它是有着深刻的结构性的社会原因的：人权的保护与实现不仅仅是一种良好的愿望与制度建立，更是一种需要以充裕的经济实力为中心，以足够的政治、社会、历史、宗教与文化资源支撑的资源支付，东南亚发展中国家普遍缺乏这种资源支付能力。

2015 年 3 月 28 日，中国国家发展改革委、外交部、商务部联合发布了《推动共建丝绸之路经济带和 21 世纪海上丝绸之路的愿景与行动》（以下简称《愿景》）。《愿景》提出了"一带一路"国家合作的主要内容，包括政策沟通、设施联通、贸易畅通、资金融通、民心相通在内的"五通"，将成为未来沿线国家间合作的重点领域。其中，加强政策沟通是"一带一路"建设的重要保障；基础设施互联互通是"一带一路"建设的优先领域。中国的一带一路对东南亚国家进行的经济发展，从基础建设到政策沟通，从硬件到软件，促进东南亚国家发展的基础框架进一步上台阶，促进中国与东南亚国家形成深刻的市场一体化。中国-东盟之间的区域经济一体化对产业转移的推动体现在：经济资源配置进入更广阔的空间，贸易自由将推动投资自由，中国市场拓展有利于东盟的经济发展；区域经济一体化之下的产业转移给中国与东盟都带来发展效应。这种市场一体化能够使得中国与东南亚国家形成共赢共荣的利益攸关共同体，为中国与南海周边国家建立南海地区安全合作机制扎牢坚实的经济基础，凝聚牢固的凝聚力，同时以更强大的国力与地区一体繁荣来反制美国的成本强加战略。

3. 程序框架内的南海地区安全合作机制

正如前文所分析的，全球治理与国际法治的关系是一种均衡循环往复的关系：国际法治之法是全球治理博弈下的纳什均衡的记载、维护与促进，而程序法只是多方博弈的程序条件与形式框架，它主要记载多方博弈的程序法构造，而这种程序法构造一般并不指向有利于特定主体利益的纳什均衡——国际实体法——结果，这样尽可能地将争端各方纳入争端的博弈与协调的框架之内，进而形成南海地区安全合作的和平博弈与协调机制。这种程序性框架能够充分容纳中国不断上升的实力、影响力与国际地位，以此为背景，南海地区争端各国可以在具体的问题上逐渐达成共识以及程序性或实体性的合作的纳什均衡，并逐渐积累共识与这种纳什均衡，进而形成不断充实南海地区安全合作机制的内容与实体法。由于本文篇幅所限，而这一问题又是南海地区安全合作机制的又一重要问题，需另辟文详述，这里不做赘述。

行业自律下网络直播平台运营者的监管责任

虎帅兵 *

摘要： 网络直播平台是互联网进入到即时通讯时代公民行使言论自由的重要途径，明确言论自由的合理边界对保障言论自由权的实现至关重要。国家网络监管执法部门由于其监管主体职能的交叉和监管方式的间接性，在网络言论直播的管理过程中往往会与公民基本权利发生冲突，已难以适应自媒体时代的监管主体需求。《网络安全法》第十二条第二款及相关部门规章简单列举网监部门应当进行审查的几种违法言论，赋予执法机关过大的自由裁量权，也不能满足法的可预测性要求。基于网络直播自身的专业性、开放性和即时性特点，对于国家层面执法主体专业性不足、执法标准模糊的困境，应借鉴间接国家行政理论，明确网络直播平台的行业监管责任。在衡量行业执法尺度时，依照直播内容划分直播种类，采取法益衡量标准构建责任更明确、严格的平台内部行业监督机制。

关键词： 网络直播；言论自由；间接国家行政；平台监督

一、问题的缘起

根据中国互联网络信息中心（CNNIC）最新发布的第 40 次《中国互联网络发展状况统计报告》，截至 2017 年 6 月，网络直播用户共 3.43 亿（本次调查的网络直播服务包括体育直播、真人聊天秀直播、游戏直播和演唱会直播），占网民总体的 45.6%。以秀场直播和游戏直播为核心的网络直播业务保持了蓬勃发展趋势，多家大型直播平台在 2017 年上半年完成高额融资。① 由此看出当今网络直播市场的活跃程度。

年份	真人聊天秀直播	游戏直播	专业直播	泛娱乐直播	其他直播	直播总数占网民总数比重
2016 年	34%	16%	4%	44%	2%	48.3%
2017 年	16.3%	10.3%	15.3%	44.8%	13.2%	45.2%

* **作者简介：** 虎帅兵，云南大学法学院 2016 级硕士研究生。本文系云南大学研究生科研创新资助项目文科一般项目《非传统型网络聚众规制研究——以网络直播为中心》阶段性成果。

① 中国互联网络信息中心（CNNIC）第 40 次《中国互联网络发展状况统计报告》。

　　网络直播作为公民的一种新兴的利益诉求和表达渠道，以其进入门槛低，信息传达速度快，传播面广，回报甚厚而在互联网时代成为新的宠儿。然而网络不是避风港，由于市场自身的缺陷性，互联网的负面性便随之产生。国家安全、军事安全、社会风险、网络侵权等一系列问题不断涌现。针对这一乱象，从 2007 年至 2016 年国家陆续出台了多项关于整治网络直播的部门规章，对网络直播平台经营者和表演者提出各项要求，包括但不限于以下规定：《互联网文化管理暂行规定》第十六条规定，"互联网文化单位不得提供载有以下内容的文化产品：（一）反对宪法确定的基本原则的……（十）有法律、行政法规和国家规定禁止的其他内容的"①，《网络表演经营活动管理办法》第六条规定，"网络表演不得含有以下内容：（一）含有《互联网文化管理暂行规定》第十六条规定的禁止内容的……（六）使用未取得文化行政部门内容审查批准文号或备案编号的网络游戏产品，进行网络游戏技法展示或解说的"②，《网络安全法》第十二条第二款规定，"任何个人和组织使用网络应当遵守宪法法律，遵守公共秩序，尊重社会公德，不得危害网络安全……"③ 以及《互联网信息服务管理规定》等一系列类似的对网络直播平台运营者和直播者的审查规制措施。但即便出台如此至多的文件，网络非法直播的难题依旧没有妥善解决，其背后隐藏问题如下：

　　首先此类规定是难以实施的。例如《互联网信息服务管理规定》对时政新闻做了严格的规定，但是其自制定出来就要面对严峻的事实：如果严格定义"时政新闻"，就要对所有提供违规内容的新闻提供平台进行规制，严格适用规章只能导致网站被关闭的结果。因此这样的规章一出台就会使网络执法部门陷入"选择性"执法的困境，使规章无法发挥应有的作用。此外，通过现有法律和规章仅仅简单列举一些需要规制的对象无法应对互联网层出不穷的问题，不能满足法的可预测性要求。

　　其次在执法主体方面，传统的审查模式是依据执法部门的职能分工，按层次对媒体内容进行审查。但由于网络直播从平台建设、招募主播到正式表演需要行政许可的环节较多，相应的监管部门的纷繁复杂，各部门间容易发生职能交叉与冲突，且随着自媒体的发展，个人成为移动的媒体人，传统的审核监管方式已难以进行有效的监管。网络直播具有交互性、及时性和共享性等特点，而直播平台自实行"前台自愿，后台实名"的管理制度以来，网络直播平台运营者掌握大量直播者的个人信息，能有效对直播者进行 24 小时的实时监控，因此行业内部监管会比传统执法部门的监管更为有效。同时刚出台的《网络安全法》第十一条提倡加强行业组织立法，这便从法律层面为监督公民基本权利的行使提供了合法性支撑。

　　最后，关于网络直播规制的理论探讨有待深入。截至行文之际，笔者在知网搜索"网络直播"关键词一共有文章 326 篇，但理论界多限于从传播法领域介绍网络直播形成机理，从法学角度强调网络直播平台的规制的文章仅有寥寥数篇，且限于著作权侵

---

①　参见《互联网文化管理暂行规定》（2011 年）第 16 条。
②　参见《网络表演经营活动管理办法》（2016 年）第 6 条。
③　参见《网络安全法》（2017）第 12 条。

权、刑事犯罪以及社会道德之类，而提倡加强行业监管的文章仅有 2 篇，不能满足互联网法治秩序建构的需要。因此可以尝试转变研究角度，顺应市场经济发展规律，致力于从加强行业监管，从加强直播平台运营者的监管义务出发进行行业治理。为回应国家网络治理的现实需要，面对《网络安全法》虽已经从国家层面出台规制网络言论直播的要求，但有关执法标准的法律用语含义模糊且执法主体职能交叉、冲突，网络直播平台运营者的监管责任不明晰的问题。笔者认为应首先从理论层面将网络直播认定为言论自由表达的新型方式，从而明确网络直播言论自由的权利属性以及法益价值，为制定言论自由保护与防范互联网直播风险的行业治理标准奠定理论基石；其次考察网络直播问题的现实土壤，剖析网络直播的类型，按照直播内容将直播予以分类监管；同时结合《网络安全法》第十一条国家提倡网络行业内部立法，提倡行业自身监督的赋权事实，借鉴间接国家行政理论，在明确限制基本权利应采取法益衡量标准基础上推动更为明晰的行业立法，明晰网络直播平台运营者的监管责任，对直播者进行内部监督。

二、网络直播平台行业内部监管的必要性与合理性

（一）网络直播平台行业内部监管的必要性

网络直播平台乱象丛生和现有国家层面监管不力是急需行业内部监管的重要动因。我国广电总局、新闻出版总局、公安网监等职能部门虽已针对网络直播乱象出台多项规章进行整治，但有序的网络空间尚未形成，网络直播的治理仍未找到适合的方法。主要表现在以下几个方面：

1. 网络直播生态紊乱失序

与现实社会生活一样，网络空间不单单是技术工具，网络直播平台也是一个场域①。在这个领域内，人们的行为也是互相影响的，同时基于网络自身的开放性、共享性，在这个领域内的网络主体之间是普遍联系的。网络直播的出现是技术的进步与革新，直播本身交互性极强的特点大大便利了信息的传播和分享。网络直播其自身并无偏颇之处，其具有零门槛、交互便利等特点。但正是其"零门槛""交互性强""即时性"等特点，使之与一般的传播媒体相比，若被不合理利用，会产生更加巨大的社会危害。2015 年 8 月，YY 直播一女主播在其直播间直播性爱过程；2015 年一韩国女主播直播"吸生鸡蛋""爆舔死鸡"；2016 年 1 月斗鱼直播平台一署名"放纵不羁 123"的直播者现场直播"造娃娃"；2016 年某主播开豪车直播飙车并与一出租车发生碰撞等，网络直播平台上发生的怪象层出不穷。网络直播的兴起让一些草根实现了月入百万的梦

---

① 场域理论，社会学概念。其提出者是法国学者皮埃尔·布迪厄，是指一种相对独立存在的空间，但不仅仅指物理空间，是人与社会关系的结合体。网络直播平台为网络直播表演者和直播观看者搭建起一个虚拟的网络空间，在这一空间中不同主体可通过直播平台作为媒介进行互动，进而形成不同的社会关系。

想，面对巨额的金钱诱惑，很多主播铤而走险，利用人们猎奇的心理进行一些暴力、淫秽、恐怖表演。这导致正常的直播生态失序。在金钱利益的诱导下，越来越多的人加入进来，2016年王思聪杀入直播行业，并引入一大批社会明星、青少年偶像进行直播表演，这使得网络直播对社会各阶层的影响力进一步扩大。而其他如教育直播、新闻直播市场却相对冷清。网络直播的受众者如青少年纷纷将通过直播"一夜暴富""与女主播谈恋爱，谈暧昧"当做其理想追求。上述现象说明网络生态需严厉整治。

2. 现有国家层面监管自身存在缺陷

（1）执法标准表述模糊，简单列举不能满足法的可预测性要求

据前所述，自2007年12月中国广播电视总局（以下简称广电总局）出台部门规章《互联网视听节目服务管理规定》以来，国家互联网信息办公室（以下简称网信办）和广电总局一起发力，共出台了《互联网视听节目服务业务分类目录（施行）》《移动互联网应用程序信息服务管理规定》《关于加强网络视听节目直播服务管理有关问题的通知》以及《互联网直播服务管理规定》等部门规章。作为立法机关的全国人大及其常务委员会也出台了一系列法律文件诸如，《全国人民代表大会常务委员会关于加强网络信息保护的决定》《网络安全法》等。但这些文件中仅仅简单罗列网络直播者和网络直播运营者应遵守的消极义务，如主播视频中不得含有危害国家安全，不利民族团结，有碍青少年健康成长等内容。但根据解释学的方法在此处尚不能精确执法的具体标准，且不能满足法的可预测性要求。在具体实务操作中可能会导致"无法可依"的状态，不利于公民言论自由的保障。下面详细介绍一下此类规定的不精确和不完整之处。

按照文义解释的方法，该类法条的概念的内涵和外延并不周延，无法具体区分何为危害国家安全，民族团结或不利于青少年保护。此处的概念上应作出进一步解释。刘艳红教授在其《网络时代言论自由的刑法边界》一文写道："只有当事实陈述和观点表达的主要、重要或者核心部分的内容直接指向煽动宣扬型言论犯的罪质——分裂国家、颠覆国家政权、恐怖主义、极端主义民族歧视等时，方有以煽动宣扬型言论犯罪处以刑罚的必要性。"[1] 刘艳红教授在界定言论型犯罪与保护言论自由的界限时便采用的严格文义解释、体系解释的方法具体区分了罪与非罪的标准，为司法工作者正确办案提供理论支撑。刘艳红教授的区分在此处为执法者明确执法标准时具有借鉴意义，其指出只有具有严重侵害国家法益、社会法益时才应对其进行限制，并移交司法机关处理，正如诽谤罪、故意传播虚假信息罪等的规定。而当直播言论未达到此种国家、社会危害性时则应以保障言论的自由表达为首要价值选择，因为言论自由作为公民的基本政治权利，只有法律能对其作出限制，属于法律绝对保留事项。[2] 这也正是《刑法》罪刑法定的基本原则所要求的。再如在判断利用信息网络实施诽谤罪的入罪标准即"情节严重"的认定

---

[1] 刘艳红：《网络时代言论自由的刑法边界》，载《中国社会科学》2016年第10期，第136-137页。

[2] 参见《中华人民共和国立法法》（2015）第8条，下列事项只能制定法律：（一）国家主权的事项；……（四）犯罪和刑罚；（五）对公民政治权利的剥夺、限制人身自由的强制措施和处罚。

问题时，两高在 2013 年颁布司法解释明确"同一诽谤信息实际被点击、浏览次数达到五千次以上，或者被转发次数达到五百次以上的"属于情节严重的情形。① 在此种情况下受害人便可以向法院提起诉讼或向公安机关提起维权要求，而执法者在具体执法过程中便可以此为执法依据的参考标准，若符合此标准则可考虑触犯言论型犯罪并移交司法机关处理，低于此标准则是违法行为或者其他合法行为等。结合网络直播现状，即时通讯因其"开放、共享、即时"的特点，只有笼统的概念列举显然不能应付可能遇到的执法难题。若没有相应的解释，则会赋予执法者过大的自由裁量权，可能导致选择性执法。

（2）传统监管模式不能对自媒体进行有效监管

按照传统的媒体审核监督方式，从直播平台的建立、招募主播、内容制作到平台开播正常运营，每一环节都有对应的行政许可机关和执法监督机关。对于作为行政相对人直播平台而言，在企业设立阶段须接受工商部门审核；在直播内容上需要接受广播电视总局、新闻出版总局和文化部门的事前审查；而在事发后又要受到公安网络监察部门的监督。执法主体涉及广播电视总局、新闻出版总局、文化部门、公安网络监察部门等。每个行政主体在行政许可过程中各司其职，互有分工，对相对人层层审核，此种事前与事中相结合的方式能有效监管传统媒体的合理运行。但随着互联网技术的发展，此种监管模式在各方面往往会导致政出多门，监管权力过于分散，不能进行系统完整的监督的问题。② 且在移动终端极其发达，人人都是媒体人的自媒体时代，国家公权力部门不可能对每个公民的言论表达进行规制，因而此种审查方式已部分失去其存在的社会土壤，不能完全满足新媒体发展规制的需要；依照传统的事前审核模式，在设立阶段直播平台也会受到同一层级的多重职能部门的执法审查，使其不堪重负，不能满足市场经济条件下互联网事物的迅速发展需要；甚至可能造成同一层级职能部门的横向冲突，出现部门化利益。

3. 相关法律法规过度强调管理，在保障公民权利的规定方面有所欠缺

纵观自 2007 年第一次出台的《互联网视听节目服务管理规定》到 2016 年 11 月 7 日出台的《中华人民共和国网络安全法》的网络空间治理内容，从网络视听节目到互联网直播节目，立法对网络运营者的态度都以强调网络直播平台运营者和直播者的义务为主，而少有提及保障其发展权利方面的规定。而网络直播本质上是互联网时代公民言论新的表达形式，故立法应以保障公民言论自由等权利为基础。在《互联网直播服务管理规定》中，维护国家和公共利益一词明确出现了 3 次，保护青少年成长出现了 1 次，保护公民合法权益出现了 1 次。而《网络安全法》和《互联网直播服务管理规定》立法目的在于打击非法网络直播，是国家在面对层出不穷的网络乱象如登上各大社交媒体热搜榜的"斗鱼直播造人"事件、"直播车祸"等问题，考虑到观看直播的网民的数

---

① 参见 2013 年 9 月 9 日《最高人民法院最高人民检察院关于办理利用信息网络实施诽谤等刑事案件适用法律若干问题的解释》。

② 刘金星：《论网络直播监管的痛点与善治之道》，载《融合研究》2017 年第 7 期，第 14 页。

量庞大，社会影响恶劣，于是重拳出击，出台的重在规范网络直播行为，促进直播行业健康发展的法律规范。其立法目的在于规范失序的网络环境，而对公民的基本权利如何在控制违法直播行为的前提下进行框架性保护却少有提及。

综上，虽然国家层面已出台相关规章或法律进行监管，但仍存在传统监管模式不能适应自媒体时代需求，监管主体职能交叉以及国家层面执法标准语义表述模糊等问题。同时还会出现若严格定义执法标准可能会导致国家公权力与公民基本权利行使之间发生冲突使公民基本权利遭到侵犯，若过于宽泛定义执法标准则无法发挥监管效果的两难境地。因此顺应市场经济规律，发挥行业自律功能十分必要。

（二）网络直播平台行业内部监管的合理性

在建设服务型政府的大背景下，政府管理的善治之道便是顺应市场经济的发展规律，对出现的问题进行合理疏导，摒弃以往大包大揽的做法，提倡政府与社会组织公共治理的理念，对专业性较强的领域如互联网行业尝试引入专业化社会组织参与治理以弥补国家治理的不足。从理论和技术层面分析网络直播的形成，可简单分为三个主体：1. 网络用户，包括个人用户和企业用户；2. 网络内容提供商（Internet Content Provider, ICP），此处指代网络直播平台运营者；3. 网络服务提供商（Internet Access Service），此处指代电信、移动等网络服务提供商。[①] 在技术层面，首先通过网络服务提供商提供网络接入服务，其次网络内容提供商提供硬件设施和软件系统，然后网络用户才能在网络平台上进行网络直播，最后通过同样的途径共享给其他在线的网络用户进行观看。在此三者中，国家对网络服务提供者和网络内容提供商有明确的监管法律规定，如新出台的《网络安全法》等明确规定了两者的责任和义务。但现实中网络直播的问题多是由网络用户发布非法言论或表演引起的，而依照现行法律和部分规章规定，国家对网络用户的监管是通过国家对网络服务提供商和网络内容提供商的监管完成的，并不能直接作用于网络直播视频的发布者即网络用户。这一模式下的实际监管效果显然是难以让人满意的。但倘若国家对网络用户进行直接监管，基于其先天的暴力机器的属性，这必然会引起国家公权力与公民私权利之间的冲突，正如霍布斯在《利维坦》里所提及的："人们几乎没有任何对政府进行控制和监督的可能性，也谈不上任何的自由，因为连他们的思想和言论都要受到严密的控制。"[②] 而授权互联网行业进行网络直播平台行业内部监管既填补国家监管的漏洞，不会对公民基本权利发生直接的冲突，同时能使其发挥自身的专业性、技术性优势建构起更良好的网络秩序。主要表现在以下方面：

1. 网络直播平台自身具有专业的数据、技术优势

根据《互联网直播管理办法》的规定，网络直播平台要对每一个直播者进行实名登记，即实行"后台实名登记，前台自愿"的原则。这使得网络直播平台的运营者掌握了大量直播者的个人信息，使其能够在第一时间确定直播者的违法行为并作出处理；

---

① 李一：《网络社会治理》，中国社会科学出版社 2014 年版，第 96 页。
② ［英］霍姆斯著，黎思复、黎廷弼译：《利维坦》，商务印书馆 1985 年版，第 156 页。

其次，前文已经提到网络直播的运营模式，在这一模式中，网络直播平台作为连接网络服务提供商与网络用户的桥梁，为网络用户进行直播行为提供硬件设备和软件系统的支持，在监管网络用户的过程中也应扮演重要角色。在完成直播的过程中，网络用户只有借助网络直播平台运营者提供的平台才可以随时进行言论表达或者各种表演。因此，网络直播平台运营者可以 24 小时对直播者的表演内容进行实时监控，若发现其有违法犯罪行为，便可以撤回其硬件或软件支持，从而中断违法犯罪活动。再次，当下直播平台都配备专业的审核团队，设立直播类型样本库，能够在视频直播环节进行监管过滤；通过建立视频大数据系统，能采用图像大数据识别鉴别违规信息。在内容监管方面，从注册覆盖到直播前后，监管的可以贯彻始终。其技术专业优势十分明显。

2. 行业内部监管是间接国家行政理论在网络空间的尝试应用

间接国家行政是指国家不通过自己的行政机关执行行政任务，而是授权或者委任其他法律上具有权利能力的组织执行。[①] 2017 年颁行的《网络安全法》以及之前出台的《互联网直播管理规定》等规章都规定网络直播平台负有后台监控直播者的内容的职能。此处的网络直播平台行使监督职能便是间接国家行政的体现。网络直播平台此时作为被授权人的角色出现，执行国家法律规定的职责，履行法律或者规章赋予的监管权力。正如毛雷尔提到："被授权人或者被授权组织是以自己的名义接受授权、以主权方式执行特定行政任务的私人，包括个人或者私法上的法人。在主权权限范围内，被授权人是行政主体。"[②] 经过授权，国家或者其他行政主体如网络监管机构可以利用私人或者私法上的法人即网络直播平台的专业知识、技术和设备、后台数据等制定出更为严格明确的行业自律标准对相对人即直播者进行更为针对性、及时性的监管，同时将大大降低执法成本，提高执法效率。在当前政府倡导简政放权，提倡公共治理的时代背景下，在坚持市场调节的基础地位的中国，应明确政府有所为，有所不为。不强求自上而下、等级分明的社会秩序，转而重视网络社会各种组织之间的平等对话的系统合作关系。这样才能最大程度调动社会组织自身的积极性，释放市场经济的活力，推动便民高效的服务型政府建设。

3.《网络安全法》第十一条的授权为行业监管提供合法性基础

《中华人民共和国立法法》第八条规定："下列事项只能制定法律：（五）对公民政治权利的剥夺、限制人身自由的强制措施和处罚。"[③] 此条文表明了对公民政治权利的限制措施只能由法律作出规定。据前所述，学界一直将网络直播的属性界定为公民在网络时代进行言论自由表达这一宪法赋予的基本政治权利的新型表现形式。因此对网络言论直播的限制必须取得法律的明确授权。2017 年出台的法律《网络安全法》第十一条指出："网络相关行业组织按照章程，加强行业自律，制定网络安全行为规范，指导会

① ［德］哈特穆特·毛雷尔，高家伟译：《行政法学总论》，法律出版社 2001 年版，第 546 页。
② ［德］哈特穆特·毛雷尔，高家伟译：《行政法学总论》，法律出版社 2001 年版，第 582 页。
③ 参见《中华人民共和国立法法》（2015）第八条。

员加强网络安全保护，提高网络安全保护水平，促进行业健康发展。"① 该条明确指出加强行业自律，通过行业规范对网络乱象进行规制，从而为网络直播行业进行行业内部自律、约束公民不当言论提供法律支撑。

总而言之，针对网络直播问题频出、国家监管主体执法乏力的现状，网络直播平台行业内部监管基于其自身的优势且顺应互联网经济发展规律，理应是解决现有问题的最优选择。在构建服务型政府，倡导社会组织参与公共治理的新时代理念下，加强行业自律，明确网络直播平台运营者监督职责及监督标准是必要且合理的。

三、网络直播行业自我规制体系的建构

加强行业自律首先面临的问题便是如何裁量限制公民基本权利的尺度。上文已经提及，网络言论直播是言论自由表达的新型表达方式，行业自律重在加强网络直播平台对公民基本权利的行使进行监督和规制。《公民权利和政治权利国际公约》第19条第三款规定了"持有主张"须受以下两项条件的限制：一是尊重他人的权利或名誉；二是保障国家安全或公共秩序，或公共卫生或道德。② 由此发现国内外的理论及相关法律规范都明确了基本权利的行使是有限制的且此种限制的情形限于两种情况："第一，基本权利之间发生冲突时可以为保护一方限制另一方；第二，当行使基本权利与社会公共福祉（public well-being）或公共利益③产生冲突时应对公民基本权利进行限制。"但此两种限制都必须满足其限制的手段和目的必须是正当的，同时必须遵守比例原则进行合理限制。正如我国宪法第五十一条规定："中华人民共和国公民在行使自由和权利的时候，不得损害国家的、社会的、集体的利益和其他公民的合法的自由和权利。"④ 也如《联邦宪法法院判决集》如此表述："只有在当事人明知有关事实不真实而有意撒谎的情况下，或者有关事实陈述在作出之时就明显不真实的情况下，它才不受保护。"⑤ 再如《德国基本法》在述及言论自由权行使的边界时依照言论表达的内容分为政治性表达和非政治性表达，并规定不同的限制标准。⑥ 比例原则在此得到了充分的展现，即当对公民基本权利进行限制约束时需满足其三个子原则——适当性、必要性和狭义比例原则的要求。其中体现的便是法益价值的衡量，即国家或国家授权的组织作出行政行为（或行政立法）时采用法益价值衡量的方法对公民基本权利的行使进行合目的性且手段

---

① 参见《中华人民共和国网络安全法》第11条。

② 莫纪宏：《言论自由的法度——从"狼牙山五壮士"名誉权纠纷案一审判决说起》，中国法理学研究会，http://www.chinajurisprudence.org.cn/getNewsDetail.site?newsId = e4af9017-2496-4cca-ba15-a78e388722c5，最后访问时间：2017年12月20日。

③ 陈景辉：《比例原则的普遍化与基本权利的性质》，载《中国法学》2017年第5期，第289页。

④ 参见《中华人民共和国宪法》（1982年）第51条。

⑤ 《联邦宪法法院判决集》第61册，第8页；第90册，第249、254页。

⑥ 谢立斌：《宪法解释》，中国政法大学出版社2014年版，第5页。

正当、尺度合理的限制。那么言论自由这一宪法赋予的基本权利其权利属性是如何呢、其保护的法益价值又是如何？

（一）言论自由基本权利的属性及法益价值

言论自由是世界范围内各国普遍承认并有宪法进行保护的权利。我国关于言论自由的保障主要表现为《宪法》第三十五条，由于我国把言论自由作为公民的政治权利，因此其背后是法益价值应是健全社会民主秩序，其权利属性简单来说是公民实现政治自由权利的手段和工具。在美国，关于言论自由的宪法第一修正案更是明确了言论自由的保护标准，这一过程中便包括闻名遐迩的"《纽约时报》诉警察局长沙利文"一案[①]。在无数的案例中霍姆斯大法官提出了为理论界和实务所接受的限制言论自由的基本原则："明显而立即的危险"[②] 作为断案尺度。而这些标准得出的过程体现出的便是基本权利与公共福祉、国家利益等法益价值的博弈，此处言论自由背后隐藏的法益价值是表现自我、实现自由，其权利属性也可简单表述为实现自我价值、表达自我的工具。下面具体分析此两种权利属性和价值基础：

1. 健全社会民主秩序

我国宪法第三十五条明文规定："中华人民共和国公民有言论、出版、集会、结社、游行、示威的自由。"[③] 第四十一条："中华人民共和国公民对于任何国家机关和国家工作人员，有提出批评和建议的权利；对于任何国家机关和国家工作人员的违法失职行为，有向有关国家机关提出申诉、控告或者检举的权利，但是不得捏造或者歪曲事实进行诬告陷害。"[④] 此两条是我国关于言论自由这一基本权利的宪法上的表述。第一条称为言论自由权，第二条是批评建议权和监督权。制定此两条的立法原意是在经历文化大革命十年浩劫后，立法者为保障人民基本权利，完善社会主义民主制度而在制定1982年宪法时制定加入的，正如当时邓小平总理在《解放思想，实事求是，团结一致向前看》的讲话中所指出的："一个革命党，最怕听不到人民的声音，最可怕的是鸦雀无声。"[⑤] 相较之前几部宪法，1982宪法新增的第41条即是邓小平同志讲话的全面体现。由此观之国家对言论自由权的保障是我国实现社会主义民主的必然要求，即社会主义民主秩序和言论自由是两种并行不悖的价值。再如在司法实务中也有类似说明，在莫纪宏教授2016年6月28日在光明网上刊载的文章《言论自由的法度——从"狼牙山五壮士"名誉权纠纷案一审判决说起》一文中明确了言论自由是有法度的，保障言论自由自然包含了限制权利的滥用。其指出污蔑狼牙山五壮士的言论便是对民族英雄背后所

---

① ［美］安东尼·刘易斯著，何帆译：《批评官员的尺度》，北京大学出版社2011年版，第10页。

② 林子仪：《言论自由与新闻自由》，元照出版公司2002年版，第207页。

③ 参见《中华人民共和国宪法》（1982年）第35条。

④ 参见《中华人民共和国宪法》（1982年）第41条。

⑤ 邓小平：《解放思想，实事求是，团结一致向前看》，载中共中央文献研究室《三中全会以来重要文献选编》上册，人民出版社1982年版，第23页。

代表的"社会主义核心价值观"的侵犯，是对人民已经产生信赖的社会主义民主程序的侵犯。[1] 故言论自由的价值自身便包含健全社会民主秩序。因此应当对破坏社会主义民主秩序的言论理应予以约束限制，且每个公民都有对此言论进行批评的自由，以维护已经形成且健康运行社会主义民主政治秩序。

2. 表现自我，实现自我

追究言论自由权利的本源，其是文艺复兴时期西方资本主义反对封建主义的产物。启蒙运动和文艺复兴时代十分注重人自身的觉醒，正如启蒙运动时期英国著名思想家、作家伊夫林·比阿特丽斯·霍尔在《伏尔泰的朋友们》一书中指出："我不同意你说的每一个字，但我誓死捍卫你说话的权利。"深受启蒙思想影响的美利坚合众国的开国者制定美国宪法有关保障言论自由的规定时，在其宪法增补条款的第一条指出："国会不得制定法律……剥夺人民言论及出版的自由……"[2] 可见在经历文艺复兴之后，发现自我，实现人自身的觉醒是当时关于言论自由的主流观点。孟德斯鸠曾指出："法律和各民族的谋生方式有着非常密切的关系。"[3] 当时流行的法律学说也必然和社会思潮息息相关，由此表现自我说因呼应时代思潮而蓬勃兴起。表现自我说主张言论自由之基本价值乃在保障个人发展自我（self-development），实现自我（self-realization），完成自我（self-fulfillment），亦即保障个人自主（autonomy）及自由（liberty）的自我表现（self-expression）。[4] 该学说的基本前提是个体的存在绝不是为他人完成某种目的之工具，个人自身即是目的，并且此实现目的的具有天然的合法性。该前提乃源于康德（Immanuel Kant）哲学，[5] 即实现自由是天赋人权中的唯一权利，[6] 这亦公认为近代西方思想的源头。换言之，就是尊重人作为独立个体存在的尊严（dignity），以及自由活动之自主权（autonomy）。因此公民的言论自由权根源自其为独立思考并自负其责的个人。美国联邦最高法院的大法官道格拉斯（Douglas）曾在其最高法院的判决中明确表明宪法保障言论自由的目的在于保障个人之独立自主。同时代的英国在关于言论自由的学说理论上发生了巨大转变，英国著名法学家哈特（H. L. A. Hart）发展了表现自我说并将其从功利主义为导向转为关心个人之基本权利。在基本权利理论基础上，言论自由属于个人之基本权利，个人发表言论表现自我，实现自我正是宪法对个人实现基本权利的最好保障。

---

① 莫纪宏：《言论自由的法度——从"狼牙山五壮士"名誉权纠纷案一审判决说起》，中国法理学研究会，http://www.chinajurisprudence.org.cn/getNewsDetail.site? newsId = e4af9017-2496-4cca-ba15-a78e388722c5，访问时间：2017 年 12 月 20 日。

② 该条规定全文为："国会不得制定法律以确立一种国教或者禁止宗教信仰自由，或剥夺人民言论自由及出版的自由，或侵夺人民正当集会及向政府申诉请求补救损害之权利。"

③ ［法］孟德斯鸠著，张雁深译：《论法的精神》上册，商务印书馆 1982 年版，第 284 页。

④ 林子仪：《言论自由与新闻自由》，元照出版公司 2002 年版，第 126 页。

⑤ 康德在他的批判哲学的思想中确定人是天地万物的地位时认为："如果说有什么科学是人类真正需要的，那就是我所讲授的那门科学，它完全适合在天地万物分配给人的那个地位，这是一门使他懂得如何做人的科学。"

⑥ ［英］鲍桑葵著，汪淑钧译：《关于国家的哲学理论》，商务印书馆 2011 年版，第 241 页。

基本权利理论与表现自我理论下的个人不再是社会大众利益的工具或是社会普遍追求的所谓真理的工具。在这一理论基础上，人们才能真正实现罗尔斯所说的自尊（self-respect），是人类所追求的基本需求（primary goods）① 中最重要的一种，也是人与其他自然万物之关键区别之处。

综上，明确了言论自由的权利属性以及法益价值才能为制定行业监管标准提供充足的理论支撑。明确言论自由的价值在于健全社会民主秩序和表现自我、实现自我可以为执法过程中的具体执法行为划定执法尺度和执法标准。即执法主体应在不侵犯构建社会民主秩序和公民实现自我权利的基础上进行良性执法。这也是行政执法中比例原则的深刻阐释。

（二）　以保护言论自由权的法益价值为基础建构行业执法标准

现有我国出现问题的直播依照其内容划分主要集中在泛娱乐直播、真人秀聊天直播、游戏直播、教育直播、体育和演唱会直播几大类。其中泛娱乐直播、真人秀聊天直播和游戏直播达到直播总数的三分之二以上，同时也是其褒贬性争议最大的直播类型，将着重介绍其标准。《德国基本法》将意见表达分为政治性表达和非政治性表达，具有借鉴意义。对于我国现有的直播形态和直播内容，也应根据其内容区分为政治性言论直播和非政治性言论直播，非政治性言论直播根据直播内容的不同作出不同的标准判断。下面具体探讨判定违法直播的标准。

1. 政治性言论不能犯"颠覆性错误"

在国际形势日益复杂化的今天，各国执政党更换频频，导致其所在国家动荡不安。如西亚中东的地区部分政权缺乏稳定性的国家，其国内呈现政府与地方武装对抗局面，使人民的生命安全失去有力的国家强制力保障。再如轰动一时的英国脱欧事件，或许在短期内能增加就业机会，减轻税负，但长远来看英国可能将失去世界性的大国地位和以欧盟为基础的世界性话语权而成为一个独立的边缘化国家。这对未来英国人民的伤害是无比巨大的。民众的言论自由固然要保护，但民众作为国家社会中的一分子，基于其掌握的资源的有限性，其考虑问题的出发点或许不能达到整个国家利益、民族利益的高度。因此民众言论不犯"颠覆性错误"是一种底线思维，亦即不触碰红线。习近平总书记选择在亚太经合组织2013年工商领导人峰会这样一个国际论坛的场合、选择在以全面深化改革为主题的十八届三中全会召开前一个月的时间，提出"中国是一个大国，决不能在根本性问题上出现颠覆性错误，一旦出现就无法挽回、无法弥补"② 这一番论

① 罗尔斯定义基本需求是任何理性人为成就自我或实现其人生价值所必备的，因此是所有理性人所追求之事物。他将此种基本需求一分为二：其一是社会之基本需求，包括自由（liberties）、权利、机会、报酬（income）、财富以及自尊（self-respect）；另一个是自然之基本需求，诸如健康、体力（vigor）、聪明才智，以及想象力等。人类组成社会所追求者即为社会基本需求之合理分配。而此种合理适宜之分配合乎人们公道（justice）的理念。

② 参见新华网习近平在亚太经合组织工商领导人峰会上的演讲（全文）。

述其意所指向是十分清楚的。十八届三中全会《决定》明确指出，"改革开放的成功实践为全面深化改革提供了重要经验，必须长期坚持。最重要的是，坚持党的领导，贯彻党的基本路线，不走封闭僵化的老路，不走改旗易帜的邪路，坚定走中国特色社会主义道路，始终确保改革正确方向"。因此在网络言论表达中的政治性表达时，应以不犯"颠覆性错误"为红线。上文提及的文章《言论自由的法度——从"狼牙山五壮士"名誉权纠纷案一审判决说起》便为政治性言论做了很好的解读，即政治性言论背后蕴含着社会主义核心价值观，凡涉及危害社会主义核心价值观，对主流意识形态进行"整体解构"，伤及民族感情、忘却民族历史的言论都应当进行限制和约束。只有这样才能推动国家的良好治理，社会秩序的构建，预防国外分裂势力的攻击；才能维持国家机器的正常运转。但此处的政治性言论应做限缩性解释，不包括对国家工作人员以及其所代表的政府的批评和建议。正如"《纽约时报》诉警察局长沙利文案"判决意见的主笔者小威廉·布伦南大法官曾得出的经典结论："对公共事务的辩论应当不受抑制、充满活力并广泛公开，它很可能包含了对政府或官员的激烈、刻薄，甚至尖锐的攻击。"① 再如 2008 年的南京市房产管理局局长周久耕在强大的网络舆论监督下被免职也说明了网络监督的必要性。② 而这一点也正与我国《宪法》第四十一条公民对国家工作人员的批评建议权和监督权相呼应。③ 这些言论便不应当被归入政治性言论中接受审核监督。

2. 泛娱乐直播、真人秀聊天直播和游戏直播言论基于法益衡量标准，侧重保护未成年人利益

开放性是网络空间最重要的特性。卡斯特指出："网络架构的开放性是其主要优势的根源：自我演化发展，因为用户是技术的生产者，也是整个网络的塑造者。"④ 未成年网民的激增推动了网络游戏直播和真人秀聊天直播的蓬勃发展，从源头上去控制青少年上网的难度很大，并且也不利于网络产业活力的激发。真人秀聊天直播和游戏直播占直播数量的一半以上，青少年是游戏直播和真人秀聊天直播的主要观众，而青少年又处在价值观形成的关键时期。此类直播中出现的问题多表现为直播内容涉黄、涉暴，对青少年的价值观的形成产生不利影响。但真人秀聊天直播和游戏直播的出现是网络发展的必然，所以我们应采用法益衡量标准区分对待。一方面，真人秀聊天直播会出现部分主播者采取不正当手段哗众取宠，以满足看客的猎奇等心理而做出不利于青少年成长的语言或者动作，如轰动一时的"斗鱼直播造人事件"。这部分直播者应按照其所触犯的法律法规由网监部门等其他相关执法部门作出相应处罚，对未尽到监督管理职责的网络直

① ［美］安东尼·刘易斯著，何帆译：《批判官员的尺度〈纽约时报〉诉警察局长沙利文案》，北京大学出版社 2011 年版，第 181 页。

② 夏燕：《网络空间的法理研究》，法律出版社 2016 年版，第 149 页。

③ 参见《中华人民共和国宪法》（2004）第 41 条："中华人民共和国公民对于任何国家机关和国家工作人员，有提出批评和建议的权利；对于任何国家机关和国家工作人员的违法失职行为，有向有关国家机关提出申诉、控告或者检举的权利，但是不得捏造或者歪曲事实进行诬告陷害。"这一权利被称为公民对国家工作人员的的批评建议权和监督权。

④ See Manuel Castells, The Internet Galaxy (Oxford University Press, 2001), 28.

播平台也要追究其责任，触犯刑法的应追究刑事责任。但还有相当一部分直播分享知识、游戏方法，但其采取的方式或使用的言语往往会给青少年带来"性暗示或其他暴力倾向"，但这部分主播又没有明显的触及法律法规的规定，那么此种执法标准如何确定呢？如何将未成年人保护与言论自由表达的保护相统一呢？

中国在未成年人网络权利的保护主要体现在正在修订的《未成年人网络保护条例》草案。由于网络其自身形式变化多样性的特点，此部法律尚未出台，并且长期以来，有关色情、低俗等类型信息的界定标准有待于司法机关和执法机关在实务中具体确定。但司法标准的确立往往以具体的争诉案件为前提，在目前新法刚刚出台的背景下尚无代表性的案例供执法者参考。那么在理论上我们能提供何种支持呢？法益衡量的理论或许值得借鉴。前几年风靡一时的中国国际数码互动娱乐展览会（以下简称 China joy）的动漫展以及车展中不断爆出车模、Show Girl 衣着过于暴露的新闻，虽不违反《中华人民共和国治安管理处罚法》等法律法规，但其充满了性暗示，既违背社会公序良俗也不利于青少年的健康成长。对于此种现象，China joy 于 2015 年出台"史上最严着装令"对模特的着装作出具体的限制：①女模露胸超 2 厘米，罚款 5000 元；②低腰下装低于脐下 2 厘米（露出胯骨）或短裙下摆高于臀下线，罚款 5000 元；③女模服装过露过透看得见内衣，只穿比基尼及类似内衣的服装或不穿内衣的，罚款 5000 元；④男模裸露上身、仅穿内裤及类似服装、裤腰低于胯骨露出人鱼线，罚款 5000 元；⑤现场违规表演钢管、牢笼，罚款 10000 元；⑥模特和观众合影摆出不雅或过于亲密的造型，罚款 10000 元。[①] 这其中采取的有针对性的措施便是专业性的行业组织运用法益衡量理论制定具体标准的体现，即模特的基本权利表达权[②]与公序良俗所代表的社会公共利益发生冲突。模特的行为虽不触犯法律法规，但其社会危险性是潜在的，并且侵犯了社会公序良俗，因此必须予以制约。但制约并不是完全限制模特的表达自由权，只是在表达方式上作出具体明确的限制，即保障了个人的表达自由的同时，极大消除了由此带来的对未成年人的危害。

在真人秀和游戏直播领域，同样的问题比比皆是。不触犯法律法规的真人秀聊天直播和游戏直播并非是完全合法的直播，其对未成年人成长潜在的危险性不容忽略。此处便可基于法益衡量理论，借鉴 China joy 的 Show Girl "着装令"的经验，在保障表达者的表达自由与维护公共利益之间寻找平衡点。

3. 教育直播和其他直播以不侵犯他人基本权利为限

教育直播是知识信息爆炸时代的新型学习方式。其突破了传统教育的封闭性特点，成本更加低廉，覆盖面更广，方便更多的人在零碎时间接受教育学习。但教育直播最近也引来争议。搜狐新闻在 2017 年 9 月 30 日报道了一篇题为《学校"直播"孩子上课，是保护还是侵权？》的文章中指出南宁市一个中小学的教室中安装摄像头全程直播孩子

---

①　《十年 China joy 回顾："她们"也曾清纯过》，新浪游戏网，https://www.ithome.com/html/it/150179.htm，访问时间：2017 年 12 月 10 日。

②　此处表达权是广义的表达权，既包括言论表达，也包括形体、肢体表达。

上课情况。对于此行为，不同人有不同的看法。采访中有家长和老师认为这样可以方便其随时知道孩子们在做什么，是不是真正在学习，对于孩子的学习有督促作用。并且近来校园安全事件频发，直播孩子学习有利于提升学校的安保强度，防止发生意外。社会学家谢金甫认为被监控的对象主要是孩子们，直播监控是学校和家长共同履行监护职责的表现，同时直播的地点限于教室和走廊，并未侵犯孩子们的隐私权。故提倡这种做法。而北海市海通派出所案件中队中队长黎志昌认为直播课堂有利于对学校进行监管，可以随时关注学生的在校人身财产安全情况。[①] 但上述观点都忽视了一个重要问题，其认为直播课堂是只针对教师、家长、监管部门开放的，倘若这些视频流出，受到黑客攻击，那么孩子们的日常生活轨迹便会被外界甚至图谋不轨的不法分子所知悉，那造成的后果是不可设想的。直播课堂行为必然侵犯了孩子们的基本权利——隐私权。隐私权是自然人享有的私人生活安宁和私人信息秘密依法受保护，不受他人非法干涉的权利，是否对他人公开，公开程度如何由自己决定。孩子的隐私权是其基本权利，家长的监护权也无权干涉孩子的隐私，并且学校及社会有关部门实现对孩子的有效监督和管理的手段有很多种，直播并不是唯一的方式。最近德国全面禁止儿童佩戴儿童手表以保护儿童身边的他人的言论不被监听正是保护基本权利的最好论证。[②] 因此不论是教育直播或是其他直播类型，从法益衡量的角度来看，基本权利的保护具有天然的优先性，当直播所追求的法益侵犯了基本权利，则应以保护受侵犯的基本权利为首要选择。

余论

网络空间的崛起非常之迅速，直播仅是其技术革新下一种新的表现方式，未来随着技术的进步还会如何发展尚不可预知。网络秩序的构建充满了未知性和紧迫性。它是看不见、摸不着的，但网络对公民个人和社会的影响却又是十分具体的。因此任何模糊的、片段的、局限的规范性法律文件的规定是无法保护公民的合法权益的，从长远来看是不利于维持网络社会的良好发展的。就网络直播而言，虽然这是一种新兴的言论表达方式，但本质仍是作为公民基本权利的言论自由权在网络空间的行使。作为理论研究者我们应当明确直播言论其背后所隐藏的权利属性、价值基础。只有这样才能在面对层出不穷的网络法律问题时，揭开面纱，通过法益价值的衡量较为合理地维护公民基本权利。同时考虑到监管的复杂性和间接性，基于间接国家行政的理论，[③] 授权制定行业标准，赋权网络直播平台进行监督是更为有效的监管方式。能有效弥补国家监管技术性不

---

① 《学校"直播"孩子上课，是保护还是侵权?》，搜狐新闻在线，http：//www.sohu.com/a/195771269_178320，访问日期：2017年12月15日。

② 卡卡落：《德国禁止销售儿童手表，因为功能违反当地法律》，和讯新闻，http：//news.hexun.com/2017-11-19/191696587.html，访问时间：2017年12月17日。

③ ［德］哈特穆特·毛雷尔著，高家伟译：《行政法学总论》，法律出版社2001年版，第557页。

足等缺陷，避免国家公权力与公民基本权利发生直接冲突。通过行业规范明确直播平台运营者的责任，推动行业自治，才能更好打击利用网络直播违反法律、破坏公序良俗的行为，从而净化网络空气，实现法律与科技的良性互动。北京市文化协会针对网络直播问题已经出台行业规范《北京市网络直播行业自律公约》①，这便是加强行业监督，明确网络直播平台运营者责任的最好体现。在提倡社会组织参与公共治理的背景下，全国其他省市的行业协会甚或全国性的行业协会应出台更具通用性的行业规范，加强行业自律。顺应市场经济发展规律，推动互联网与国家治理现代化进程。

---

① 《北京市网络直播行业自律公约》建立起直播黑名单制度，对涉黄、涉枪、涉政、涉爆、涉毒的主播内容一律封号并上传至北京网络文化协会数据库进行甄别。

论我国农村集体经济组织成员资格的认定

罗新林 *

摘要： 我国农村集体经济组织成员资格的认定是我国宏观土地政策和微观土地流转实务所需要解决的基础问题。从立法和学说上，对该问题的解决都存在着较大的分歧。农村土地制度改革经历了从私有到集体所有再到将承包权分给农民的过程。在人与地的关系上，"增人不增地，减人不减地"已成为默认的做法。从历史渊源和现实实践出发，以是否直接加入农户为标准，将认定集体经济组织成员资格分为意定的集体成员资格和法定的集体成员资格，将有效解决集体经济组织成员资格认定存在的困难。

关键词： 三权分置；集体经济组织；成员资格

一、问题的提出

自 1998 年停止福利分房制度以来，我国房地产行业迅速发展，其中 2004 年土地招、拍、挂制度的全面实施和 2008 年为应对金融危机带来的经济衰退所提出的"增投资、扩内需、保增长"宏观经济调控政策都导致了房价的大幅上涨。据统计，北京的房价从 2008 年 1 月的 12479 元/平方米上涨到 2016 年 12 月的 55779 元/平方米，增长超过 3.46 倍。[①] 根据国家数据统计局的数据，2008 年我国的房屋施工面积为 274149 万平方米，到了 2016 年，房屋施工面积达 758975 万平方米，[②] 是 2008 年的 2.76 倍。房地产业繁荣的背后是城市扩张对土地的大量需求和土地价格的大幅上涨，不少农民通过拆迁而一夜暴富，享受到房地产业发展所带来的红利。与此同时，在对土地安置补偿款的

---

* **作者简介：** 罗新林（1994 年 1 月 20 日—　），华中科技大学法学院 2017 级法学硕士研究生。本文是华中科技大学副教授管斌主持的 2016 年度华中科技大学自主创新重大交叉研究基金项目（中央高校基本科研业务费资助项目）《中国金融消费者保护法律问题研究》（2016AD016）的阶段性成果，也是教育部人文社会科学研究规划基金"影子银行体系监管法律问题研究"（12YJA820019）后续成果。

① 数据通过中国房价行情网查询所得。

② 参见《中华人民共和国 2008 年国民经济和社会发展统计公报》，载于 http://www.stats.gov.cn/tjsj/tjgb/ndtjgb/qgndtjgb/200902/t20090226_30023.html；《中华人民共和国 2016 年国民经济和社会发展统计公报》，载于 http://www.stats.gov.cn/tjsj/zxfb/201702/t20170228_1467424.html，最后访问日期：2018 年 1 月 20 日。

分配上也产生了大量的纠纷，其中一项就是关于补偿款的分配资格的纠纷。进入 2003 年后，中国知网上关于"征地安置补偿"的研究呈爆发式增长，但这些研究集中在对失地农民群体进行整体社会保障上，对利益在内部分配上的研究则较少。2005 年《最高人民法院关于审理涉及农村土地承包纠纷案件适用法律问题的解释》第二十四条规定"征地补偿安置方案确定时已经具有本集体经济组织成员资格的人，请求支付相应份额的，应予支持"。可以看出，要想获得土地补偿安置款，具备集体经济组织成员资格是其中一项重要条件，但对于集体经济组织成员资格认定的研究，最近几年才兴起。

　　城市化进程中，大量的农村人口进城务工，导致了农村务农人口的大量流失。同时工农业产品价格"剪刀差"的存在，和家庭联产承包责任制所形成的分散经营使得农业成本居高不下，农业生产难以通过规模化经营形成经济效益，在农村形成了大量抛荒的现象。农地的荒置不只是经济的损失，也影响到国家的长治久安和国际安全。要提高土地的生产效率，则必须具备发达的土地流转市场，为资源的高效配置提供条件。2016 年 10 月，中共中央办公厅、国务院办公厅印发了《关于完善农村土地所有权承包权经营权分置办法的意见》，该意见提出"完善'三权分置'办法，不断探索农村土地集体所有制的有效实现形式，落实集体所有权，稳定农户承包权，放活土地经营权，充分发挥'三权'的各自功能和整体效用，形成层次分明、结构合理、平等保护的格局"。"三权分置"的提出，为实现农地经营权的流转，提高土地生产效率提供了条件。"三权分置"中的承包权是一种具有财产性的成员权，[1] 由集体经济组织成员享有。成员权不同于成员资格，是因具备成员资格所产生的权利。[2] 我国学者常把主体资格表述为权利能力，如民事权利能力指："据以充当民事主体，享受民事权利和承担民事义务的法律地位或法律资格。"[3] 农村集体经济组织成员资格即为在集体经济组织中享受集体权利和承担集体义务的法律地位或法律资格，这种成员资格的认定直接决定了能否参与到土地流转利益的分配中。在"三权分置"的土地权利架构基本确立，以"经营权"放活土地流转的背景下，未来在农村土地上将产生普遍可观的利益，必定会涉及利益分配的问题，集体成员资格的认定是当中至关重要，不可回避的问题。目前，农村承包地确权工作在山东、宁夏、安徽、四川 4 省、区已基本完成，整省试点省份已达 28 个，全国农村承包地确权已完成 80%。集体经济组织成员资格确认在实际操作过程中，很多问题暴露出来，主要是一些历史遗留问题，外来人口、户口仍在当地但常住外地人口的土地权利争议等。[4] 而在司法实践中，法院是否认定成员资格的司法态度也呈现明显冲突。同时在认定集体成员资格的案件中，法院主要通过综合因素考量或要件模式认定集

---

①　参见丁文：《论"三权分置"中的土地承包权》，载《法商研究》2017 年第 3 期。

②　参见郑冲、贾红梅译：《德国民法典》，法律出版社 1999 年版，第 5 页。

③　参见梁慧星：《民法总论》，法律出版社 2011 年第 4 版，第 65 页。

④　参见宋兴国：《全国农村承包地确权已完成 80%，整省试点省份达 28 个》，载于《21 世纪经济报道（数字版）》，http：//epaper. 21jingji. com/html/2017-08/10/content_68144. htm，最后访问日期：2017 年 11 月 25 日。

体成员资格,存在要素组合方式不一致和要素地位不确定的问题。[①] "三权分置"下,集体成员资格认定的现实需要和司法实践中尚未形成确定的裁判标准间存在着矛盾。

我国法律规范中,存在着多处关于集体经济组织成员的表述。《民法总则》第五十五条规定"农村集体经济组织的成员,依法取得农村土地承包经营权,从事家庭承包经营的,为农村承包经营户"。《土地管理法》第十四条规定"农民集体所有的土地由本集体经济组织的成员承包经营,从事种植业、林业、畜牧业、渔业生产"。《农村土地承包法》第五条规定"农村集体经济组织成员有权依法承包由本集体经济组织发包的农村土地。任何组织和个人不得剥夺和非法限制农村集体经济组织成员承包土地的权利"。《最高人民法院关于审理涉及农村土地承包纠纷案件适用法律问题的解释》第二十四条规定"征地补偿安置方案确定时已经具有本集体经济组织成员资格的人,请求支付相应份额的,应予支持"。这些规定都涉及集体经济组织成员的权利义务,但统统回避了集体经济成员资格取得和丧失的问题。若主体身份无法确定,其权利义务无论如何完善,也是无源之水,失去其价值。

无论是农村土地的征地补偿款的分配,还是"三权分置"下的"经营权"流转,都是以集体经济组织成员资格为基础的。我国法律承认集体经济组织成员资格的存在,却没有对其认定做出规定,司法实践中也做法不一。我国农村土地的集体经济组织所有制是我国特有的一种权属制度,难以借鉴国外的经验,因此在发展过程中出现的大量问题,必须从我国的实际出发,做出理论的创新。

二、集体经济组织成员资格认定的困难

(一) 相关规范性文件对集体经济组织成员资格的认定

我国涉及集体经济组织成员资格的相关法律规范,中央层面主要有《农村土地承包法》,地方层面具有代表意义的有湖北、广东、四川三省出台的相关规定,具体如下:

表2-1

规范性文件名称	相关条文	认 定 标 准
《农村土地承包法》	第26条 第30条	农村集体经济承包方在全家迁入设区的市并迁出户口,则丧失集体经济组织成员资格
《湖北省农村集体经济组织管理办法》	第15条	户籍为认定集体经济组织成员资格的唯一条件

[①] 参见江晓华:《农村集体经济组织成员资格的司法认定——基于372份裁判文书的整理与研究》,载《中国农村观察》2017年第6期。

续表

规范性文件名称	相关条文	认　定　标　准
《广东省农村集体经济组织管理规定》	第 15 条	户籍在集体经济组织，同时履行法律法规和组织章程规定义务的
《四川省成都市温江区农村集体经济组织成员身份界定试行办法》		成员资格取得方式分为：原始取得、法定取得、申请取得，具体规定了现役义务兵、大中专院校学生、收养子女、政府安置人员、刑满释放人员、自愿加入者等不同自然人主体的集体经济成员资格认定，并对相关程序做出了规定

从立法趋势来看，2017 年 10 月 31 日发布的《农村土地承包法修正案（草案）》第 23、26、30 条规定了在承包方全家迁入城镇落户，纳入城镇住房和社会保障体系时，则丧失集体经济组织成员资格。这些规定虽然可以为集体经济组织成员资格的认定提供一定的标准，但无法应对实践中复杂的情况。同时该规定只对成员资格的丧失进行了规定，缺少对成员加入集体经济组织的规定。

我国目前关于农村集体经济组织成员资格的认定，在形式上还存在着立法层级不高，各地方立法差别较大，不利于集体经济组织成员在不同集体经济组织中的流动。在内容上，全国性立法非常笼统，难以应对实际生活中复杂的集体经济组织成员变动的形式。地方性的《办法》，《实施细则》试图将集体经济组织成员资格的界定细化，但因立法层级不高，存在着区域间不协调的问题。我国的《农村土地承包法》规定了集体经济组织成员具有承包集体土地的权利，但对于集体经济组织成员资格如何取得并没有进行界定。对于集体经济组织成员资格丧失的情况也只规定了进城落户和妇女婚嫁两种情况，对目前人口流动产生的大量新型农村人口是否具有农村集体经济组织成员资格无法界定。

立法的混乱来源于对集体经济组织成员资格认识的不清，这也造成了司法实践中判决的混乱。有法院以户籍为基本原则，并以依靠集体经济组织土地作为生活保障为标准；① 有法院以成员是否在集体经济组织所在地生产、生活并依法登记为常住户口为基本判断依据，其中土地承包经营的权利义务以户来实现，而不考虑个体是否真实履行权利义务；② 有法院认为即使具有当地户籍，但未实际参加集体的劳动和活动，不能认定为集体经济组织成员了；③ 有法院认为通过合法的准迁手续迁入，并拥有该集体土地承包权和村宅基地，且与集体经济形成较为稳定的生活、生产状态，应认定为因加入而取得集体经济组织成员资格。④ 在司法实践中，户籍、生活保障、是否履行权利义务是法

---

① 参见《福建省南平市中级人民法院（2015）南民终字第 983 号民事判决书》《福建省宁德市中级人民法院（2015）宁民终字第 59 号民事判决书》。

② 参见《浙江省杭州市中级人民法院（2011）浙杭民终字第 105 号民事判决书》。

③ 参见《湖北省汉江市中级人民法院（2016）鄂 96 民终 461 号民事判决书》。

④ 参见《湖北省宜昌市中级人民法院（2014）鄂宜昌中民二终字第 00379 号民事判决书》。

院判决着重考虑的三个因素，但对因素的选择、主次、比重、认定标准的判定都没有形成统一的认识，造成司法实践中的混乱。

（二）学说上集体经济组织成员资格的认定

集体经济组织成员资格的认定可以分为取得和丧失两个部分。目前学说上对于集体经济组织成员资格的取得大体可以分为户籍说、权利义务说、社会保障说、成员自治说。

户籍说认为户籍制度是国家行之有效的行政管理手段，是其迁入迁出都有据可查、有章可循的行政行为，这种行政制度超脱于集体成员利益，能够最大程度的实现公开、公正、公平。[①] 在我国建国之初，土地是属于农民私人所有，在人民公社化运动中，农民将自己的土地贡献给集体经济组织，并成为集体经济组织的一员，共同分享集体经济组织的收益。从农民集体经济组织成员资格的历史渊源来看，农民实际是将自己私人的土地出资而获得了集体经济组织成员资格，如果单以户籍说来认定集体经济组织成员资格，只要获得当地农村户口，即可分享集体利益，则必然存在着以行政手段损害农民集体利益和农民集体自治权的情况。

权利义务说认为要获得集体经济组织成员资格不仅应当依法获得集体经济组织所在地的户籍，并且需要与该组织形成权利义务关系[②]。但对于集体经济组织与成员资格之间应当具有怎样的权利义务关系，尚无共识，有人认为成员与集体的关系来自于成员将个人的土地贡献出来而获得成员资格，有人认为成员的权利义务是履行土地承包经营的权利和义务，也有人认为成员资格的获得应当受到农村集体经济组织的自治，其权利义务关系由约定产生。目前来看，在集体与成员权利义务尚无定论的情况下，无法通过履行权利义务来认定集体经济组织成员资格。同时集体经济组织在现在农村发展中，其权力虚化，已经难以通过行使权力与新加入成员形成特殊的权利义务关系。

社会保障说认为应以该个体是否在该集体经济组织形成固定的生产生活，是否依赖集体土地为生活保障为基本原则。[③] 该学说的主要出发点在于我国对农村集体经济中农地的定位，一直将其作为农村集体经济组织成员生活的最后一道保障，如果获得城市生活保障，则应该失去集体经济组织成员的身份。该学说否定了农民将私人土地投入集体获得成员资格的历史渊源，完全将农村集体经济土地作为发挥农村社会保障的方式，有将集体土地等同于国家土地之嫌。

成员自治说认为取得集体经济组织成员资格需要取得集体经济组织全体成员的同意，但仅适用于"出嫁女""挂靠户""入赘男"等类型的成员资格的取得，法律不宜

---

① 参见孟勤国：《物权法如何保护集体财产》，载《法学》2006年第1期；王禹：《村民选举法律问题研究》，北京大学出版社2002年版，第2页。

② 参见张兆康：《创设集体成员资格界定制度》，载《农村经营管理》2010年第7期。

③ 参见杨攀：《农村集体经济组织成员资格标准的法律分析与实践》，载《西南政法大学学报》2011年第3期。

对成员资格的取得统一规定，应当留给集体经济组织自治决定成员的加入与退出。① 从我国农村实践来看，不少地方已经形成了地方自身的调控成员资格的村规民约，有的是以集体章程的形式予以明确，有的虽未形成章程，但遵循的集体决议仍以村社传统和成员众意为基础。② 该学说过于强调集体经济组织的自治权，而忽略了某些本应该取得集体经济组织资格的人可能因为"多数人的暴政"而被排除在集体经济组织之外。

集体经济组织成员资格的丧失与资格的取得相对，当集体经济组织成员失去相应的作为成员资格的条件时，则丧失集体经济组织资格。《农村土地承包法》第 30 条规定了妇女结婚离婚时其土地承包权的变动情况，其出发点还是土地提供的保障功能，但在适用上会存在利用该规定获得土地安置补偿款的现象。同时该规定将主体限定为妇女，对"入赘男"的保护明显不足，而受传统农业思想的影响，"入赘男"到了新的家庭和农业集体经济组织中，其权益往往得不到有效的保护。虽然集体经济组织是自治组织，但对于其中一些明显不合理的现象，需要法律予以统一的规定，发挥法律对传统落后思想的改造作用。目前对于集体经济组织成员资格的丧失，除了考虑成员资格条件不符合丧失外，还需要考虑在资格丧失后，在获得新的生活保障之前，继续提供一定的生活保障。

可以看出，目前关于集体经济组织成员资格认定的学说，从不同的视角，以不同的价值考量，阐述了目前集体经济组织成员资格认定的不同路径。这些学说让我们能够比较全面的认识集体经济组织资格认定中需要考虑的问题，但对于资格认定的实践，则难以形成统一可行的适用标准，在适用上存在困难。

三、资格认定困难的历史渊源

集体经济组织成员资格认定的困难主要是由于人员流动造成的，在我国人口流动日益频繁，形式愈加复杂的现实条件下，农村集体经济组织成员相比过去变得更加多元。2014 年 11 月 20 日，中共中央办公厅、国务院办公厅印发了《关于引导农村土地承包经营权有序流转发展农业适度规模经营的意见》，指出要对土地进行确权，发展规模化经营。在未来，农地的利用效率和价值将日益提高，关于土地利益的分配问题日益凸显，就不得不对农村集体经济组织成员资格进行界定。

集体经济组织成员资格存在认定的困难有其历史原因，这要从我国农村土地制度的改革历史说起，大体上可以分为四个阶段：

---

① 参见郑鹏程、于升：《对解决农村土地征收补偿受益分配纠纷的法律思考》，载《重庆大学学报（社会科学版）》2010 年第 3 期。

② 参见陈小君、高飞、耿卓：《我国农村集体经济有效实现法律制度的实证考察——来自 12 个省的调研报告》，载《法商研究》2012 年第 6 期。

表 3-1①

阶段	特点	主 要 内 容
解放初期 （1950—1953）	由地主土地所有制改变为农民土地所有制	1950 年 6 月《中华人民共和国土地改革法》，基本内容：没收地主的土地和财产，分配给无地、少地的农民。 土地所有权和经营权高度统一于农民手中，土地产权可以自由流动。
社会主义改造时期 （1953—1957）	土地由农民所有变为集体所有	经历了从互助组→初级合作社→高级合作社 互助组：按照自愿、互利原则，在保留土地和其他生产资料农民私有制的基础上，农民通过人工、畜力、农具互换的方式解决生产困难。 初级合作社：拥有土地所有权，交初级社统一使用，农民以土地股份的形式参与年终分红。 高级合作社：在土地集体使用的基础上，其他生产资料以入股形式加入合作社中归集体所有，统一经营。集体留下总耕地的 25% 由农户分散经营，称为自留地。
大跃进时期的人民公社运动 （1958—1978）	三级所有制为基础	1962 年 9 月《农村人民公社工作条例》（修正草案）第 1 条规定："人民公社是政社合一的组织，是我国社会主义社会在农村中的基层单位，又是我国社会主义政权在农村中的基层单位"。土地所有权和经营使用权完全掌握在人民公社手中。人民公社可以是两级即公社和生产队，也可以是三级即公社、生产大队、生产队。《条例》第二条规定："生产队是人民公社中的基本核算单位，生产队范围内的土地都归生产队所有，生产队的所有土地一律不准出租和买卖"。
家庭联产承包责任制 （1979—至今）	包产到户 包干到户	1983 年中共中央一号文件《当前农村经济政策的若干问题》，确立起了土地所有权归集体所有，农户家庭承包经营的农业生产方式。

我国农村土地集体所有，农户承包现状的历史渊源在于，在我国中华人民共和国成立初期，农民虽然获得了土地，但人力、畜力、农具都面临着不足，农民单个家庭完成农业生产存在着困难。为解决这个问题，农民自发形成了互助组，互相借用人力、畜力和农具。在社会主义改造中，这种互助的行为发展成了法定的集体经济组织，将农民私有的土地纳入集体经济组织中，农民因此获得集体经济组织资格。在改革开放后，实行家庭联产承包责任制，集体经济组织按家庭人头将土地的承包经营权还给了集体经济组织成员，但土地所有权仍归集体所有。在改革开放初期，人口流动还比较慢，范围小，农村集体经济组织成员相对稳定。但到现在原本稳定的集体经济成员变化很大，人口跨

---

① 表格根据武爱玲所著《农村土地制度改革中的"三权"演化》整理，原文载于《农业经济》2011 年第 12 期。

区域流动的情况普遍，而不同地方存在不同的习惯和地方性立法，因此在人口流动，农村集体经济组织成员资格认定中，各地方做法摩擦较大。从历史来看，集体经济组织成员的资格来源于其在农业生产社会主义改造中贡献出的私人土地，为保护土地原始所有权人在家庭联产承包责任制下的利益，我将以农民土地历史上的私人所有为出发点，并结合我国农村集体经济组织成员流动的现实状况，设计我国农村发展新形势下的集体经济组织成员资格认定模式。

四、集体经济组织成员资格认定新说

（一）制定全国统一的立法

对于集体经济组织成员如何确定，除了上文提到的户籍说、权利义务说，也有学者认为成员资格的认定原则上，应当以户籍为标准认定成员资格，此外主要还要考虑其他因素，尊重集体长期形成的习惯法等，这样法院的判决才能得到执行。① 从立法上来看，我国《农村土地承包法》第 26 条就是以户籍为标准来认定成员资格的。在地方立法上，《湖北省农村集体经济组织管理办法》第 15 条也采用户籍标准。《广东省农村集体经济组织管理规定》第 15 条在户籍的基础上，将对集体尽到义务作为认定集体成员的标准。天津市高级人民法院颁行的《关于农村集体经济组织成员资格确认问题的意见》第 1 条中以集体土地作为基本生活保障来认定集体经济成员资格。

不论是在学说还是在立法上，我国关于农村集体经济组织成员资格的认定上都没有达成共识，但这并不当然得出我国不应该形成全国统一的集体经济组织成员资格立法，对此学界也有相关的讨论。

有学者认为："以法律明确规定，或者依社会习惯和公平正义原则应接纳为集体成员的，集体不得拒绝；除此之外的集体成员的加入，由集体自治决定。"② 该观点肯定了在集体经济组织成员资格认定中某些能够共同适用的习惯和原则，可以由法律规定，同时也指出集体经济组织作为自治组织，拥有着一定的自主管理能力，某些情况下集体成员的加入，可以自治决定。但该学说对于如何界定法律规定和自治的范围，则缺少相应的讨论。另外，如果集体经济组织完全自治，独立判断成员资格的取得和丧失，难免会存在"多数人的暴政"，应当实行有限的自治，不排除行政、司法力量的介入。集体经济组织成员资格的认定直接影响成员权的享有，成员权是一种公民基本民事权利，关系到成员的经济、政治、民主等一系列权益，不属于集体自治事项，不能通过成员集体表决等方式来赋予或剥夺，农村集体经济组织的自治不是完全自治，应在法律框架内运

---

① 参见王利明、周友军：《论我国农村土地权力制度的完善》，载《中国法学》2012 年第 1 期。
② 参见韩松：《论成员集体与集体成员——集体所有权的主体》，载《法学》2005 年第 8 期。

行①。"农村集体经济组织成员权取得和丧失的判断标准的制定权应由中央立法主体、地方立法主体和农村集体经济组织三者适当分享。中央立法主体主要是基于全国的普遍情形和统一规律，从国家总体政策、立法目标出发制定概括性、普适性标准。地方立法主体则主要负责对中央立法进行细化，同时基于本地实际情况进行有限度的、不违背中央立法根本原则的变通。"②

对于谁具有集体经济组织成员资格的立法权，有学者认为从我国的立法体制来看，全国人大常委会最有资格制定这样的规定，但是人大常委会很难在短时间内作出这样一个决定，为了让制定的法律直接被各级政府、基层自治组织和农村集体经济组织适用，也能成为法院裁判的依据，应当授权国务院来制定这一全国统一的标准。③ 在立法方式上，可以考虑让全国人大及其常委会制定一部综合性的《农村集体经济组织法》，将成员权取得和丧失的判断标准纳入其中，但考虑到目前农村集体经济组织制度建设和实际运行中很多关系尚未理顺，制定专门的《农村集体经济组织法》在现有的功能与规制内容分配上、对农村集体经济组织的地位与功能界定上存在巨大的障碍，可以根据《立法法》第9条，由全国人大或其常委会授权国务院先行制定和颁布关于农村集体经济组织成员取得和丧失判断标准的专门行政法规，如《农村集体经济组织成员资格办法》。④

目前针对集体经济组织成员资格制定全国统一的法律，同时兼顾集体经济组织的自治权已基本达成了共识。同时考虑到目前涉及集体经济组织制度建设和相关关系尚未理清。因此，从目前来看，通过国务院出台农村集体经济组织成员资格办法是一个较为可行的方式。如何做到中央立法和集体自治的平衡，是当前要解决的主要问题。

(二) 成员资格认定的中央立法和集体自治

1. 成为集体经济组织成员的两种方式

对于集体经济组织成员资格认定问题，农业部曾提出五点原则：一是尊重历史，承认现实；二是权利义务对等；三是标准一致，不能搞双重标准；四是程序公开，民主决定；五是既要坚持少数服从多数，又要防止多数人侵犯少数人权益。从历史来看，集体经济组织成员资格的取得是农民将自己所有的地入伙给集体换来的，在农业集体生产时代，集体经济组织对组织生产、分配利益发挥着重要作用。但从改革开放以来，实行家庭联产承包责任制，每户人家按人头的多少获得相应的承包土地。1984年中共中央

① 参见张西、王文信、徐永红：《从两起土地补偿纠纷谈集体经济组织成员资格认定》，载《中国国土资源报》2009年4月17日。
② 参见高达：《农村集体经济组织成员权研究》，西南政法大学2014年博士学位论文，第155页。
③ 参见杨攀：《农村集体经济组织成员资格标准的法律分析与实践》，载《西南政法大学学报》2011年第3期。
④ 参见高达：《农村集体经济组织成员权研究》，西南政法大学2014年博士学位论文，第146-155页。

《关于一九八四年农村工作的通知》中明确提出："承包到户的家庭承包期可以延长到15年，生产周期和开发性的项目承包期应当更长些。"2003年出台的《农村土地承包法》第20条将耕地承包期规定为三十年，草地承包期规定为三十年到五十年，林地承包期规定为三十年到七十年。这一系列措施，形成了比较稳定的农户和土地关系。

我国《农村土地承包法》规定了两种具有土地承包经营权的主体，其中第5条规定了农村集体经济组织成员具备该种资格，第15条规定了集体经济组织的农户才是家庭承包的承包方。2017年10月31日发布的《农村土地承包法修正案（草案）》第5、15条沿用了这种表述，只是在第5条增加了"非本集体经济组织的成员，除本法第三章规定的情形外，不得承包由本集体经济组织发包的土地，不享有土地承包经营权，但是可以通过土地流转依法获得土地经营权"这样的表述。有人认为《农村土地承包法》这种将农村集体经济组织成员和集体经济中的农户都赋予土地承包权的方式，导致一部法律出现两种不同的土地权利主体，存在着逻辑的冲突。对于集体经济组织成员和农户作为土地承包主体资格的取舍，存在着理论上的争论。有学者认为，以集体经济组织成员作为土地承包权主体更为合理：其身份相对确定，能够更好地保障每个个体的权益，变家庭保障为集体保障。① 也有学者认为：在我国的实际情况是，在农村，家庭既是生活单位，也是生产单位，农村集体土地实际登记在户主名下，由家庭为单位进行生产活动，有必要确立家庭在农村土地承包中的主体地位。② 也有学者认为：农户作为我国农村土地承包经营的主体具有其历史渊源，有其存在的现实价值，且集体经济组织成员与农户是不同的承包权主体，正是集体经济组织成员的土地承包权共同组成了农户的土地承包经营权，集体经济组织成员与农户都作为农村集体土地承包主体并不冲突。③ 这些观点都从不同的侧重点阐述了集体经济组织成员和农户作为农村集体土地承包主体的合理性，无论是集体经济组织成员还是农户都有其作为土地承包主体的价值，为了明晰集体经济组织成员与农户之间的关系，需要明确其在集体经济中扮演的职能，发挥的不同价值。

家庭联产承包责任制发展到现在，"农民对自己在集体中成员权早已发明了一系列作法，这些作法使得成员权越来越明确和牢固。其中最常见的做法，就是将成员权做成'股权'，并且按照'增人不增地、减人不减地'的原则，落实到家庭"。④ 目前，农村集体经济组织最大的现状就是"增人不增地、减人不减地"，笔者将以此现实，结合农村土地历史上的私人所有性质，构建集体经济组织成员资格认定新说。

集体经济组织成员的变化，最重要的方式就是农户家庭人口的增减。在"增人不

① 参见戴威、陈小君：《论农村集体经济组织成员权利的实现——基于法律的角度》，载《人民论坛》2012年第2期；陈龙吟、侯国跃：《中国民法典民事主体立法问题研讨会会议综述》，载《西南政法大学学报》2015年第5期。
② 参见孙宪忠：《争议与思考——物权立法笔记》，中国人民大学出版社2006年版，第501页。
③ 参见丁文：《论"三权分置"中的土地承包权》，载《法商研究》2017年第3期。
④ 参见孙宪忠：《固化农民成员权，促经营权物权化》，载《经济参考报》2017年1月17日。

增地，减人不减地"的现实下，农户家庭人口的增加或者减少只是家庭内部承包经营权及其他财富的再分配，不会导致集体中其他成员权益的增加或者减少，因此农户家庭人口的增减，应当将其作为家庭内部的利益的重新分配。另外一种集体经济组织成员增减的方式是直接成为集体经济组织成员，而不通过加入集体经济中已有的农户而间接获得成员资格。直接加入集体经济组织，获得成员资格，主要是通过申请加入的方式，以集体经济组织自治表决决定。新的成员直接加入集体经济组织，并不导致其他集体经济组织成员的权益增加或者减少，集体经济组织可以将自留地分给新加入的集体成员。发展到更高的阶段则可以形成以资本换股权，获得股东身份，即集体经济组织成员身份。

综上所述，集体经济组织成员与农户两种土地承包主体并行的局面实际上提供了取得集体经济组织成员资格身份的两种方式：一种是直接取得集体经济组织成员资格，即意定取得；一种是通过加入农户，成为农户的一员，而间接获得集体经济组织成员资格，即法定取得。《农村土地承包法修正案（草案）》第23条第2款规定"土地承包经营权证或者林权证等证书应当将具有土地承包权的全部家庭成员列入"，正是对农户家庭成员具有集体经济组织成员资格的肯定。笔者也将以这两种取得集体经济组织成员资格的方式，具体讨论两种方式中的具体行为模式。

2. 意定的集体经济组织成员资格

意定取得集体经济组织成员资格是指不以加入农户家庭为条件，直接取得集体经济组织成员资格，因其成员资格直接参与集体利益的分配，而不是对农户家庭既已分配利益的再分配。其途径为申请加入的方式。意定取得，属于集体经济组织自治的范畴。《民法总则》第99条的规定赋予了集体经济组织法人资格，为意定加入集体经济组织提供了条件。意定加入集体经济组织，以自然人提出申请为基础，然后由集体已有成员按章程拟定方式或依多数表决方式，决定是否接纳。在市场经济条件下，集体经济组织成员权只能依据民事法律行为而产生变动。取得成员权应建立在法律行为基础上，成员权利义务应通过合同约定来确定。① 关于申请者的权利义务，由集体经济组织与申请人商议决定，并以合同方式确定下来。但应当注意的是，该申请是加入集体经济组织，成为集体经济组织的一员，其权利义务应当包括对集体经济组织受益和损失的共担。同时新加入的成员获得相应的成员权，如宅基地使用权、土地承包权等。

需要注意的是，在家庭联产承包责任制下，农户自给自足的发展农业，且人地关系长期稳定，集体经济组织在基层治理中，其治理能力已经退化。在申请者申请加入集体经济组织中，集体经济组织如何行使权力，关系着全体经济组织成员的利益。既要避免"多数人暴政"，又要避免少数拥有决定权的人以权谋私。这里是农村集体经济组织治理能力的问题，不重要讨论。

申请加入取得集体经济组织成员资格者，在退出集体经济组织时，可以分为意定和法定两种形式。意定退出需要向集体经济组织进行备案，同时应当将作为集体经济组织

---

① 参见杨一介：《农村地权制度中的农民集体成员权》，载《云南大学学报（法学版）》2008年第5期。

成员所取得的相关权益归还给集体经济组织，集体经济组织应当向退出成员支付一定的对价，如果对相关土地等集体财产造成损坏的，应当赔偿损失。法定退出指申请者自加入集体经济组织后，在满足一定的法定条件下，应当退出集体经济组织。主要包括对土地等集体财产进行破坏性使用经劝阻无效的，承包土地长期抛荒经提醒无效的等情况。

3. 法定的集体经济组织成员资格

法定取得集体经济组织成员资格是指以出生、婚姻、收养方式加入集体经济组织的农户家庭中，不需要其他集体经济组织成员同意，自动取得集体经济组织成员资格的方式。在"增人不增地，减人不减地"背景下，法定取得集体经济组织资格，并不会对所加入农户以外的其他集体经济组织成员的利益产生影响，只是对农户家庭享有的集体权益进行再分配。为了保障新加入家庭成员的权益，法律应当在婚姻家庭法中，对农户家庭中新加入成员的权益进行规定，避免出现某人从一个集体经济组织的农户进入另一个集体经济组织农户后，既失去原来的成员资格，而在新的家庭相关成员资格所应有的权利又得不到保障的情况。笔者认为，集体经济组织农户家庭内部应当是一种普通合伙关系，新的成员加入集体经济组织后，即获得合伙资格，获得与家庭其他成员一样的权益。在以离婚等方式退出农户家庭时，该成员并不当然丧失集体经济组织成员资格，其在原家庭中的权益由婚姻家庭法调整，在该成员尚未加入其他集体经济组织之前，当前的集体经济组织应当为其提供一定的生活保障。

五、结论

农村集体经济组织成员资格认定困难产生于人员迅速流动，导致农村集体经济组织外来人口日益多元，原来相对稳定的成员和相对一致的风俗被打破。从土地制度改革的历史来看，农村土地的所有权经历的从私有到集体所有再到将承包权分给农民的过程。"增人不增地，减人不减地"已成为默认的做法。从历史渊源和现实实践出发，将认定集体经济组织成员资格分为意定的集体成员资格和法定的集体成员资格，这种划分将有效的实现国家治理和集体治理的平衡，同时将两种涉及不同利益的集体成员资格认定方式区别处理，能够实现集体经济组织资格认定的有序化，实现"三权分置"改革的稳步推进。

冲突功能论视角下新时代公共事件应对策略研究

陈　墨*

摘要： 本文试图借助科塞的冲突功能论来为新时代背景下我国频发的公共事件寻求应对策略。本文首先梳理了科赛冲突功能论的基本观点，即在一定条件下，社会冲突是具有正功能的。社会冲突在我国集中体现为公共事件，根据公共事件展开的平台不同，本文将公共事件分为网络公共事件和社会公共事件，并指出网络公共事件属于非暴力、低烈度的冲突类型。接着文章以"于欢案"为实例检验分析了社会冲突的正功能和负功能效应。最后文章指出冲突功能论对我国应对公共事件的启示有：第一，需要发挥社会主义核心价值观的价值整合功能以避免根本价值冲突；第二，要构建开放自由的网络舆论空间，引导冲突向低烈度方向发展；第三，要加强冲突的制度化建设，尤其是创新和完善集体利益表达机制。

关键词： 社会冲突；公共事件；冲突功能论

习近平总书记在党的十九大报告中指出，"经过长期努力，中国特色社会主义进入了新时代"。同时认为，在新时代背景下，"我国社会主要矛盾已经转化为人民日益增长的美好生活需要和不平衡不充分的发展之间的矛盾"。习近平总书记关于我国社会主要矛盾的重大论述高度抽象与概括了新时代我国社会主要矛盾的本质内涵，现实生活中一系列的突发公共事件则是我国社会矛盾的具体表现形态。十八大以来，虽然我国的经济社会文化建设取得了长足的发展，但由社会冲突引发的公共事件并未随着社会发展而逐步减少，例如2017年爆发的于欢案、启东事件、红黄蓝事件、京三村系列报道等。这些群体性暴力冲突和网络舆情事件引发了广泛的社会关注，是当前我国社会矛盾的集中展示。从党的十九大到二十大，是"两个一百年"奋斗目标的历史交汇期，在新的历史起点上，我们应该如何应对公共事件，处理社会冲突？本文试图借助科赛的冲突功能论对这一问题做简要探讨。

一、冲突功能论产生的背景——对结构功能主义的反思

"社会冲突"作为美国社会学第一次年会（1907年）的主要议题，在社会学兴起

---

* 作者简介：陈墨，武汉大学法学院法学理论专业硕士研究生。

之初即作为社会学的主要研究命题而受到主流社会学者的重视。在 1930 年美国社会学第二十六届年会上，社会冲突再次成为主要议题，但并未获得充分的关注与讨论，年会表明社会冲突的研究已经逐渐淡出了社会学学者的研究视线。二十世纪中期，结构功能主义成为占统治地位的社会学范式，社会学关注的焦点从注重冲突转向了对"一致""秩序"和"稳定"的追求。冲突问题的研究一度被忽略了。

结构功能主义的核心在于运用系统论中的结构-功能分析方法去研究分析社会问题。这一理论可以溯源到早期社会学家孔德、斯宾塞。他们认为社会与生物有机体在许多方面是相似的。这种相似主要体现在三个方面：社会与生物有机体一样具有结构；社会与生物有机体的延续都有赖于自身基本需求的满足；社会系统整体与生物有机体一样由各个部分组成，各组成部分的协调有序运行才能维持社会系统整体的良性运转。[①] 他们追求构成社会各部分结构之间的平衡与和谐关系，把社会学定义为研究社会秩序和社会进步的科学。美国社会学家塔尔科特·帕森斯在继承孔德相关理论的基础上，将这种结构——功能分析方法发展成一种全面而系统的社会学分析范式，并于 1945 年提出结构功能主义这一说法。由于重视对社会系统常态性的维持和社会结构均衡的保持，在结构功能主义理论体系下，冲突、失序、变革等不利于社会系统稳定存在的因素、机制和过程等现象往往被冷落和忽略。帕森斯倾向于认为冲突主要具有破坏性的、分裂性的和反功能的后果，是社会功能失调的"病态"表现，应当予以避免。[②]

结构功能主义与"二战"刚刚结束时人们渴望建立没有战争与冲突的理想世界的愿景不谋而合，而至 50 年代末期开始，西方国家内部一度出现的社会稳定和进步局面逐步瓦解，社会分配不公及第三世界的崛起等导致的阶级冲突和种族冲突此起彼伏。面对社会中大量存在的现实冲突，社会学家必须从理论上做出合理的解释：要么肯定社会已经失序，承认社会处于严重的病态之中；要么否定现有的社会理论对社会根本特点的解释。[③] 在此背景下，科塞选择了后者，重新重视社会冲突的研究，在齐美尔的冲突思想的基础上提出社会冲突是"一种社会化的形式"的观点。科塞认为社会系统运行时不可避免的伴随紧张、失调和利益冲突，社会冲突不仅仅具有"分裂作用"，更具有对社会的促进、整合等正向功能，开创了冲突理论研究的新天地。

二、科塞冲突功能论的主要观点

（一）社会冲突的概念和分类

在《社会冲突的功能》一书的前言中，科塞指出："就本书的目的而言，可以权且

---

① 参见［美］戴维·波普诺著，李强等译：《社会学》，中国人民大学出版社 1999 年版，第 109 页。

② ［美］L. 科塞著，孙立平等译：《社会冲突的功能》，华夏出版社 1989 年版，第 7 页。

③ 参见戴桂斌：《科塞社会冲突论的历史地位》，载《襄樊学院学报》2005 年第 6 期。

将冲突看做有关价值、对稀有地位的要求、权力和资源的斗争，在这种斗争中，双方的目的是要破坏以至伤害对方。"从这一定义可以看出，冲突的根源既有物质性原因，也有非物质性原因，冲突的根本属性是对抗性，冲突的一方企图通过冲突获取地位、权力和资源等物质利益或者迫使另一方接受自己的价值观念或者仅仅只是单纯地对另一方造成伤害。在此概念的基础之上，科塞根据自己的研究需要将社会冲突分为以下三种类型：

内群体的冲突和与外群体的冲突。顾名思义，内群体冲突就是群体内部之间发生的冲突，与外群体的冲突则涉及两个以上的冲突群体。科塞认为不论是内群体的冲突，还是与外群体的冲突，都具有社会整合的正功能。在内群体的冲突中，群体在内部冲突的压力之下，会致力于排除不和谐的因素，冲突所反映的问题反而会增强群体的内部凝聚力和持续的生命力。因此，冲突有助于消除群体中的分裂因素并重建统一。对于群体间的冲突而言，社会冲突的正功能表现在以下两个方面。一方面，群体间的冲突"可以对群体身份的建立和重新肯定作出贡献，并维持它与周围社会环境的界限。"① 在与资产阶级的不断斗争之中，工人阶级才能保持自己的特征，并认识到自己的阶级身份。另一方面，显而易见的是，出于增强群体防御功能或进攻性的需要，与外群体的冲突会调动群体成员的活力并增强群体内部的凝聚力。

初级群体冲突与次级群体冲突。依据群体内部成员关系的亲疏的不同，科塞将社会冲突分为初级群体冲突与次级群体冲突。这是对内群体冲突的再分类。所谓初级群体冲突，是指成员社会关系紧密的群体间的冲突，典型的如夫妻间的冲突、邻里冲突等。次级群体，指的是与初级群体相对应的，其成员为了某种特定的目标集合在一起的社会群体。次级群体成员间感情联系不如初级群体，典型的有公司、学校、志愿者团体等。科塞认为，紧密关系制造了经常发生冲突的机会，初级群体成员以其完全的人格参与到群体关系之中，为了群体关系的维持往往压抑敌对情绪，在敌意矛盾积累下爆发的冲突往往更加剧烈。因此，暂时性的无冲突状态并不能作为关系牢固的标志。反之，在次级群体中，群体成员更容易表示自己的不满，这种冲突利于成员与群体间的调适，这种冲突虽然频繁，但是是低烈度的。

现实性冲突与非现实性冲突。在齐美尔关于作为手段的冲突和作为目的的冲突的分类基础上，依据冲突的目的的不同，科塞将社会冲突分为现实性冲突与非现实性冲突。现实性冲突中，冲突发起方只是将冲突作为手段，通过冲突获取利益或取得价值观上的胜利才是目的。例如农民工为了讨薪与用工单位间的冲突。而在非现实性冲突中，冲突的发起方并没有特别的目的，冲突是为释放紧张需要而引起的，冲突的本身就是目的。例如，在公共场所自爆等报复社会的行为。科塞认为，在现实性冲突中冲突只是达到目的的手段，当存在更为合适的替代手段时，冲突将不会发生。非现实性冲突没有替代手段，只能通过避免其产生来解决。科塞认为："非现实性冲突产生于剥夺和受挫，这种剥夺和受挫则产生于社会化过程及后来的成年角色义务或者其结果，也有的是由原初的

---

① ［美］L. 科塞著，孙立平等译：《社会冲突的功能》，华夏出版社 1989 年版，第 23 页。

不允许表达的现实性冲突转化而来。"①

（二）社会冲突的正功能及其条件

科塞研究的重点在于社会冲突的正功能。笔者将科塞关于社会冲突功能的论述归纳为社会整合功能和规则创制功能两项主要功能。如前所述，社会整合功能首先表现在内群体的冲突和与外群体的冲突均能增强群体内部的凝聚力。其次，社会冲突利于社会成员敌意的释放，从而避免敌意倾向的堵塞和持续积累，能够缓解社会紧张与社会压力，从而避免激烈冲突的产生。再次，冲突是确定利益双方相对实力最有效的手段，一旦这种相对实力得到证明，双方达成和解就更加容易，权力间的平衡得以建立。最后，冲突者需要同盟者，斗争可以将互不相干的个人联系在一起，从而促进社会系统的组织化，这种组织化又教导个人掌握社会秩序的规则从而实现人的社会化，并激发社会成员的社会参与性。社会冲突的第二个主要功能是规则创制功能，社会冲突往往是社会价值准则和行为准则得以肯定或发生改变的重要契机和关键，冲突暴露了现存规则的合法性问题，从而使得社会能在面对新环境时即时进行调整，以确保社会在变化了的条件下的延续。

尽管科塞主要关注社会冲突的正功能，但其并不否认冲突的分裂作用。同时，他认为，社会冲突发挥正功能是有条件的，并不是任何一种冲突都有益于团体结构。"社会冲突是否有利于内部适应，取决于是在什么样的问题上发生冲突，以及冲突发生的社会结构。" 就冲突的问题而言，这种冲突应该是不涉及核心价值的对抗，例如，国民关于堕胎、同性恋、税收比例的争论等问题不涉及核心价值，不会威胁国家的社会结构，而公司股东间对于公司宗旨的分歧可能导致公司的解体。另外，这种冲突是社会系统内不同部分之间的对抗，而非社会系统本身的基本矛盾。无产阶级革命这种直接针对社会系统本身的冲突无疑会导致社会结构的崩溃。就冲突发生的社会结构而言，科塞认为，发挥冲突正功能的社会结构应该是富有弹性的社会结构并且在这种结构中其成员多置于结构松散的团体之中。不同于紧密关系，在结构松散的团体之中，团体个人只是部分地参与团体，这种参与是非人格性的，团体成员往往将其注意力分散在许多方向的冲突上，并使冲突停留在就事论事的状态，避免了情绪化的参与和压抑情感的集中爆发。富有弹性的社会结构要求社会为冲突提供制度化的手段，而不是压制冲突的产生。在结构松散的团体和开放的社会里，冲突往往是频繁、低烈度，具有正功能的。

三、冲突功能论的本土实践——我国公共事件现状分析

（一）公共事件的概念及分类

冲突功能论是在 20 世纪中期美国各种社会矛盾激化、社会冲突加剧的时代背景下

---

① ［美］L. 科塞著，孙立平等译：《社会冲突的功能》，华夏出版社 1989 年版，第 41 页。

产生和发展的，为适应新时代发展要求而处在改革攻坚期的中国社会同样面临着相似的困境。改革开放 30 多年来，由于多种所有制经济结构的形成以及按生产要素进行分配的社会分配制度的建立，我国社会的阶层结构发生了很大的变化，由原来的较为简单的工农兵阶层的结构分化为一个多元的、复杂化的阶层结构。① 异质化的社会结构必然伴随着不同社会群体间的利益冲突和价值冲突。冲突功能论为认识和分析当前我国的社会冲突现象提供了理论工具。就描述中国社会冲突现象的概念而言，学界并无统一用语，最常用的概念是群体性事件，群体性事件被定义为"由人民内部矛盾引发、群众认为自身权益受到侵害，通过非法聚集、围堵等方式，向有关机关或单位表达意愿、提出要求等事件及其酝酿、形成过程中的串联、聚集等活动"②。这一概念表明了社会冲突非制度化和具有破坏性的特征，从冲突功能论出发，笔者试图用"公共事件"这一更加中性的概念来描述我国社会冲突的现象。当然，并不是所有的公共事件都属于社会冲突的范畴，公共事件也未能囊括所有的社会冲突类型。为了明确本文的研究对象，笔者对"公共事件"这一概念作以下三点澄清。第一，科塞主要是从宏观的社会冲突来论述冲突功能论的，这里的公共事件不包括个体与个体的冲突；此外，本文将研究范围限定在本国范围之内，国家与国家之间的冲突不包含在笔者所述的公共事件范围之内。因此，公共事件这一概念主要涵盖的是个体与群体、群体与群体、社会与国家之间的冲突等冲突类型。第二，公共性是公共事件的外在表征，本文所述的公共事件应当是参与人数众多或者引起广泛关注的事件。第三，对抗性是公共事件的内在属性，只有那些围绕价值和物质利益进行对抗而引发的公共事件才属于本文的研究范畴。

根据公共事件主要开展的平台不同，笔者进一步将公共事件划分为网络公共事件和社会公共事件。网络公共事件是指由众多网民共同参与，以互联网为主要活动平台，围绕特定目的，通过形成强大的网络舆论来争取价值认同或者利益满足的公共事件。例如在 2011 年大连 PX 事件中，大连市民通过网络组织进行抗议示威，促使大连市委、市政府很快作出将福佳大化 PX 项目停产并搬迁的决定。社会公共事件是与网络公共事件相对的传统公共事件类型，在社会公共事件中，社会民众通过线下聚集的方式参与到公共事件之中，并通过实际行动来表达自己的利益诉求。例如，2015 年 6 月 15 日，在湖北武汉，数百名专车司机聚集在汉阳运管处，抗议警察钓鱼执法，要求运管处释放被查处的车辆。③ 网络公共事件往往由现实突发事件引起，如果该现实的突发事件本身也属于参与人数众多的社会公共事件，网络公共事件与社会公共事件的区分就不绝对，当引起网络公共事件的现实事件仅为个人间的冲突，或者由网络话题演化而来，网络公共事件便具有一定的独立性。当然，不论网络公共事件是否能成为独立的公共事件，强大的

---

① 参见陆学艺：《当代中国社会阶层研究报告》，社会科学文献出版社 2002 年版，第 9 页。

② 肖唐镖：《当代中国的"群体性事件"：概念、类型与性质辨析》，载《人文杂志》2012 年第 4 期。

③ 参见《武汉专车司机抗议钓鱼执法，警方：未鸣枪》，载凤凰网 http://news.ifeng.com/a/20150616/43983526_0.shtml，最后访问时间：2017 年 12 月 5 日。

网络舆论和利益诉求总会对社会现实产生深刻的影响，因此这种冲突形式不容忽视。笔者之所以做这样的区分，在于两种公共事件类型之间的动员机制、传播方式、参与主体、参与形式存在差异性。两者的根本差异在于互联网的去中心化和跨越时空等技术优势带来的社会关系、社会结构和交往方式的变化，这种变化表现为一种独具特色的网络文化。符号和话语是网络公共事件主要的表达方式。① 一般来说，网络公共事件促使了网民的短暂联盟，这是一种结构极其松散的团体类型，在自由的网络空间下网民的利益诉求能够便捷表达，其不满情绪能够即时释放，同时，以话语和符号作为冲突手段决定了这类冲突的非暴力性，相应的，单纯的网络公共事件往往难以产生破坏性的后果。因此，相较于社会公共事件，网络公共事件是一种低烈度的冲突形式，也更容易发挥冲突的正功能。

（二）公共事件的正功能分析——以"于欢案"为例

今年上半年受到广泛关注的"于欢案"是一起典型的网络公共事件，笔者试图从冲突功能论的视角对"于欢案"的社会影响进行简单梳理，并从中透视公共事件的正功能作用。

于欢案是由一起民间借贷引起的。2016 年 4 月 13 日，吴学占在苏银霞家中将其头部摁入马桶，逼其还钱。当日下午，苏银霞数次拨打 110 和市长热线，却没有得到帮助。次日，10 多名社会闲散人员到苏银霞所在工厂讨债，将苏银霞及其子于欢围堵在公司接待室，限制两人的人身自由，并采取辱骂、用于欢的鞋捂住苏银霞的鼻子、在苏银霞面前裸露下体等方式对母子二人进行侮辱。路过接待室的工人看此情形报了警。警察赶到接待室后，警告在场人员不要打架后旋即离开（事后调查证明出警民警是暂时性离开接待室寻找报警人了解情况），苏银霞母子打算与民警一同离开接待室却被讨债人员阻拦，于欢情急之下使用接待室桌子上的水果刀对周围的讨债人员进行捅刺，致一人死亡，两人重伤。2017 年 2 月 27 日，一审聊城中院以故意伤害罪判处于欢无期徒刑，剥夺政治权利终身。

2017 年 3 月 24 日，《南方周末》通过网易新闻客户端发布《母亲欠债遭 11 人凌辱儿子目睹后刺死一人被判无期》一文对于欢案进行报道，瞬间引爆了舆论场，截至 6 月份，该报道下已经有超过 240 万条的评论。② 在于欢案持续的发酵过程中，网民对于欢表现出了一边倒的同情，发出"母辱不护，国辱何御"的口号，甚至有相当部分的网民认为于欢不仅无罪，而且遵守孝道应该受到嘉奖。知名学者易中天公开宣称，于欢

---

① 参见许鑫：《网络公共事件的多维审视》，载《青年记者》2017 年第 4 期。
② 参见《母亲欠债遭 11 人凌辱 儿子目睹后刺死一人被判无期》，载网易新闻网 https：//c. m. 163. com/news/a/CGA6V5KL0001875P. html? spss＝newsapp&spsw＝1，最后访问时间：2017 年 6 月 10 日。

是制止犯罪、是正当防卫、是见义勇为、是血性男儿,于欢无罪![①] 该观点极具代表性并受到广大网友的拥护。除了对辱母者的强烈批评和对于欢定罪的不满外,网民还质疑当地警匪勾结,认为出警民警应因自己的渎职行为受到法律制裁。距离于欢案件的最初报道近3个月时,5月27日,于欢案二审在山东省高级人民法院公开审理,5月28日,最高人民检察院公诉厅负责任就故意伤害案有关问题进行了答记者问,从防卫意图、防卫起因、防卫时间、防卫对象和防卫结果五个方面认定于欢的行为属于防卫过当,应当减轻或免除处罚。同时调查了案发时出警民警的行为,回应了网民关切的问题。经过一段时间的积淀,于欢案的事实逐渐明朗,网民也日趋理性,从最高检相关微博的点赞、评论情况来看,网络舆论对最高检的答记者表示了较高程度的认同。6月23日,山东省高院对于欢案作出二审判决,认定于欢构成故意伤害罪,属于防卫过当,判处有期徒刑5年。这个判决结果和一审判决相比,于欢的定性和量刑都减轻了不少,绝大部分网民对最终判决结果十分满意,纷纷表示为法院点赞。

在于欢案这一网络公共事件中,至少蕴含着两组冲突。第一组即人民群众与犯罪分子之间的群体与群体的冲突。通过对吴学占、杜志浩等非法讨债人员及其卑劣行径的强烈谴责,无以计数的网友形成了短暂联合,并强化了异质群体中的共同认同,使网民群体认识到他们属于同一个道德世界。第二组即社会群众与国家权力之间的内群体冲突。这组冲突包含两个方面。一方面是公众道德情感与司法判决间的冲突,另一方面是公众对行政权力腐败的质疑。这两方面的冲突都不涉及核心价值的冲突,而是建立在共同认识基础之上的内群体冲突。因为不论是对社会公众还是对作为公共管理者的国家而言,司法公正是他们所共同追求的,而行政腐败是他们所共同摈弃的。正当防卫这一基本规则在于欢案这一特殊情形中得以确认,并在该具体场合中得以解释从而获得了更为广泛的社会认同,避免了公众道德情感与法律规范的彻底决裂,从而维持了内群体间的共同价值准则。同时,于欢案调动了社会公众的社会参与,社会公众通过对权力腐败的合理质疑,表达了对公权力阳光行使的需求,缓解了社会紧张和社会压力。最高检的及时回应和山东高院的二审判决也使得冲突得以及时消除,政府公信力得以重新建立。从冲突功能论的视角分析,于欢案集中体现了社会冲突的社会整合功能。

此外,我国的公共事件同样具有规则创制的功能。有学者经过梳理发现,2003年至2013年10年间,共有32起公共事件引起了立法回应,推动了法律法规的创制、修改和废止。[②] 其中比较典型的事例有:2003年孙志刚事件推动国务院废除了《城市流浪乞讨人员收容遣送办法》并出台了新的《城市生活无着的流浪乞讨人员救助管理办法》;2009年唐福珍、2010年钟如琴、罗志凤等在暴力拆迁中的自焚事件推动废止了《城市房屋拆迁管理条例》,国务院出台了《国有土地上房屋征收与补偿条例》,改变了

---

① 参见《易中天:我支持刺死辱母者的当事人于欢——无罪》,载搜狐网 http://www.sohu.com/a/130762515_113138,最后访问时间:2017年12月5日。

② 参见张欣:《大众媒体、公共事件和立法供给研究——以2003—2013年公共事件为例》,载《法学评论》2016年第5期。

以往允许"先拆迁，后补偿"的做法；2009 年孙伟名醉酒驾车案、张明宝醉酒驾车案、胡斌恶性飙车等事件推动了《刑法修正案（八）》将醉酒驾车、飙车等危险驾驶行为定为犯罪。公共事件作为社会矛盾集中展现的平台，能够成为规范改进和形成的激发器，使得社会规范与社会关系稳定适应。

（三）公共事件的负功能分析

科塞提出了社会冲突的功能论，绝不是说社会冲突越多越好，我们应有意的去制造冲突。科塞是在"一定程度的冲突是群体形成和群体生活持续的基本要素"的基础上来论述冲突的正功能的，即冲突是可以容忍和利用的但不必刻意去制造冲突。另外，科塞也承认冲突的"分裂作用"，并强调冲突正功能的发挥需具备一定条件，因此把冲突视为正常现象，任由激进思潮的泛滥和冲突发生的观点也是不对的。在网络公众冲突中，网民可能受不实谣言误导，从而产生社会误解，这种误解伴随着网络开放性的特点能很快在更多网友间形成共鸣，如果误解难以消除，会降低群体的凝聚力甚至引发线下的高烈度冲突。① 在社会公共事件中，社会冲突负功能主要源于非制度化的利益表达方式，这些非制度化的利益表达方式包括采用堵塞交通等手段缠访、闹访的；采用打、砸、抢、烧等非法手段进行暴力冲突的；采用自杀等极端方式进行抗议的；在公共场合针对不特定人群采取报复社会行动等。② 这些非制度化利益表达下的公共事件往往会造成严重的经济损失和人身伤亡，并具有扰乱社会秩序、累积社会负面情绪、破坏社会结构、分裂社会群体的负功能，其负功能较正功能而言更为突出。因此，在认识到公共事件正功能的同时，不能忽视公共事件的治理，其重点在于减少暴力、高烈度冲突的频率，让社会冲突趋于可控并避免核心价值冲突议题的产生。

四、冲突功能论对我国应对公共事件的启示

通过上文的分析，我们应该认识到即使步入了新时代，社会冲突仍然具有不可消除性，转变"稳定压倒一切"的片面思维，在警惕公共事件负功能的同时，更要借由公共事件的契机发挥社会冲突的正功能，化冲突为社会变革进步的动力。根据科塞对冲突正功能发挥条件的分析，冲突正功能的发挥依赖于对冲突具有包容性的社会结构的构建和核心价值冲突的避免，应通过构建顺畅的表达机制和合理的博弈机制，使冲突制度化，使其可预测和可控制，从而实现冲突类型的转变：变激烈、暴力冲突为低烈度、非暴力的冲突。下面笔者将从核心价值和社会结构两方面阐明冲突功能论对我国应对公共事件的启示。

---

① 参见毕天云：《论社会冲突的根源》，载《云南师范大学学报》2000 年第 5 期。
② 参见陈秀梅：《冲突与治理——群体性事件的治理与利益表达机制的有效性研究》，中国社会科学出版社 2015 年版，第 56 页。

（一）发挥社会主义核心价值观的价值整合功能

价值观是对客观事物系统化的主观认知，是人们对周围事物的是非、善恶和重要性的看法与评价。作为一种主观感受，价值观不仅影响人们的思想态度，同时制约着人们的外在行为。① 多元化的价值观念在社会运行过程中难免发生接触、交锋和碰撞，从而引起价值观念之间的排斥与斗争。相较于改革开放之前，社会阶层分化及利益格局调整中的当下中国呈现出价值多元的现象。新时代下的价值多元或者说价值冲突将是常态，而非问题。问题在于多元的价值如何对话交流、互动整合，成为促进而不是消解社会秩序的力量。② 价值观整合不是对不同价值观的机械合并，也不是对某种价值的人为消解，而是通过塑造具有持续性、包容性的价值生态环境促使多元价值的良性互动，在保证核心价值不发生偏离的情形下最大限度的发挥价值体系中的各种有利因素的积极作用，促使人们和谐共处，社会持久繁荣。社会主义核心价值观是指导中国现代化建设的精神动力，反映了绝大多数中国人民的共同愿望，对人们的各种价值观念具有强大的引领和提升功能。因此，要更好地面对公共事件尤其是网络公共事件中的各种价值碰撞和价值融合，需要发挥社会主义核心价值观的价值整合功能，使得公共事件价值冲突能在共享的价值准则下良性展开，避免因基本价值冲突的产生而导致的社会分裂。笔者认为，我国的基本价值为对社会主义制度这一我国根本制度及人民民主专政的国家性质的认同，社会主义核心价值观是具有科学理性和人文精神的核心价值观念，并具有集体主义导向，用社会主义核心价值观对当下多元价值的形态进行整合，能有效避免价值冲突的失序。尽管基本价值的冲突会毁灭社会结构，科塞指出，"然而，防止冲突瓦解双方公认关系基础的防护器就存在于社会结构自身之中；它是由冲突的制度化和承受力提供的。"③ 因此，发挥公共事件的正功能，共同价值观的整合固然重要，更为重要的是构建对冲突具有包容性的社会结构。

（二）构建对冲突具有包容性的社会结构

1. 开放自由的网络空间与舆论引导

当前政府在应对网络公共事件中的网络舆论时，管控思维较为严重。特别是针对由一些官民冲突和恶性群体性事件引发的网络舆论，政府及其相关部门往往会启动舆论干预机制，采取限制发帖、限制评论、封贴、删帖，甚至关闭部分网站以至部分区域的互联网服务等手段控制与事实不符或者与主流价值不符的舆论蔓延。④ 诚然，谣言借助互

---

① 参见毕天云：《论社会冲突的根源》，载《云南师范大学学报》2000年第5期。

② 刘晨晔、曹妍：《以社会主义核心价值观化解社会转型期价值观冲突》，载《理论界》2015年第5期。

③ ［美］L. 科塞著，孙立平等译：《社会冲突的功能》，华夏出版社1989年版，第135页。

④ 参见熊光清：《中国网络公共事件的演变逻辑——基于过程分析的视角》，载《社会科学》2013年第4期。

联网平台蔓延十分迅速，可能引导事态的进一步恶化。但是单纯的压制舆论并不会淡化社会冲突，相反会引发网民的反感和猜疑并进一步加深对政府的误解。谣言止于真相，舆论应受到引导，但不应被压制，参与网络公共事件的社会公众应当有依法发表见解的自由和接受有关信息的途径。政府介入网络公共事件的正确做法应当是：及时调查事件真相，并针对现实状况采取解决措施，同时通过权威媒体发布相关机构解决问题的进展情况或关于事件真相的深度报道，并聘请专家学者通过电视、报纸、网络媒介进行深度评论，引导网络舆论平和化和理性化。如前所述，网络公共事件是非暴力、低烈度的冲突形式，因此疏通网络公共事件这一减压通道或者引导社会公共事件向网络平台的转移是降低社会冲突激烈程度的一条可行路径。网络空间除了作为低烈度的社会冲突的展开平台以外，还具有社会安全阀的功能。科塞认为，社会系统应该提供排泄敌对和进攻性情绪的制度。这种制度被称为安全阀制度。安全阀制度能提供敌对情绪的替代目标以及发泄手段，这种发泄手段虽然无法从根本上避免冲突的产生，但能缓解社会紧张状态的积蓄，对社会结构的稳定能起到一定作用。例如，纳粹政权下的政治笑话和等级分明的巴厘人社会中的讽刺性戏剧都能为敌意提供无害的出口。"当代大众文化就是充当了将挫折情绪释放出来，并使受到严格禁止的敌意冲动替代性地表达出来的手段。"① 网络空间作为大众文化的聚集地在强国家弱社会的背景下受到的限制较为严格。例如，建造长城防火墙分析过滤中国境内外网络的资讯的互相访问；对电影、动漫等网络出版物进行严格的审查；8 月 25 日国家网信办公布《互联网跟帖评论服务管理规定》，对网络社区提出实名跟帖、加强信息管理等要求。网络空间有其复杂的生态环境，也与现实世界中的公民利益和国家安全息息相关，因此有国家管制的必要，但要避免"一放就乱，一管就死"的现象，要充分考虑网络管控措施的利弊，既要构建和平、安全的网络空间，也应注重网络空间的开放性和包容性，发挥网络空间社会安全阀的功能。

2. 冲突的制度化

在现实性冲突中，冲突只是当事人达到相关目的的手段，如果制度化的冲突形式能达到相关目的，当事人往往会选择在既定的规则框架内表达利益诉求。因此，冲突的制度化建设往往能有效的降低冲突的烈度，使得公共事件的展开更加可控。例如，经过相关部门批准的游行示威行为，既温和地表达了多数群体的价值选择和利益诉求，也不会对社会秩序产生破坏。对于冲突的制度化建设，笔者提出以下两点建议。

第一，要坚持法治原则。现实生活中，上访人以群体聚集、闹事等极端手段要挟地方党委政府的"群体性闹访"现象屡见不鲜。例如，2011 年，新建镇有两人被石鼻镇的王某开摩托车撞成一死一伤，王某家境困难拿不出赔偿款项，死伤者的家属于是到石鼻镇政府挟尸闹访，严重影响镇政府的办公秩序，最终经过市政府协调，新建镇和石鼻镇政府各拿出 5 万元赔偿款才平息了事态。② 在这类公共事件中，政府并无赔偿义务，闹事者的请求也没有合法依据，其行为本身甚至可能越过法律的底线。一旦有人利用这

---

① ［美］L. 科塞著，孙立平等译：《社会冲突的功能》，华夏出版社 1989 年版，第 30 页。

② 参见陈柏峰：《群体性涉法闹访及其法治》，载《法治与社会发展》2013 年第 4 期。

种制度之外的利益表达方式实现了无理的利益诉求，将形成不良的示范效应，政府也形成了"人民内部矛盾人民币解决"的简单回应机制，非制度化的冲突形式将愈演愈烈。即使政府要进行信访救助，也应该将其纳入法治化的轨道，明确信访救助资金的申请条件、申请程序等，而不是依据闹访动静的大小决定救助资金的发放。因此，政府在应对公共事件时，应坚持法治原则，满足社会公共合法、合理的利益诉求，对非法利益诉求不予支持，从而避免形成不良的示范效应以及非制度化的冲突形式的蔓延。

第二，创新和完善制度化的集体利益表达机制。目前我国已经构建了以调解、仲裁、诉讼、行政裁决、行政复议等为主体的多元化纠纷解决机制，但这些解决机制主要用于解决个体间的冲突。当前制度化的集体利益表达机制主要有游行示威和公益诉讼等，但这些制度在防止非制度化的社会公共事件发生方面，所起的作用有限。2008年北京奥运会期间，北京设置了三个专门供游行示威的公园。尽管北京市主管机关接到游行示威申请77起149人次，但未有一起游行示威活动实际举行。据北京市公安局相关负责人在答记者问中的说明，77起申请中有74起游行示威活动的申请人通过与有关主管机关或单位的协商，解决了具体问题，自行撤回了申请。另有2起属于申请手续不全、不符合申请要求的，现正在补正相关手续。还有1起属于法律规定的不予许可的情形，主管机关已作出不予许可的决定。① 出于部分行政官员对游行示威是一种反动的政治行为而非群众正常利益表达渠道的错误认识，实践中能够获得批准的游行示威的数量微乎其微。可见，实践中尽管已经确立了某些集体利益的表达机制，但难以贯彻实施，发挥其应有的作用。若要充分利用游行示威作为集体利益表达的制度化渠道，首先要完善立法，对游行示威的自由裁量权作出限定，明确对于不属于法律规定的不予许可的情形，原则上应予同意。同时，要转变观念，将制度化的利益表达渠道作为冲突解决的合法途径和社会情绪的合理宣泄出口，而非激化社会矛盾的导火索。

就公益诉讼制度而言，目前我国的民事公益诉讼制度仅限于消费者公益诉讼和环境公益诉讼，公益诉讼的适用范围有限。笔者认为主要原因在于我国对公益诉讼和私益诉讼进行了严格区分。公益诉讼以保护社会公共利益为宗旨，私益诉讼以实现私人利益为目标，即使是侵犯众多私益的案件，也只能通过私益诉讼来解决。事实上，为防止诸多处于相同或者相似法律地位的受害人，因经济原则舍弃维权而导致法律基本价值得不到贯彻，求偿权的集体性行使已经逐步成为全球发展趋势。例如，我国台湾地区就可能出现众多受害人的侵犯个人信息的案件和证券、期货侵权案件都规定了公益诉讼制度。② 笔者认为应当借鉴国外团体诉讼制度，采用诉讼信托或者诉讼担当的模式允许具有公益诉讼实施权的主体取得私益诉讼实施权以解决涉案人数众多的私益诉讼问题。虽然目前我国民事诉讼法规定了代表人诉讼来解决涉案人数众多的共同诉讼问题，但是代表人诉

① 参见赵振宇：《关于保障公民集会游行示威权利的思考》，载《宁夏社会科学》2010年第1期。

② 参见黄忠顺：《论公益诉讼与私益诉讼的融合——兼论中国特色团体诉讼制度的构建》，载《法学家》2015年第1期。

讼中的代表人仅能从权利人中产生，公益诉讼的诉讼主体可以是与案件没有利害关系的社会组织。从冲突功能论的视角来看，公益诉讼与私益诉讼的融合更利于民间组织的形成和发展，社会组织在纠纷解决中往往更为专业与理性，结构松散的次级群体的建立与活跃不仅能够避免核心价值冲突的爆发，更能引导冲突制度化的解决。此外，"南京紫金山观景台案"等案件也揭示了我国行政公益诉讼建立的必要性。因此，扩大公益诉讼的适用范围是冲突制度化的可行路径。

结语

新时代下，我国的发展理念和发展方式有了重大转变，发展环境和发展条件正经历深刻变革，实现中华民族伟大复兴的中国梦对我国的发展水平和发展成就提出了更高的要求。全面深化改革是适应我国新时代下发展要求的必经之路，转型时期的社会冲突不可避免。科塞的冲突功能论为我们看待公共事件提供了一个全新的视角。公共事件不等于公共危机，在保持核心价值一致的前提下，通过构建有序开放的网络空间和制度化的利益表达机制，引导公共事件向非暴力、低烈度的方向发展，能够有效促进公众参与、舒缓社会紧张、实现规则更新，充分发挥社会冲突的正功能，为实现中华民族的伟大复兴扫清障碍。

论健康人力资源法治体系的完善

——基于健康权的思考

乔　帅

摘要： 为实现《健康中国 2030 规划纲要》目标，本文从健康人力资源的法治建设角度进行了两方面分析论述。一方面阐述了健康产业人才供给侧建设需求，包括健康人才的定义，关键人群培养发展、薪酬激励、权益保护等方面的法治体系建设需求。另一方面结合占全国总人口一半数量的就业职工的健康需求及国际实践，提出企业在建设健康人力资源任务中应承担的法律责任、国家应给予的政策支持，以及劳动者相关法律保障完善建议，以期在新时代中国特色社会主义的实践与发展中，最大限度保障人民健康权。

关键词： 健康权；健康；人力资源；大健康供给侧人才；雇主健康保险

建设"健康中国"，保障健康权利，是新时代中国特色社会主义事业发展的重大使命。2016 年 10 月 25 日，中央印发了《"健康中国 2030"规划纲要》，确立了"共建共享、全民健康"这一健康中国建设战略主题，其核心是以人民健康为中心。从法律价值看，本质上就是以普遍平等地实现健康权为根本指向。反观现实，我国健康领域改革发展取得显著成就，同时，生产生活方式变化也给维护和促进健康带来一系列新的挑战，健康服务供给总体不足与需求不断增长之间的矛盾依然突出①。为此，要促进健康理念融入公共政策法律规范，强化健康权的法治保障。其中，一方面是健康服务从业人员的规模、分布的均衡性与能力建设问题，直接制约健康供给质量和水平。另一方面，2017 年末全国就业人口达 7.76 亿人，其中城镇就业人员 4.24 亿人②，如何从用人单位端增强对员工的健康保障和管理水平，实现就业职工健康工作、健康生活也有巨大发展空间。所以，必须加强健康人力资源管理，改变以往过于重视政策导向的倾向，从全面依法治国的高度优化健康人力资源管理，聚焦于健康人力资源管理的法治构建，依法保障健康权的充分实现。

---

① 2015 年我国人均预期寿命已达 76.34 岁，婴儿死亡率、5 岁以下儿童死亡率、孕产妇死亡率分别下降到 8.1‰、10.7‰和 20.1/10 万，总体上优于中高收入国家平均水平（中共中央、国务院：《"健康中国 2030"规划纲要》，2016 年 10 月 25 日）。

② 数据来源国家统计局 2017 年末全国就业人口统计数据。

一、健康人力资源法治构建的理念优化

（一）从管理到治理。改变单纯的命令-服从模式，变管理为治理，实现健康人力资源治理体系和治理能力现代化。治理意味着多元共治、互治，具有公平性、高效性、协商性、互动性、过程性、人本性。世界银行发布的 2017 年《世界发展报告》（World Development Report 2017）将主题确定为"治理和法律"（Governance and the Law），特别强调制定和执行政策的过程中"谁参与了"以及"谁没有参与"，认为规范的有效性有赖于体制机制的三个核心功能：承诺（或可信度），协调性（协调各利益主体的行为以实现最优化）和合作性（引导个体采取合作而非机会主义行为）。[1] 治理既依赖于法治与制度安排，又"是一个过程"，同时涉及公、私部门，"不以支配为基础，而以调和为基础。"[2] 政府从政策端支持社会大健康产业从业人员的发展，提升社会健康服务供给侧能力，同时撬动社会资源，促进企业提升员工的健康保障和管理水平，双管齐下，实现人性化、柔性化、个性化、互动共治的治理模式。

（二）从政策到法律。良法善治是法治的核心。"法律是治国之重器，良法是善治之前提。"[3] 党的政策是建设健康中国的根本指导，但在全面依法治国的大背景下，法治是治国理政的基本方式，也是社会治理和公司治理的基本形式，如何通过医疗、教育、劳动者权益相关法律体系的完善，促进健康产业从业人员培养、发展与保护，同时有效落实企业端健康人力资源管理保障，是实现现代化、法治化健康中国的核心路径。为此，应当完善健康人力资源管理法律规范体系建设，具体而言，可以分为三个层次：一是附属立法。在关于医疗卫生健康基本法中突出健康人力资源管理的内容，依法设定相关的权利与义务、职权与职责；二是专门立法。由国务院及其直接行使行政管理权的部委制定具体的单行行政法规与规章，对健康人力资源管理法律关系进行全面梳理和规范，明确行政主管机关、社会力量、大健康组织、大健康从业人员、健康服务需求者或接受服务者五者之间的权利义务关系以及法律责任；三是分别立法。对大健康领域的不同人才或人员，根据其不同职业特点和发展导向，分别制定相应的制度规范，以激励性规范促进各类人才或人员的发展，以惩罚性规范追究违反义务与职责者的法律责任。

（三）从市场到权益。从以往一味重视健康产业的经济效益，逐渐转变导向，形成市场利益与社会公共利益的二元互动，完成从市场到公益再到"健康权"的权益保障，最终建设成全民具有健康权意识、享有健康权资源、拥有健康权保障的新时代健康中国。在大健康人力资源管理中，应当厘清价值重心与价值偏好之不同以及它们之间的调适关系。从国家和社会而言，公共利益和社会福利成为基本的价值预设；对从业人员而

---

[1]　WorldBank, World Development Report 2017: Governance and the Law, 2017.

[2]　俞可平：《治理与善治》，社会科学文献出版社 2000 年版，第 270-271 页。

[3]　中国共产党第十八届中央委员会第四次全体会议：《中共中央关于全面推进依法治国若干重大问题的决议》，载《人民日报》2014 年 10 月 29 日。

言，则更多关注经济效益和社会回报；对组织者如医疗机构或健康产业机构而言，尽管国家的定位依然是以人民群众的健康这一公共福利，但是经济效益成为其实际上的优先考量。所以，在市场成为资源配置中起"决定性作用"①的因素时，要强化对健康人力资源的管理，首当其冲的是要明确价值取向和价值准则，以此为先导，引领规范构建。其中的关键是，在市场效率和社会正义之间进行平衡互动，一是在一部分涉及公共安全、基本医疗卫生与全民健身、社会福利的领域，应当始终以公平优先，效率为补充；二是在一部分涉及纯粹市场服务的领域，则应以效率为主，兼顾公平；三是对市场效率为主的领域，应当设定法律干预的最低限度，严禁任何市场主体予以突破。如对大健康从业人员的职业操守，应当进行制度化预设，一旦触碰规范底线，就可启动内部惩戒程序甚至外部法律程序，追究相关纪律与法律责任。

二、健康人力资源供给侧法治建设

根据《纲要》在健康服务与保障上设定的指标，每千人常住人口执业（助理）医师数（人）要从 2015 年的 2.2 人增加到 2020 年的 2.5 人，再到 2030 年的 3.0 人。② 可见，在健康服务保障人才队伍建设上任务非常繁重。同时，还应注意，健康服务与保障涵盖高度相关的多个产业与多个领域，执业医师只是其中一个人才群体，在关注这一核心指标发展的同时，还应更广泛关注全方位的健康人才建设。

（一）拓展健康人才的法定概念与范围

对如何定义健康人才？目前并未有统一的定义。例如：大健康人才是指以预防疾病为目的，参与到维护、改善、促进与管理健康，提供产、学、研产品与相关健康服务的人才。③ 第一，应当明确究竟有哪些人才属于健康人才。有必要从传统的"医疗保健"人才扩展至"大健康"领域关键人才。从服务与支付的角度划分，可分为医疗健康专业服务方（如医生、护士、药师、护理等），医疗健康服务费用支付方（如商业健康保险产品精算师、医保、商业保险核保师等），医疗健康资源技术提供方（如医药研发人员、基因技术研究人员、环境治理咨询师等）。第二，将新兴健康产业人才纳入法律的范畴，明确法律上的地位与权利及其职业责任。除了医生、护士、药师等一般意义的健康人才外，应当在健康人才概念之中及时纳入新兴健康产业从业人员，服务方如：养老护理、康复训练、心理咨询、社会体育指导员；支付方如：精算师、核保师；资源方如：基因技术、医疗科技工程师等，赋予其法律资格和法律地位，确立相关权利、义务与责任。以社会体育指导员为例，根据《纲要》规定，到 2030 年，全国要实现每千人

---

① 中国共产党第十八届中央委员会第三次全体会议：《中共中央关于全面深化改革若干重大问题的决议》，载《人民日报》2013 年 11 月 16 日。

② 中共中央、国务院：《"健康中国 2030"规划纲要》，2016 年 10 月 25 日。

③ 王秀华：《发展大健康产业，培育新的经济增长点》，载《经济观察》2015 年第 409 期。

拥有社会体育指导员 2.3 名。为此，应当明确社会体育指导员的资质获得、认证机构、从业方式、服务内容、义务与责任。

（二）完善健康人才培养发展、薪酬激励、权益保护的法律制度保障体系

大健康人才覆盖范围甚广，应优先重点聚焦在市场化发展中，需要法律制度提供保障，疏通瓶颈与阻碍的人才痛点。主要包括以下内容：

1. 针对医疗健康专业服务人才培养发展周期长的特点，完善医疗健康专业服务人才教育法律制度。建议由国务院制定《医疗健康专业服务人才培养培训条例》，作为国务院行政法规，赋予相应的法律效力。1）加快建成覆盖学校学历教育、毕业后教育和继续教育的全时段医疗健康专业服务人才教育体系。将终身学习作为医疗健康专业服务人才的法定义务，强制性规定不同医疗健康专业服务人员每年培训学习的时长和基本内容，特别是诚信、合规、责任方面的培训，作为获得准入资格、年审注册的法定条件，凡是不符合基本条件的，一律不予登记注册或通过年审，不得从事相关职业。2）在资格认证上，完善国际化的医疗健康专业认证法律制度，与国际医疗健康教育权威机构合作，开创与国际标准和流程一致、实质等效的专业认证制度，只有获得相关认证的，才能从事相关职业。3）实践是医疗人才专业技术能力发展的必经之路，在国家放开医生多点执业后①，仍然较普遍存在医生人才流动难的问题。此次《纲要》也提出健康用人制度。"落实医疗卫生机构用人自主权，全面推行聘用制，形成能进能出的灵活用人机制。"目前大型三甲公立医院因编制等原因与二级医院等机构难以形成良性人才流动，大量医学类院校高素质毕业生无法得到较好的医疗资源与专业环境的轮岗与就业机会。未来可以通过完善医生人才强制轮岗培养机制，实现 7·2·1 人才培养发展模式，即 70%时间在岗实践，20%时间机构间轮岗发展，10%时间理论学习，并择优聘用，从而持续提升医疗人才的专业水平与素质。4）根据《纲要》规定，国家支持建立以国家健康医疗开放大学为基础、中国健康医疗教育慕课联盟为支撑的健康教育培训云平台，便捷医务人员终身教育。为此，应当以行政法规的法律形式，明确规定在经费投入、人员配置、场地设施设备、软件开发四个方面的责任主体与实现形式。

2. 补充完善养老护理、康复训练、社会体育指导人员等新兴专业领域从业人员的培训、认证、管理法律机制。以老年医疗与护理为例，目前我国医院有近百个老年医学科，主要源自各省市医院的干部保健科，其主要服务对象是老年患者，其中 30 个科室 2014 年被国家卫生计生委评为国家临床重点老年医学科。2014 年国家多部委发布了住院医师规范化培训（即 5+3）方案，卫生计生委科教司首次将老年医学定位于内科学专业下属三级学科，即老年医学专科。但目前我国尚未建立起老年医学专科医师培训体

---

① 2009 年原卫生部印发《关于医师多点执业有关问题的通知》，并在部分地区先行试点。2011 年原卫生部又发出通知扩大医师多点执业试点范围，鼓励医务人员到基层和农村地区执业。2011 年 3 月起北京开始实施《北京市医师多点执业管理办法（试行）》，符合条件的具有中级及以上职称的执业医师经注册，可在北京市行政区域内 2 至 3 个医疗机构依法开展诊疗活动。

系与职称评定标准。已经多年从事老年医学专科工作的 1000 余名医师均分别来自其他专科，尚无人获得老年医学专科医师资质。相对于我国 2 亿老年人健康与医疗的巨大需求，现有的老年医科医师数量只能说是"杯水车薪"①。

3. 创新医疗健康专业服务人才使用激励的法治机制。目前在大健康人才领域，医疗健康费用支付方人才（如保险精算师）、医疗健康资源技术提供方（如医药研发人才）的市场化程度相对较高，而在医疗健康专业服务人才，特别是医生人才的激励模式上，由于医疗机构的治理结构多为公立模式，缺少市场化、专业化、国际化的评价与激励手段，医生人才的培养成本、价值创造与价值回报存在巨大的差异，也催生了以药养医、医生灰色收入等不良现象。医生人才薪酬激励机制需持续推进完善。①解决价值回报公平性的根本手段是建立市场化的治理模式，此次《纲要》提出"落实基层医务人员工资政策。创新医务人员使用、流动与服务提供模式，积极探索医师自由执业、医师个体与医疗机构签约服务或组建医生集团。"其中关于组建医生集团的模式，政府可从工商、税务等方面基于政策或法规支持。如美国凯撒集团模式，由医院、医生集团、健康保险公司三个板块构成，购买该公司健康保险后，可在其医院获得医疗服务，该模式实现了医疗从服务到支付的闭环，以及医疗技术、资源、费用三权分立，保险公司对医疗费用赔付进行管理，实现对费用控制负责，避免过度医疗，医生在按病种付费的模式下救治患者，实现对医疗质量负责，医院通过对如床位、设施的管理，实现对运营效率负责。最终通过市场化的治理模式，实现医疗费用较同地区、同类医院低 15% ~ 20%，医生的价值回报完全与治疗质量相关。②《纲要》中提出了"建立符合医疗卫生行业特点的人事薪酬制度。创新人才评价机制，不将论文、外语、科研等作为基层卫生人才职称评审的硬性要求，健全符合全科医生岗位特点的人才评价机制。"在 2017 年 12 月由人力资源和社会保障部、财政部、国家卫生和计划生育委员会等联合颁布的《关于开展公立医院薪酬制度改革试点工作的指导意见》内容中，也明确了"两个允许"工资总额可以突破②，并逐步提高诊疗费、护理费、手术费等医疗服务收入在医院总收入中的比例。激励机制创新的前提是科学的评价机制，树立正确的价值创造、价值评价、价值分配链条是实施关键。医疗人才的评价与激励机制，是中国医疗行业走向市场化的过程，也是与国际接轨和国际化的过程，在机制创新方面，借鉴发达国家成熟模式也是重要路径。如在全国加快推广（DRG）方式③，用以更加全面评价医院、专业科室与医生和管理医疗费用。1983 年，美国国会立法，老年医疗保险（Medicare）应用

① 李小鹰：《医养人才的培养》，载《中国卫生人才》2015 年第 3 期。
② 《于开展公立医院薪酬制度改革试点工作的指导意见》允许医疗卫生机构突破现行事业单位工资调控水平，允许医疗服务收入扣除成本并按规定提取各项基金后主要用于人员奖励的要求，在现有水平基础上合理确定公立医院薪酬水平和绩效工资总量，逐步提高诊疗费、护理费、手术费等医疗服务收入在医院总收入中的比例。
③ DRG 中文译为疾病诊断相关分组（Diagnosis Related Groups，简称 DRG），1967 年由美国耶鲁大学 Robert B. Fetter 及其团队开发（下称"Yale DRGs"）。此后逐渐在医疗管理研究中应用。1970 年代末，Yale DRGs 在美国新泽西州的支付制度试点改革中应用，随后进行了改版。

基于 DRG 的预付费制度（DRGs-PPS），我国也可在法律法规建设层面进行参考。

4. 完善医疗健康专业服务人才的权益保障制度。近年来，由于医疗资源分布不均、发展不充分，造成的医患关系紧张，医闹事件频发，医生、护理等人员的生命财产安全保障不足。在大力建设医疗健康供给侧人才队伍的同时，为医生、护理专业服务人群提供全方位的法律保障也需关注。目前《中华人民共和国执业医师法》《医疗事故处理条例》等法律法规对医疗事故的法律责任有了较明确规定，但针对医生、护士这一特殊群体，其人身安全保障仅依靠《治安管理处罚法》等法律法规保障，略显不足。一方面建议相关执法、仲裁部门探索建立医闹案件快速解决通道，对侵害医生、护士人身安全的事件与医疗责任分割处理，实施"双高压"即对负有医疗事故责任的医生、医院严加惩处，对因医疗纠纷而违反治安法规和有人身侵害行为的人员也依法严加惩治。另一方面，通过立法加强对医疗、护理人员的保险保障，如强制医疗健康服务机构为医疗、护理从业人员购买人身意外险、大病保险。实现对职业风险与压力均较高的医疗服务人才在事前、事中、事后的全方位保障。

三、健康人力资源的企业端法律责任建设

（一）推广企业雇主健康险

实现健康中国 2030 的规划目标，除大力发展医疗健康服务供给侧能力，也应加强医疗健康费用保障侧建设。缺少保险保障，则因病致贫、因病返贫的事件将会增多。美国有相关研究显示，每年有 1.8 万—2.2 万美国人因为没有医疗保险而死亡[1]。我国目前已建成世界最大规模与范围的公立医保体系，但从体系结构的科学性角度看，仍面临较大挑战，政府公立医保承担了较大的医疗费用给付压力，特别是大病、慢病保险保障难以全部依靠政府社保体系支撑。未来建议国家通过完善立法，界定政府、企业、个人主体责任，形成三支柱医疗保险保障体系，为医疗资源的充分、有效应用提供保障。以美国为例，2010 年美国雇主提供的医疗保险覆盖近 1.7 亿人，占其国家总人口的55.3%[2]。在健康保险保障方面，雇主健康险具有天然保障优势，因个人购买健康保险存在较高"逆选择"风险[3]，即带病投保，而企业雇主健康险则因其群体保险的大数法则优势，能够有效均衡出险风险，对费用进行有效管理与控制。在美国，由雇主健康险

---

① Institute of Medicine, "Insuring America's Health: Principles and Recommendations." News release, January14, 2004. (www.iom.edu /CMS /3809 /4660 /17632.aspx); Dorn S, "Uninsured and Dying Because of It. Updating the Institute of Medicine Analysis on the Impact of Uninsurance on Mortality." 2008.

② 杨洋：《美国医疗保险扩面改革之路的里程碑》，载《社会保障研究》2012 年第 5 期。

③ 乔治·艾克洛夫（GeargeAkerlnf）1970 年的论文《次品市场》，含义：投保人所作的不利于保险人的合同选择。投保人在投保时往往从自身利益出发，作不利于保险人利益的合同选择，使其承担过大风险。

进一步演化发展了雇主健康管理与管理式医疗模式，即雇主以团体健康险打包费用与医院进行结算，医院在较为成熟与固定的按病种医治成本框架下，为雇主健康险参保人提供医疗服务。医院在成本约束下，一方面会有效提高医治效率与质量，另一方面将促进医疗行为前置，与企业雇主联合开展加强对职工的日常健康管理，有效提升了职工健康水平，实现"治未病"。2017 年由财政部、国家税务总局、保监会联合颁布了商业健康保险抵扣个税政策①，作为国家政策的方向起到了良好作用，但目前 200 元/月的个税计算扣除额，以职工扣除五险一金后月收入 12500 元计算（实际全国城镇职工能达到此标准的人员占比极少），结合实际个税税率，仅能为职工带来 40 元/月的个税优化额度，政策信号对市场的激励作用远大于实际激励力度的作用，建议国家进一步提高商业健康险在个税扣除方面的计算额度，有效鼓励企业为员工缴纳商业健康险，4.24 亿城镇就业人口的多元化保险保障，实现医疗保障的国家行为与市场因素间的有效平衡。

（二）持续完善《中华人民共和国劳动法》，加强企业对职工健康权益的责任约束

1. 目前《劳动法》第三条规定"劳动者享有平等就业和选择职业的权利、取得劳动报酬的权利、休息休假的权利、获得劳动安全卫生保护的权利、接受职业技能培训的权利、享受社会保险和福利的权利、提请劳动争议处理的权利以及法律规定的其他劳动权利。"建议在表述中明确职工的"健康权"。2. 增加劳动法中对工作时长、职场健康、员工体检的健康导向要求。《劳动法》第三十六条"国家实行劳动者每日工作时间不超过八小时、平均每周工作时间不超过四十四小时的工时制度。"第四十一条"用人单位由于生产经营需要，经与工会和劳动者协商后可以延长工作时间，一般每日不得超过一小时；因特殊原因需要延长工作时间的，在保障劳动者身体健康的条件下延长工作时间每日不得超过三小时，但是每月不得超过三十六小时。"仅对劳动时间强度做了上限要求，建议增加鼓励企业实施弹性办公，运用科技手段促进远程办公的导向要求。在职场健康方面，劳动法也有进一步细化与完善空间，如第五十二条"用人单位必须建立、健全劳动安全卫生制度，严格执行国家劳动安全卫生规程和标准，对劳动者进行劳动安全卫生教育，防止劳动过程中的事故，减少职业危害。"仍侧重在工业化时期的安全及卫生要求，在服务业大发展的社会经济发展阶段，写字楼等办公环境的基本要求，包括办公环境的环保程度、温度、人员密度等应进一步细化。此外，目前劳动法关于员工健康体检并未作出强制要求，仅规定对从事有职业健康危害作业的劳动者进行健康检查。未来该要求应扩大至各类企业与职工，强制实行年度健康检查制度，保障职工健康权益。

---

① 国务院财税【2017】39 号文：对个人购买符合规定的商业健康保险产品的支出，允许在当年（月）计算应纳税所得额时予以税前扣除，扣除限额为 2400 元/年（200 元/月）。单位统一为员工购买符合规定的商业健康保险产品的支出，应分别计入员个人工资薪金，视同个人购买，按上述限额予以扣除。2400 元/年（200 元/月）的限额扣除为个人所得税法规定减除费用标准之外的扣除。

四、结语

在中国即将全面建成小康社会、迈向建成社会主义现代化的新时代，共同建设美丽中国、健康中国成为一个重大的历史使命。每一位法律与人力资源工作者都应持续学习、探索实践，在全面推进依法治国的大背景下，从法律与机制建设层面，推进健康产业人才供给侧改革，促进社会资源对人民健康保障的投入，强化企事业单位等多元主体对人民健康的责任担当，加强健康人力资源管理，依法保障人民健康权，并最终实现让人民更健康、更长寿、更富足的美好愿景。

司法是维护社会公平正义的最后一道防线

彭　霞*

摘要：十八届四中全会提出"司法是维护社会公平正义的最后一道防线"这一论断。"司法防线论"构成中国新时代"公正司法"思想的一个核心命题。从历史渊源上来说，"司法防线"思想建立在对人类法治文明的借鉴和继承的基础之上。但是，绝不是简单地抄袭与借用，而是进行了结合本土国情的发展与创新。这主要体现在，一方面它揭示了司法防线的必要性，另一方面一系列理念和制度的确立也保证了守住"司法防线"的可能性。

关键词：公正司法；司法防线；公平正义

在习近平总书记治国理政的新理念新思想新战略科学体系中，如何在新时代全面坚持和实现依法治国是其需要着重解决的问题。司法作为维护社会公平正义的最后一道防线，不仅是社会公平正义的守护者，更是依法治国得以顺利实现的保障者。在新时期，强调"司法是维护社会公平正义的最后一道防线"（简称"司法防线"，下同）这一命题，不仅是对司法运行规律和实质的揭示，更为全面依法治国指明了方向。本文认为，习近平总书记提出的"司法防线"命题，构成其新时代中国特色社会主义法治思想中的"公正司法"思想的核心命题。首先，从其历史渊源上来说，"司法防线"思想建立在对人类法治文明的借鉴、继承和创新的基础上，是习近平总书记从社会主义法治的优越性、司法体制改革的价值诉求高度提出的一个崭新命题；其次，习近平新时代中国特色社会主义法治思想对其规律和实质作了最为深刻的揭示。这主要体现在，一方面它揭示了司法防线的必要性，另一方面一系列理念和制度的确立也保证了"司法防线"的可能性。

一、"司法防线"思想的历史由来

通过司法维护社会公正的思想，在人类政治文明、法治文明发展初期就已初见端倪。西方在发展政治文明和法治文明的过程中，积累了大量"司法防线"的理论和思想。对西方国家"司法防线"思想的探究，可以让我们更好地了解"司法防线"思想

---

* **作者简介：**彭霞（1989— ），女，武汉大学法学院博士研究生，研究方向法学理论。

的形成过程以及各个阶段"司法防线"理论的实质。

（一）西方国家"司法防线"的历史渊源

西方国家"司法防线"思想的形成经历了古希腊古罗马时期的萌芽、中世纪时期的形成以及近现代时期的发展与成熟，最终定格为当下西方的资产阶级"司法防线"理论。

1. 萌芽时期（古希腊古罗马时期）

公元前五世纪前后，希腊奴隶制城邦臻于鼎盛，奴隶制法治思想在这一时期也趋于完善。前有德谟克利特、普罗泰戈拉和苏格拉底的法治思想之初成，后有柏拉图、亚里士多德所开创的系统的法治理论。亚里士多德曾说过："在争论不休的时候，人们就诉诸裁判者，去找裁判者就是找公正。裁判者被当做公正的化身。"① 亚里士多德据此提出其"政体三机能说"，指出任何政体都是由三个机能构成，即议事机能、行政机能和审判机能。其中，审判机能就是由法庭来审判和处理各类案件。亚里士多德虽然在这里没有明确提出司法维护社会公平正义的功能，但三机能的划分却客观上为后来提出三权分立与相互制衡的学说提供了一定的理论基础。在古希腊时期，各奴隶制城邦均形成了各自的司法审判制度来维护城邦的稳定和繁荣。在斯巴达，享有司法审判权的主体呈现为多元的特征，不同种类的案件由不同的机构进行审理。如刑事案件由长老会议审理，民事案件主要由监察官审理，而继承案件、未婚女继承人的出嫁纠纷案件以及使用道路的争执案件等则由国王进行审理。在雅典，建立了陪审法庭作为最高的司法机关，它拥有 6000 名陪审法官，负责审理国事罪、渎职罪及"不法申诉"等案件。

古罗马时期，法治相比于古希腊时期更是有了极大的发展，成为古罗马留给后世的最为重要的一份宝贵遗产。② 在罗马共和国时期，十二铜表法中明确规定平民机构和元老院都享有司法权。平民会议有权审理与判处罚金有关的刑事案件，而作为"近代法官原型"的裁判官，通过发布告示告知民众自己的职责和民众该采取何种形式来诉讼，在民众中受到欢迎，地位非常高。

古希腊、古罗马是西方文化的摇篮，关于司法的一些基本观点实际上在古希腊古罗马时代就曾经被先哲们深深地思索过。恩格斯曾评论说，在古希腊哲学的多种样式的形式中，差不多可以找到以后各种观点的胚胎、萌芽。其中司法在古希腊罗马时期就已经开始作为一种解决纠纷、维护秩序、治理国家的工具而萌芽。

2. 形成时期（中世纪）

---

① ［古希腊］亚里士多德：《亚里士多德选集》（政治卷），中国人民大学出版社 1999 年版，第 109 页。

② 德国法学家耶林在其名著《罗马法的精神》一书中有这样精辟的论述："罗马帝国曾三次征服世界。第一次以武力，第二次以宗教，第三次以法律。武力因罗马帝国的灭亡而消失，宗教随着人民思想觉悟的提高、科学的发展而缩小了影响，唯有法律征服是最为持久的征服。"转引自周枏：《罗马法原论》上册，商务印书馆 2001 年版，第 12-13 页。

在中世纪初期，国家负有施行审判、实现正义的责任观念开始产生，人们将司法活动视为国家的一项最基本的功能。① 编写于公元 690 年至 725 年之间的爱尔兰教会法汇编第 25 篇详细指出：一个具有神圣性的王权，既是一个施行审判、实现正义的王权，也是一个接受审判的王权。英明君主的行为使统治得以确立。施行审判、实现正义是王权最为重要的美德。君主有义务向他所有的臣民提供司法救济。履行正义是国王的神圣职责，如果他不积极地这么做，就是对神命的违背，也是他的失职。而这也是"司法正义之国"这种西方观念的永恒基石。

从 12 世纪开始，随着大规模迁徙与战乱的停止，西欧逐渐进入"国家重建的时代"。在这一时期的国家重建中，首先看到的是一些与解决纠纷有关的司法活动，尤其是在英、法等国，一批王室司法机构开始兴起。在"欧洲国家建设的第一阶段，最早稳定的国家机关是高等法院"。② 从英格兰到法兰西，这些王室所建立的高等法院，构成当时"常规化"治理的主要载体。因此，直至 16 世纪宗教改革，宗教法与普通法这两种法律、教会法庭与国王法庭这两个司法审判系统并行存在于欧洲。特别是在教会法体系中，司法审判的权威受到极大的尊崇，因为在皈依上帝的教徒看来，这种审判相当于是将自己的诉求交给最万能的法官——上帝来处理。中世纪神明裁判的祷告这样写道："噢，上帝，公正的法官，你是和平的缔造者，你作出公平的审判，我们谦卑地祈求你赐福，让这块炽热的烙铁彰显神灵，凭它对未决的争执进行公正的检验。倘若此人欲洗刷嫌疑，证明自己的清白，就亲手拿起这块炽热的烙铁，他会安然无恙；倘若他有罪，便让你最公正的大能在他身上昭示真相。邪恶压不倒正义，谬误永远战胜不了真理，愿主保佑"。③ 在这里，司法权威由于受到上帝的加持，便会得到当事人及其亲属乃至社会的绝对服从，使司法具有一种前所未有的高度权威。

3. 发展时期（18—19 世纪）

在作为资产阶级革命指导思想的启蒙思想中，伟大的启蒙思想家孟德斯鸠通过继承发展洛克的权力分立理论，明确提出立法、行政、司法三权分立的理论。这一理论最开始是在美国联邦制度中获得适用，后来司法作为维护公平正义的功能在一系列的资产阶级宪法中得到了体现。其中，最早也是最彻底贯彻孟德斯鸠三权分立理论的资产阶级宪法是 1787 年美国宪法。联邦最高法院在美国司法实践中创造了联邦最高法院宣布立法违宪而不予适用的先例，极大提升了司法机关的地位和权威。托克维尔在《论美国的民主》一书中，对美国司法制度，特别是联邦最高法院给予了极高的评价："其他任何国家都从来没有创制出如此强大的司法权——它的职权范围——它的政治影响——联邦

---

① ［法］罗伯特·雅各布著，李滨译：《上天·审判——中国与欧洲司法观念历史的初步比较》，上海交通大学出版社 2013 年版，第 51-52 页。

② ［英］迈克尔·曼，刘北成、李少军译：《社会权力的来源》第 1 卷，上海人民出版社 2002 年版，第 566 页。

③ Zeumer, Formulae, pp. 700-701, 转引自［英］罗伯特·巴特莱特著：《中世纪神判》，徐昕、喻中胜、徐昀译，浙江人民出版社 2007 年版，第 1 页。

的安定与生存本身取决于七位联邦法官的才智"。① 美国当代著名的法理学家德沃金曾经把法律比喻为一个帝国,而"法院是法律帝国的首都"。②

(二) 我国"司法防线"的形成

"司法防线"在中国的起源,最早可以追溯到清末法制现代化中引进西方司法观念和司法制度,而中国特色社会主义"司法防线"的形成则以中华人民共和国的成立为一个全新的起点。

1. 萌芽时期(1952—1956 年)

在我国,以清末法制改革为起点,一种以西方司法制度为模板的现代司法制度在我国逐渐建立起来。民国时期也对司法制度的现代化作出了有力的探索。建国后,新政权废除《六法全书》摧毁了国民党旧法统,建立了社会主义司法制度。在新中国人民司法制度的发展历程中,《中国人民政治协商会议共同纲领》首次提出"人民司法"的概念。1950 年 8 月,董必武在对参加全国司法会议的党员干部的讲话中说道:"人民司法基本观点之一是群众观点,与群众联系,为人民服务,保障社会秩序,维护人民正当权益。"③ 新中国成立之后,从中央到地方迅速设立了各级人民法院、人民检察署和司法部门等机构。1952 年下半年,在董必武的领导和组织之下,全国范围内开展了一场轰轰烈烈的司法改革运动。司法改革运动在摧毁旧的司法机构的同时,继承了革命根据地时期的司法经验并借鉴了苏联的司法制度,逐步确立了相对完善的民主司法制度。当然,在法制建设上,我国也经历曲折过程,阻碍了"司法防线"的建立。一方面,行政权力过度干预司法和司法行政化倾向严重,不利于司法机关的独立审判。另一方面,司法改革在猛烈肃清旧法观念的同时,把普适性法治理念,诸如"法律面前人人平等""法官司法独立""依法定程序办案"以及"法律至上"等也一并清除。④

2. 发展时期(1992—2012 年)

1992 年,邓小平再次视察南方并发表了重要谈话,从理论上回答了长期困扰和束缚人们思想的重大认识问题。以这次谈话和中共十四大为标志,中国的改革开放和法制建设进入了一个新的阶段。中国社会发生重大转折,从计划经济转向社会主义市场经济,从单一、封闭的社会转向多元、开放的社会,从人治开始转向法治。与之相伴随的是"依法治国""国家尊重和保障人权"先后载入宪法;法治完备、主权在民、人权保障、权力制约、法律至上、依法行政、司法独立、程序正当、公平正义等重要的法治思想逐步得到确立。与此同时,司法改革全方位和多环节进行,司法活动进入老百姓的日常生活,从司法理念到执法过程都朝着公平、正义的法律本质迈进。在这一时期党的历次文献中,最鲜明地体现了司法作为公平正义之防线日益坚固的过程。党的十五大明确

① [法]托克维尔,董果良译:《论美国民主》,商务印书馆 1991 年版,第 168 页。
② [美]德沃金,李常青译:《法律帝国》,中国大百科全书出版社 1996 年版,第 361 页。
③ 董必武:《董必武法学文集》,法律出版社 2001 年版,第 45 页。
④ 参见铁犁、陆锦碧:《一场有缺陷的司法改革》,载《法学》1998 年第 6 期。

提出：推进司法改革，从制度上保证司法机关依法独立公正地行使审判权和检察权，建立冤案、错案责任追究制度，加强执法和司法队伍建设。党的十六大提出：推进司法体制改革。社会主义司法制度必须保障在全社会实现公平和正义。按照公正司法和严格执法的要求，完善司法机关的机构设置、职权划分和管理制度，进一步健全权责明确、相互配合、相互制约、高效运行的司法体制。从制度上保证审判机关和检察机关依法独立公正地行使审判权和检察权。党的十七大提出：深化司法体制改革，优化司法职权配置，规范司法行为，建设公正高效权威的社会主义司法制度，保证审判机关、检察机关依法独立公正地行使审判权、检察权。加强政法队伍建设，做到严格、公正、文明执法。从此，司法开始成为保障公民、法人和其他组织的合法权益，维护人民的根本利益，伸张正义，主持公正的坚固防线。

3. 繁荣时期（2012年—今）

党的十八大提出"进一步深化司法体制改革"，习近平总书记此后多次强调指出：全面推进依法治国，必须坚持公正司法。"要依法公正对待人民群众的诉求，努力让人民群众在每一个司法案件中都能感受到公平正义，绝不能让不公正的审判伤害人民群众感情、损害人民群众权益。"① 习近平总书记在十八届中央政治局第四次集体学习时的讲话中指出："公正司法是维护社会公平正义的最后一道防线。所谓公正司法，就是受到侵害的权利一定会得到保护和救济，而违法犯罪行为一定要受到制裁和惩罚。"党的十八大报告提出到2020年实现全面建成小康社会宏伟目标。全面小康有一系列核心指标，法治领域的核心指标包括：依法治国基本方略全面落实，法治政府基本建成，司法公信力不断提高，人权得到切实尊重和保障。随着依法治国的全面推进和司法体制改革的深入展开，司法之于保障人权、维护秩序、实现社会公正的必要性和重要性，越来越得到全社会的认同。在这个司法功能得到日益重视的过程中，"司法是维护社会公平正义的最后一道防线"被社会大众寄予厚望。

十九大报告指出："中国特色社会主义进入新时代，我国社会主要矛盾已经转化为人民日益增长的美好生活需要和不平衡不充分的发展之间的矛盾。人民美好生活需要日益广泛，不仅对物质文化生活提出了更高要求，而且在民主、法治、公平、正义、安全、环境等方面的要求日益增长"。"司法防线"这一命题实际上是习近平总书记从社会主义制度的优越性、司法体制改革的价值诉求和社会转型时期的出发点和落脚点考虑，结合司法实践与司法改革的总体要求而提出的崭新命题。将公平与正义这两个词结合成一个词组，完整地形成司法是维护公平正义的最后一道防线的思想观念。这一命题虽然是建立在对人类法治文明的借鉴、继承和创新的基础上，但它是法治中国所特有的。

---

① 习近平：《在首都各界纪念现行宪法公布施行30周年大会上的讲话》，载《人民日报》2012年12月5日。

二、"司法防线"的必要性

尽管西方学者没有也不可能完整提出"司法防线"这一科学理念与命题,但他们提出了值得我们思考与借鉴的论点。习近平总书记曾先后多次引用培根的名言:"一次不公正的裁判,其恶果甚至超过十次犯罪,因为犯罪虽然无视法律——好比污染了水流,而不公正的审判则毁坏法律——好比污染了水源"。[①] 这句话确实十分深刻地指出了"司法防线"的必要性。习近平新时代中国特色社会主义思想从以下几个方面明确了"司法防线"的必要性:

(一) 国家治理体系及治理能力现代化的需要

在十九大会议中,"推进国家治理体系和治理能力现代化,更加注重改革的系统性、整体性、协同性"正式写入党章。推进国家治理体系与治理能力现代化,是一项巨大的系统工程,需要全党和全国人民的艰苦努力,需要在深化体制、机制改革的基础上,通过政治建设、经济建设、文化建设、社会建设和生态建设的齐心协力。其中,构造中国特色社会主义法治体系则是它的基础与保障。[②] 所谓法治就是指"已成立的法律获得普遍的服从,而大家所服从的法律又应该本身是制订的良好的法律。"[③] 法治是人类文明发展的必然趋势,党和国家对法治越来越重视,司法也必将在国家和社会治理中发挥越来越重要的作用。司法制度是国家治理体制最后一道防线,法律的实施是法治体系的生命。

近年来,为充分发挥司法的功能作用,人民法院在加强司法观念和作风建设、提高队伍素质、提高审判质量和效率方面进行着不懈的努力与探索,并取得了令人瞩目的成绩。而国家治理法治化的一个重要方面是提升司法在国家治理体系中的地位。在法治社会中,法治的实践状态在很大程度上表现在司法裁判的结果和状况中,公民与法律的接触需要依靠司法部门的活动,因为大多数社会公众对法治的认识常常不是通过自身对法律条文的研究和学习而获得的,而是从司法的实际操作获得的直接的感受。相当多的社会公众,甚至把司法理解为法制的全部内容。[④] 全面依法治国不单纯是法治中国发展阶段的更新,而是有崭新的内容,其中便包含司法公正。我们知道,法律的生命在于实践,法律的权威也在于实践。而司法是法律实施的核心部分,公正裁判又是司法的灵魂,它不仅使人民在每个具体案件中感受到公平正义,而且是对社会公正的一个重大推动和引领。

---

① 转引自:《习近平关于全面依法治国论述摘编》,中央文献出版社 2015 年版,第 67 页。
② 李龙:《构建法治体系是推进国家治理现代化的基础工程》,载《现代法学》2014 年第 3 期。
③ 亚里士多德:《政治学》,商务印书馆 1965 年版,第 199 页。
④ 公丕祥主编:《法制现代化研究》第 2 卷,南京师范大学出版社 1996 年版,第 30 页。

（二）新时代人民群众对司法功能的新需求

十九大报告指出："中国特色社会主义进入新时代，我国社会主要矛盾已经转化为人民日益增长的美好生活需要和不平衡不充分的发展之间的矛盾。人民美好生活需要日益广泛，不仅对物质文化生活提出了更高要求，而且在民主、法治、公平、正义、安全、环境等方面的要求日益增长。"经过四轮司法改革，法律手段已经逐步取代行政手段越来越成为调整人们行为和社会关系的重要方式。作为适用法律解决纷争的机关，法院完全进入民众的视野，人们对于法院的性质、功能、机构设置等有了大致的轮廓认识，需要法院解决的冲突纠纷也不断增加，案件数量呈现大幅上升趋势，对于法院有效解决纷争的期望也日益剧增。随着经济社会的快速发展，司法审判工作也进入到快车道，社会对司法的依赖程度越来越深，人民群众对司法功能的需求也越来越强烈。

从司法实践来看，随着当代中国体制深刻变革，社会矛盾深刻变动，思想观念深刻变化，以及依法治国方略的深入推进，人民法院在社会中的地位和作用越来越重要，人民群众对法院的功能需求也呈现出新的特点。人民群众将纠纷提交人民法院进行裁判的目的并不局限于获得一纸公正的判决，而是更关心自身权益是否有效实现，问题是否真正得到解决。这样的需求，在现阶段显得更加迫切：①要求司法保障的需求量日益增加。2016年，地方各级法院受理案件2303万件，审结、执结1977.2万件，结案标的额4.98万亿元，同比分别上升18%、18.3%和23.1%。① ②要求司法保障的范围不断拓展。人民法院在案件数量日益增长的同时，案件类型也更加多元化，人民群众期待司法保障的范围不断扩展。刑事审判中，经济犯罪和职务犯罪的新类型案件不断出现，如非法经营同类营业罪、妨害清算罪、强迫交易罪。民事审判中，网络侵权纠纷、委托理财纠纷、基因技术纠纷、确认驰名商标纠纷、涉外"资产包"纠纷等新型类型案件层出不穷。行政案件中，人民法院受理的行政案件几乎涉及所有行政管理领域，案件种类达50多种；除人身权、财产权等传统案件外，一些涉及受教育权、劳动权等公民基本权利的案件，也陆续进入人民法院；有关科技、气象、盐务、人防、金融、审计、体育、安全监督等领域的新类型案件相继出现。③对司法公正更加关注。新时代社会生活的变化，人工智能和互联网使得司法更加透明，群众在接触和了解司法活动方面更加便捷，加之互联网的快速传播放大效应，如呼格案、彭宇案、于欢案等，都曾引起社会广泛关注。除了关注自身权益是否有效实现，问题是否真正得到解决以外，民众也开始关注其他有重大影响的案件，对司法能否公正解决社会问题更加关注。以上新需求，都需要司法发挥最后一道防线的功能。

（三）保障人权、救济权利的需要

十九大报告指出："保障和改善民生要抓住人民最关心最直接最现实的利益问题。"社会公平与正义是人民群众最关心最直接最现实的利益问题之一，而公正司法又是维护

---

① 2017年两会《最高人民法院工作报告》，2017年10月18日。

社会公平正义的最后一道防线。习近平总书记提出："所谓公正司法，就是受到侵害的权利一定会得到保护和救济，违法犯罪活动一定要受到制裁和惩罚。"①

"人权得到切实尊重和保障"是全面建成小康社会和深化改革开放的重要目标之一，也是司法体制改革的重要任务之一。十八大以来，特别是十八届三中全会、四中全会和五中全会以及十三五规划纲要，都把保障人权作为司法改革和司法公正的核心价值。首先，司法公正是尊重和保障人权这一宪法原则落实的需要。公正审判不仅能防止和减少冤假错案的发生，而且通过案例生动告诉人们：哪些行为可以做，哪些行为必须做，哪些行为禁止做。其次，从国际环境来看，中国加入世界贸易组织和批准加入《经济、社会和文化权利国际公约》等 22 个国际人权公约。获得司法正义，是人权公约里的一项基本权利，它的功能在于为公民提供及时、有效而公正的救济，从而对司法工作提出了许多新的要求，需要司法体制进行相应的改革。

现代社会，司法为公民权利提供一种最终的权威的救济机制。司法工作的最大目的，是用权利观念代替暴力观念，在国家管理与物质力量使用之间设立中间屏障。② 司法确认权利的有无、协调权利的冲突，匡复由于不公行为所带来的正义失衡与权利受损。③ 近年来，随着刑事诉讼法的修改，在司法活动中，坚持罪刑法定、疑罪从无，保障无罪的人不受刑事追究，对 656 名公诉案件被告人和 420 名自诉案件被告人依法宣告无罪，各级法院再审改判刑事案件 1376 件。④

（四）制约权力的需要

现代法治的精神在于实行依法行政，对政府的权力实行监督和制衡，从而使公民的权利得到充分的保障。监督和保障政府守法是法治的最重要的内容。正如富勒指出的："法治的实质必然是在对公民发生作用时，政府应忠实地运用曾公布是应由公民遵守并决定其权利和义务的规则，如果不是指这个意思，那就什么意思也没有。"⑤ 权力的制衡学说已经成为人类思想的宝库，而在对行政权的制约方面，必须要充分发挥司法机关的监督和制约作用。依据我国现行法律，司法机关不仅有权对行政机关的具体行政行为实行司法审查，对抽象的行政行为也有权予以监督。司法机关通过对行政纠纷作出公正的裁判，对于促进行政机关依法行政，保护行政管理相对人的合法权益，十分必要。制约公权是现代司法的重要功能，制约公权主要是针对行政权力，把行政权力关进制度的笼子里，把行政权力的运行纳入法治轨道。我国司法机关的设置充分体现了行政权与司法权之间的监督与制约。人民法院通过在行政诉讼中对行政机关的具体行政行为是否合

---

① 习近平：《在十八届中央政治局第四次集体学习时的讲话》，载《习近平关于全面依法治国论述摘编》，中央文献出版社 2015 年版，第 78 页。

② ［法］托克维尔著，董果良译：《论美国民主》，商务印书馆 1991 年版，第 156 页。

③ 江国华：《常识与理性（二）：法官角色再审思》，载《政法论丛》2011 年第 3 期。

④ 2017 年两会《最高人民法院工作报告》，2017 年 10 月 18 日。

⑤ 转引自沈宗灵：《现代西方法哲学》，法律出版社 1983 年版，第 209 页。

法以及行政处罚是否显失公正进行审查，可以实现对行政权的监督制约；人民检察院通过行使批准逮捕权、职务犯罪案件侦查权，可以实现对其他国家机关及其工作人员依法行使国家权力是否合法进行监督。司法机关运用侦查、起诉、审判、执行、预防等诉讼和非讼职能，依法查处和有效防范职务犯罪，实现以法制权。反腐查案中，纪检监察部门移交的腐败犯罪案件，需要经过司法审查和确认，这不仅是对反腐查案成果的巩固，而且具有确保案件质量的监督制约的性质。我国检察机关对公职人员滥用职权、渎职侵权、贪污受贿行为的法律监督，督促起诉制度、法院检察院对行政机关的司法建议，都属于制约公权的制度化活动。行政诉讼则是司法制约公权的重要渠道。行政诉讼是解决行政争议，保护公民、法人和其他组织合法权益，监督行政机关依法行使职权的重要法律制度。

在新时代，司法也是对官员个人公权力行使行为进行监督和制约的必要手段和必经程序。十九大报告指出："坚持反腐败无禁区、全覆盖、零容忍，坚定不移'打虎''拍蝇''猎狐'。"依法查处职务犯罪案件，是治理腐败、形成"不敢腐"的权力制约机制的先决条件，是预防职务犯罪最直接、最有力的措施和手段。在反腐过程中，经过司法途径，依法查处审理薄熙来、郭伯雄、令计划、苏荣等重大职务犯罪案件。各级法院审结贪污贿赂等案件 4.5 万件 6.3 万人，[①] 任何对权力的制约最终都是要经过司法途径的。

三、"司法防线"的可能性

经过几十年的法制建设和司法改革，特别是习近平新时代中国特色社会主义法治理论的形成，为司法成为维护社会公平正义的最后一道防线提供了坚实的理论与现实基础，这主要表现在：

（一）社会主义制度的优越性

中国特色社会主义制度具有自身的优越性，这些优越性为"司法防线"的形成提供了极大的可能性。首先，我国宪法早在 2004 年就确定了"尊重和保障人权"的基本原则，司法制度作为社会主义制度的重要组成部分，维护社会公平就必然成为司法制度的价值追求，就必然要求司法成为保护社会公平正义的最后一道防线。其次，社会主义司法是"人民"的司法，执法为民既是根本宗旨，又是其实现的目标。因此，维护社会公平正义，以人民为中心是中国司法的本质属性。最后，中国特色社会主义司法制度坚持"两个公正"（即实体公正与程序公正）作为其根本属性和原则，这为"司法防线"维护社会公平正义提供了制度保障。

---

① 2017 年两会《最高人民法院工作报告》，2017 年 10 月 18 日。

（二）法律体系的建成

2010 年 3 月，时任全国人大常委会委员长的吴邦国在十一届全国人大四次会议上宣布：一个立足中国国情和实际、适应改革开放和社会主义现代化建设需要、集中体现党和人民意志的，以宪法为统帅，以宪法相关法、民法商法等多个法律部门的法律为主干，由法律、行政法规、地方性法规等多个层次的法律规范构成的中国特色社会主义法律体系已经形成。从"国家尊重和保障人权""公民的合法的私有财产不受侵犯"入宪，到《物权法》《侵权责任法》《劳动合同法》《民法总则》等涉及人民群众基本权利的法律的实施，再到《刑法》《民事诉讼法》《刑事诉讼法》《行政诉讼法》《国家赔偿法》等与诉讼密切相关的法律的修订，各法律部门中起支架作用的基本法律以及改革、发展、稳定急需的法律已经被制定出来，使我国法律体系进一步完善，为建设公正高效权威的社会主义司法制度提供了有力的法律保障。

（三）社会转型的实现

习近平总书记在党的十九大报告中指出："经过长期努力，中国特色社会主义进入了新时代，这是我国发展新的历史方位。"[①] 党的十九大报告把我国社会主要矛盾的表述修改为"人民日益增长的美好生活需要和不平衡不充分的发展之间的矛盾"。经过改革开放近四十年的发展，我国社会生产力水平显著提高，社会生产能力在很多方面进入世界前列，人民生活显著改善，对美好生活的向往更加强烈，不仅对物质文化生活提出了更高要求，而且在民主、法治、公平、正义、安全、环境等方面的要求日益增长。新时代经济建设依然是党和国家的中心工作，但更加关注社会公平正义，更加注重全体人民在共建共享发展中有更多获得感。

作为法律价值观的一种形态，经济发展、社会转型、意识形态变化都会对司法价值观产生影响，正因为如此，中国的司法价值观伴随着社会转型而不断嬗变。新中国成立六十多年来，先后发生过四次不同程度的社会转型，每一次转型都有与之相对应的一种司法价值观存在。第一次社会转型相对应的是政治司法价值观，强调司法必须为阶级斗争服务；第二次社会转型期相对应的是经济司法价值观，强调司法必须为经济建设保驾护航；第三次社会转型期相对应的是社会司法价值观，强调司法必须为和谐社会建设服务；[②] 与正在发生的第四次社会转型相对应的是正义司法价值观，强调司法必须为社会公平正义保驾护航。社会的发展为法律进步和司法履职创造了良好的外部环境，对司法满足人民群众的需求起到了积极的推动作用。社会发展转型客观上为中国司法成为维护社会公平正义的最后一道防线提供了现实基础。

[①] 习近平：《中国共产党第十九次全国代表大会报告》，2017 年 10 月 18 日。
[②] 江国华：《常识与理性-走向实践主义的司法哲学》，生活·读书·新知三联书店 2017 年版，第 235 页。

（四）司法改革的深入推进

党的十八大提出"进一步深化司法体制改革"，习近平总书记指出："深化司法体制改革，一个重要的目的是提高司法公信力，让司法真正发挥维护社会公平正义最后一道防线的作用。"① 十八大以来，特别是三中全会、四中全会相继出台了一系列司法改革举措。主要为以下几个方面：

（1）诉权保障。变立案审查制为立案登记制，切实解决人民群众反映强烈的"立案难"问题，彻底解决"有案不立、有诉不理、拖延立案、增设门槛"等现象。

（2）改革司法管理体制。推动建立省以下法院和检察院法官、检察官编制统一管理制度，法官、检察官由省提名和管理并按法定程序任免的机制，地方各级法院、检察院的经费由省级财政统筹，解决长期以来司法权运行受制于地方的困扰。

（3）建立司法责任制，健全司法人员职业保障。让审理者裁判、由裁判者负责，实现权责统一，建立办案质量终身负责制和错案责任追究制，确保人民法院依法独立公正行使审判权。

（4）建立检察机关提起公益诉讼制度。习近平总书记指出：在现实生活中，对一些行政机关违法行使职权或者不作为造成对国家和社会公共利益侵害或者有侵害危险的案件，如国有资产保护、国有土地使用权转让、生态环境和资源保护等，由于与公民、法人和其他社会组织没有直接利害关系，使其没有也无法提起公益诉讼，导致违法行政行为缺乏有效司法监督，不利于促进依法行政、严格执法。由检察机关提起公益诉讼，有利于优化司法职权配置、完善行政诉讼制度，也有利于推进法治政府建设。②

推进公正司法，要重点解决影响司法公正和制约司法能力的深层次问题。我国执法司法中存在的突出问题，很多与司法体制和工作机制不合理有关，必须进一步深化司法体制改革。要从确保依法独立公正行使审判权检察权、健全司法权力运行机制、完善人权司法保障制度三个方面，着力破解体制性、机制性、保障性障碍，不断提高司法公信力，发挥公正司法对维护社会公平正义最后一道防线的作用。

---

① 习近平："在中央政法工作会议上的讲话"，载《习近平关于全面依法治国论述摘编》，中央文献出版社 2015 年版，第 77 页。

② 习近平："关于《中共中央关于全面推进依法治国若干重大问题的决定》的说明"，载《人民日报》2014 年 10 月 29 日。

第四篇 发展权专题研究

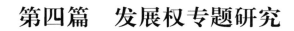

新发展理念与中国发展权评价机制构建

刘　远*

摘要：新发展理念是中国过去数十年间发展实践的经验总结，也是指引中国未来发展的纲领性、全局性、引领性的理念。发展权评价机制是发展权保障机制的重要部分，对推进发展权保障事业具有重要的前导性作用。新发展理念是"十三五"期间破解发展难题、厚植发展优势的思想指导，是中国未来发展思路、发展方向、发展着力点的集中体现，能够为我们提供一些构建发展权保障状况评价机制方面的新思路。

关键词：发展权；评价机制；新发展理念

二十世纪以来，席卷全球的贫困、饥饿以及环境恶化问题促使人们以人权视角看待发展问题，推动了有关发展权的理念命题和实践方案的探索。时至今日，学术界已经在如何用发展权视角推动社会发展、促进人权保障的理论探索方面取得了相当大的成就。理论家们用鲜活的笔触勾勒出发展权事业的宏伟蓝图，并在实践中不断将这些伟大的思想转化为现实的制度与措施，使得世界人民的发展权益从总体上得到了更加充分的保障。然而，发展问题依然存在：减贫进程逐步加快的同时世界范围内的收入差异仍然相当巨大，全球范围内环境保护蔚然成风的同时构建基于硬法规范的气候变化应对机制的努力依然步履维艰，依然有相当数量人口最基本的生存权利得不到充分保障。可持续发展的困境呼唤着更加深刻的发展实践，而实践的第一步便是对发展权保障状况进行系统而深入的考察和评价。正如我国学者指出："在发展权全球保障的机制框架内，权威、公正而客观的评价机制将对确权机制、规范机制、监督机制、救济机制起到很好的规范、促进和指引作用。"[1] "唯有系统而准确的评价机制才能指导发展权全球保障的实践。"[2] 发展权评价机制始终是发展权法治机制中的前导性部分。但从当前的现实情况来看，针对发展权的全面、系统和具有权威性的评价机制仍未能建立，仅有一些部分涉

---

*　**作者简介**：刘远，武汉大学法学院法学理论专业硕士研究生。

① 桂晓伟：《发展权全球法治机制建构》，载《政治与法律》2007年第4期。

② 汪习根、桂晓伟：《论发展权全球保障评价机制的构建》，载《法治研究》第12期。

及发展权评价实质内容的指标体系存在，包括全方位评价地区发展水平的"人类发展指数"①（HDI）、关注妇女发展权益保障的"社会制度和性别指数"②以及针对可持续发展目标实现状况的"可持续发展指数"③等。这些指标体系为发展权保障的评价机制的构建提供了可资借鉴的经验，但都存在各式各样的缺陷和不足，远远不能满足现实发展所提出的需求。

2015年，中共中央在《"十三五"规划建议》中首次提出新发展理念，提出了在新时期破解发展难题、厚植发展优势的中国方案。2017年，党的十九大报告进一步强调要在新时代的新发展条件下"坚定不移贯彻新发展理念"的主张，将新发展理念转化为现实的发展战略和发展措施。作为世界上最大的发展中国家，中国在过去的三十年间取得了巨大的发展成就，创造了举世瞩目的"中国奇迹"。④ 新发展理念是对中国在发展实践和理论探索过程中所取得的巨大成果和丰富经验的理性总结，对中国乃至世界今后的发展实践有着重要的指导意义，也将为系统、完善的发展权评价机制的构建提供启示。

一、创新发展：从发展措施和发展成就并举的视角评价发展权保障状况

从哲学上讲，发展本身意味着事物向上运动变化的过程。《发展权利宣言》也规定，发展权中所指的发展是"经济、社会、文化和政治的全面进程"，发展权是"参

---

①　人类发展指数，又称为人文发展指数，是联合国开发计划署于1990年首次提出的衡量地区发展状况的"人性化"标准。自2010年开始，每年的人类发展报告都会有四个综合人类发展指数，即人类发展指数（HDI）、不平等调整后人类发展指数（IHDI）、性别不平等指数（GII）以及多维贫困指数（MPI），而2014年的报告引入了关于性别发展差异的性别发展指数（GDI）。人类发展指数主要从预期寿命、教育状况（包括预期受教育年份和平均受教育年份两个指标）以及人均国民总收入三个方面衡量某地区的发展状况。（参见联合国开发计划署：《2016年人类发展报告：人类发展为人人》，联合国开发计划署2016年版，第199页。）

②　社会制度与性别指数是世界经济合作与发展组织（OECD）于2009年开始推出的用于评价妇女平等发展状况的指标体系。这个体系用覆盖妇女生活五大领域的14类27个具体指标衡量某地区妇女权益保障状况以及传统和制度对这种状况的影响。（全国妇联国际联络部组织处：《性别平等指数简介》，载《中国妇运》2013年第2期。）

③　可持续发展指数是由可持续发展解决方案网络（SDSN）秘书处的独立专家组以及贝塔斯曼基金会联合提出的评价世界各国对可持续发展目标（SDGs）中各项指标实施进度进行评估和分析的非官方指标体系。该体系通过广泛征求意见得出的77项指标对全球149个国家的可持续发展状况进行了评估和排名。（联合国可持续发展解决方案网络（UNSDSN）、贝塔斯曼基金会：《可持续发展目标指数和指示板全球报告》，http：//www.sdgindex.org/assets/files/sdg_index_and_dashboards_compact_chinese.pdf，访问日期：2017年12月20日。）

④　新华社：《美媒称"四大支柱"支撑中国经济奇迹进入第二阶段》，新华网http：//news.xinhuanet.com/world/2017-04/01/c_129523358.htm，访问日期：2017年7月12日。

与、促进并享受经济、社会、文化和政治发展"的权利。①"进程""参与、促进并享受"等词语表明发展本身是一个动态的过程。因此，针对发展权的评价也应该以采用动态的视角，不仅要关注所要评价的发展权主体现在享有的各项权利的实现状况以及未来的发展趋势，还要分析评价各方因素在造就现状以及影响未来趋势过程中的影响力。从发展权的本质来看，作为保障人民发展权利最主要的义务主体，国家或者政府在发展权保障过程中所扮演的角色应该给予特别关注，需要从创新视角出发，结合相关国家或地区的具体情况对其所采用的发展举措进行分析，判明其在发展权保障过程中具有比较优势的政策和方略，对富有创造性和取得巨大成效的部分更要进行着重解析，从而为优秀经验的借鉴和积累打下基础。

2015 年中国在《人类发展报告》所记载的人类发展指数排名中首次被列入高发展水平国家序列。中国的发展成就得到国际社会的肯定，但另一方面也必须注意到在该报告中中国的教育水平指数只有 0.614，仅处于中等发展水平国家序列，甚至可以说处于世界下游水准。在人类发展指数用于衡量教育水平的两个指标之中，中国的平均学校教育年数（Mean years of schooling）即 25 岁以上的人在校受教育的平均年数仅仅为 7.5，在高人类发展水平国家序列中仅高于马尔代夫、哥伦比亚、突尼斯、利比亚和泰国，居倒数第 6 位。而预期学校教育年数（Expected years of schooling）即 5 岁的儿童预期将接受教育的年数为 13.1，与我国 9 年义务教育和 3 年高中教育的教育制度大致符合，但在高发展水平国家序列中也只处于中下游水准。从这个角度看，中国的教育发展水平，如果仅考虑平均教育年数和预期教育年数方面的情况，其较低的数值确实反映出在世界范围内较低的水准，影响了中国在整个人类发展指数排行中的排名情况。②

但从数据来看，似乎直到 2015 年，中国教育事业的发展还相当落后，甚至与某些陷入发展困境或是战争泥潭的国家不相上下，在经济方面取得巨大进步的中国好像在教育方面未作出应有的努力。然而，事实上中国在平均教育年限方面的劣势有着深厚的历史因素：同其他发展中国家一样，中国有着长期遭受外国侵略、掠夺和压迫的历史，经济社会发展停滞，教育事业的发展更是举步维艰。在那个动荡的年代，大量人口无法接受学校教育或是因中途辍学无法接受完整的教育，正如《发展权白皮书》中数据表明，

---

① 《发展权利宣言》序言指出："承认发展是经济、社会、文化和政治的全面进程，其目的是在全体人民和所有个人积极、自由和有意义地参与发展及其带来的利益的公平分配的基础上，不断改善全体人民和所有个人的福利"；《宣言》第 1 条也规定："1. 发展权利是一项不可剥夺的人权，由于这种权利，每个人和所有各国人民均有权参与、促进并享受经济、社会、文化和政治发展，在这种发展中，所有人权和基本自由都能获得充分实现。2. 人的发展权利这意味着充分实现民族自决权，包括在关于人权的两项国际公约有关规定的限制下对他们的所有自然资源和财富行使不可剥夺的完全主权。"（参见《发展权利宣言》，联合国文件编号：A/RES/41/128，1986 年 12 月 4 日。）

② 参见《2015 年人类发展指数（附录）》，http://hdr.undp.org/sites/default/files/hdr_2015_statistical_annex.pdf，最后访问于 2017 年 12 月 23 日。

"1949 年全国人口中 80%以上是文盲，学龄儿童入学率仅 20%左右"①。为了改善全国人民大半是文盲的状况，中国共产党领导下的教育部门采取了多方的举措，国家大力发展基础教育，在全国范围内普及初等教育；开办各种成人教育学校，大力开展扫盲运动。这些举措在一定程度上改善了人民特别是高龄人口的受教育情况。但由于工作、生活的压力，许多的年事已高的人群选择通过书报、电视、广播等途径获取知识而非进入学校接受系统的教育，故而难以被计入统计指标体系。这种局面导致中国仍然存在着大量没有接受系统教育或者接受教育年限较低的高龄人口，拖累了中国在平均教育年限方面的成绩。

这并非在批判联合国开发计划署提出的人类发展指数不客观、不实际。因为该指数的本意是以最简洁、普适的指标分析各国经济社会发展的状况而非对各国发展权状况的全方位评估，而且从中国教育水平指数在历年报告中的变化也能一定程度上客观地显示出中国于教育发展方面的成就。本文所要关注的重点是：在评价某国发展状况时不能仅着眼于某一特定时间点的情况，而要结合发展的整个历史进程进行综合性的评价；不仅要用明确的指标体系和严格的数据采集分析各方面发展情况的现实状况，更要对数据的变化趋势和导致现状的各方面因素进行分析和探索，着重分析国家是否履行保障发展权利的义务以及怎样履行了相关义务。

同样以教育事业为例子。各方面数据显示，从 1949 年全国多半是文盲到 2015 年"小学学龄儿童净入学率已经达到 99.88%，九年制义务教育巩固率达到 93%，高中阶段毛入学率也有 87%"的状况②，中国教育事业实现了巨大的发展。这种巨大的发展并不完全是因为中国经济飞速发展的自然结果，而在某种程度上更是党和国家重视教育，以高效、全面和有保障的措施推动教育事业发展的结果。中国共产党历来重视教育事业的发展。1991 年，江泽民同志提出了"百年大计，教育为本"的论断，指出了教育事业的基础工程地位③。如今，习近平总书记重申教育为本的论断并将其摆到"创造美好生活的根本途径"的地位④。中国不仅在理念上重视教育事业，更在实践中延续发展权保障的一贯思路，构筑起全方位、多层次的教育权利保障机制。这一机制以宪法法律为行动依据，以规划、计划为战略指导，搭配以灵活机动的专项行动计划和各类政策举措，既充分满足了一般主体，也照顾到特殊主体的教育需求。在具体实践上，全国各地响应中央号召，积极推进教育改革，采取了不少创新举措。如在筹措教育经费方面，我国各地普遍采用省级经费统筹的方式，利用资源适度倾斜、派遣专业财务人员等方式减

---

① 国务院新闻办公室：《发展权：中国的理念、实践与贡献》，载《人民日报》2016 年 12 月 2 日。

② 数据来自于《发展权：中国的理念、实践与贡献》，具体内容参见 http://news.xinhuanet.com/politics/2016-12/01/c_1120029207.htm，最后访问于 2017 年 2 月 23 日。

③ 江泽民：《在庆祝中国共产党成立七十周年大会上的讲话》，人民出版社 1991 年版，第 23 页。

④ 习近平：《让十三亿人民享有更好更公平的教育》，载《习近平谈治国理政》，外文出版社 2014 年版，第 191 页。

少资源浪费和腐败，提高资金利用效率；通过地区转移支付、吸纳社会资源等方式扩宽经费来源。在推进教育事业均衡发展方面，通过推进"学区化""集团化"办学，建立常态化教师交流与帮扶机制、课程联合开发机制，缩小不同区域之间教育发展不平衡的现状。这些独创性的机制和举措，乃是中国教育事业得以快速发展的"不二法门"，是评价中国教育发展过程中不容忽视的重要内容。

从目的角度来说，我们之所以要进行发展权评价，是为了客观地评判地区发展状况，分析其优势和劣势，以便为得出改善发展权保障状况的方略提供分析的基础，而非要向他人"炫耀"所取得的发展成就。因此，从政策创新的视角评价发展权状况，在评价时将发展措施和发展成绩并举，通过分析二者的关联探究具备优势的发展举措创新成果，比起单纯的比数值、排座次更值得我们在进一步完善发展权保障评价体系时借鉴。

二、协调发展：用全面的指标体系评价发展权保障状况

发展权理念所指称的发展不仅是动态的过程，更是全方位的进步。《发展权利宣言》第一条指出，发展权是"经济、社会、文化和政治发展"的权利，《宣言》第六条同时指出，"对实施、增进和保护公民、政治、经济、社会和文化权利应予以同等重视和紧急考虑。"① 通过对《发展权利宣言》的研究分析，中国学术界普遍认为应该从母体性的发展权中解析出政治、经济、文化、社会以及可持续发展等多个方面的具体人权。发展权的这些不同侧面之间存在着复杂的联系，它们相互制约、相互影响，共同构成一个全面而系统的整体。因此，对发展权保障状况的评价也不应该忽视发展权各方面之间的相互关系，应该以整体视角全面地涵盖评价对象各项子权利的保障状况，形成完整而系统的评价指标体系。

针对发展权保障状况的评价，如果只侧重于国民经济的发展而忽视了发展的其他方面，得出的评价结果往往不能令人信服。前文提到的人类发展指数体系将关注的焦点放在体现国民寿命、教育水平和国民收入三大指标之上。当然，随着时代的进步一些反映社会平等和发展可持续性的指标也被陆续计算进来②。然而，该指标体系仍然在一定程度上忽视了对评价对象的治理民主化程度和法治化程度的关注。在很多情况下，这种不

---

① 《发展权利宣言》第6条指出："1. 所有国家应合作以促进、鼓励并加强普遍尊重和遵守全体人类的所有人权和基本自由，而不分种族、性别、语言或宗教等任何区别。2. 所有人权和基本自由都是不可分割和相互依存的；对实施、增进和保护公民、政治、经济、社会和文化权利应予以同等重视和紧急考虑。3 各国应采取步骤以扫除由于不遵守公民和政治权利以及经济、社会和文化权利而产生的阻碍发展的障碍。"

② 在《2015年人类发展报告》之中，除了预期寿命、教育水平和生活质量三大基础变量以及性别发展指数、多维贫困指数之外，统计过程中还针对人口趋势、健康成果、教育成果、环境可持续性、工作与就业、人身安危、国际一体化等领域的数十个指标进行了统计。但是，这些指标体系中仍然几乎没有涉及对象政治民主化和法治程度的分析。

全面的评价体系难以真实全面地反映评价对象的发展水平。如在《2015 年人类发展报告》中，蒙古国的人类发展指数和中国持平，同处于高发展水平国家序列。但两国在接下来几年中的发展态势却与报告显示出来的样貌形成鲜明的对比。近几年来，蒙古国经济低迷，外来投资不振，公共债务高筑，经济增速下滑。"蒙国家统计局数据显示，2015 年蒙古国经济增速仅为 2.3%。根据亚洲开发银行的预测，蒙古国 2016 年和 2017 年两年的增长率分别仅为 0.1% 和 0.5%，基本陷入停滞状态。"① 蒙古国财政部长乔伊吉勒苏伦·巴图高科曾在 2016 年的一次全国性的电视讲话中表示，"蒙古已经进入到一个无法支付财政工资和政府各部门运营成本的状态当中"，"正处于一个深度的经济危机状态"。这种发展窘境至今尚未得到改善。

蒙古国的发展态势之所以会在各种发展评价反映出来的蒸蒸日上的态势之后突然呈现断崖式的下跌，很大程度上是因为这些评价体系往往缺乏对评价对象政治以及法治发展状况的评估。得益于国内丰富的矿产资源和发达的畜牧业，蒙古国在矿业开发和外资涌入的带动下实现了长时间的经济繁荣。社会财富的增长，加之蒙古国人民重视教育发展，蒙古国教育事业也得以实现快速的进步。自 20 世纪 90 年代末期，蒙古国的初中教育普及率已经达到 95.72%。但是，由于官僚制度的腐败以及法律制度的不健全，蒙古国经济缺乏可持续增长的保障。在民族主义和权力斗争的推动下，蒙古国议会在 2012 年闪电通过《战略投资法》，以专横的态度对外资实行严格限制，造成外来投资大量撤离。虽然议会于 2013 年通过的新《投资法》一定程度上改变了过往的做法，但该国法律实施程序繁琐、政府运作的不透明以及法律制度的朝令夕改并没有得到改善，法治环境的恶劣让很多外来投资者望而却步。蒙新任国家大呼拉尔主席（议长）米耶贡布·恩赫包勒德在一次会议上说，"今年上半年，蒙仅吸引外国投资 3500 万美元，这表明外国投资者已经对该国失去信心"。政治局势的不稳定和法律制度的不健全、不透明就是蒙古国发展过程中被忽视的"短板"，使各种发展评价未能揭示出蒙古国隐含的发展危机，最终导致其在评价报告中显示出来的高水平发展状况和现实的充满危机的发展现状呈现巨大的反差。这也是很多发展中国家在实现经济高速增长，社会保障、教育事业也迅速推进，发展状况在国际社会广受好评的时候，却突然遭遇"发展陷阱"，发展陷入危机的另一个现实范例。因此，在评价发展权保障状况时，发展权的任何一个侧面都不能被忽略。

中国一向注重发展的全面、协调和可持续。党的十六大提出的全面协调可持续的科学发展观，强调经济、政治、社会、文化和生态文明的协调发展。党的十八大后，以习近平总书记为代表的党中央提出了"五位一体""四个全面"的战略布局，致力于实现经济发展权、政治发展权、社会发展权、文化发展权以及新提出的可持续发展权的整体保障。中国在对自身发展状况进行评估时历来注重对发展权各个方面的整体评估，既不会回避可能有争议的政治发展权保障的情况，也不会如某些"人权报告"一般仅着眼

---

① 新华网，《财经观察：蒙古国新政府面临重振经济挑战》，http://news.xinhuanet.com/fortune/2016-09/07/c_1119528350.htm，最后访问于 2017 年 2 月 23 日。

于政治上的个案问题而对经济和社会发展方面的情况避而不谈。2016 年发表的《发展权白皮书》用"有效实现经济发展""不断完善政治发展""努力促进文化发展""全面提升社会发展""加快落实绿色发展"五个章节综合性地、全面系统地介绍了中国在保障这五个方面发展权上所作出的努力和取得的成就，同时还从发展权保障方式的角度出发，将保障发展权的法治向度纳入到评价体系之中。白皮书指出，中国在国家根本大法——宪法中"全方位确立和保障发展权"，还"制定并实施了一系列专门性的权利保障法律法规"，特别"保障少数民族、妇女、儿童、老年人、残疾人等的发展权利。"① 法律法规体系之外，中国还通过制定国家发展战略、总体发展规划和专项行动计划，为国家和国家中每一个人的发展权的切实保障提供战略指导。此外，白皮书特别介绍了中国构建发展权司法救济机制方面的情况。中国对发展权保障方面所作出的努力，体现在政治、经济、文化、社会和生态文明建设方面的进步和举措之中，更体现在日益完善的发展权法治保障机制之中，使得白皮书中对中国发展权保障的"取得巨大成就"的评价显得中肯而令人信服。

三、绿色发展：以影响发展关键议题为导向进行发展权保障状况评估

随着社会经济的发展，生态恶化和环境污染等问题日益成为超越国家、地区、民族、社会政治、经济制度、文化和意识形态的具有普遍意义的全球性问题。② 自 1987 年联合国世界与环境发展委员会在《我们共同的未来》中首次提出可持续发展理念以来，这一被定义为"既满足当代人的需要，又不对后代人满足其需要的能力构成危害"③ 的发展概念逐渐为世界人民所接受，成为国际社会讨论发展问题的主流议题之一。良好的生态环境是可持续发展的关键，在《2030 年可持续发展议程》列举的 17 个可持续发展目标中有 4 项目标与生态环境直接相关④，生态环境在可持续发展中的地位可见一斑。中国共产党提出绿色发展理念，与注重生态保护的全面协调可持续的"科学发展观"以及将生态文明建设作为其重要内容的"五位一体"战略布局一脉相承，与世界千年发展目标和《可持续发展议程》遥相呼应，是对高投入、高消耗、高污染

---

① 国务院新闻办公室：《发展权：中国的理念、实践与贡献》，载《人民日报》2016 年 12 月 2 日。

② 刘德海：《绿色发展》，江苏人民出版社 2016 年版，第 48 页。

③ 世界环境与发展委员会：《我们共同的未来》，吉林人民出版社 1997 年版，第 52 页。

④ 从最直接的角度来看，目标 12 采用可持续的消费和生产模式、目标 13 采取紧急行动应对气候变化及其影响、目标 14 保护和可持续利用海洋和海洋资源以促进可持续发展和目标 15 保护、恢复和促进可持续利用陆地生态系统，可持续管理森林，防治荒漠化，制止和扭转土地退化，遏制生物多样性的丧失与生态环境改善直接相关。（参见联合国《变革我们的世界：2030 年可持续发展议程》，中华人民共和国外交部网站，http://www.fmprc.gov.cn/web/ziliao_674904/zt_674979/dnzt_674981/xzxzt/xpjdmgjxgsfw_684149/zl/t1331382.shtml，访问日期：2017 年 12 月 23 日。）

的传统发展方式日益不可持续与国家环境承载力日益接近极限这两个长期困扰中国和其他国家的发展难题的直接回应。绿色发展以马克思主义生态文明理论为理论底色，吸收当代生态理论的精华，强调把生态文明建设放在现代化建设全局的突出地位，融入经济建设、政治建设、文化建设、社会建设各方面和全过程，并提出了一系列具体的措施和明确要求。

国际社会对可持续发展问题的热诚使得一系列可持续发展指标体系开始建立起来，如世界自然基金会提出和计算的"生态足迹指数"和"地球生命力指数"、专注于中国城市可持续发展状况评估的"城市可持续发展指数"（Urban Sustainability Index，简称USI）、评估可持续发展目标实现状况的"可持续发展目标指数"以及耶鲁大学和哥伦比亚大学联合推出的环境保护绩效指数（Environmental Performance Index，简称 EPI）等。这些指标体系从不同角度、不同侧面对特定区域的可持续发展状况进行评估，对作为发展权重要侧面之一的生态发展权评估体系的构筑来说具有重要的借鉴意义。而在绿色发展理念的指导下，中国理论界和实践领域在评论发展状况时无不将生态或可持续发展作为其重要部分。他们或是和国际上相关领域的知名组织合作，针对中国生态问题提出专门性的考察报告，如《中国生态足迹报告》《中国城市可持续发展报告》等，或是在相关发展评估报告中纳入生态环境保护相关的内容，如在《2016 年〈中国妇女发展纲要（2011—2020 年）〉统计监测报告》中，妇女与环境就成为与健康、教育、经济、决策管理、社会保障与法律保障等内容并列的重要内容。总体而言，在绿色发展理念指导下革新观念，提出可持续发展相关指标并构筑相关评价指标体系已经成为中国学术界和实践领域的自觉。

就目前来看，将有关改善生态、保护环境相关的指标列入发展权评价指标体系之中已经是理论界的共识，并没有什么值得争议的地方。但值得注意的是，生态保护议题并非一开始就得到人们的重视，可持续发展的概念也不是自诞生之日起就得到认可，而是在问题逐渐变得难以挽回的时刻才在国际社会取得基本的共识。新发展理念对绿色发展的强调所能带给我们的启示不仅仅在于环境保护本身，更在于以敏锐的视野解析发展难题，寻找发展过程中的关键点予以着力突破的评析发展的思路。世界历史还在向前发展，人类理念的领域也在不断拓宽，人类在发展过程中将面临层出不穷的新问题、新挑战。以互联网发展问题为例，就目前状况而言，信息技术和互联网发展往往作为经济发展的重要增长点予以强调，评估者们关注的焦点也在于互联网如何变革生产方式，推动经济发展。但事实上，互联网技术的发展和互联网空间的扩宽不仅在经济上产生巨大的驱动力，更在全方位地重新塑造现代人的生活，不仅改变了人们的消费购物、社会交往、教育活动等日常生活领域，甚至开始变革传统政治参与方式，对某些地区的政治运动产生巨大影响。互联网带来的巨大影响可能让人们的生活变得更加美好，也有可能对社会稳定和可持续发展产生冲击。如何科学地规范互联网领域的活动，在不影响互联网活力的前提下将其纳入法律规则的监督和保障之下已经成为当代公权力机关和法学学者们重点关注的问题。同时，这也启示我们，面对日新月异的实践环境，在进行发展权评价时应该坚持问题导向、时刻关注现实生活，根据实务中涌现的影响发展的关键因素不断更新发展权状况评估指标体系，以期更加全面务实地衡量发展权保障状况。

四、共享发展：从合作发展的新角度评价发展权保障状况

和平与发展是全体人类共同的追求，而合作发展是在经济日益全球化的情况下世界各国实现发展必然要求。在追求发展的过程中，没有国家能够完全孤立于世界潮流之外，正如习近平总书记强调："在经济全球化的今天，没有与世隔绝的孤岛。同为地球村居民，我们要树立人类命运共同体意识。"① 世界各国的利益和命运比以往任何时候都更加紧密地联系在了一起，"和平、发展、合作、共赢"成为不可阻挡的时代潮流。在这种潮流下，各国之间普遍的合作发展将成为世界各国实现发展的必由之路。

一方面来说，合作发展是国际环境的客观要求。从当今世界的发展状况看，"一大批新兴市场国家和发展中国家走上发展的快车道"②，其国家综合实力大大增强。尽管现在世界仍然是"一超多强"格局，但迅速崛起的发展中国家以及众多地区国家组成的区域性国际组织，在国际事务中扮演着越来越重要的角色。这些国际社会上的新兴力量迫切希望能够共同主宰人类命运，积极谋求国际事务上更多的话语权，成为合作发展的现实推动者。另一方面，合作发展是解决各国共同的难题和挑战的重要途径。如今，世界人民的发展受到全球性经济危机、恐怖主义活动、全球变暖等世界性难题的威胁。以恐怖主义活动为例，现代恐怖主义活动最早发源于民族问题边界纠纷、宗教矛盾长期得不到解决的地区，如今已日益向全世界扩张，成为全世界人类生命财产安全的共同威胁。埃博拉病毒、寨卡病毒、中东呼吸综合征等传染性疾病往往先在那些没有现代化医院和训练有素的医务人员的贫困地区流行，但很快向世界各地传播而成为人类面临的共同敌人。历史经验告诉我们，这些全球性的问题，任何一国都很难独善其身，任何国家都很难独自解决。我们的思维不能还停留在过去"以邻为壑""祸水东引""零和博弈"的旧框框之中，而应当坚持全球合作，推动全球治理，共同应对新的挑战。

新发展理念倡导"共享发展"，致力于构建公平公正、人人共享的理想发展态势，而将共享发展的理念上升到国际视野也有着要缩小世界不同地区发展水平的差距，推动互利共赢的国际发展合作，构建广泛的利益共同体的意味。"共享发展"和"开放发展"彼此相通，共享发展的理念同样希望构建世界人民共同发展、共享发展的美好局面，实现"中国梦和世界各国人民的美好梦想紧紧相连、息息相通"③。因此，在评价一国发展权保障状况时，不仅要关注评价对象在保障本国人民发展权利方面采取的措施和所取得的成果，还要关注其在参与全球发展合作、承担发展国际责任方面所采取的态

① 习近平，《中国发展新起点 全球增长新蓝图——在二十国集团工商峰会开幕式上的主旨演讲》，载《人民日报》2016年9月3日。
② 习近平，《顺应时代前进潮流，促进世界和平发展》，见 http://cpc.people.com.cn/xuexi/n/2015/0721/c397563-27337993.html，2016年2月23日访问。
③ 人民日报社理论部：《"五大发展理念"解读》，人民出版社2015年版，第96页。

度和举措。殖民时代中，一些资本主义国家通过军事、经济和政治手段在殖民地、半殖民地掠夺资源和财富，实现本国经济、社会的飞速发展，可以理解为在本国人民的发展权保障方面取得了相当大的进步，但如果我们无视其对其他国家人民发展权的侵害，对这些充满罪恶的殖民行径所带来的发展也给予正面的评价的话，无异于鼓励掠夺与剥削，最终会对发展权的全球保障产生不利影响。

中国历来注重展现自身愿意合作、期盼合作的姿态，以增进共识，营造良好的合作环境。在被称为"全方位阐释中国在发展权方面理念和贡献"[①] 的《发展权白皮书》中，我国就在介绍中国保障本国人民发展权所取得成就之后用"推动实现共同发展"一整个章节，从"捍卫发展权利""参与发展议程""拓宽发展之路""深化发展合作""加大发展援助""提供特别待遇""改善发展环境"等八个方面全面介绍了中国坚持共同发展，推动建设人类命运共同体方面所做的工作，彰显中国在努力"实现各国共同发展"，推动构建能够使"世界人民共享发展成果"的国际政治经济新格局的态度和积极性。

五、开放发展：以开放与合作的视角评估发展权保障状况

在国际社会，人权议题是"二战"之后才逐渐兴起的"新问题"。由于文化传统、现实条件等方面的不同，各国之间在人权问题的看法上不可避免地存在着差异。同时，某些国家为了本国的利益，将自己的人权观念包装成所谓的普世观念强加于他国身上，通过国别决议等方式干涉他国内政以服务于本国在地缘政治方面的战略需求的人权政治化行为，使得人权议题成为不同国家政治斗争的焦点，国际社会在某些人权问题上长期难以达成共识。作为当代人权保障讨论的前导性步骤，人权评价也难免遭受价值观念冲突的波及。一些人权保障评估指标的设置引发广泛的争议，不同评价指标体系之间甚至会得出截然相反的结果。这种混乱的局面导致国家之间往往引用对立的评价结果互相攻讦，严重损害了国际人权评估的说服力。

如果在互联网上搜索"妇女权利""评估指标""排名"等关键词，我们可以看到一个引起热烈讨论的话题，中国在世界经济论坛提出的性别差距指数排名中的名次降到印度之下。这种评价结果由于和我国民众对于两国妇女权益保障状况的直观感受截然相反而引起了网友们的热议。事实上，我国在该排名中的名次连年下降，不仅和我国各类有关报告中所介绍的女性权益保障的巨大成就相矛盾，也与其他国际组织提出的评价结论相冲突。无论是在联合国开发计划署发布的"性别发展指数"排名还是在"社会制度与性别指数"报告中，中国的性别平等状况虽然说不上世界领先但也是在不断地进步之中，绝无这种连年下滑的状况。这种反差引起了许多人对该评价指标的批评，认为

---

① 《海外专家学者热议"发展权白皮书"：中国发展成就和对世界贡献有目共睹》，央广网，http://news.cnr.cn/comment/latest/20161206/t20161206_523305762.shtml，访问日期：2017 年 12 月 23 日。

其"居心不良",甚至有部分舆论认为所有的国际人权评价报告都是境外敌对势力攻击我国人权状况的武器,应该抵制和反对。

关于世界经济论坛构筑的性别差距指数排名后面是否具有某种政治势力我们不得而知,但这种争论至少可以反映不同组织和不同国家在该问题上观念和方法的冲突。通过对 2016 年《全球性别差距报告》的分析,我们得知该报告采用经济参与和机会、教育程度、健康与生存状况、政治权利四个大项共计十四个小项来评估一个国家的性别差距状况。其最终得分由四项指标得分取平均数所得,而每个大项的得分则由该项中各个小项目所得乘以所占比重之后再取算术平均数得出。各项比重取决于各国在这一项上数据的标准差,如在健康与生存权项目中女性预期寿命和男性比这一数据所占比重为30.7%,而出生婴儿中女性和男性比重为 69.3%,其他指标的比重可以参考下面给出的饼状图:

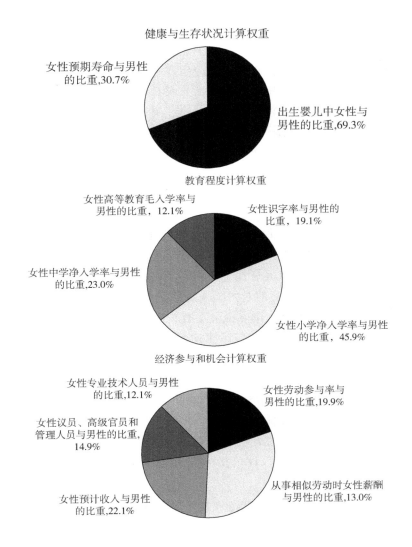

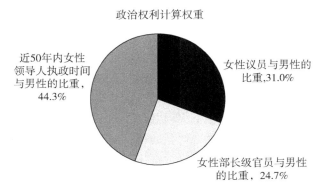

各项指标所占权重（数据来源于《2016年全球性别差距报告》）

由此我们可以得知评估结果之所以存在如此巨大差异的根本原因。在性别差距指数中，对于一国女性健康状况的评估主要基于预期寿命比和出生性别比两项指标，其中出生性别比所占比重是预期寿命比重的两倍。中国的出生性别比长期失衡，是涉及性别平等的各种评价中最大的薄弱项，而在性别差距指数中这种弱势被进一步放大成为最大的失分项。而在我国提出的各种性别平等评价指数或者妇女权益保障评价体系中，健康方面的指标更加复杂，范围更加广泛，涉及女婴死亡率、产妇住院分娩率、孕产妇死亡率以及妇科病发病率等多样化的指标，而出生性别比仅仅是其中一个方面，其保障弱势的局面就被"稀释"而显得不那么严峻。这种差异还体现在政治权利方面。在性别差距指数中，男女政治平等状况被分解为女性领导人执政时间、女性议员比重、女性部长级官员比重三个指标，其中女性领导人执政时间占主要地位，这种指标显然对中国极为不利。

当然，这并不是说《性别差距报告》完全是攻击我国人权保障状况的工具。作为具有广泛国际影响力的组织，世界经济论坛发布了《全球竞争力报告》《全球信息技术报告》《全球风险报告》《全球贸易促进报告》等具有权威性的报告。虽然其提出的《性别差距报告》中的评价体系显然对中国来说存在不公平、不合理之处，但也不应该因此完全否认其正确性。事实上，国际社会上有关性别平等的其他指标体系都存在一定的争议。例如联合国性别不平等指数包括生殖健康、赋权和劳动力市场参与度三个维度；性别发展指数衡量女性和男性在三个人类发展领域中的差异：寿命、教育和收入的差距。这两个评价指标体系都被批评为欠缺对女性政治地位的考量。经合组织所发布的"社会制度与性别指数"则被认为指标主观性太强缺乏统一的客观标准。中国的相关检测报告一般从健康、教育、决策管理、经济、社保、环境以及法律保障七个方面的数据入手分析女性权利保障，但也被批评为通过数据手段稀释"那些未取得有效进展或者保障不力的指标"①。人们在发展权评价指标方面之所以会存在争议，并非完全是人权

① 柯倩婷：《中国妇女发展20年：性别公正视角下的政策研究》，社会科学文献出版社2015年版，第8页。

政治化的结果，也不是源自于知识上正确与否的判断，更多的是基于双方在观念和价值方面的差异。争论的双方或许都是出于良善的目的，但他们的矛盾和冲突如果得不到妥善的解决，则可能会损害人权事业的根基。因此，在构筑和完善中国发展权评价机制时应该秉持开放与合作的视角，加强与相关组织、国家的交流和合作，吸收现有经验，结合中国实际，提出既能够全面表述中国发展权保障状况，又能够在最大范围内取得共识的指标体系。

"中国近年取得了巨大的发展成就，对世界起到了积极的引领作用。"这不仅是中国的自我宣示，也是相当多海外有识之士的共识。新发展理念是中国在过去数十年间推动发展、保障发展权方面所得到的实践经验和理论成果的浓缩和提炼，是中国未来发展的指南针，也能为世界各国特别是其他发展中国家的发展权实践提供有益的经验。新发展理念指示着中国在未来一段时间的发展道路，也为发展权保障评价机制的构建提供了启发性思路。正如《发展权白皮书》最后指出，"人权没有最好，只有更好。人类实现更加充分的发展权，永远在路上。"中国的发展权事业，将在习近平新时代中国特色社会主义思想的指导下，开拓创新，走出一条人权保障的中国道路。

中国反贫困的发展历程与未来方向
——以可行性能力建设为视角

肖　夙*

摘要：尊重和保障人权，是全人类永恒的追求，也是广大中国人民的追求，是中国梦的追求。我国高度重视人权建设，把生存权和发展权放在首位，减贫脱贫是满足人民生存权和发展权的前提和条件，也是人权建设的重要组成部分。我国已经进入新时代，中国共产党站在历史的新起点指出，我国社会的主要矛盾已经由"人民日益增长的物质文化需求同落后的生产力之间的矛盾"转化为"人民日益增长的美好生活需要和不平衡不充分的发展之间的矛盾"[1]，这是关系到全局的历史性变化，也对我国新时期反贫困事业提出了新要求。"不平衡、不充分的发展"很大程度上是由贫富差距、城乡差距、区域差距、经济和社会发展差距所导致的，脱贫攻坚是贫困人口对美好生活的向往与需要，也是实现我国全面协调发展的重要途径之一。本文将以可行性能力为视角，对我国反贫困历程进行梳理和总结，并指出新时期脱贫攻坚的目标与方向，将反贫困事业与人权建设相结合，为世界贡献在反贫困事业上的中国智慧和中国方案。

关键词：人权建设；反贫困；可行性能力

一、理论基础：可行性能力看待贫困的视角

可行性能力指的是享受人们有理由珍视的那种生活的可行能力，是一个人可行的、构成人的有价值的生活的各项"功能性活动"的组合，在这种意义上，能力就是一种自由，是一个人所拥有的、享受自己有理由珍视的那种生活的实质自由[2]。以可行性能力的视角来理解反贫困问题时，可以将关注点从手段（通常为排他性注意的收入）转向人们有理由追求的目的以及实现这些目的的自由，使得我们对贫困和剥夺的性质以及原因有更透彻的理解。可行性能力看待贫困的视角认为，收入低下确实造成贫困的重要

＊　作者简介：肖夙，武汉大学法学院法学理论专业硕士研究生。
[1]　《党的十九大报告学习辅导百问》编写组编著，党建读物出版社 2017 年版。
[2]　［印］阿马蒂亚·森著，于真等译：《以自由看待发展》，中国人民大学出版社 2012 年版，第3页。

原因，但却不是唯一原因，贫困在本质上是对人们基本的可行性能力的剥夺，而不仅仅是收入低下①。光提高人们的收入水平，而缺乏将收入转化为功能性活动的机制，是无法提高人们的生活水平和质量的，无法实现真正的脱贫。如年老、残疾、生病会降低获取收入的能力，也使得收入转化为可行性能力更加艰难，因为同样的功能性活动，这些弱势群体会需要更多的收入（以便得到照顾、校正残疾、接受治疗）才能实现；又如在较为富裕的西欧国家，人们需要花费比发展中国家更多的收入去购买足够的商品，以实现相同的社会化功能性活动②。因此，反贫困不仅意味着需要提高贫困人口的收入，更重要的是拓展和增强人的可行性能力。

二、反贫困历程："扶持"与"增长"

经过坚持不懈的努力，我国已经使 7 亿多人口脱离贫困，成为世界上减贫人口最多的国家，对全球减贫的贡献率超过 70%，是世界上率先完成联合国千年发展目标的国家③。我们应该对我国反贫困历程进行梳理，总结经验教训，打造国际减贫的最佳范式，为还挣扎在贫困中广大发展中国家提供了脱贫的中国模式。回顾中国的反贫困历程，大体分两个阶段，分为改革开放前和改革开放后，对应的模式分别为"扶持模式"和"增长模式"。

（一）反贫困模式理论："增长引发"与"扶持导致"

对于影响寿命期望值的相关因素，经过阿南德（Sudhir Anand）和拉瓦利昂（Martin Ravallion）的跨国研究发现④，寿命期望值与人均国民生产总值确实呈现正相关的关系，但其更多的是通过国民生产总值对两个因素的影响表现出来，穷人的收入以及公共支出特别用于医疗保健的那部分。如果将贫困和用于医疗保健的公共支出作为单独的解释变量时，人均国民生产总值与寿命期望值的联系几乎完全消失了。研究表明，经济增长对寿命期望值的影响在很大程度上取决于经济发展取得的成果如何进行分配，如通过增加用于医疗保健的公共支出和用于消除贫困的支出来影响。阿马蒂亚·森在《饥荒与公共行动》一书中，通过对一些典型的东亚和东南亚国家进行对比研究，发现了两种迅速降低死亡率的模式，分别为"增长引发"和"扶持导致"模式。"增长引发"模式一般是通过高速经济增长来发挥作用，不仅取决于基础宽广的并且经济上广泛的增长过程（强调就业与之的关系），更取决于利用经济繁荣的发展去拓展诸如医疗

---

① ［印］阿马蒂亚·森著，于真等译：《以自由看待发展》，中国人民大学出版社 2012 年版，第85 页。

② ［印］阿马蒂亚·森著，于真等译：《以自由看待发展》，中国人民大学出版社 2012 年版，第85 页。

③ 数据来自联合国《2015 年千年发展目标报告》。

④ Sudhir Anand and Martin Ravallion, "Human Development in Poor Countries: On the Role of Private Income and Public Services," Journal of Economics Perspectives 7（1993）.

保健、教育和社会保障的社会服务。而"扶持导致"模式不以高速的经济增长为前提，虽然其使用的经济资源有限，但通过精心策划的医疗卫生体系、教育等社会扶助计划以及其他相关的社会安排，其也能迅速降低死亡率，改进人民的生活条件。"扶持导致"模式（改革前的中国与克拉拉邦等经济体）重点扩展降低死亡率和改进生活质量的社会服务（尤其是医疗卫生和基础教育），并不以人均实际收入的迅速提高为首要目的。以可行性能力看待贫困的视角认为，可行性能力的拓展和增强在本质上是反贫困事业的重要组成部分，可行性能力的拓展和增强就是反贫困的成功。虽然"扶持导致"模式没有"增长引发"模式的高效率，但通过这一模式，人们在生存、识字、知识、健康等方面的能力得到扩展和增强，在一定程度上，也为进入"增长引发"模式脱贫做好社会准备。

（二）改革开放前："扶持模式"

"扶持模式"对个人的可行性能力具有重要的影响，能为个人的可行性能力的发展提供社会机会（即在社会教育、医疗保健及其他方面所实行的安排）[1]。"扶持模式"所创造的社会机会，不仅影响个人生活（享受健康生活、避免可预防的疾病和过早死亡），还影响了个人的经济和政治参与（如一个文盲是无法参与需要专业知识的经济活动，同样，一个不会识字读报的人，无法获取政治参与的有效信息，其也无法参与政治活动），这种个人政治经济参与的障碍最终将阻碍国家政治经济的建设。虽然中国在改革开放前实行计划经济体制，生产力发展还较为落后，人均收入较低，但这并没有影响中国对基础教育、医疗卫生以及土地产权等方面重视和资金投入，基于"扶持模式"的投入，中国在改革开放前就为个人某些可行性能力的发展提供了社会机会，在这个意义上，其为中国改革开放、走向市场化的经济增长作了社会准备。阿马蒂亚·森对比中印两国发展的历史[2]可以发现：中国在社会准备这一问题上比印度超前很多。由于教育、医疗卫生建设等方面的重视和投入，当中国改革开放、开始转向市场化的时候，人们尤其是青年人的识字水平已经处于相对较高的水平，在全国很多地区也相继建立起良好的教学设施，人们的健康状况也比印度好得多。对于中国来说，对上述社会服务投入的初衷并不是协助市场导向型经济增长，但却创造了其市场化之后可以投入动态运用的社会机会。相比而言，印度社会的精英主义严重忽视基础教育，以及严重忽视基本医疗卫生建设，使得印度在取得共享型经济发展上缺乏必要的社会准备[3]。

在历史发展过程中，有很多通过社会机会（如基础教育）促进经济发展的例子，

---

① ［印］阿马蒂亚·森著，于真等译：《以自由看待发展》，中国人民大学出版社2012年版，第32页。

② 中印两国政府都进行了很长时间的努力走向更开放的、国际的、市场导向的经济，中国自1978年起，印度则为1991年起。

③ ［印］阿马蒂亚·森著，于真等译：《以自由看待发展》，中国人民大学出版社2012年版，第34页。

其中就包括日本。在 19 世纪中期（明治维新时期），日本的工业化落后于欧洲几十年，但其识字率却比欧洲高，日本的经济发展很大程度上得益于为人们提供了各种社会机会以及对人力资本的深度挖掘与利用①。增强人的可行性能力，实现人在教育、医疗保健和人类生活其他条件的发展，并不只是发达国家专属的权利。虽然发展中国家在资源占有上远远落后于发达国家，但发展中国家提供社会服务的相对价格和成本较低，即由于发展中国家的社会服务通常是劳动密集型程度较高的，因而发展中国家可能只需要进行较少的资金投入就能达到发达国家提供的等价社会服务。适当的社会服务项目，尽管不能极大地促进收入增长，但可以较为迅速地提高生活质量，能够有效缓解贫困问题。

"扶持导致"模式所取得的成功，彻底否定了只有先富起来才能发展基础教育和医疗卫生等事业的论调，对广大生产力落后的发展中国家反贫困事业具有重要的政策意义，为其提供了一条新的发展路径。

（三）改革开放后："增长模式"

与"扶持模式"相比，"增长模式"在反贫困事业上具有其优越性，因为除了死亡率、疾病以及教育以外，还有更多的贫困问题与低收入是直接相关的（如缺乏适当的衣物和住所）。"增长模式"带来的经济繁荣与发展，为国家和政府提供了更多可供支配的资源，资源的充足性极大地拓展了其对可行性能力投入范围以及对可行性能力建设的质量。如果说"扶持模式"能够促进人民生活质量的改善，那么"增长模式"就是收入增长与生活水平提高的同步前行。收入增加与可行性能力增强不是简单的单向联系，而是相互促进的双向关系。促进经济增长、提高收入水平是可行性能力建设的重要手段，而提高享受生活的可行性能力也能提高个人生产力以及获得更高收入的能力。具体说来，经济增长为教育和医疗事业（可行性能力建设）提供更多的资金和社会资源，提高其发展质量；而提高良好的教育和医疗制度（可行性能力建设）不但能直接提高人们的生活水平，还能提高摆脱收入贫困并获取高收入的能力，并给予那些容易沦为贫困的人们更多克服贫困的机会。

改革开放后，伴随着经济高速增长和大规模、有组织的国家扶贫行动，我国反贫困工作取得了举世瞩目的成就，以农村现行贫困标准衡量，农村贫困人口减少 7 亿②。尤其是党的十八大以来，我国的脱贫攻坚工作更是成绩卓然，农村年均脱贫 1300 万人，6000 多万贫困人口稳定脱贫，贫困发生率从 10.2% 下降到 4% 以下，贫困群众生活水平明显提高，贫困地区面貌明显改善③。截至 2016 年，贫困地区农民居民人均收入实际

---

① 参见 World Bank, The East Asian Miracle: Economic Growth and Public Policy, (Oxford: Oxford University Press, 1993).

② 《统计局：改革开放后中国农村贫困人口减少 7 亿｜减贫｜农村贫困人口》，新华网，http://www.xinhuanet.com/politics/2015-10/16/c_1116848645.htm，访问日期：2018 年 2 月 25 日。

③ 《党的十九大报告学习辅导百问》编写组编著，《党的十九大报告学习辅导百问》，党建读物出版社 2017 年版。

增长 10.7%，居住在钢筋混凝土房或砖混材料房的农户占到 57.1%，使用管道供水的农户达 67.4%；自然村通电接近全覆盖，通电话比重达 98.2%，道路硬化达 77.9%，上幼儿园和上小学便利的农户分别达到 79.7%、84.9%，91.4% 的农户所在自然村有卫生站；社会保障水平明显提高，覆盖面持续扩大，最低生活保障实现应保尽保；有 28 个贫困县率先脱贫摘帽①。

综上，"扶持模式"和"增长模式"各有特点，为不同国家在不同阶段提供了行之有效的发展道路，但与"扶持模式"相比，"增长模式"的反贫困，在效率和质量上更胜一筹，在一定程度上来说，"扶持模式"的反贫困最终会过渡到"增长模式"的反贫困。

三、困难与问题

虽然我国在反贫困事业上取得了卓越的成就，但依然要看到我国新时期反贫困事业所存在的困难。首先，我国贫困人口基数大，亟待脱贫的人口仍比较多。截至 2016 年底，全国农村贫困人口还有 4300 多万人，要如期实现脱贫目标平均每年需要减少贫困人口近 1100 万人，即使 2020 年我国成功使贫困发生率下降到 0.5% 以下，以我国目前 14 亿人口计算，仍然存在五六百万贫困人口②。其次，我国区域发展、城乡发展严重失调，导致贫富差距不断拉大，我国新时期的社会主要矛盾，也指出了我国目前发展不平衡、不充分这一困境所在。最后，"易返贫"现象严重，不少贫困户稳定脱贫能力差，因灾、因病、因血、因婚、因房返贫情况时有发生，随时可能增加新的贫困人口③。

以可行性能力为视角分析，贫困就是人的基本可行性能力被剥夺④，即实现作为人的基本"功能性活动"的实质自由被剥夺。这种实现基本"功能性活动"的实质自由不仅仅是经济自由，更涉及政治、文化、社会以及生态等领域内的自由，只有全面实现多领域内的基本自由，才能保障人的基本可行性能力，才能充分激发人的潜能，实现"人的自由全面发展"⑤。反贫困的实质就是消除一切阻碍人们在政治、经济、文化、社会以及生态等领域自由的因素，拓展和增强人的可行性能力，实现"人的自由全面发展"，这一目标与我国人权建设的价值追求是一致的。针对我国目前所面临的反贫困困境，笔者以可行性能力的视角进行分析，认为我国反贫困事业主要存在以下问题：

第一，我国反贫困事业主要涉及经济领域的可行性能力建设，即收入能力的提高，

---

① 夏长勇：《脱贫攻坚：中国对世界人权事业的重大贡献》，载《新时代中国人权事业的发展研讨会论文集》，2017 年 12 月。

② 朱力宇：《在经济发展中有计划地精准解决中国的贫困问题》，载《新时代中国人权事业的发展研讨会论文集》，2017 年 12 月。

③ 国务院新闻办公室：《中国的减贫行动与人权进步》，人民出版社 2016 年版，第 33 页。

④ ［印］阿马蒂亚·森著，于真等译：《以自由看待发展》，中国人民大学出版社 2012 年版，第 85 页。

⑤ 《马克思恩格斯全集》（第 25 卷），人民出版社 1960 年版，第 299 页。

严重忽视贫困人口在政治、文化、社会以及生态领域的能力建设，造成扶贫减贫发展不全面、不均衡、不充分；消除绝对贫困政策的长期施行，过分追求减贫"量"的发展；单一笼统的扶贫减贫政策，忽视了贫困人口内部的差异性，无法满足贫困人口内部异质性需求，阻碍了减贫"质"的提高。

第二，我国的扶贫减贫长期以来停留在资金、物质支援的层面，对其收入能力的建设和提高严重不足，缺乏自主脱贫的能力，脱贫的持续性不长。资金、物质层面的扶贫减贫，具有一次性、优先性和暂时性的特点，无法从根源上解决人民的贫困问题，这也是"易返贫"现象频发的原因。脱贫能力不足，持续性不长严重影响了反贫困事业的进步，进而影响了社会的稳定与发展。

第三，我国扶贫减贫政策停留在物质层面，还会导致无法消除受忽视、被排斥、被边缘化的贫困人口背后所存在的不公平、不公正的权力结构与社会关系等因素，无法建立起公平正义的法律和制度体系，为反贫困在制度上提供制度保障。

四、发展方向：全面、精准、可持续

经过近四十年的改革开放，我国发生了关系全局的历史性变化，进入了发展新时代。我国由"基本建成小康社会"进入"全面建成小康社会"的决胜阶段，由"人民日益增长的物质文化需要同落后的生产力之间的矛盾"转化为"人民日益增长的美好生活需要和不平衡不充分的发展之间的矛盾"，由"以经济建设为中心"转变为"五位一体"统筹发展阶段。党的十九大报告指出新时代的发展要求，"要在继续推动发展的基础上，着力解决好发展不平衡不充分问题，大力提升发展质量和效益，更好满足人民在经济、政治、文化、社会、生态等方面日益增长的需要，更好推动人的全面发展、社会全面进步"[1]。在此基础上，对我国反贫困事业也提出了历史新要求，即要求革除一切阻碍人们在政治、经济、文化、社会以及生态领域自由（即可行性能力）的因素，实现人们在以上领域自由而全面的发展，以人的发展来推动社会的全面进步。阿马蒂亚·森在《以自由看待发展》一书中指出，促进个人可行性能力发展的工具性自由主要包括：政治自由、经济条件、社会机会、透明性保证以及防护性保障[2]。基于以上论述，笔者总结出我国反贫困事业发展的三个方向：

（一）全面

转变单纯以提升收入能力反贫困模式，实行经济能力、政治能力、文化能力、社会能力和生态能力的全面统筹发展模式。在经济能力上，继续发挥"增长模式"的减贫

---

① 习近平：《决胜全面建成小康社会 夺取新时代中国特色社会主义伟大胜利——在中国共产党第十九次全国代表大会上的报告》，载《人民日报》2017年10月28日。

② ［印］阿马蒂亚·森著，于真等译：《以自由看待发展》，中国人民大学出版社2012年版，第7页。

作用,以实现共同富裕为目标,建设富强的社会主义中国,以促进经济繁荣发展带动贫困人口收入能力的提升。在政治能力上,建设中国特色社会主义民主社会,构建公开准确全面的信息传播平台,为贫困人口提供民主自由、公平公正的政治参与机会,切实保障其知情权、参与权、监督权、决策权。在文化能力上,继续夯实基础教育的发展,推动高端教育的专业化、精英化发展,为贫困人口提供更多接受教育的机会;大力发展文化事业和文化产业,更好地满足贫困人口的文化需求。在社会能力上,建立社会保障体系(防护性保障),为遭受天灾人祸或突发性困难的人、收入低于贫困线的人以及年老、残疾、疾病等弱势群体提供扶持的社会安全网。在生态能力上,保护贫困地区赖以生存的生态环境,发展适应当地生态发展的特色产业,建设资源节约型和环境友好型的生态文明,增强贫困地区人民发展的可持续性。总体而言,要实现基本建成小康社会的"数量"减贫向全面建成小康社会的"质量"减贫转变,不断上调贫困标准,提升人民群众的生活水平和质量,解决反贫困问题中的不平衡不充分。

(二) 精准

收入在转化为可行性能力的过程中,会受到多方面的影响,主要包括人的年龄(老人、儿童的特殊需求)、性别或社会角色、所处地域(生态环境)、流行病滋生的环境以及个人无法控制的其他各种因素①。贫困人口内部具有差异性,存在残疾、年老、年幼、疾病、妇女以及失业等多种不同的群体,对他们应制定与其相适应的脱贫政策。因为诸如残疾、年老、疾病等可行性能力的缺陷,不仅会降低获取收入的能力,还会增加将收入转化为可行性能力的难度(他们会需要更多的收入用于接受照顾、校正残疾、接受治疗等社会服务,以实现与正常人相同的功能性活动)。因此,要因人施策,满足贫困人口内部异质性需求。

习近平总书记提出的精准扶贫思想,正是对可行性能力差异化建设理论的实践。习近平提出扶贫开发贵在精准,重在精准,成败之举在于精准。将精准扶贫总结为"六大精准"②。"六大精准"为扶持对象精准、项目安排精准、资金使用精准、措施到户精准、因村派人精准、脱贫成效精准。党的十八以来,中国农村的扶贫战略从区域扶贫向精准扶贫转变,成为农村扶贫政策的核心,在精准扶贫思想指引下,我国农村扶贫工作实现了跨越式发展,农村贫困人口脱贫步伐加快。党的十九大报告再次强调要"突出抓重点、补短板、强弱项,坚决打好精准脱贫的攻坚战",精准脱贫是我国未来反贫困事业发展的一个重要方向。

---

① [印] 阿马蒂亚·森著,于真等译:《以自由看待发展》,中国人民大学出版社 2012 年版,第 86 页。例如,营养不足既关系到进食量,也关系到摄取食物中营养成分的能力。后者受到一般身体状况的严重影响(如患有寄生虫病),而那又是非常依赖于社区医疗保健和公共医疗设施。

② 2015 年 6 月,习近平总书记在贵州召开部分省区市党委主要负责同志座谈会上全面论述了精准扶贫思想。

（三）可持续

要实现稳定脱贫、摆脱"易返贫"的困境，维持脱贫的持续性，就必须从根源上分析和解决人民的贫困问题，加强收入能力建设，提高贫困群体自主脱贫的能力。与此同时，还应将扶贫减贫战略从物质层面深入到制度层面，深层次分析那些受忽视、被排斥、被边缘化的贫困人口背后所存在的不公平、不公正的权力结构与社会关系，建立起公平正义的法律和制度体系，为巩固和发展反贫困事业提供制度上的保障。"十三五"规划提出实施全力脱贫攻坚任务，要充分发挥政治优势和制度优势，坚持开发式扶贫方针，以"一区三片"为主战场，以改革创新为动力，以构建"三位一体"扶贫格局的路径。着力消除体制机制障碍，更加注重解决制约贫困地区发展的突出问题，更加注重增强贫困地区和扶贫对象自我发展能力，更加注重基本公共服务均等化，更加注重精准扶贫，加快贫困群众脱贫致富、贫困地区全面建成小康社会步伐①。通过发展特色产业、转移就业、易地扶贫搬迁、生态保护扶贫、教育培训、开展医疗保险和医疗救助等措施，实现农村贫困人口不愁吃、不愁穿，义务教育、基本医疗和住房安全有保障；通过实行社保政策兜底，实现其余完全或部分丧失劳动能力的贫困人口脱贫；探索资产收益扶持制度，通过土地托管、扶持资金折股量化、农村土地经营权入股等方式，让贫困人口分享更多资产收益②。实行政策倾斜，重点支援革命老区、民族地区、边疆地区、集中连片贫困地区，持续加大对集中连片特殊困难地区的扶贫投入力度，增强造血能力；此外，还要求完善扶贫脱贫扶持政策，健全扶贫工作机制，创新各类扶贫模式及其考评体系，为脱贫攻坚提供强有力支撑，增强脱贫的可持续性。

五、结语

我国贫困问题由来已久，不仅仅是贫困人口的能力问题，更是历史和社会制度所带来的发展遗留问题，习近平总书记一再强调"全面建成小康社会，最艰巨最繁重的任务在农村、特别是在贫困地区。没有农村的小康，特别是没有贫困地区的小康，就没有全面建成小康社会"③。反贫困问题是影响我国发展不平等、不均衡、不协调的重要因素之一，因此解决贫困问题是清除发展障碍的重大举措，是消除贫富分化和保障持续健康发展，实现共同富裕的必然途径。"十三五"时期是全面建设小康社会的决战决胜阶段，脱贫攻坚则是全面建设小康社会的必然要求，减贫脱贫问题的实质，是保障人的生

---

① 《中共中央关于制定国民经济和社会发展第十三个五年规划的建议》，载《人民日报》2015年11月4日。
② 《中共中央关于制定国民经济和社会发展第十三个五年规划的建议》，载《人民日报》2015年11月4日。
③ 习近平：《习近平到河北阜平看望慰问困难群众讲话》（2012年12月29日），载《"四个全面"学习读本》，人民出版社2015年版。

存权并在此基础上获得人的发展权，是我国人权事业建设的重要组成部分。以可行性能力建设为视角看待反贫困问题，有助于以人权的价值体系为指导，将反贫困建设与人权发展相结合，实现人自由而全面的发展，并以人的发展推动社会全面进步。

论法治中国建设中的发展权保障

周　锐*

摘要： 法治中国是党在十八大以来提出的重要议题，是写入十九大报告的重大战略部署，也是新时代中国特色社会主义事业的重要组成部分。法治中国建设以保障人权为价值目标，发展权作为一项新兴的第三代人权，也是首要的基本人权，其在人权体系中应当居于核心地位。新时代社会主要矛盾的变化、中华民族伟大复兴中国梦的实现和人类命运共同体的建设需要我们在法治中国建设中贯彻落实发展权的保障工作。具体而言，在完善发展权保障的路径探索中，我们要以法治思维为指导，推动发展权保障在法治轨道上进行；以制度建设为核心，完善发展权保障体制机制；以社会公平为目标，建立发展权的社会公平保障体系。

关键词： 法治中国；人权；发展权；社会公平

自党的十八大以来，中共中央提出了"法治中国"的重要论断。2013年，党的十八届三中全会发布了《中共中央关于全面深化改革若干重大问题的决定》，决定指出要推进法治中国建设。一年以后，在党的十八届四中全会上通过的《中共中央关于全面推进依法治国若干重大问题的决定》，对法治中国建设做出重要的战略部署，并着重指出："全面推进依法治国是一个系统工程，是国家治理领域一场广泛而深刻的革命，需要付出长期艰苦努力。全党同志必须更加自觉地坚持依法治国、更加扎实地推进依法治国，努力实现国家各项工作法治化，向着建设法治中国不断前进。"法治中国建设是新时代中国特色社会主义事业的重要组成部分，也是实现中华民族伟大复兴中国梦的必由之路。有学者认为："'法治中国'这一新概念、新命题的提出，切合当下中国进一步推进法治的要求，体现了强烈的解决中国实际问题的主体意识，是中国梦的重要组成部分，是法治国家的进一步发展和升华，具有重大理论意义和时代价值。"①

与此同时，面对全新的发展挑战，党的十八届五中全会提出必须贯彻创新、协调、绿色、开放、共享的五大发展理念。新的发展理念的提出为发展权内涵的扩展创造了条件，是我国全面建成小康社会的行动指南，也是我们实现"两个一百年"伟大目标的思想指引。发展权理念的丰富离不开发展的实践，在全新的建设法治中国的伟大实践

---

* 作者简介：周锐，武汉大学法理学专业硕士研究生。

① 夏锦文：《"法治中国"概念的时代价值》，载《法制与社会发展》2013年第5期。

中，如何保障发展权的实现，是我们必须要重点关注和研究的一个问题。

一、法治中国建设与发展权保障的关系

法治中国建设是四个全面——全面建成小康社会、全面深化改革、全面依法治国、全面从严治党中全面依法治国的必然要求，在全面推进法治中国建设的进程中，坚持法治则必倡人权，切实保障人们发展权利的实现，是法治中国建设的应有之义。

（一）法治中国的一般含义

党的十九大报告指出："全面依法治国是国家治理的一场深刻革命，必须坚持厉行法治，推进科学立法、严格执法、公正司法、全民守法。成立中央全面依法治国领导小组，加强对法治中国建设的统一领导。"① 这是从中央层面对法治中国建设工作做出的统一部署。

那么，法治中国其内涵究竟是什么呢？法学界已经有许多学者对这一问题进行了卓有成效的探讨，并且给出了自己的看法。周叶中老师从法治中国与先前党提出的法治国家概念的关系出发，认为："'法治中国'既是法治国家建设的'中国版'，又是中国法治建设的'升级版'。"② 付子堂老师另辟蹊径，从法治中国建设的现实路径出发，指出实现法治中国，要坚持"一个中心，两个基本点"，"所谓'一个中心'即从形成中国特色社会主义法律体系到建成中国特色社会主义法治体系；所谓'两个基本点'，即坚持依法治国、依法执政、依法行政共同推进，坚持法治国家、法治政府、法治社会一体建设。"③ 汪习根老师回归经典的马克思主义传统，从主客体二元互动理论出发，揭示了法治中国的科学含义，其认为："法治中国是指法治主体在法治信念与法治精神的导引下，以法治思维和法治方式制约法治的客体，实现全体人民平等参与、平等发展的权利，通过提升中国在全球的法治竞争力实现国家发展的根本价值。"④

诚如前述，以上诸位对法治中国所做的解读都是令人信服的，对于我们理解法治中国的一般含义有所裨益。十八届四中全会有关依法治国的决定提示我们："法律是治国之重器，良法是善治之前提。"⑤ 这是一种既新颖又回归传统的解读。从传统的法理学理论出发，早在两千多年以前，亚里士多德就对法治做出了令人信服的定义，他认为法治应该包括两层含义："已成立的法律获得普遍的服从。而大家所服从的法律又应该本

---

① 习近平：《决胜全面建成小康社会 夺取新时代中国特色社会主义伟大胜利——在中国共产党第十九次全国代表大会上的报告》，载《人民日报》2017 年 10 月 28 日。

② 周叶中：《关于"法治中国"内涵的思考》，载《法制与社会发展》2013 年第 5 期。

③ 付子堂：《法治中国的"一个中心，两个基本点"》，载《法制与社会发展》2013 年第 5 期。

④ 汪习根：《论法治中国的科学含义》，载《中国法学》2014 年第 2 期。

⑤ 参见《中共中央关于全面推进依法治国若干重大问题的决定》，载《人民日报》2014 年 10 月 29 日。

身是制定的良好的法律。"① 从我国面临的新形势新问题的角度出发，要想建成法治中国，就必须制定良法、实现善治。面对这样的问题，我们难免追问什么样的法是良法？我们认为良法必定是反映人民意志和客观规律的法，是合目的性与合规律性的完美统一。"行法治，必倡人权"②，要想在我国实现良法善治、建成法治中国，就必须坚持人权的价值取向。只有真正在立法、执法、司法、守法的方方面面都坚持了人权原则，这样的法律才能获得广泛的拥护和遵守；唯有如此，法治中国才可以期待。

（二）法治中国的价值目标是保障人权

党的十九大报告指出要"加强人权法治保障，保证人民依法享有广泛权利和自由"③。中华人民共和国宪法在第二章"公民的基本权利和义务中"明确规定："国家尊重和保障人权。"无论是党的决议还是国家的宪法都表明了我们应该将尊重与保障人权放在国家战略的突出地位，尊重和保障人权是法治中国的价值目标和思想引领。

"法治的真谛是人权"④。法治中国建设的首要目标也是保障人权。可以说，如果没有人权目标作为价值引领，即使我们实现了形式上的法治，这样的结果可能也无法和广大人民群众的利益诉求相一致；与此相反，形式上的法治如果没有人权作背书，大家的共同利益还有可能会受到损害。我们在现阶段强调要全面推进依法治国，建设法治中国，诚如前述，是要以实现"良法善治"为目标的。那么，什么样的法是良法？实现怎样的治理才能说是实现了善治？我们认为良法一定是践行了保障人权理念的法，善治一定是人民群众的各项权利都得到了切实保障的治理。

我们紧紧抓住人权不放松，强调法治中国的价值目标就是保障人权，有如下几方面的原因。首先，立法工作应该坚持和贯彻人权原则，《中共中央关于全面推进依法治国若干重大问题的决定》在加强重点领域立法的部分中，着重提出要增强全社会尊重和保障人权意识，就是要确保法治中国所立足的法律是良法，是能够经得起实践检验的法。其次，执法工作要坚持人权原则，"徒法不足以自行"，法律的生命在于实施，我们要实现建成"职能科学、权责法定、执法严明、公开公正、廉洁高效、守法诚信的法治政府"的目标，很重要的一点就是要严格执法，不侵犯公民的合法权益，坚持人权原则。最后，司法工作尤其要注重人权，近些年来，陆续曝光的一系列冤假错案引发了社会的广泛关注，习近平总书记在党的十九大报告中指出要"努力让人民群众在每一个司法案件中感受到公平正义"，司法是社会公平正义的最后一道防线，此堤若溃，后果殊难逆料。正如英国思想家培根所言："一次错误判决胜过十次犯罪，因为犯罪只

---

① 亚里士多德，吴寿彭译：《政治学》，商务印书馆 2009 年版，第 199 页。

② 汪习根：《法治社会的基本人权——发展权法律制度研究》，中国人民公安大学出版社 2002年版，第 1 页。

③ 习近平：《决胜全面建成小康社会 夺取新时代中国特色社会主义伟大胜利——在中国共产党第十九次全国代表大会上的报告》，载《人民日报》2017 年 10 月 19 日。

④ 徐显明：《法治的真谛是人权》，载《学习与探索》2001 年第 4 期。

是污染了河流，而错误的判决则是污染了水源。"① 在司法工作的全过程中都要以保障人权为指导，坚持程序正义原则，以防范冤假错案的发生。

总而言之，在法治中国建设的方方面面，无论是科学立法、严格执法还是公正司法，都应该以保障人权为根本价值目标。更进一步来讲，保障人权不仅应该是一种价值理念，也应该成为一种工作方法，渗透到法治中国建设的伟大实践中。

（三）发展权保障是法治中国建设的应有之义

前文我们已经谈到，保障人权是法治中国建设的价值目标。在人权体系中，生存权与发展权作为首要的基本人权，自然应该被置于人权体系的突出位置，发展权保障是法治中国建设的应有之义。

作为一种新兴的人权形式，发展权的概念甫一出现，就引发了世界的广泛关注，其最初是由塞内加尔最高法院院长凯巴·姆巴耶在 1972 年提出，1986 年通过的《世界人权宣言》在其序言中指出并"确认发展权利是一项不可剥夺的人权"，其第一条更是明确规定："由于这种权利，每个人和所有各国人民均有权参与、促进并享受经济、社会、文化和政治发展，在这种发展中，所有人权和基本自由都能获得充分实现。"联合国有关发展权的决议和宣言，丰富了发展权的内涵和外延，为学术界开展有关研究奠定了坚实基础。对于什么是发展权，汪习根老师在多年前就提出："发展权是人的个体和人的集体参与、促进并享受其相互之间在不同时空限度内得以协调、均衡、持续地发展的一项基本人权。"②

发展权理念的丰富和完善，离不开我国改革开放近四十年的伟大实践，在中国高速发展的实践中，发展权在人权体系中的地位也日益突出和重要，很多中国学者对于发展权在现有的人权体系中的地位进行了广泛而深入的研究和讨论，"提出发展权在人权体系中应当居于核心地位，发挥统摄、协调、整合各项人权的功能，并在此基础上提出了以发展权为核心重建人权理论体系的发展主义人权观"③。

法治中国建设的伟大实践离不开人权与发展，面对新形势、新问题，我们应该以习近平新时代中国特色社会主义思想为指导，"要让人权与发展如鸟之双翼、车之双轮，共同推动法治中国建设事业滚滚向前，共同放飞实现中华民族伟大复兴的中国梦"④。在这样的时代条件下，我们强调保障发展权，对于法治中国的早日实现具有特别的意义。

首先，社会主要矛盾的变化要求我们在法治中国建设中保障发展权。在不久之前召

---

① ［英］弗兰西斯·培根著，何新译：《培根论人生》，中国友谊出版社 2011 年版，第 103 页。

② 汪习根：《发展权法理探析》，载《法学研究》1999 年第 4 期。

③ 李君如主编：《中国人权事业发展报告（2017）》，社会科学文献出版社 2017 年版，第 33 页。

④ 李龙、余一多：《法治中国建设伟大实践中的人权与发展》，载《社会科学家》2017 年第 8 期。

开的中国共产党第十九次全国代表大会上，习近平总书记做了《决胜全面建成小康社会 夺取新时代中国特色社会主义伟大胜利》的报告。报告系统总结了十八大以来五年的工作和历史性变革，阐述了新时代中国共产党的历史使命，阐明了习近平新时代中国特色社会主义思想，正式提出了"决胜全面建成小康社会，开启全面建设社会主义现代化国家新征程"的伟大战略目标。更重要的是，党中央审时度势，总结过去的经验和教训，提出"中国特色社会主义进入新时代，我国社会主要矛盾已经转化为人民日益增长的美好生活需要和不平衡不充分的发展之间的矛盾"，在新的历史时期，"人民美好生活需要日益广泛，不仅对物质文化生活提出了更高要求，同时在民主、法治、公平、正义、安全、环境等方面的要求也日益增长"。社会主要矛盾的变化，和人民群众对于法治、安全、环境等方面的美好生活需要，要求我们在法治中国建设中保障发展权的实现。因为发展权的充分实现意味着人与社会的全面发展，这不仅包括物质财富的发展，还包括法治的政府、公正的社会、繁荣的文化、良善的国家治理等方面。

其次，中华民族伟大复兴中国梦的实现需要我们在法治中国建设中保障发展权。"中国梦在一定意义上就是人权梦，即通过中华民族伟大复兴而实现人的全面自由发展的权利，让发展成果更多更公平地惠及全体人民"[1] 中国梦的核心目标可以概括为"两个一百年"，即"到中国共产党成立一百年时全面建成小康社会"以及"到新中国成立一百年时建成富强民主文明和谐的社会主义现代化国家"[2]。如前所述，中国梦有着丰富的人权内涵，更有着丰富的发展权内涵，"中国梦是发展梦——以发展成果共享为目标，实现发展权"[3]。中国的很多问题需要在发展中得到解决，"发展才是硬道理"。在追逐实现中国梦的历史进程之中，全面依法治国是中国特色社会主义的本质要求和重要保障。从某种程度上讲，中国梦也是法治中国梦，没有良法善治，全面小康和民族复兴势必也会难以实现。综上所述，中国梦的实现需要我们在法治中国建设中保障发展权。

最后，构建人类命运共同体需要我们在法治中国建设中保障发展权。"人类命运共同体"是近年来中国政府大力倡导的外交新理念，以谋求与世界上其他国家的共同发展。在第七十届联合国大会上，习近平总书记发表了题为《携手构建合作共赢新伙伴 同心打造人类命运共同体》的讲话，对于"人类命运共同体"，他这样说道："'大道之行也，天下为公'，和平、发展、公平、正义、民主、自由是全人类的共同价值，也是联合国的崇高目标。我们要继承和弘扬联合国宪章的宗旨和原则，构建以合作共赢为核心的新型国际关系，打造人类命运共同体。"[4] 法治中国的建设，必定要追求公平、正义、民主等价值，这也是构建人类命运共同体所要追求的共同价值。发展权，既是一项

① 汪习根：《中国梦与发展权的伟大进程》，载《人民日报海外版》2014年6月26日。
② 中共中央文献研究室编：《习近平关于实现中华民族伟大复兴中国梦摘编》，中央文献出版社2013年版，第10页。
③ 汪习根：《中国梦与人权——当今中国人权的法政治学解读》，载《人权》2014年第3期。
④ 习近平：《携手构建合作共赢新伙伴 同心打造人类命运共同体——在第七十届联合国大会一般性辩论时的讲话》，载《人民日报》2015年9月29日。

个人人权，也是一项集体人权，作为集体人权的发展权必将在实现各国、各民族的共同发展、构建人类命运共同体上做出自己独有的贡献。总而言之，"法治的最终目的是构建人类命运共同体，尊重与保障人权，实现人的全面发展"①。

二、法治中国建设中发展权保障的路径探索

在法治中国建设中探索实现发展权保障的路径，我们可以尝试做到如下几个方面：以法治思维为指导，推动发展权保障在法治轨道上进行；以制度建设为核心，完善发展权保障体制机制；以社会公平为目标，建立发展权的社会公平保障体系。

（一）以法治思维推动发展权保障在法治轨道上运行

通常来讲，思维是指"人的已经包含一定程度理性的认识"②。法治思维，作为一种独特的思维模式，"在本质上区别于人治思维和权力思维，其实质就是各级领导干部想问题、做决策、办事情，必须时刻牢记人民授权和职权法定，必须严格遵循法律规则和法定程序，必须切实保护人民权利和尊重保障人权，必须始终坚持法律面前人人平等，必须自觉接受监督和承担法律责任。"③ 在法治中国建设中，法治思维建设是重要一环，没有法治思维作指导，法治中国很可能会成为无本之木、无源之水。因此，党的十八大报告特别强调："提高领导干部运用法治思维和法治方式深化改革、推动发展、化解矛盾、维护稳定能力。"④ 作为一种先进的有别于人治的思维模式，"法治思维的目的是保障公民的人权，尊重和保障人权也是法治思维的最终目标，它是法治思维活动展开之后的最终归宿和落脚点"⑤。由此可见，在保障发展权这一基本人权的过程中，坚持以法治思维为指导，其实是大有裨益的。具体而言，我们可以从如下几个方面着手：

第一，坚持权利思维。权利思维是一种重要的法治思维模式，具体是指在法律的整个运行过程中，无论是科学立法、严格执法还是公正司法，都应当切实维护公民的合法权益。毕竟，"法治的终极价值目标是通过规范公权力的运行，达到保护公民权利的目的"⑥。为什么我们首先要强调树立权利思维去保障公民发展权？因为在现实生活里，有些领导干部的权利思维是匮乏的，他们奉行的是权力思维、管控思维而不是权利思维，片面追求"维稳"或者只注重行政管理的效能，从而忽视了对公民权利的保护。

① 李龙：《全面依法治国这五年》，载《光明日报》2017年6月25日。

② 郑永流：《法律方法阶梯》，北京大学出版社2012年版，第28页。

③ 袁曙宏：《全面推进依法治国》，载《光明日报》2012年11月22日。

④ 胡锦涛：《坚定不移沿着中国特色社会主义道路前进 为全面建成小康社会而奋斗——在中国共产党第十八次全国代表大会上的报告》，载《人民日报》2012年11月18日。

⑤ 韩春晖：《论法治思维》，载《行政法学研究》2013年第3期。

⑥ 殷啸虎：《法治思维内涵的四个维度》，载《毛泽东邓小平理论研究》2014年第1期。

例如，北京市大兴区西红门镇发生重大火灾事故，共造成 19 人死亡，8 人受伤。① 火灾发生之后，北京市立即部署开展了安全隐患大排查大整治的专项行动，很多群众不得不在短时间内搬离他们租住的地方，一时间此事成为热点事件，北京市政府的决策也备受诘难。尽管出发点是好的，但是由于工作方法不到位，以至于部分群众的合法权益受到了损害，这反映出来的问题就是权利思维的缺位，因此，在推动发展权保障的过程中，必须首先坚持权利思维。

第二，坚持规则思维。规则思维是法治思维模式的必然要求。法律是由一整套规则体系构成的。纯粹法学的代表人物凯尔森在其名作《法与国家的一般理论》中写道："法是人的行为的一种秩序，这种秩序是许多规则的一个体系。法并不是像有时所说的一个规则，它是具有那种我们理解为体系的统一性的一系列规则。"② 尽管纯粹法学派对法的某些认识值得商榷，但其将法律看做一个规则体系的观点依旧有可供借鉴的地方。就目前而言，不仅有部分官员肆意僭越法律规则，寻找权力寻租空间，为个人谋取非法利益；也有一些群众奉行潜规则，请吃送礼，更助长了这股不正之风。由此可见，增强全社会的规则意识，坚持规则思维，已成为法治中国建设的关键因素，在保障发展权的历程中，我们也应做到于法有据，坚持规则思维，指导发展权保障工作的顺利进行。

第三，坚持程序思维。程序思维是法治思维模式的应有之义，简单来说就是指一切法律活动都应当依据正当程序进行。由于中国古代法律一直有"诸法合体，刑民不分""重实体、轻程序"的历史传统，所以正当程序的独立价值在历朝都没有受到足够的重视。自二十世纪八十年代以来，程序本位主义的思潮开始传入我国，学术界开始逐渐认识到程序在实现法治、维护社会公正方面的意义，这方面的研究也日益增多。"程序正义的主要原则有两个，即'任何人都不应当成为自己案件的法官'和'当事人有陈述和被倾听的权利'"③。坚持程序思维之所以重要，"就是因为它是法治的构成性要素，最终也是社会整合的构成性要素"④，法治中国的建设离不开程序思维的指导，发展权的保障也应当依正当程序进行。这种思维模式也呼应了美国大法官道格拉斯那句广为流传的名言："正是程序决定了法治与恣意的人治之间的区别。"⑤

（二）以制度建设为核心完善发展权保障体制机制

推动发展权保障的制度建设，主要是指完善发展权保障的法律制度建设。党的十八

---

① 新华网：《北京大兴西红门镇新建村发生火灾 已造成 19 人死亡》，新华网，http://news.xinhuanet.com/photo/2017-11/19/c_1121977000_3.htm，访问日期：2017 年 12 月 22 日。
② ［奥］凯尔森著，沈宗灵译：《法与国家的一般理论》，商务印书馆 2013 年版，第 3 页。
③ 徐亚文：《程序正义论》，山东人民出版社 2004 年版，第 10 页。
④ 雷磊：《法律程序为什么重要：反思现代社会中程序与法治的关系》，载《中外法学》2014 年第 2 期。
⑤ 季卫东：《法律程序的意义——对中国法制建设的另一种思考》，载《中国社会科学》1993 年第 1 期。

大报告指出："要把制度建设摆在突出位置，充分发挥我国社会主义制度的优越性，积极借鉴人类政治文明有益成果，绝不照搬西方政治制度模式。"党的十九大报告也多次提到要加强制度建设，如"加强协商民主制度建设""加强社会治理制度建设""加强反腐倡廉制度建设"等。加强制度建设，是推进国家治理体系和治理能力现代化的前提。① 2017 年 12 月，国新办发布了《中国人权法治化保障的新进展》白皮书，阐明了十八大以来，我们通过完善法律制度建设，在人权保障领域取得的最新成就，着重指出："在推进全面依法治国的伟大进程中，中国将人权保障贯穿于科学立法、严格执法、公正司法各个环节。"② 发展权，作为一项特殊的人权形式，其具有人权的普遍性，更具有作为第三代人权的特殊性，它的"内涵显然不同于第一、第二代人权，它所关注的并不是与传统的公民权利、政治权利、经济权利、社会权利、文化权利并行的一种人权，而是关注诸类人权在质与量上的全面提升"③。因此，在推进发展权保障的法律制度建设上，我们既需要关注其共性，更要注意其个性，具体而言，可以从如下几个方面着手：

第一，完善发展权的宪法保障制度。人权是宪法的最终归宿，而宪法负责保障人权的实现。发展权作为一项基本人权，势必会进一步拓展宪法人权的内涵。我们积极探寻发展权的宪法保障模式，对于在法治中国建设中更好保障发展权实现无疑是具有重大意义的。前文已经说到，我国宪法已明文规定了"国家尊重和保障人权"，但遗憾的是，发展权作为一项首要的基本人权，并没有被写入我国宪法之中。有学者指出，必须"牢固地树立起发展权是一项基本人权，而不入宪的人权不是基本人权的观点，将发展权正面直接地载入宪法，确立起发展权这一基本人权的最高法律地位"④，我们之所以积极倡导将发展权写入宪法，是因为发展权入宪不仅意味着宪法在制度上对发展权进行了确认，这种确认是一国保障发展权的决心的宣示；更意味着立法机关制定发展权相关法律法规有了宪法依据，从而执法机关和司法机关在实施发展权保障活动时也会有法可依、游刃有余。

第二，完善发展权的司法保障制度。发展权作为一项基本人权，其可司法性问题一直受到学界的研究和重视。汪习根老师曾经指出："司法是正义的最后一道防线，对发展权而言，仅凭道义责任和仁慈的援助必定是软弱无力的。"⑤ 因而其积极主张发展权的救济进入司法程序，因为从某种意义上来讲，一项没有可诉性的人权可能不是一项真正的人权。《中共中央关于全面推进依法治国若干重大问题的决定》提出要加强人权司法保障工作，具体而言，这一科学论断包括了两层含义，"第一层含义是'司法中的人

---

① 虞崇胜：《制度建设是国家治理现代化的题中应有之义》，载《福建论坛·人文社会科学版》2014 年第 2 期。
② 国新办：《中国人权法治化保障的新进展》，载《人民日报》2017 年 12 月 16 日。
③ 徐显明、齐延平：《中国人权制度建设的五大主题》，载《文史哲》2002 年第 4 期。
④ 汪习根：《论发展权与宪法发展》，载《政治与法律》2002 年第 1 期。
⑤ 汪习根：《法治社会的基本人权——发展权法律制度研究》，中国人民公安大学出版社 2002 年版，第 288 页。

权保障'，主要是指保护诉讼参与人的合法权益和基本人权；第二层含义是'运用司法来保障人权'，即人权的司法救济"①。我们强调在法治中国建设中要完善发展权的司法保障制度主要是就第二层含义而言的，因为"司法是从应然人权向实然人权转化的最重要方式和最根本保障"②，我们应积极探索发展权可诉性制度模式，积极推动发展权的可司法化，建立切实可行的司法制度保障发展权的实现。

第三，完善发展权的全球法治保障制度。发展权不仅是一项个人人权，也是一项集体人权，作为一项集体人权被讨论时，我们建构发展权保障的体制机制，就不得不具有更广阔的国际视野。一直以来，中国始终奉行和平与发展是当今世界的两大主题，并致力于成为全球和平事业的建设者、世界发展的贡献者。就目前而言，我们已有了以《发展权利宣言》为主导的一系列国际条约和公约，这是一个不错的现状，但是我们能否通过合理的制度设计让这些纸面上的应然权利变成人们能够实际享受到的实然权利，这才是我们必须要思考和攻克的一个难题。法治中国建设中的发展权保障离不开发展权全球法治保障制度的完善，为此，我们可以尝试设计发展权全球保障的"确认机制、规范机制、监督机制、评价机制和救济机制"③。在时机合适的时候，我们还可以倡导在联合国成立专门的发展权委员会并明晰其职责，以更好地落实发展权的保障工作。

（三）以社会公平为目标建立发展权的社会公平保障体系

社会公平是我们党在十八大以来提出的一个重要目标，也是中国特色社会主义的基本目标和核心价值。党的十八大报告指出要"加紧建设对保障社会公平正义具有重大作用的制度，逐步建立以权利公平、机会公平和规则公平为主要内容的社会公平保障体系，努力营造公平的社会环境，保证人民平等参与、平等发展权利"。我们在法治中国建设中完善发展权的保障体系也应该以社会公平为目标，这既是新时代中国特色社会主义事业的必然要求，也是中国的实践和经验对世界发展权理论的贡献。《发展权利宣言》"确认发展机会均等是一项不可剥夺的人权，发展机会均等是国家和组成国家的个人的一项特有权利"，发展机会均等是《发展权利宣言》的理论基调，也可以说是传统发展权理论的核心要义。具体而言，宣言进一步明确指出："各国应在国家一级采取一切必要措施实施发展权利，并确保除其他事项外所有人在获得基本资源、教育、保健服务、粮食、住房、就业、收入公平等方面机会均等。"由此可见，发展机会均等主要体现在教育机会均等、就业机会均等和收入机会均等方面。但是，就定位而言，将社会公平观作为发展权保障理论体系的基石，是对西方名义上法律面前人人平等的形式主义人权观的一种超越。以社会公平为目标，意味着我们对发展权保障有了独特地符合中国国情的认识。具体而言，要实现社会公平的目标，我们可以从如下几个方面着手：

第一，坚持权利公平。社会公平的基本要求有三个——权利公平、机会公平和规则

① 江必新：《关于完善人权司法保障的若干思考》，载《中国法律评论》2014 年第 2 期。
② 汪习根：《论人权司法保障制度的完善》，载《法制与社会发展》2014 年第 1 期。
③ 桂晓伟：《发展权全球法制机制建构》，载《政治与法律》2007 年第 4 期。

公平。权利公平是逻辑和实践起点，没有权利公平，就不可能出现机会公平和规则公平。我国宪法第33条明确规定："中华人民共和国公民在法律面前一律平等，国家尊重和保障人权，任何公民均享有宪法和法律规定的权利。"这是对权利公平的最好注解。从权利公平与发展权的关系来看，"权利公平是实现人权的基本保证"①，发展权作为首要的基本人权，需要权利公平为其保驾护航。在现阶段的中国，我们坚持权利公平，不仅包括政治权利公平、经济权利公平，也包括文化权利公平、生态权利公平等方面。

第二，坚持机会公平。机会公平是实现社会公平的前提。一般而言，机会公平是指"一个人的成就，应该是他或她努力以及才能的结果，而不是由其所拥有的背景决定。一个人的天生条件（包括性别、人种、出生地和家庭背景）以及他或她所拥有的社会关系等因素，不应该决定此人在经济上、社会上以及政治上的成就。"②对机会公平孜孜不倦的追求是人类社会的永恒主题，这对于尚处于落后地位的发展中国家和出身底层又迫切希望改变自身命运的那些年轻人来说尤其如此。在改革进入深水区、阶层分化日益明显的今天，我们强调要坚持机会公平显然具有更深刻的现实指向意义。法国大革命时期有一句流传甚广的名言——"前程对人才开放"，这与机会公平的要求是不谋而合的。我们以机会公平为目标建构发展权的保障体系，就是要坚持发展机会公平，这是指所有社会成员在生存与发展过程中，那些人为的或社会性的因素不应当成为他们获取机会的障碍。发展权既是一项个人人权，也是一项集体人权。在实现发展权的路上，如果没有机会公平做背书，大量的社会财富和资源可能会集中到少部分人或者少数国家手中。在国内，这种情况表现为不断增长的基尼系数、不同社会阶层的鸿沟难以逾越；在国际上，则体现为不断扩大的"南北差距"。这不是我们希望看到的，也是我们应该要加以防范的，所以我们必须坚持发展机会公平。

第三，坚持规则公平。规则公平是实现社会公平目标的制度保障。如果说机会公平是前提，权利公平是目标，那么规则公平就是关键。究其实质而言，坚持规则公平是法治中国建设的必然要求。因为法治在某种程度上讲就是规则之治。首先，规则公平是一种形式公平，它强调的是规则适用上的平等性、一致性。中国古代"王子犯法与庶民同罪"的思想就蕴含着朴素的规则公平意识。这种形式上的公平，最重要的就是要"消除特权，打破'潜规则'"③。其次，坚持规则公平要求我们制定出合理有效的规则体系，这意味着我们的规则必须是"合目的性与合规律性的统一"④，一方面，规则本身要体现立法的一般规律，符合法治要求，应满足富勒的"法治八原则"——"一般性或普遍性、公布、可预测性或非溯及既往、明确、不矛盾、可为人遵守、稳定性、

①　陈家付：《我国社会公平保障体系研究》，齐鲁书社2013年版，第191页。
②　世界银行：《公平与发展：2006年世界发展报告》，清华大学出版社2006年版，第31页。
③　吴晶、傅勇涛：《权利公平·机会公平·规则公平》，载《新华社每日电讯》2012年11月12日。
④　王士杰、乔中国：《公平正义的内容分析》，载《四川省社会主义学院学报》2009年第4期。

官员的行为与已公布的规则的一致性"①；另一方面，这些规则也要回应广大人民群众合法正当的利益关切。最后，我们坚持规则公平，是要通过公平的规则去实现一种良善的制度安排，从而实现社会公平，因为我们深知："制度好可以使坏人无法任意横行，制度不好可以使好人无法充分做好事，甚至会走向反面。"② 总而言之，在法治中国建设中保障发展权的实现过程中，坚持权利公平让每个人有了平等参与社会活动的权利，坚持机会公平给了大家公平参与社会活动的机会，而规则公平则保障大家在行使上述权利与机会时，受同样社会规范的约束，在相同规则中展开竞争，这种过程就是社会公平的体现。

---

① ［美］富勒著，郑戈译：《法律的道德性》，商务印书馆 2005 年版，第 55 页以下。
② 邓小平：《邓小平文选》第 2 卷，人民出版社 1994 年版，第 333 页。

中国特色宪法体制下的发展权功能研究

吴蕾蕾*

摘要：在当今中国特色的宪法体制下，人权的更新、演进以及现代化被凸显得尤为重要。引入人权法的新范式、实现发展权这一独立的人权形式不仅有着重要的功能，更是法治社会动态发展的使命与归宿。在中国特色宪法体制下实现发展权，有利于推动宪法体系的完善、促进社会矛盾的化解以及保障宪法价值的最终实现，为完成宪法所负担的社会责任奠定现实基础。

关键词：发展权；宪法体系；社会矛盾；宪法价值

当下中国，由于社会主义宪法以一切权利属于人民的价值原则为基础而产生和运作，人权保障伴随着经济社会的发展、政治体制的改革和文化背景的演变而更加充分与完善，并逐渐形成一些新的范式。在中国特色宪法体制发展过程中应运而生的发展权更是法治社会发展进步的动力和动态发展的归宿，一方面发展权因现实社会关系和社会发展的巨大差异和分化而产生，另一方面发展权的实现又能直接或是间接地对中国宪法体制的发展形成强有力的反作用。鉴于此，正确处理发展权和法治的关系，推动发展权更好地融入中国特色宪法体制，发挥其本应有功能才是务实之举，这也是本文研究中国特色宪法体制下发展权功能的旨在方向与目标。

一、推动宪法体系的完善

发展权自 1986 年联合国大会通过《发展权利宣言》之日起，这一思想体系便从萌芽走向了成熟，①无论是作为一个人权概念或是人权形式，抑或是一种独特的价值理念或制度要求，发展权对宪法规范自身的发展都具有着深刻的影响，不仅推进一国法律体系从国内不断走向国际领域，而且还尤其在宪法人权方面体现为推进人权的具体化、可操作性以及强化人权保障等诸多方面。

＊　**作者简介：**吴蕾蕾，武汉大学法学院法学理论专业硕士研究生。

①　汪习根：《法治社会的基本人权——发展权法律制度研究》，中国人民公安大学出版社 2002 年版，第 36 页。

（一）丰富宪法权利内容

人权的宪法化是法治进程的一个基本的表现，宪法人权同样具有历史延展性和多样性。从权利内容上来看，宪法所确定的人权内容随着社会的发展也呈现着不断丰富和完善的趋势。西方的宪法人权理念发展也能明显地体现这一点，古典自然法学催生出民主宪法体制，强调人权是与自然权利相关的、与生俱来的一项权利，以公民个人的生命、健康为主要基点，"法律只有以自然法为根据时才是公正的，它们的规定和解释必须以自然法为根据"。① 发展到近代启蒙运动时期，人权理论更是走向了系统化和成熟化。以霍布斯、洛克为代表的启蒙思想家将个人权利和自由与国家结构社会制度紧密结合，促进人权内容从自然道德层面进入法律层面。之后，随着 1919 年德国《魏玛宪法》的出世，社会权利开始进入宪法保障的范围，以"平等权"为核心的经济、社会、文化权利被国际社会，尤其是社会主义国家所重视，要求宪法能保障公民平等地享有劳动权、物质帮助权、受教育权、参政权等权利。② 随着民族独立与自主发展进程的加快，以"第三代人权"③，即以发展权为核心的新的人权形式不得不引起人们的关注，反映了国家民族要求取得独立、维护和平以及寻求发展的新呼声，不仅仅是着眼于公民"个人"，更是关涉到整个公民"群体"所赖以生存和发展的种种权利。对于发展权这一新范式的最终实现势必会使得中国传统宪法中的人权内容得到更进一步的深化与拓展，也表明了人权开放性对宪法内容日益完善与发达的重要意义。

（二）扩大权利主体范围

传统宪法人权强调个人是人权的唯一主体，认为仅有个人才能享受到并实践人权。随着发展权这一独立人权形式的确立，人们逐渐认识到发展权主体的双重性质，一方面，"人是发展的主体"，个人的实际发展过程是个人人权的形成过程，使得个体成员能享受到发展的权利；另一方面，集体同样是发展权的主体④，于发展权而言，集体权利的存在是为了通过集体的行为保障全体人民的权利，尽管这种权利利益最终可能会归结于个人，但集体主体作为一种独立的社会存在和人权的直接享有者，并不是个体的简单累加，有自身特有的利益主张和个性特征，也能以独立的身份承担一定的义务。在中国特色的宪法制度下，尤其强调人民为发展主体思想，人民是发展权的主体，人民的平等发展是发展权的核心关切。发展权的主体在中国既是个人，也是全体人民，但绝非仅

---

① 洛克：《政府论（下篇）》，北京商务印书馆 1964 年版，第 10 页。

② 徐显明：《人权法原理》，中国政法大学出版社 2008 年版，第 23 页。

③ 法国法学家卡雷尔·瓦萨克提出了"三代人权"理论：第一代是指以"自由"为核心的公民权和政治权，第二代是指以"平等"为核心的经济、社会和文化权利，第三代是指以"发展权"为核心的和平权、环境权、发展权等。（参见《联合国教科文组织信使》，联合国教科文组织 1977 年版，第 29-33 页。）

④ 参见汪习根：《法治社会的基本人权——发展权法律制度研究》，中国人民公安大学出版社 2002 年版，第 62-64 页。

仅指一部分人或少数精英。发展权在中国的实现，仅仅依靠个人主体是不够的，应当要依靠个人主体和集体主体的统一才能完成。这一新的发展，使得集体作为人权主体进入宪法内容的理论得到了进一步强化，将权利主体的范围从个人扩大到个人和集体两个平行的层面。

（三）改善权利保障形式

人权实现的核心在于法治保障，通过法律尤其是宪法对各项人权进行规范确认成为发展权现代化的基本需求。在这一过程中，宪法的权利保障形式得到了完善，具体体现为对人权的不同形式所给予的关注和重视发生改变，以及宪法重心定位的转移。近代以来，法定权利侧重对自由的保障以防止公共权力对个人自由的过多干涉。随着现代市场经济的到来，现代法治社会已经开始将社会权作为核心进行保护，权利保障更加注重社会利益诉求。随着当代发展权新范式的出现，人们对一味的社会经济增长的热度稍有减弱，认识到片面追求数量和规模、导致环境恶化、国家危机的发展模式亟待改善，宪法人权的保障形式开始侧重谋求更为核心的发展理念。发展权这一基本人权的出现，可以说，更新了权利保障的形式，成为社会进步与人类全方位发展的必然趋势。除此以外，面对全球普遍面临的诸多问题，如环境问题、和平问题等，谋求发展权的实现，仅有一国力量显然难以支撑，需要国际社会携手共迎挑战。从这一层面上看，谋求发展权的实现，有利于我国加强与以联合国为核心的国际社会的合作，促使我国人权的法治保障走向国际社会，从而上升到全体人类的生存和发展的人权保护层面，推进我国的宪法人权保障向一个新的高度迈进。

二、促进社会矛盾的化解

发展权是随着生产力的发展才逐渐形成的，也只有在生产力不断发展的环境下才能真正得以实现。然而究其根本，发展权产生的动因是生产过程中形成的现实社会关系的强烈分化。目前中国特色社会主义已经进入了新时代，习近平总书记在党的十九大报告中科学地指出："我国社会主要矛盾已经转化为了人民日益增长的美好生活需要和不平衡不充分的发展之间的矛盾。"根据辩证唯物主义思想，主要矛盾中往往蕴含着矛盾的主要方面，现阶段由于不合理的社会分工而演化形成的巨大差异，亟待一个能缓和物质文化需求与社会激进文化发展状况之间矛盾的权利诉求来解决。中国作为世界上最大的发展中国家，长期以来经济的高速发展掩盖了长期积累的社会深层次矛盾，形成潜在危机，而发展权所具有的特性功能正是化解当前具有中国特色的社会矛盾所迫切需要的。

（一）体质性矛盾的化解

体质性矛盾指的是我国本身的体制性不济所带来的危机冲突，如经济落后，资源贫乏等，这些矛盾的形成与中国地理位置、历史渊源、过去的不合理的政治经济制度有着莫大的关系，然而也并非是不能化解之难题。长久以来，中国坚持以经济建设为中心，奠定了保障发展权的坚实基础，同时又通过保障人民的发展权以求更好地促进经济发展。改革开放之后，中国经济快速增长，目前已成为世界第二大经济体，人民的生活总体上实现了从贫困到温饱、再从温饱到小康的两次历史性飞跃。[①] 这一历史性的进步使得中国近代经济落后的不良状态得到了改善，然而新的挑战接踵而至，过去粗放、低效的发展模式只重视经济发展速度而忽视质量，使得资源消耗速度成倍增加，长期如此，势必会造成更为严重的资源环境问题，最终削弱社会发展的生命力。谋求发展权的实现正是要化解这些具有中国特色的典型矛盾，要求中国一方面保障经济的持续健康增长，深化供给侧结构性改革，把发展经济的着力点放在实体经济上，把提高供给体系质量作为主攻方向；另一方面又不能忽视在经济发展和生态保护中寻求平衡点，建设的是人与自然和谐共生的现代化，既要创造更多的物质财富和精神财富以满足人民日益增长的美好生活需要，也要提供更多优质生态产品以满足人民日益增长的优美生态环境的需要，以实现绿色发展、可持续发展的最终目标。因此，体质性矛盾的化解需要我国时刻坚持绿色发展理念，加快推进生态文明建设进程，让良好生态环境成为人民生活和经济建设的增长点，注重绿色发展和可持续发展的人权新价值，最终才能让全体民众看到一个富强昌盛、蓬勃发展的法治中国。

（二）结构性矛盾的化解

困扰中国社会的除了长此以往的体质性积病，还有更深层次的掩埋在在社会秩序制度之下的人与人、人与社会之间的结构性矛盾。这样的结构性矛盾主要包括中国社会区域发展的严重不均衡和城乡的巨大差异这两类矛盾。在社会日益得到发展的前提下，对社会结构正义的要求远远超过了对社会秩序和社会经济效率的需要，强化发展权，贯彻落实发展权中的均衡发展理念，对于平衡差异、保障发展受阻的群体正当权益从而化解结构性矛盾有着重要的意义。在这一目标实现过程中，发展权的功能主要体现在两个方面：其一，促进偏远落后区域的发展，通过对我国不同地区的具体对比和衡量，加快治理"老少边穷"地区，制定和实施区域发展的单项计划或是合作治理计划，努力缩小区域经济发展的差距。除此之外，同样要注重保障不发达地区全体人民平等的参与、促进和享有政治、文化、社会发展的权利，完善对不发达地区人民可持续权利的保障，以全面解决我国宪法体制下的区域发展问题。其二，统筹城乡发展，重点帮助扶持农村经济，着重解决城乡建设中面临的医疗难、住房难、教育难的三大问题，以改善农民阶层和工薪阶层的生存状况和发展前景。[②] 在城乡协调的过程之中，注重对特殊弱势群体的保护，改善农村居民的养老、保险、医疗制度，尤其是重点为老年人、留守儿童、进城务工人员等群体提供平等的服务，根据对中国当前结构性矛盾的深入分析定位，协调中国农村和城市群体发展权的实现，从而进一步加快城乡一体化的步伐。

---

① 参见中华人民共和国国务院新闻办公室：《发展权：中国的理念、实践与贡献》2016 年 12 月。

② 孙国华、方林：《公平正义是化解社会矛盾的根本原则》，载《法学杂志》2012 年第 3 期。

（三）民众积压的心理能量的合理发泄

除了客观因素的主导，人们在现实中对各种矛盾的感受、情绪和态度，以及所产生的心理能量、精神能量等对社会政治体制的影响同样举足轻重。人心的离散不仅会导致国家经济止步不前，当这种心理能量积压到一定程度时，难免会爆发大规模的政权危机。因此，在中国特色的宪法体制下引进发展权的新理念、谋求实现发展权至关重要。一方面，要求共享发展的成果，做到发展为了人民、发展依靠人民、发展成果由人民共享，强调发展权的主体是个人主体和集体主体的统一，个人和集体即是发展的推动者和促进者，更是发展成果的享用者。作为民众来说，不仅能享受到发展权对个体自身价值全面发展的关怀，也能在集体的进步中得益，共享发展成果；另一方面，发展成果惠及人人，而非少数精英阶层的福利。换言之，即坚持以人民为中心的发展，确保全体人民和每一个个人都共同享有发展资格、发展机会、发展权利，构成人人共享发展权的本质属性①。尤其注重弱势群体的发展权保护，如对妇女而言，"一方面要保护妇女在同等的情况下不受歧视，另一方面要根据妇女的特殊生理结构而给予特殊照顾"②，保障妇女在政治的、经济的、文化的、社会的和家庭的生活等各方面享有同男子平等的权利；对未成年人而言，保障未成年人享有生存权、发展权、受保护权、参与权等权利；诸如此类，老年人、残疾人的发展权益也都依法应当得到保障，有利于释放和缓解民众积压的不良心理能量。

三、保障宪法价值的最终实现

宪法价值是法治国家和宪法制度的精神要件，对于我国的宪法制度而言，宪法中所承载着的民主、法治、人权、自由、平等、博爱等价值理念，无一不是社会共同体各种价值、精神、原则的凝聚。③ 当前，在中国特色宪法体制发展的重要时期，增强发展权的权能、构建发展权的治理模式，对于宪法价值中的秩序价值、正义价值、平等价值以及社会的可持续发展都发挥着积极的作用，也展现了发展权对宪法价值进一步地促进和保障的功能。

（一）秩序价值

从规范的角度分析，宪法所确立的人权条款及基本权利条款的法定义务实施主体是各级国家机关，而各级国家机关又是在党的领导下开展各项工作，因此党以及各级国家机关实际上共同担负着维护社会秩序、保障人权的宪法义务。宪法不像其他部门法那样

---

①　汪习根：《新发展理念与中国人权保障——纪念联合国〈发展权利宣言〉通过三十周年理论研讨会综述》，载《人权》2016年第4期。

②　常健：《人权的理想? 悖论? 现实》，四川人民出版社1992年版，第104页。

③　范进学：《宪法价值共识与宪法实施》，载《法学论坛》2013年第1期。

只是着重从某个侧面表现政治力量对比关系，而是集中地表现各种政治力量的对比关系。在某种程度上来说，宪法是调整民主制国家最一般社会关系的法律规范的总和①。宪法秩序价值所体现的社会关系的主体一方主要是国家或国家机关：调整国家与公民之间的关系，以解决公民与国家权力的关系，通过权利制衡权力；调整国家与社会组织的关系，以解决国家权力与社会权力的关系；调整国家机构内部的关系（即国家机关与国家机关之间的关系），以解决权力分工制约的问题，实现以权力制约权力。中国特色宪法体制下发展权的完善，对各级国家机关提出了与时俱进的新要求，既要求国家或者说国家机关在实施权力、开展各项工作的时候注重维护社会主体的发展权，保障全体人民的根本权益和合法权益不受侵害，又需要各级国家机关能以社会关系的有序化为前提，赋予我国人民全面均衡发展的机会和社会共同成果平等充分占有的权利。发展权与宪法中秩序价值的良好融合，有利于推动社会从动乱阶段走向有序阶段，且这种有序的状态必定会拥有更加稳定的性能，不仅对于实现宪法的秩序价值有利，而且对于建立新型的国内秩序模式、酝酿新型的国际发展模式同样有着重要意义。

（二）正义价值

发展权对宪法正义价值的保障主要体现在发展利益的配置上。按照现代国家的治理理论，制度现代化的关键就是要建立起一种结构模型，以实现利益的平衡组合和良好生活的有序维持。② 中国特色的宪法制度改革，在社会矛盾已经发生变化的前提下，一定要比以往更加注重分配的正义和社会的均衡发展，在充分考虑到国家、社会、个人之间结构关系的基础上不断推行现代化改革，才能最终实现共同富裕。在此需求下，发展权这一后现代人权，才是真正关注在经济活动中被边缘化、被掩盖、被遮蔽的弱势群体的权利，矫正经济发展过程中实质不公正现象的人权。③ 因此需要调整我国的法律结构，充分实现发展权这一适应时代变迁的新人权形式。发展权对保障正义价值的功能主要体现在两个方面。一方面，发展权所包含的社会正义价值体现在发展利益的普遍共享，发展成果在社会结构关系的优化革新的基础之上要惠及全体人民，使得发展过程中的规则、机会、权利都能均等惠及人人；另一方面，发展权更加重视的是实质正义的实现，而非传统注重形式正义的法律观。经济的发展需要坚持以人民为中心，目的是要使全国人民达到共同富裕，尤其是在处理区域、城乡、人与自然的关系方面，发展权要求全面均衡且有重点的开展，努力缩小初次分配差距，同时再分配更加注重公平正义，加强对弱势群体、不发达地区的保障。面对我国当前发展中的诸多挑战，以发展权为法律人权武器，更加有利于对实然的发展进行导向、纠偏和均衡，从而促进正义价值在我国宪法体制中的最终实现。

---

① 李龙：《宪法基础理论研究》，武汉大学出版社 1994 年版，第 22 页。
② 陈运生：《论宪法价值的冲突与协调——以国家治理现代化为视角》，载《社会科学研究》2016 年第 4 期。
③ 汪习根、朱林：《新常态下发展权实现的新思路》，载《理论探索》2016 年第 1 期。

（三）平等价值

平等价值是人类社会追求的理性价值目标，也是我国宪法长期以来追求的重要价值目标之一，是关系到"人性尊严"的基本人权问题。自启蒙运动的思想家们最早系统地提出"人人平等"的价值理念开始，人类对平等内涵的理解随着社会历史的进程与变化而不断变迁。纵观"近代人权运动的历史，就是反歧视追求平等权利的历史"，[①]中国特色宪法体制下的平等权主要体现的也是这一非歧视性原则，主要包括了平等地享有人格尊严和权利、平等地受到法律保护，不受到任何歧视等涵义。而发展权的出现对我国宪法的平等价值作出了进一步的深化，使得这一人权既脱胎于发展权形成更高层次的平等发展权，又服从于平等权成为了平等权保护下的发展权，强调公民平等地享有经济、政治、社会、文化等各个方面的发展机会并平等地获得发展所带来的各项利益。不仅如此，发展权对宪法平等价值的保障还表现在平等待遇与特别待遇之间进行的平衡与协调。一方面，平等价值是宪法的基本精神与原则，不能随便打破。另一方面，利益平衡与特别待遇又是发展权运行机制的内在要求，看似违背平等价值，实则是对一些主体仅仅因为地区、环境等要素自然获得的优势发展空间的必要纠正。因此，个人是否能获得平等的发展机会，首先要取决于他所处的发展环境是否能提供公平的发展空间，这与法律是否以社会利益为导向和是否通过种种积极措施来为个人发展权利的实现创造条件密切相关。[②] 综上，不难得出结论，发展权与宪法平等价值相互影响，密不可分，平等价值需要由表及里地深入到"发展"之中，发展权也需要不断在其实现的全过程中给予宪法平等价值相应的认同和保护。我国现阶段发展中仍然出现种种不平等的现象与立法上的缺位以及司法层面的操作性、保障性制度措施不完备等因素密切相关。因此，既需要强化政府在我国的政治、经济、文化、社会等领域承担的角色，在宪法体制下制定、出台专项发展政策，又应当在全球化视野下，尊重各国人民自主选择的发展道路，积极落实履行我国签署批准的一系列国际公约，推动人类命运共同体的建设。尽管任重而道远，但是发展权与平等价值的每一处融合，无疑对于充分保障我国公民平等发展的权利实现，以及促进人的全面、协调、平等发展都具有重要的现实意义。

（四）社会的可持续发展

确立可持续发展宪法地位是人类社会发展的必然。自人类社会诞生以来，人类一直都在谋求如何使人类自己得到更大的全面的发展，一直都以改造自然、改造环境为人类所有、所用而努力，而自豪。但由于人类对生态基本规律认识不足，导致只知道一味地向大自然索取和掠夺，而没有认识到地球承载人类生存的能力是有限的，使人类生活的生态系统出现了前所未有的严重危机局面，给人类的生产和生活造成了极大的威胁。就我国的生态环境来看：生态环境破坏的范围在扩大，程度在加剧，危害在加重，严重影

---

① 蔡定剑：《中国就业歧视现状及反歧视对策》，中国社会科学出版社 2007 年版，第 2 页。
② 汪习根：《发展权全球法制机制研究》，中国社会科学出版社 2008 年版，第 246 页。

响了我国经济社会的可持续发展和我国人民的生活、生产安全。宪法是人类智慧的结晶，是社会整体状态的反映，是可持续发展社会形态政治、经济、生态、文化协调发展的保证书，在这一发展过程中宪法的作用和内容也是在不断地完善，在宪法中确立可持续发展的地位是历史的必然。

我国宪法中的可持续发展定位，经历了我国由只重视"公民利益"到向"公民利益和生态利益兼顾"的新型观念的转变。而发展权对可持续发展的强调恰如其分地迎合了这一需求：在国家社会层面，发展权所包含的新的发展理念，改善了传统发展道路的弊病，创新经济体系和发展模式，在经济、政治、文化、社会、生态文明方面都提供了源源不竭的发展动力，认识和尊重个人和国家在可持续发展方面的相应权利和义务[1]，并倡导以法治改善中国，保障可持续发展目标在中国特色宪法体制下的实现；在国际社会层面，随着全球化的推进，围绕气候变暖、环境破坏、全球贫困等一系列现实问题，更加需要立足于人权来谋求全球问题的解决之道。中共十九大报告也郑重指出：中国共产党始终把为人类作出新的更大的贡献作为自己的使命。这是一种世界主义的关怀，而践行着这种世界关怀的理念就是人类命运共同体。构建人类命运共同体，建设持久和平、普遍安全、共同繁荣、开放包容、清洁美丽的世界，秉持共商共建共享的全球治理观。[2] 发展权所保障的宪法可持续发展价值有利于各国共同迎接全人类治理危机所带来的巨大挑战，利用全新的发展理念与全球治理方案为生态文明建设提供了正确的权利导向，以为全世界人民的最大利益服务为宗旨，造福于全人类。解放和发展社会生产力是社会主义的本质要求，新时代发展权的实现势必能促使我国社会创造力和发展活力的更新与激活，保障可持续发展的质量和效应，有利于我国实现更高水平、更有效率、更加公平、更加可持续的发展。

四、结语

发展权的实现需要社会的全面进步和人的全面发展这两者之间的协调互动，新时代主要矛盾的确立，能让我们对宪法体制下的发展权功能有新的认识。在中国特色宪法体制之下，引入人权的新范式、推动人权事业的进步、谋求发展权的实现，对于我国而言，既是法治社会动态发展的归宿，又是全面深化改革的必然途径。针对现阶段我国面临的宪法难题，立足于"人类共同命运"这一大格局，可以探寻出发展权所具有的诸多功能，有利于推动宪法体系的完善、促进新型社会矛盾的化解以及保障宪法价值的最终实现，为完成宪法所担负的社会责任奠定了现实基础。长此以往，随着发展权不断被推向新高度并获得普遍的认同，发展权的功能在今后必将得到更进一步的发挥。

---

① 何礼果：《论确立可持续发展战略的宪法地位》，载《科技与法律》2004 年第 1 期。
② 习近平：《决胜全面建成小康社会 夺取新时代中国特色社会主义伟大胜利——在中国共产党第十九次全国代表大会上的报告》，人民日报 2017 年 10 月 28 日。

环境权视域下的能源法律体系建设研究

任　颖*

摘要：环境权保障是推动能源产业升级与绿色发展的关键所在。国家能源法律体系建设需有效回应环境权保障要求，解决结构性与协调性欠缺问题。实现能源法治建设领域法律理念、法律关系、法律原则、法律规则的全方位改革，推动功利主义能源观向发展主义能源观、商品价值供求关系向生态价值供求关系、能源开发法向生态经济共同体规则的转变；并以中国特色社会主义法律体系为基础，加强能源基本法、能源规划立法及专项立法的制定、修改和完善，在国家治理、政府治理、社会治理层面建立起新型合作治理机制，有效解决能源结构与环境安全、能源供应与服务体系、能源监管与能源赋存间的深层次矛盾，从更为根本的层面提升能源法律体系环境权益保障效能。

关键词：环境权；合作治理；能源法律体系

环境权是第三代人权的重要内容，是集体人权与个体人权的有机统一；能源监管是实现平衡发展、充分发展、绿色发展，保障环境权益的关键领域。① 党的十九大报告凝心聚力、振奋人心，习近平总书记在十九大报告中明确提出，着力"构建清洁低碳、安全高效的能源体系"，坚决打好污染防治的攻坚战，对环境权保障与能源法律体系建设提出了新的更高要求。以环境权保护为指引，解决能源法律体系建设中的结构性、协调性问题，成为能源法律体系建设的核心任务以及国家立法的时代强音。

---

*　本文系 2017 年度广东外语外贸大学校级科研项目"治理视角下环境监察法律问题研究"，教育部人文社科重大攻关项目"国家语言文字事业法律法规体系健全与完善研究"（14JZD050），广东省哲学社会科学"十三五"规划项目"粤港澳大湾区环境监察协同治理研究"（GD17YFX03）阶段性研究成果。

作者简介：任颖（1984—　），河南巩义人，法学博士，广东外语外贸大学广州市绿色经济与环境能源法研究中心助理研究员，广东外语外贸大学云山青年学者，主要研究领域为法学理论、环境治理。

①　习近平总书记在中国共产党第十九次全国代表大会开幕会上的报告中指出，我国社会主要矛盾转变为"人民日益增长的美好生活需要和不平衡不充分的发展之间的矛盾"。能源法律体系建设的在推动平衡发展、充分发展、绿色发展重要性愈加凸显。

一、环境权视域下能源法律体系建设的法理基础

人类进入工业社会后对于能源的掠夺式开发，造成了严重的环境污染与气候变化问题。现有能源法律体系与能源行业发展现状及环境权保障要求不相适应。随着能源资源的战略地位不断提升，能源革命成为直接关系国家安全与经济发展的生命线。要为能源行业结构转型和体制变革提供充分的法律保障，需要从法理基础分析出发，夯实能源法律体系建设基本理论，以环境权保障为指引，明确能源法律体系建设的法律理念、法律关系、法律原则、法律规则基础。

（一）从功利主义能源观到发展主义能源观理念转变

经济功利主义人类法则是工业化和现代化初级阶段的典型体现。[1] 随着环境污染的不断加剧，以个体生存使用为核心的自然主义能源观、以黑色 GDP 为核心的功利主义能源观，给人类生存与可持续发展埋下了风险隐患。以绿色经济为核心的发展主义能源观正是在这一背景下形成和发展起来的。2016 年，国家能源局印发《能源立法规划（2016—2020 年）》，确立"五法四条例""能源立法重点推进项目"。在这一过程中，急需明确包括电力、煤炭、石油天然气、核电在内的能源法建设的法律理念基础。

从本质上看，发展主义能源观是经济效益与环境权益有机协调的核心内容，是"以人民为中心的发展"对"能源法治体系建设"提出的更高层次的要求，[2] 成为"创新、协调、绿色、开放、共享的新发展理念在能源领域的重要体现"。[3] 近代工业文明的开疆拓土，加剧了经济效益与环境效益之间的矛盾和冲突。要理清其间复杂的利益关系，有效定位并处理风险隐患，解决"监管层层失守"等诸多问题，真正贯彻落实中央精神与环保督察巡视要求，需要从观念转变出发，在深层理念上实现以经济效益为核心的功利主义能源观向以经济、社会、环境协调发展为核心的发展主义能源观的转变。[4]

1. 在全球治理领域，发展主义能源观的确立以国际组织发展报告为基础。1987 年，世界环境与发展委员会报告《我们共同的未来》中，提出"可持续发展"概念；21 世纪初，继可持续发展峰会提出能源发展新问题（"能源效率与能源结构"）之后，联合国可持续发展委员会提出"可持续能源法"理念，其以"有利于环境"的能源发展为

---

[1]　［澳］艾德里安·J.布拉德布鲁克、［美］理查德·L.奥汀格著，曹明德、邵方、王圣礼译：《能源法与可持续发展》，法律出版社 2005 年版，第 1-2 页。
[2]　施戌、侯永志：《深入认识以人民为中心的发展思想》，载《人民日报》2017 年 6 月 22 日。
[3]　程志强：《推动全球能源革命的战略构想》，载《人民日报》2016 年 1 月 26 日。
[4]　《开创生态文明新局面——党的十八大以来以习近平同志为核心的党中央引领生态文明建设纪实》，载《人民日报》2017 年 8 月 3 日。

核心，① 形成引导能源法律体系建设的科学理念。

2. 在国家治理领域，发展主义能源观的确立以发展理念转型为核心。1991 年，中国首部人权白皮书发布，阐明了人的尊严与发展权之间的关系。2016 年，习近平总书记在致"纪念《发展权利宣言》通过 30 周年国际研讨会"的贺信中，强调了"中国坚持以人民为中心的发展"的坚定立场，"把增进人民福祉、保障人民当家做主、促进人的全面发展作为发展的出发点和落脚点"；② 为发展主义能源观的确立奠定了重要基础。

中国发展主义能源观不同于西方话语范式下的发展观念。前者强调"以人民为中心的发展"；而后者则是西方现代性、全球化话语体系的重要组成部分，多受到"肆无忌惮地追求发展带来了空前的社会不平等、政治的边缘化、环境的恶化、意识形态和制度领域的冲突"等诸多诟病，也成为当代资本主义社会矛盾的集中体现。③ 在新的历史条件下，发展主义能源观把马克思主义理论提升到新的高度，并与中国实践紧密结合，走出中国特色能源发展道路。

（二）　从商品价值供求关系到生态价值供求关系转变

传统经济发展模式以经济效益为核心追求，主要解决资源供应短缺与人们日益增长的需求之间的矛盾；相应地法律关系以（社会）利益关系为核心范畴，以商品价值供求关系为主要内容。然而，随着人类社会经济的发展和工业化的推进，能源资源与环境之间的矛盾日益加深，经济社会发展的生态负荷及代价不断增加，反过来影响着经济的可持续发展乃至社会的和谐稳定。各国纷纷采用行政、法律、技术等多种方式，推进本国的发展方式转型，提升经济发展的质量；能源法律关系的着力点逐步由效益价值向生态价值转变，通过生态资本价值核算（社会经济正面效应与负面效应评价）、绿色国民经济发展战略，推动商品价值供求关系向生态价值供求关系的进阶。

生态价值供求关系的确立，以环境权保障为核心；其不仅需要政府与市场、政府与社会主体间议事协调、利益调整、纠纷调节机制的支持，还包括人与自然关系的处理，使低碳价值与环境效益成为继传统成本、服务、技术等生产要素后新的制约因素；同时要求法律法规体系、经济核算体系、监测评估体系的合力支撑。其中，法律法规体系是生态价值供求关系确立的重要保障，在法律关系层面形成了推动能源与环境协调发展的支持力量；从更为基本的层面破解资源缺乏与环境恶化的困境，保证环境安全，实现"绿色发展"。

生态价值供求关系的重要特征包括：（1）权力属性与权利属性相结合。一方面，

---

① 世界环境与发展委员会，王之佳等译：《我们共同的未来》，吉林人民出版社 1997 年版，第 52 页。

② 习近平：《习近平致"纪念〈发展权利宣言〉通过 30 周年国际研讨会"的贺信》，载《人民日报》2016 年 12 月 5 日第 1 版。

③ ［美］阿里夫·德里克著，赵雷译：《发展主义：一种批判》，载《马克思主义与现实》2014 年第 2 期，第 99 页。

与商品价值供求关系突出个体私益特点相比，生态价值供求关系与惠及全体人民的公共利益紧密联系在一起，与公共权力的行使密不可分；另一方面，从引导经济发展理念与发展方式的转变，到能源节约与体制改革，再到污染治理与环境改善，以生态价值供求关系为核心的法律关系，成为对环境权和发展权的有力保障。（2）整体性与地域性相统一。一方面，生态价值供求关系以生态系统整体平衡协调为基础，（生态）资本、效益、运行过程都受到生态系统整体性的制约，形成具有整体性、稳定性、循环性的供求结构；另一方面，生态价值供求关系以特定地域资源环境与经济一体化发展的具体实际为出发点，以供求状况与经济指标评价能源、环境及地区经济社会可持续发展指数，推动法律关系内核的重要转变。

（三）从能源开发法到生态经济共同体规则转型

发展主义能源观需转变为具体的行为规范，才能够为环境权提供具有约束力和实效性的现实保障。法律规范是能源法律体系的基本组成要素，也是法理分析的基础范畴。从自然法学派以理性为出发点的规范价值论，分析法学派以法律命令为出发点的规范层级论，到社会法学派以社会实效为出发点的规范评判论，法律规范与事实、价值范畴相结合，共同构成了法律体系建设的重要支撑。

1. 能源法律体系的建设目标与设定原则

能源法律体系的建设目标与设定原则的确立，是法律体系建设的基石。在能源法律体系建设领域，从能源效率到环境安全、能源公平的转变，以从经济人理性向生态人理性的转变为基本前提。

能源法律体系建设需服务国家能源发展战略转型要求，推动能源变革与绿色发展的有机协调，以及能源监管体制改革与生态文明体制改革、能源市场与生态保护市场体系的有机结合。（1）能源与环境、节能与开发相协调。其构成了环境权视域下能源法律体系建设需要处理的基本关系。从具体内容上看，能源与环境、节能与开发相互依存而又相互制约，一方面，能源是自然环境赋存组成部分，节能是可持续的开发利用的保证；另一方面，环境保护政策影响着能源结构及开发，环境权保障成为能源开发与利用的原则性指引。（2）能源效率与环境安全、能源效益与能源公平相结合。由特定国家或地区的经济社会发展及能源实际决定，国家能源规划与能源法律体系建设，分别从整体工作布局与法律布局角度服务环境安全与能源效率、能源效益与能源公平相结合目标的实现，并贯穿于勘探、开发、储备、利用、替代、保护、节约的全过程，从而为环境权与发展权保提供有力支持。

2. 能源法律体系的发展趋势与战略导向

能源法律体系的发展导向反映了特定阶段能源发展战略要求。从总体上看，其经历了以经济效益为核心的能源开发法，到以社会效益、环境效益为重要目标的生态经济共同体规则的演进。以1973年石油危机为转折点，能源开发法发展阶段又可分为"自由放任"与严格监控两个时期，逐步形成了以能源开发计划、能源使用合理化（包括节能在内）为主体的法律规范体系。① 因此，学界也有将前一阶段再细化为能源矿业法与能源利用法，或是能源开发法与能源效率及环境安全法律保障阶段的主张。②

2016 年 9 月，习近平总书记重申共商、共建、共享的平等互利原则，这是继对 2013 年"一带一路"倡议、2015 年博鳌亚洲论坛主旨演讲后，又一次对中国共同繁荣发展方案的阐述，是构建人类命运共同体的东方智慧与伟大实践，也为生态经济共同体规则的确立提供了重要的指引。在能源法律体系建设领域，生态经济共同体规则有利于两个方面问题的解决，一是从共同发展出发，人类发展的环境制约下的污染扩散问题；二是"逆全球化"思潮对全球能源秩序的消极影响。生态经济共同体规则的确立，成为有效破解能源领域治理困境，引领环境权益保障与人类社会可持续发展的重要基础。

二、环境权视域下能源法律体系建设的主要问题

伴随新一轮能源科技革命、能源消费革命及体制革命给人类的生产生活带来的巨大变化，能源领域环境权保障任务愈加艰巨，能源法律体系建设面临的问题更加复杂，所需调整的社会关系和应对的内在矛盾呈现出不同于传统能源发展阶段的新的特点。如何从能源法律体系建设的主要问题及原因分析出发，剖析能源结构与环境安全、能源供应与服务体系、能源监管与能源赋存间的深层次矛盾，是打破垄断，形成公平竞争、合理配置、有效监管的能源秩序的重要保证。

（一）环境权视域下能源法律体系建设面临的主要问题

我国能源法律体系建设自 20 世纪末开始，以《中华人民共和国矿业暂行条例》（1951 年）的颁布为起点，以《煤炭法》《电力法》等单行法为核心内容，以社会主义市场经济及科学发展观的提出为转折点，形成了《可再生能源法》《清洁生产促进法》《节约能源法》为重要内容的有机系统，对我国的能源管理起到了积极的引导和规范作用，为能源的勘探、开发、储备、利用、替代、保护、节约提供了重要的法律保障。但由此而确立的能源规范体系与提升综合治理能力（包括高碳天然资源禀赋与资源环境制约在内）、多样态的利益协调（尤其是环境权益保障）要求相比，存在结构性、协调性方面的突出问题。

1. 既有规范结构同能源经济与环境权保障相平衡的要求存在差距

能源法律体系指为规范能源勘探、开发、储备、利用、替代、保护、节约等活动而制定的，由宪法、法律、行政法规、地方性法规等法律规范组成的内在协调、结构科学、系统完备的有机整体；但现有能源法律体系建设结构并不完善，对可持续发展形成

---

① ［澳］艾德里安·J. 布拉德布鲁克、［美］理查德·L. 奥汀格著，曹明德、邵方、王圣礼译：《能源法与可持续发展》，法律出版社 2005 年版，第 2-4 页。

② 黄振中、赵秋雁、谭柏平：《中国能源法学》，法律出版社 2009 年版，第 21 页；李响、陈熹、彭亮编著：《能源法学》，山西经济出版社 2016 年版，第 18 页。

制约。

从法律位阶层面看，尚未制定能源基本法律，仅以一般法（主要是单行法律规定）形式确立能源的法定地位与作用；其直接影响到对能源领域经济、政治、文化、社会、生态等方面风险因素的全面分析、科学预判、应急响应。不同于由全国人大常委会制定一般法，基本法由全国人大制定，而能源使用的广泛性决定了其相应的法律关系构成了国家和社会生活中"带有基本性和全面性的社会关系"。因此，由全国人民代表大会常务委员会制定或修改的一般法律，与实际的能源体系、能源法律关系的属性并不一致，这一法律体系层级亦与国家战略层面的环境权保障要求之间存在矛盾和冲突。

2. 既有规范内容未能从根本上推动能源法律与环保政策深层次矛盾的解决

从根本上解决能源法律与环保政策的深层次矛盾，需要加强能源规划立法及其配套法律法规的制定。这对于能源领域环境权保障效能的提升具有基础性意义；其核心是从能源法发展的整体格局高度为绿色发展提供规范支持与坚实保障。与此同时，具体推进上位法实施的配套下位法仍需细化、具体化。而能源法律规范相互之间不配套、不衔接，未形成系统，直接影响到自身政策性管理向法治化治理的转变；其降低了国家能源立法的可操作性，导致具体领域能源执法无据可依、无章可循。

与此同时，现行法律规范难以支撑能源变革背景下环境权的法律保障要求，为国家能源事业健康发展提供基本的法律支持与规范保障的任务仍然十分艰巨。如缺少了能源规划立法，对于最大限度地整合综合治理资源并形成联动合作机制十分不利。从《能源发展"十三五"规划》《能源发展战略行动计划（2014—2020年）》《工业绿色发展规划（2016—2020年）》，到电力、煤炭等具体领域的发展规划与年度计划，我国能源规划对能源事业发展做出了合理安排与正确指导，具有十分重要的理论与现实意义。但国家层面仍缺乏强有力的提高能源体制系统化变革的规划立法。在统一标准的确立、规划的法治化推进方面，能源规划立法的作用不可替代，其构成了整个国家能源事业健康发展的基石，对于能源法治建设具有基础性意义，是能源法律体系的重要组成部分。需着力从能源规划立法层面推动能源管理向法治化治理的转变，为环境权与发展权保障提供根本的法律支持。

3. 既有规范体系建设未形成应对环境风险的综合治理格局

有效应对环境风险是环境治理关键环节。现有能源执法主体权责的设定需要进一步明确，形成环境风险应急与联动处置的法制保障及体制机制支撑；并需健全和完善配套的能源的规范和标准，避免立法半径局限于行政管理的弊端，全面推动能源领域环境权保障法治原则的贯彻落实。

从规则设定的角度看，能源法律规范尚未形成内在协调的有机整体，甚至存在效力冲突，削弱了能源法实施体系有效应对风险及保障环境权益的实效性，并且存在授权性规范与义务性规范的设置不平衡问题。其中，一些条款只有权利规定却无义务或者责任与之对应；只规定了行为模式，却没有规定相应的法律责任，或没有设定相应的法律责任追究机制，造成执法不力或难以正确理解执行。此外，需在环境安全保障与应急处置方面出台具体规则与操作规程，通过调研的细化和深化，在能源领域环境权保障的各个层次上全方位实现有法可依、有章可循。

（二）环境权视域能源法律体系存在问题的原因分析

在新时代背景下，以环境权保障为指引，对能源法律体系建设的要求比传统农业或工业社会更具综合性、复杂性、多样性，需要实现能源领域法律理念、法律关系、法律原则、法律规则的全方位改革。从总体上看，既有能源法律法规与环境权保障及综合治理要求间的矛盾主要由三个方面的原因引起，并呈现出结构、内容、属性多个层面的问题相交织的特征。

第一，我国能源法律体系主要问题出现的根本原因，是未彻底解决能源结构与环境安全、能源供应与服务体系、能源监管与能源赋存间的深层次矛盾。中国能源分布及能源产业发展极不均衡，煤炭与石油储量的 80% 以上皆集中分布于北方地区；而一次能源生产和能源消费结构均呈现出对煤炭的过度依赖，相应储备和产能面临极限。在这一背景下，能源法律体系要适应以去产能和绿色发展为核心的能源变革要求，需要理顺价值层面以环境安全为重心的能源结构转型，产业链当中以能源服务为重心的供应体系改革，以能源监管为重心的赋存监测，从系统性、协同性、整体性改革出发，形成正确处理政府与市场、人与自然关系（协调共存与碳生态均衡）的绿色、安全、高效的能源规范系统。

第二，能源法律体系建设与环境权属结构不匹配，导致其在风险防范与风险监管层面并未形成整体效应。在发展主义能源观指导下，能源法律体系建设需要适应环境权与发展权保障相统一的要求，充分实现对能源发展成果的享有权、能源平等权、获得健康生活环境权利的保障。而能源法律体系建设现状与这一要求之间的差距，造成了能源管理力度弱、监管体制未理顺、跨部门协调困难、与新能源政策存在冲突等问题的出现。在能源发展领域，贯彻落实习近平总书记关于"绿水青山就是金山银山"，"要正确处理好经济发展同生态环境保护的关系，牢固树立保护生态环境就是保护生产力、改善生态环境就是发展生产力的理念"，以协同治理为视域，推动能源体制改革及规范重塑，形成以《能源法》为基础、以环境权保障为核心的规范治理格局。[①]

第三，《能源法（送审稿）》与能源专项立法未实现有效衔接。而二者的有效衔接，是有效提升能源法律体系环境权益保障效能的重要基础。能源基本法与能源专项法"相互补充和衔接，才能形成完整、统一、协调和有内在逻辑联系的系统"。[②] 从国外立法方面看，20 世纪 90 年代，随着应对气候变化、保障可持续发展、落实生态责任为核心的能源法发展理念确立，世界各国纷纷制定相应法律以推动本国的能源产业转型。其中，美国形成了联邦与州能源规范构成的二元法律体系（包括《能源政策法 2005》、2010 年《美国能源法》草案的出台）；德国以电力天然气市场规范为核心，颁布了能源领域的基本法（《能源经济法》），并出台了与能源基本法相适应的配套法律法规及体

---

① 《习近平总书记论生态文明建设》，载《人民日报》2017 年 8 月 4 日。
② 张勇：《能源基本法研究》，法律出版社 2011 年版，第 27 页。

制机制。① 以基本法形式贯彻能源政策及环境保护的要求，并实现与专项立法的有效衔接，是提升能源法律体系完备性、协调性的基本路径。

三、环境权视域下能源法律体系主要问题的解决对策

党的十九大对绿色发展与环境治理提出了新要求。在环境权保障视域下，能源监管亦需实现由政府管制向国家、政府、社会协同治理，由（公共）政策管理向文化、法律、社会综合治理的转变，以国内与国际能源法治的有效衔接为基础，在能源法律体系的稳定性与环境风险不确定性的张力间取得平衡，形成严密的环境风险防控网络和全面的监测预警系统，全面提升能源领域的环境权益保障效能。

（一）以国内与国际能源法治有效衔接保障环境权的充分实现

环境权保护基本原则最早由《斯德哥尔摩宣言》确认，其后在《世界自然宪章》中得到重申与发展。在现有能源法建设基础上，以《能源法》与能源专项法、国内法治与国际法治的有效衔接，以及国内能源法与 WTO 能源规则的有机协调为基础，形成体系完备、内在协调的能源法律体系，是提升能源领域环境权保障效能的重要基础。第一，在宪法层面，对于"国家保障自然资源的合理利用"，《宪法》第九条第二款等作出了基本规定，并在此基础上，以宪法为统领推动能源法律法规的清理、制定、修改。第二，在能源基本法层面，由全国人大制定的法律对于环境权具有基础性意义，并需着力解决《能源法》与《环境保护法》等法律规定的冲突，形成推动环境权保障法治化的规范体系支持。第三，在能源一般立法方面，即由全国人大常委会制定的法律，需适应环境权要求并推进《节约能源法》《可再生能源法》等的修改或废止。第四，在能源专项立法方面，需健全《石油法》《电力法》《煤炭法》等具体领域环境权的规范支持。第五，在能源法规层面，需进一步完善有关煤矿、电力、石油、天然气、核设施与核材料等的利用、节约及监督管理条例。第六，在国际公约方面，一方面，通过承认或批准《联合国气候变化框架公约》（包括该框架下缔约国签署的《京都议定书》《巴黎协定》在内）《联合国海洋公约》《核材料实物保护公约》《及早通报核事故公约》《1990 年国际油污防备、响应和合作公约》等国际规约，推动国内能源法与国际能源规则的有效衔接；另一方面，立足地区实际，促进以技术、资源、制度、信息为核心的区域性能源条约的制定，加强能源领域环境权保障的国际合作，有效解决国际纠纷。正如斯塔克所指出的，"规范和指导能源、原材料等自然资源的规则"在 21 世纪的国际交往中具有至关重要的意义和作用。② 这也构成了生态经济共同体规则发展的重要体现。

在上述规范基础上，实现国内能源法律体系与国际能源法治建设的有效衔接，是解决能源法律体系建设与环境权属结构不匹配、推动能源经济与环境权保障平衡发展的重

---

① 马俊驹、龚向前：《论能源法的变革》，载《中国法学》2007 年第 3 期，第 153-154 页。

② I. A. Shearer, Starke's International Law, (London: Buterworths, 1994), 345.

要路径。进而，促进能源结构与环境安全、能源供应与服务体系、能源监管与能源赋存间的深层次矛盾的解决，全面提升能源法治建设在环境风险防范与风险监管层面的整体效应，以及能源法律体系的环境权保障效能，则须通过具体的规则细化及监督体系建设来实现，并贯彻到能源活动的各个方面和各个领域，形成协调有序的能源法治发展格局，以及区域联动与环境风险防控系统。其中的核心问题，即正确处理规则的确定性与环境风险的不可预测性之间的矛盾，在国家、政府、社会（能源企业及相关组织）之间建立起环境风险预警与应急联动机制，形成市场规制、政策管理、价值引导、生态保护相协同的环境权保障网络。[①]

（二）在能源法律体系的稳定性与环境风险不确定性间取得平衡

法律具有相对的稳定性，而环境风险以不确定性为特征。在能源法治发展路径与框架确立的基础上，聚焦其中的核心问题，平衡能源法律体系的稳定性与环境风险不确定性间的张力，是健全和完善能源法律体系的应有之义。学者指出，作为集体人权与个体人权相统一的基本范畴，环境权在公法和私法两大领域有着不同的表现形式。[②] 而不论是公民享有良好适宜自然环境的权利，还是国家、组织相应的权利和义务，贯穿其中的能源领域立法路径完善与立法效能的提升，需要在法律的稳定性与环境风险不确定性的张力间取得平衡，才能为环境权提供切实有效的保障。能源法律体系一方面应涵盖宪法、法律、行政法规、地方性法规、自治条例和单行条例，以及普适性规范与特定行业的能源规范；另一方面，亦须通过对能源（社会）关系的全面调整，实现有效应对环境风险的多层次多领域依法治理。一是要善于通过法定程序实施党对能源发展战略的领导，充分发挥人大在立法中的主导作用，推动能源基本法的出台，释放能源领域国家治理、政党治理、政府治理、社会治理、市场治理总体效应；并在既有的专项立法基础上，加强能源规划立法，提高能源领域的环境权保障水平，从规范化、程序化层面推进能源事业的绿色发展。二是要正确处理政府与（能源）市场、权力与权利的关系，加强公众的立法参与环境监督，推动相关立法成本效益分析及环境风险评估机制建设，有效应对能源产业转型升级中的结构性矛盾。2016 年联合国环境规划署发布《绿水青山就是金山银山：中国生态文明战略与行动》高度评价中国的生态文明建设成就，建设与中国特色社会主义法律体系的基本层级相一致的国家能源法律体系，提升能源领域的环境权保障效能，亦构成了中国对人权理念与实践的重要贡献。

（三）以经济效益与环境效益相协调统领能源风险防控与监测预警

以规则的健全和完善为基础，能源法治建设需要强有力的实施体系的支持。根据能

[①]　Ortwin Renn, Risk Governance: Coping with Uncertainty in a Complex World, (London: Earthscan, 2008), 2.

[②]　吕忠梅：《沟通与协调之途——论公民环境权的民法保护》，中国人民大学出版社 2005 年版，第 2 页。

源开发与利用的高风险特征，建设以经济效益与环境效益相协调为核心的能源风险防控网络与监测预警系统，提升能源法律体系有效预警及应对环境风险的实效性，是提升能源法律体系环境权保障效能的重要基础。

1. 将环境权保障纳入能源法治评价体系

经济效益是能源开发的重要指数，而在能源法律体系建设过程中，环境效益同样需要纳入相关评价体系。以能源法治评估全面纳入区域法治建设指数等评价体系为基础，细化能源法治评价指标，将环境权保障效能作为重要参数，严格督察问责，倒逼能源绿色发展的实现。在这一方面可借鉴德国的能源立法，不仅确立发展可再生能源、能耗控制与节约能源的基本理念，而且形成科学的量化指标与评价体系，真正推动能源发展生态化、人本化的有效落实。① 具体而言，基于能源、环境领域的地域差异特征突出，能源法治评价体系的形成，需要展开大量的具有全面覆盖性的实证调研，并运用 SPSS、SWOT 分析等多学科交叉方法，加权确立最终的标准。进而，实现用能权交易与绿色发展的协同推进，探索用能权保障司法化的创新路径。一方面，从发展的不平衡性及能源发布地域性特征出发，将区域法治文化与用能权保障司法化相联系，开拓区域能源法发展的新局面；另一方面，从发展的辐射性及能源效益的社会性出发，将国家环境安全与用能权保障司法化联系起来，切实实现能源公平。

2. 加强能源监管综合防控与环境风险预警

以优化能源监管权责配置（政监分开）为核心，推动能源监察（包括节能监察在内）与国家监察（专门机关监督）、环境风险防控与第三方风险评估的有效衔接。在当代社会，面对全球经济下行与资源环境压力，单独依靠加强政府管控以实现能源效率与环境安全的协调发展的路径已经难以为继，需要打出国家、政府、市场、社会协同下能源监管与能源服务有机统一的组合拳，明确监管权责（包括环境效益监管与能源产业监管），实现综合防控，保障有法必依。其中，能源系统的有限市场化及民间资本的参与度（"公平的项目许可"），对"创造社会支持"，健全风险评估机制，推动低碳价值管理（低碳市场供求关系、碳绩效与碳核算）及碳权公平，提升能源监管效率具有重要作用。② 与此同时，以责任制度建设为核心，加强环境风险预警系统建设，并对影响较为恶劣的侵权现象进行责任倒查，从事前监察、事中监察、事后监察相结合出发，促进能源法律体系环境权保障效能的提升。能源法治建设不仅要求规范能源使用主体的法律责任，而且对疏于监管的责任主体进行追究，从而优化能源监管环境，推动国家能源事业的安全、高效、绿色发展。

① 陈海嵩、任世丹：《德国能源立法及其对我国的启示》，载《政法学刊》2009 年第 2 期。
② 中国法学会能源法研究会编：《中国能源法研究报告》，立信会计出版社 2012 年版，第 505 页。

第五篇　依规治党与权力监察

"党内法规"的概念实用论

——兼论法律概念的外部影响

武小川*

摘要："党内法规是法"目前是论证"党内法规"概念合理性的主流观点，但是这个命题在法学领域却充满争议。本文从实用主义角度出发，分析了可供替代"党内法规"的现有概念的不足，认为目前并没有合适的概念可以替代"党内法规"。尽管"党内法规"在某种程度上对维护法律权威有消极影响，但是替换"党内法规"所导致的连锁反应具有更大的危害，从"两害相较取其轻"的立场出发，沿用"党内法规"仍是必要的。在现代社会，法律概念在法律领域之外并不具有排他性效力，法律应当包容社会主体在法律领域之外赋予法律概念以不同含义。

关键词：法；党内法规；规范；实用主义；条例

一、实用主义视角下的概念选择

自十八届四中全会将党内法规体系纳入法治体系以来，"党内法规"的使用频率和接受度都大幅提高。对于绝大多数党内法规研究者来说，"党内法规"概念的合理性几乎完全建立在党内法规是"法"这个论断之上[①]。也有学者认为"党内法规"虽然不

---

* **作者简介**：武小川（1987—　），男，湖北枣阳人，华中师范大学法学院讲师。本文系国家社会科学基金重点项目"依法治国与党内法规建设研究"（14AZD137）的阶段性成果。

①　如刘长秋：《软法视野下的党规党法研究》，载《理论学刊》2012 年第 9 期；张立伟：《法治视野下党内法规与国家法的协调》，载《中共中央党校学报》2011 年第 3 期；刘芳、赵月：《党内法规法律性质之证成》，载《党政干部学刊》2012 年第 11 期；姜明安：《对党内法规姓"法"几点疑惑的辨析》，载《北京日报》2013 年 6 月 8 日第 18 版；方鹏：《论新形势下中国共产党党内法规的性质、作用及其完善》，载《理论建设》2016 年第 5 期；姜明安：《论党内法规在依法治国中的作用》，载《中共中央党校学报》2017 年第 2 期；王建芹、农云贵：《党规之治：法治政府建设的中国进路》，载《广西社会科学》2017 年第 6 期；廉睿、卫跃宁：《从"政策"认同到"软法"取向——"党法"的身份转换及其演化逻辑》，载《长白学刊》2017 年第 2 期。

妥，但是从约定俗成的角度，还是应当继续沿用。① 但是关于"党内法规"概念合理性的学术讨论并不会因此画上休止符。

尽管多中心的公共治理模式开始崛起，国家在社会治理中对公权力的垄断逐步放松，但是作出"国家——控制法范式正在成为过去时"② 的判断却为时尚早。我们可以说随着公共治理的兴起，国家——控制法范式在广义"法"中的适用范围逐渐限缩。但无论广义"法"的范围如何扩大，国家——控制法范式始终处于广义"法"的核心，协调着不同"软法"之间的冲突并在"软法"功能失灵时提供维持社会秩序的最后保障。

广义"法"概念在论证"党内法规"概念合理性时被广泛援用，但它并未像一些学者所说成为现代法理论的"通说""共识"或"主流"。仅仅因为公共治理的兴起或论证"党内法规"概念合理性的需要，是不可能让法学界在"法/法律是什么"这个争论数千年的问题上偃旗息鼓的。一些学者认为"党内法规"概念对中国法治建设具有不利影响③，这种观点并非没有道理。除了党内法规的理论研究者和实务工作者外，绝大多数社会公众可能都不会接受"党内法规是法"这个命题。近年来随着对"法"的泛化使用，依法治国、依法执政、依法行政中"法"为何物又变得模糊不清，争议四起。诸如"党内立法""党内执法""党内司法""党内刑法""党内民法"等所谓新表述的出现，也应当引起法学界乃至全社会的警醒。

约定俗成虽然对正确认识概念有重要作用，但这种作用主要是面向历史的，它揭示了概念产生的背景和原因及概念含义的演变过程。对于论证概念的现实合理性而言，约定俗成是无法独担重任的。约定俗成无法单独解释旧概念的消亡和新概念的产生。中性的约定俗成如果缺乏其他现实合理性论证的有力支撑，就会在褒义的历史传承和贬义的因循守旧之间摇摆不定。

在法学界并未对"党内法规是法"形成共识，约定俗成也不足以支撑"党内法规"现实合理性的情况下，仍然需要继续寻找"党内法规"现实合理性的替代性论证方案。笔者在《"党内法规"的权力规限论》中论证了"党内法规"概念"名不符实"对规

---

① 比如认为"考虑到半个多世纪以来维辛斯基式法律概念已经影响广泛的事实，将党内法规改称为'党内规范'或者'党规'，也未尝不可。只是，这样就破坏了党内法规一脉相承、约定俗成的历史，得不偿失"。（支振锋：《党内法规的政治逻辑》，载《中国法律评论》2016 年第 3 期。）

② 罗豪才、宋功德：《软法亦法——公共治理呼唤软法之治》，法律出版社 2009 年版，第 8 页。

③ 比如石文龙认为："'党法'一词容易与法律相混淆，其社会危害是可能会引导人们从法律的标准增加对党章、党纪以及其他党内的各种工作规则的要求，同时也会影响法律本身的权威性。"（石文龙：《依法执政与"党法"》，载《太平洋学报》2011 年第 2 期）。刘作翔认为："党内法规"概念"不但无助于提高党规党纪的地位和作用，反而不利于法治意识的培养。"（刘作翔：《论"党纪与国法不能混同"》，载《北京日报》2015 年 8 月 3 日第 17 版。）

范和限制执政权力的积极意义①，在《"党内法规"的约定俗成论》中梳理了"党内法规"约定俗成的过程②。但对于证明"党内法规"的现实合理性而言，仍然面临着下述问题：从"党内法规"提出到现在的近八十年时间中，中国法治实践的发展变化难道不足以使我们放弃使用"党内法规"？"党内法规"对当今法治的积极意义是否大于它的消极影响？

对上述问题的解答将使我们转向一种实用主义的视角。实用主义处于"反基础主义、情境主义、概念保守主义、反本质主义、实验主义、因袭主义、生物学主义、历史主义"八股思想潮流的汇流之处③。和"法"一样，"实用主义"也是一个含糊不清的概念。本文无意于陷入对"什么是实用主义"的哲学争辩，只是在下述意义上使用"实用主义"一词：实用主义"在注重实践方面，它与功利主义一致"。④此种意义上的实用主义并不关注概念指称对象的性质为何，只要这个概念"能使我们顺利地从经验的某部分转到另外一部分，并圆满地联系着各个事物、稳定地工作、简化劳动、节省劳动，那么这个概念就是真实的"。⑤在约定俗成的概念上，实用主义具有"概念保守主义"的倾向，它反对依据"哲学家的琐屑空谈"来"推翻累积了多代的智慧"，主张"在缺乏特别的否定性理由时，人们有正当理由继续充分接受某些东西"。⑥

毛泽东在1938年提出"党内法规"时，"法规"一词并未出现在正式的法律文本中。在学术专著和法律汇编中，由非国家组织制定的内部规则有时也被称为"法规"。在当时的社会语境中，提出"党内法规"并不会产生影响法律权威的问题。但从1938年至今，"党内法规"所处的社会语境至少在两个层面发生了较大变化。第一个是在法律文本方面，1982年宪法使用了"行政法规"和"地方性法规"概念，"法规"开始成为法律体系中的特指概念。第二个是在法治观念方面，改革开放以后强调法律权威和反对以党代法的观念逐渐深入人心。1982年宪法颁布之后，社会上并未产生关于"党内法规"合理性的争论。这是因为"党内法规"在当时并未被广泛使用，对法治建设的影响微乎其微。相比之下，当时广泛使用的"党法"一词则引起了广泛的争论，许

① 参见武小川：《"党内法规"的权力规限论——兼论"党内法规"软法论的应用局限》，载《中共中央党校学报》2016年第6期。

② 参见武小川：《"党内法规"的约定俗成论——兼论"法规"的语义演变》，载《中共中央党校学报》2017年第4期。

③ ［美］戴维·鲁本著，苏亦工译：《法律现代主义》，中国政法大学出版社2004年版，第165页。

④ ［美］约翰·杜威等著：《实用主义》，世界知识出版社2007年版，第63页。

⑤ ［美］约翰·杜威等著：《实用主义》，世界知识出版社2007年版，第64页。

⑥ ［美］戴维·鲁本著，苏亦工译：《法律现代主义》，中国政法大学出版社2004年版，第170-171页。

多学者都对把"法"与党联系起来的情况提出了质疑①。随着 1990 年《中国共产党党内法规制定程序暂行条例》的颁布和 1992 年党章将"党内法规"写入，"党内法规"的使用逐渐增多，对它的质疑也开始出现。无论对"党法"还是"党内法规"的质疑，都反映了中国对党政关系和党法关系认识的逐步深入，这些质疑所依据的"党法分开"和反对"以党代法"思想，直观地反映了中国法治观念的进步。

在"党内法规"是否合理的争论背后，是"法仅仅是由国家强制力保障实施的行为规则"和"法是由和不由国家强制力保障实施的行为规则总和"这两种不同类型法学理论之间的较量。实用主义避免在相互争议的抽象理论中作出选择，它所考虑的是使用"党内法规"对法治建设所产生的实际影响。但是，要在积极意义（如加强党的自身建设和规范限制执政权力）和消极影响（如消解法律权威、模糊党法关系）方面作出权衡极为困难。为此，本文将从另一个角度来探讨"党内法规"的实用性问题，即是否有"更好"的词汇可以替换"党内法规"以及替换"党内法规"会对法治建设产生何种影响。

二、"党内法规"有更好的替代概念吗？

基于"党内法规""党法"中的"法规"和"法"有可能削弱法律权威，学界寻找既能准确表达"党内法规"所指而又不会对法治造成消极影响的替代概念的努力一直存在。

从"党内法规"提出到《中国共产党党内法规制定程序暂行条例》颁布的五十多年间，党内法规极少被使用，其内涵和外延也并不明确，通常与"党法""党规""党的纪律"、"党的制度"等概念相互指代②。但是，当《中国共产党党内法规制定程序暂行条例》颁布之后，党内法规的内涵和外延就固定下来，从而与"党规""党的纪律""党的制度"等区别开来。这时再用上述概念替换"党内法规"就不合适了。

党的纪律或党纪是党员应当遵守的行为准则，体现为"不得做"或"应当做"。党的纪律并不明确具体，特别是在党的早期，都较为抽象概括，且没有违反之后的具体后

---

① 比如李茂管：《"以法治党"的提法不妥》，载《学术交流》1987 年第 1 期；艾梅：《"党法"是一个不科学的概念》，载《中共福建省委党校学报》1988 年第 7 期；王贵秀：《"依法治国"与"依法治党"》，载《新视野》2000 年第 1 期；《"依法治党"的观点是错误的》，载《政工研究动态》2001 年第 3 期；刘红凛：《"依法治党"辨析》，载《唯实》2002 年第 1 期。

② 比如认为"党的纪律，通俗地讲，就是党内生活的各种规矩，即党规党法"（徐秉治：《党的政治纪律不允许搞资产阶级自由化》，载《党政论坛》1987 年第 5 期，第 37-38 页）。"党章为党内根本大法，党的宪法，党的纪律为党的法律，并统称为党法"（李树明：《以法治党》，载《学术交流》1986 年第 3 期，第 13 页）。"部分党务工作者，往往把党章、决议、准则等党的纪律称之为党法"（艾梅：《"党法"是一个不科学的概念》，载《中共福建省委党校学报》1988 年第 7 期）。"党规，即党内法规，或称党规党纪、党规党法"（许耀桐：《党规国法既非对立，也不可混淆》，载《解放日报》2016 年 10 月 25 日）。

果。毛泽东提出"党内法规"时就是在"党的纪律"这个标题之下提出的，是为了解决党的纪律没有得到有效遵守的情况。党内法规和党的纪律存在交叉重合。党内法规除了规定党的纪律之外，还规定有党员权利和党的组织结构等内容。党的纪律内容繁多，并不是所有党纪都要由党内法规加以规定，有些党纪可以通过党内规范性文件得到执行，只有那些对党的建设较为重要或者适用范围较广的党纪才会由党内法规加以规定。所以，用"党的纪律"或"党纪"替代"党内法规"并不可行。

"党的制度"也不能替代"党内法规"，二者是包含与被包含的关系。党内法规是党内制度的组成部分，党内制度除了党内法规之外，还包括一些不成文的制度和决定、意见、通知等党内规范性文件。使用"党的制度"虽然可以将党内法规纳入其中，但是无法将党内法规与其他党内文件区分开来，也不能凸显党内法规相对于其他党内文件的重要性。

和"制度"一样，"规则"和"规范"的外延也相当广泛。在法学领域，规则和规范在一般情况下是同义的。只有在法理学的理论探讨中，规则和规范的不同才被提及。对规则和规范作出区分的最有影响的法学家是凯尔森。长期以来，法律都被视为一种行为规则。但是凯尔森认为规则的含义太宽泛以至于不能准确认识或表达法律的特性。"如果称法律为'规则'，那就一定要强调指出法律规则实质上不同于其他规则，尤其不同于那些体现为（物理学意义上的）自然法则，……为了防止（对法律性质）误解起见，因此在这里最好不用'规则'这一术语而将法律称为'规范'"。① 为此，凯尔森把规则严格限制为与自然规律相关的规则，这种意义上的规则，带有客观性和必然性。相反，规范则带有主观性和或然性，它要求某件事"应当"发生，但并不要求这件事"必然"发生。此外，凯尔森还区分"描述性"与"规定性"两个概念，认为法律规则是描述性的，法律规范则是规定性的。法律规则和法律规范之间的差别就相当于一个法学家所描述的法律与一个立法者所制定的法律之间的差别。"由法律科学所刻画的某些法律陈述既不能施加义务，也不能授予某人权利，它们是或真或假的。而由法律权威发布的规范可以施加义务与授予权利，它是不具有真假值的，而只有有效与无效之分。"② 实际上，规范和规则所指称的对象具有同一性，只是赋予了该对象不同的意义而已。

党内法规、道德、宗教、乡规民约一样都对人们的行为提出了某种规范性要求，同时我们也可以对党内法规、道德、宗教、乡规民约进行客观描述。所以撇开规则和规范的法哲学争议，二者都可以用来修辞党内法规。法学领域中也通常把社会中不同于国家制定或认可的法律的规则称为社会规则或社会规范③。称呼"党内法规"为"党内规

---

① ［奥］凯尔森：《法与国家的一般理论》，中国大百科全书出版社1996年版，第40页。

② 陈锐：《规范逻辑是否可能——对凯尔森纯粹法哲学基础的反思》，载《法制与社会发展》2014年第2期，第137页。

③ 有的认为法律规范是社会规范的一种，社会规范包括了道德规范、经济规范、宗教规范、法律规范等。有的认为法律规范是与社会规范相对的，除了法律规范的其他规范可以称为社会规范。

则"或"党内规范"的确不会对法律权威造成影响，同时又符合法学的用语习惯，所以得到了一些学者的支持。① 由于"规则"是党内法规的七个名称之一，如果用"党内规则"替代"党内法规"，就会产生"党内规则"既可以作为七类党内法规的统称又可以专指一类具体的党内法规的冲突。所以相对而言，"党内规范"比"党内规则"更适于替代"党内法规"。但由于规范泛指对人的行为有一定约束力的规则，其本身无法彰显自身的位阶和规范体系的层次性。"党内规范"可以作为党内法规和党内规范性文件的统称②，如果将党内规范与党内法规等同起来，就找不到合适的词来统称党内所有有约束力的规则。

有些学者为了避免使用党内法规中的"法"字，会将"党内法规"简称为"党规"。但是党规的含义同样模糊不清。从字面上来看，"党内规则"、"党内规定"、"党内法规"、"党内规范"、"党的规矩"均可以简称为"党规"。从外延来看，"党内规则"和"党内规定"的外延最小，它们和"党内准则"、"党内条例"等共同构成了党内法规体系。党内法规和党内规范性文件共同构成了所有有约束力的党内规范的集合。党的规矩的外延最广，除了包括党章、党的纪律、党在长期实践中形成的优良传统和工作惯例之外，还包括了国家法律。目前来看，一般在使用"党规"时并没有用来专指"党内规则"或"党内规定"，但是"党规"是用来指称党内法规还是所有有约束力的党内规范还是党的规矩方面仍存在争议③。所以将"党内法规"简称为"党规"也是有争议的。

综上所述，从现有的概念中寻找"党内法规"的替代概念并不成功。但是从理论上讲，仍可以创造既能准确指代"党内法规"所指而又不含"法"或"法规"的新概念，诸如"党内令规"、"党内章规"等。那么应该为替换"党内法规"而创造新概念吗？

---

① 刘作翔"建议用'党内规范'的提法替代'党内法规'的提法"。（刘作翔：《论"党纪与国法不能混同"》载《北京日报》2015年8月3日。）丁亚仙认为："为更科学准确的表达，学术界开始使用'党内规范'或'党内规章'的表述代之"。（丁亚仙：《党内法规体系与法律规范体系的结构关系——中国特色社会主义法治体系的文本要件分析》，载《理论学刊》2016年第6期。

② 付子堂也认为党内规范可以分为两类：一类是党内成文规范；另一类是党内不成文的优良传统和工作惯例。前者又可以分为党内法规和党内规范性文件。（付子堂：《法治体系内的党内法规探析》，载《中共中央党校学报》2015年第3期，第19页。）

③ 比如仅在《法学视野下的党规学学科建设》一文中，肖金明就从不同角度使用了"党规"概念：1. 独立于国法的党规："在党规国法的组合中，党规是独立于国法的另一制度系统，党规与国法关联并行"；2. 包含国法的党规："党规做宽泛解释，党规不仅包括政党制定的组织规范和行为规范，还包括国家规范和社会规范"；3. 与党内法规相联系的党规："在一般人的观念中，党规主要与党内法规这一术语相联系"；4. 包括党内法规和党内规范性文件的党规："党规是由中国共产党制定或认可的各类规范，主要是指由中国共产党各级各类组织制定的党内法规和党内规范性文件及其形成的规范。"参见肖金明：《法学视野下的党规学学科建设》，载《法学论坛》2017年第2期。

三、为什么不能替换"党内法规"

从实用主义的角度来看，除非找到效果更好的替代概念，否则不应该放弃正在使用的概念。在目前提供的替代概念都存在缺陷的情况下，应该继续沿用"党内法规"。但是这并不能阻止继续寻找新的替代概念的努力。由于新概念的发现和创造存在无限可能，逐一分析这些新概念是否合适难免耗时费力。要彻底走出寻找替代概念的困境，就需要采用另一种实用主义的思路：即如果替换"党内法规"所造成的消极后果远远大于沿用"党内法规"所造成的消极后果，那么就不应当替换"党内法规"。

支持替换"党内法规"的依据通常是因为"党内法规"与"行政法规""地方性法规"共用了"法规"这个专业性的法律术语。因为政党不是享有立法权的国家机关，所以其制定的内部规范不宜冠以"法规"。如果这种观点成立，那么党内文件中与国家法律相关的概念均需替换。

然而，仔细比较党内法规和国家法律的文本就可以发现，党内法规和国家法律实际上共享着大量的相同术语。暂且不论党内法规的具体内容，仅从党内法规的名称来看，除党章外其余六种党内法规名称就全部与国家法律体系中的名称重合。

（一）准则。在目前中国的法律体系中，以准则命名的法律文件较少，只有一些部门规章和地方政府规章，比如财政部制定的部门规章《政府会计准则——基本准则》和《企业会计准则——基本准则》、审计署制定的《中华人民共和国国家审计准则》、温州市人民政府制定的《浙江省温州市人民政府工作准则》、深圳市人民政府制定的《深圳经济特区企业会计准则（试行）》等。

（二）条例。条例构成了中国行政法规和地方性法规的主体。全国人大常委会、国务院和享有地方性法规制定权的主体均可以制定条例。民族自治地方的人民代表大会有权制定自治条例和单行条例。

（三）规则。在中国法律体系中，规则的制定主体较为广泛，从全国人民代表大会到政府部委和地方政府均可以制定规则。比如全国人大制定的《全国人民代表大会议事规则》、全国人大常委会制定的《全国人民代表大会常务委员会议事规则》、国务院制定的《国务院工作规则》、国家发展和改革委员会制定的《政府制定价格行为规则》、广东省人大常委会制定的《广东省人民代表大会常务委员会立法听证规则》、宁夏回族自治区人民政府制定的《宁夏回族自治区重大行政决策规则》等。

（四）规定。在中国法律体系中，从法律到规章均可以"规定"命名。比如全国人大常委会制定的《全国人大常委会关于县级以下人民代表大会代表直接选举的若干规定》以及对刑法条文的若干"补充规定"，国务院制定的《外商投资电信企业管理规定》《企业名称登记管理规定》，国土资源部制定的《国土资源行政应诉规定》，安徽省人大常委会制定的《安徽省办理人民代表大会代表建议、批评和意见的规定》，甘肃省人民政府制定的《甘肃省生产经营单位安全生产主体责任规定》等。

（五）办法。在中国法律体系中，办法的制定主体也很广泛。比如全国人大制定的

《香港特别行政区行政长官的产生办法》，国务院制定的《社会救助暂行办法》，国家工商行政管理总局制定的《拍卖监督管理办法》，山西省人大常委会制定的《山西省各级人民代表大会常务委员会专题询问办法》，甘肃省政府制定的《甘肃省地震预警办法》、厦门市人大常委会制定的《厦门经济特区生活垃圾分类管理办法》等。

（六）细则。在中国法律体系中，除了全国人大及其常委会，《立法法》中规定的其他立法主体也都可以制定细则。比如国务院制定的《税收征收管理法实施细则》，国家质量监督检验检疫总局制定的《计量违法行为处罚细则》，黑龙江省人大常委会制定的《黑龙江省县、乡两级人民代表大会代表选举工作实施细则》，长春市人大常委会制定的《长春市土地管理细则》、各级政府制定的实施细则等。

如果党内法规因为含有"法规"一词就会削弱法律权威，那么党内法规名称与国家法律文件名称的大量重合就更会削弱法律权威。主张替换"党内法规"概念所带来的连锁反应就是替换党内法规的绝大部分名称。所以否定"党内法规"一词可能会导致整个党内法规体系的重构。鉴于党内法规体系已经纳入中国特色社会主义法治体系和党内法规对中国法治建设重要性，重构党内法规体系所带来的震荡远远大于"党内法规"一词可能对法律权威造成的影响。从两害相较取其轻的实用主义角度来看，继续沿用"党内法规"显然更为合理。

实际上，"党内法规"在多大程度上削弱了法律权威仍需进一步探讨。无论是法律抑或党内法规的理论研究者和实务工作者，在理论和实务中都不会望文生义地把"党内法规"视为国家法律的一部分。国家立法机关不会对党内法规进行立改废，行政机关不会执行党内法规，司法机关也不会运用党内法规作为审判依据。所以"党内法规"并不会因其概念带来客观上的法治危害。尽管在实践中有些地方把本应适用于党员干部的"八项规定"扩展适用到非党员的村民和教师身上，但这种错误与"党内法规"概念无关，而且这种错误也及时得到了纠正处理①。

我国目前已经进入"七五"普法阶段，人民群众对法律的认识已经极大提高，把党制定的文件或"党内法规"视为法律的群众已经越来越少。就算仍有一些群众会因"党内法规"这个词把党内法规误认为是国家法律，这种情况也不一定要通过替换"党内法规"概念来解决。《中华人民共和国立法法》和《中国共产党党内法规制定条例》已经从规范层面解决了国家法律和党内法规的适用范围问题，将党内法规和国家法律可能产生混淆的可能降到了最低。只要党和国家机关在实践中坚持并正确适用它们，在客观上就不会产生党内法规混同或消解法律权威的情况，人民群众自然也不会产生新的困

---

① 山西省长治市屯留县部分教师在学生放假后，在饭店自费聚餐饮酒，被县纪委通报批评。山西省长治市纪委研究决定，撤销屯留县纪委常委会关于对教师聚餐饮酒问题的处理决定，并对相关责任人员进行责任追究。（参见《长治纪委：撤销屯留县纪委常委会关于教师聚餐饮酒问题的处理决定》，新华网，http：//news. xinhuanet. com/politics/2016-10/17/c _ 129325410. htm，最后访问日期：2018 年 2 月 16 日。）云南省永善县黄华镇甘田村把禁止铺张操办宴席的对象指向了普通群众，引发媒体"凑数式反腐"的批评。（《云南一村"成功制止"8 旬老翁寿宴 媒体：凑数式反腐》，新华网，http：//news. xinhuanet. com/local/2016-12/27/c_1120194180. htm，最后访问日期：2018 年 2 月 16 日。）

惑。针对历史上党纪和国法界限模糊，少部分群众把党纪误认为国法的情况，中国共产党对一些党内法规进行了大刀阔斧的修改完善。比如原来的党纪处分条例有七十多条与刑法等法律法规重复，修改后的党纪处分条例不但在内容上删除了与国家法律重复的部分，而且还在体系上从党的纪律角度整合为政治纪律、组织纪律、廉洁纪律等六类，使条例从内容和体系都实现了纪法分开。此外，党的主要领导人也在多个场合提出了"纪在法前""纪严于法""纪法分开"等表述，不断否定"以党代法""以党代政"，极大减少了群众把党内法规误认为国家法律的情况。从实用主义角度来看，替换"党内法规"的不利后果远远大于沿用"党内法规"，因此沿用"党内法规"仍是合理的。

四、法律概念的外部效力

"党内法规"的概念实用性意味着某种程度上的合理性，但是党内法规及其名称在概念上与国家法律文件的重合引出了一个合法性问题：党内法规对"法规""条例"等词的使用是否违反了国家法律的规定？

根据《立法法》规定，我国的法律体系包括了法律、行政法规、地方性法规、自治条例、单行条例、国务院部门规章和地方政府规章等层次。但是每层次在名称使用上都较为混乱。在《立法法》制定以前，"全国人大及其常委会颁布的法律名称有宪法、法、通则、规则、条例、规定、办法、决议、决定、方案共十种。国务院及其所属各部委制定的行政法规及规章的名称多达几十种"。①

《立法法》颁布之后，虽然法律名称的运用得到一定规范，但仍较为随意。除全国人大及其常委会外，其他机构制定的法律文件一般不能冠以"法"字。但全国人大及其常委会制定的法律文件仍然可以使用"条例""规定""规则"等名称。《行政法规制定程序条例》规定："行政法规的名称一般称'条例'，也可以称'规定'、'办法'等。"但是"国务院各部门和地方人民政府制定的规章不得称'条例'"。《规章制定程序条例》也规定："规章的名称一般称'规定'、'办法'，但不得称'条例'。"地方性法规和地方政府规章的名称虽然没有法律加以规定，但在实践中也基本遵循行政法规和部门规章的名称使用规则。从合法性角度而言，没有任何一部法律禁止全国人大及其常委会使用某种名称来制定法律性文件，全国人大及其常委会可以根据立法内容酌情选择使用"法""条例""规定"等名称。行政法规和地方性法规除了不得使用"法"外，可以使用"条例""规定"等其他名称。部门规章和地方政府规章除了不得使用"法"和"条例"外，可以使用"规定"、"办法"等其他名称。

本文将法律对其适用对象在适用领域之内所具有的效力称为内部效力，对其适用对象和适用领域之外的影响称为外部影响。《立法法》及其配套法规调整的是享有立法权的机构的立法行为，《立法法》及配套法规对它们所调整的对象所具有的效力就可以称为内部效力。具体而言，只要相关的立法机构没有违反《立法法》及其配套法规的禁

---

① 寇杰：《略谈我国法律名称的标准化》，载《政治与法律》1996年第1期，第50页。

止性规定，比如全国人大及其常委会、国务院、国务院各部门、省人大及其常委会均制定以"规定"命名的法律文件，它们制定的法律文件就具有合法性。如果违反了禁止性规定，比如行政法规以"法"命名或者部门规章以"条例"命名，它们制定的法律文件就不具有合法性，从而被修改或撤销。

那么《立法法》及其配套法规使用的概念（如"条例""规定"等）对其没有加以规定的主体制定的行为规则具有何种影响？法律中的概念是否具有排斥外部主体对其进行使用的效力？下文将以"条例"这个法律概念为例来探讨此问题。

早在明清时期，条例就成为法律的重要形式之一。沈家本曾说："明初有律有令，而律有未赅者始有条例之名。"① 清朝继承了明朝的这一做法，"律垂邦法为万世不易之常经，例准民情因时以制宜"②，"凡律所不备，必藉有例"③。在条例形式上，"明代官方的合刊本中律例自成一体，没有将条例逐条编附于相关律文之后……直到乾隆五年的《大清律例》这一清律定本中，才将所有条例分门别类附于相关律文之后"，"并统名之为'条例'"④。到了清末，条例成为一种独立的法律形式，不再依赖于律。比如1909年颁布的《大清国籍条例》就是以章节条款形式出现的成文国籍法。但是一些民间机构制定的管理规定也被称为条例，比如《义塾条例》⑤《启蒙学报条例》⑥《藏书楼条例》⑦。辛亥革命后，中华民国也颁布了大量的条例，比如1911年9月颁布的《内政部组织条例》，10月颁布的《陆军部组织条例》等。在中国共产党成立前后，"法"和"条例"通常用作国家法律的名称。但是中国共产党在自己制定的文件中也使用了"法"和"条例"，比如1923年6月制定的《中国共产党中央执行委员会组织法》，1928年在井冈山制定的《土地法》和1931年5月颁布的《中央巡视条例》。

中华苏维埃共和国在1931年11月成立之后，也制定了大量以"条例"为名的国家法律，比如1934年4月制定的《中华苏维埃共和国惩治反革命条例》，1937年5月制定的《陕甘宁边区选举条例》，1940年11月制定的《山东省人权保障条例》，1941年11月制定的《陕甘宁边区保障人权财权条例》等。但同时，中国共产党也继续使用"条例"来命名自己制定的正式文件，比如1941年2月制定的《军政委员会条例》、1942年2月制定的《关于根据地各级青委组织与工作暂行条例》和《关于根据地各级妇委组织工作条例》、1942年3月制定的《党务广播条例》等。

可见，在中华人民共和国成立之前，国家法律并不排斥社会组织使用"条例"一词。实际上，从改革开放以后直至现在，国家法律与社会规范共同使用"条例"的情况仍大量存在（见表一）。《行政法规制定程序条例》和《规章制定程序条例》规定国

---

① 《读例存疑》沈家本序。
② ［清］祝松庵编：《刑案汇览·序》。
③ 薛允升：《读例存疑》总论。
④ 郑定：《论清代对明朝条例的继承与发展》，载《法学家》2000年第6期，第46-47页。
⑤ 《中国教会新报》，1870年第88期，第9-10页。
⑥ 《启蒙学报》，1897年第1期，第12-13页。
⑦ 《高等商业学校便览》，载《工商学报（上海）》1898年第4期，第10-11页。

务院各部门和地方人民政府制定的规章不得称"条例"。它们对国务院各部门和地方人民政府所具有的效力就是内部效力，对各级人大、司法部门和社会系统所具有的影响就是外部影响。对于这些外部主体而言，《行政法规制定程序条例》和《规章制定程序条例》对"条例"的规定并不具有排他性。从全国人大到设区的市级人大制定的法律文件均可称为"条例"，最高人民法院和最高人民检察院所制定的法律性文件亦可称为"条例"。《行政法规制定程序条例》和《规章制定程序条例》规定行政法规和规章可以称为"规定""办法"，也并不排斥外部主体使用"规定""办法"。社会团体对"规定"和"办法"的使用要远多于"条例"。

部分"条例"使用情况简表

制定主体	发布日期	条 例 名 称
最高人民检察院	1990 年 11 月	《人民检察院政治工作暂行条例》
	1993 年 4 月	《人民检察院乡（镇）检察室工作条例》
	1994 年 1 月	《人民检察院监察工作暂行条例》 《人民检察院监察部门调查处理案件办法》（试行）
	1998 年 6 月	《人民检察院错案责任追究条例（试行）》
	2002 年 1 月	《检察官培训条例》
	2002 年 2 月	《人民检察院法律政策研究室工作条例》（试行）
	2004 年 6 月	《检察人员纪律处分条例（试行）》
	2007 年 1 月	《检察官培训条例》
	2007 年 9 月	《检察人员执法过错责任追究条例》
	2008 年 2 月	《人民检察院检察委员会组织条例》
	2009 年 5 月	《最高人民法院特邀咨询员工作条例》
	2013 年 5 月	《人民检察院司法警察条例》
最高人民法院	1997 年 5 月	《人民法院司法警察暂行条例》
	1998 年 9 月	《最高人民法院督导员工作条例》
	1999 年 5 月	《最高人民法院特邀咨询员工作条例》
	2006 年 3 月	《法官培训条例》
	2009 年 12 月	《人民法院工作人员处分条例》
	2012 年 7 月	《最高人民法院特约监督员工作条例》
	2012 年 10 月	《人民法院司法警察条例》
	2013 年 1 月	《人民法院监察工作条例》

续表

制定主体	发布日期	条 例 名 称
全国妇联	2010 年 1 月	《妇女联合会农村基层组织工作条例》 《妇女联合会城市街道、社区基层组织工作条例》 《妇女联合会机关、事业单位基层组织工作条例》 《妇女联合会团体会员工作条例》 《妇女联合会选举工作条例》
中华全国总工会	2006 年 7 月	《企业工会工作条例》（试行）
	2014	《工会女职工委员会工作条例》
共青团中央	2006 年 4 月	《中国共产主义青年团社区工作条例（试行）》
中国总会计师协会	2015	《中国总会计师协会总会计师（CFO）资格证书定期签注管理条例》
中国地理信息系统协会	2010 年 4 月	《地理信息科学技术奖励条例》
中华全国专利代理人协会	2008 年	《中华全国专利代理人协会学术委员会条例（试行）》
交通银行总行	2001 年 2 月	《交通银行总行贷款审查委员会工作条例》 《交通银行总行贷款审查委员会专家组工作条例》
中国计量协会	2000 年 3 月	《中国计量协会社会公正计量工作委员会条例》
全国政协	2005 年	《中国人民政治协商会议全国委员会反映社情民意信息工作条例》 《中国人民政治协商会议全国委员会委员视察工作条例》
	2011 年 2 月	《中国人民政治协商会议全国委员会提案工作条例》
中国科学技术协会	2014 年 10 月	《全国中学生五项学科竞赛管理条例（修订）》
	2002 年 10 月	《中国科学技术协会所属全国性学会组织工作条例》
中国金融工会全国委员会	2009 年 4 月	《全国金融系统职工代表大会条例》

　　如果社会上对"条例""规定""办法"等概念的广泛使用没有产生削弱法律权威的后果，那么认为"党内法规"会削弱法律权威就缺乏说服力。

　　法律概念的外部影响本质上是法律与社会的关系问题。法律是社会的产物，在法律形成的初期，法律中的概念基本来自于社会中的概念。随着法律的独立性和专业性的增强，法律自身开始创设一些独立于社会的新概念或者改变社会中概念的原有含义。但是，法律要更好地发挥社会控制和社会服务功能，新创制的法律概念一方面要尽量符合社会日常概念的含义，另一方面也要不断通过社会可以理解的语言来表述自身。这样法律概念和社会概念就处于一种双向互动之中，而不是社会概念对法律概念的单向屈从。

民法中的"善意""人"等概念，刑法中的"枪"等概念都来源于社会但是又不同于社会的普通理解。在民法的适用领域，把公司或胎儿视为"人"是可以理解的。但是如果要求在刑法领域或社会领域中采纳"人"的民法概念，那就是荒谬的。法律中的概念并不能排除社会对其作出不同理解。就同一个词语而言，如果它是一个法律概念，那么它就是规定性（prescriptive）的；如果它是一个社会概念，那么它就是描述性（descriptive）的。法律概念具有权威性，"立法机关确实有权宣告某个制定法里的特定术语应按特定方式理解。因此在《消费者法律救济法》里，加利福尼亚州法律把'人'（person）定义为'个人、合伙人、法人、有限责任公司、社团或其他团体，但应该是有组织的'。从描述的角度来看，这完全是无稽之谈。任何有自尊心的词典编纂者绝不会屈尊适用这些措辞来定义'人'"。①

在社会的所有行为规范体系中，法律体系的构成是最为复杂和完备的，它涵盖了"条例""规定""办法""细则""决定"等绝大部分可以命名行为规范的概念。如果这些概念因为被纳入法律文件之中而具有排斥其他社会规范加以使用的效力，那么党内文件、宗教教规、乡规民约、企业管理制度等都将面临着无词可用的困境。一般的社会规范体系由于其层次较少，使用"规定""办法"等词语已经可以满足文件的命名需求，所以无需再使用"条例"等词来命名。在中华人民共和国成立以前，中国共产党的制度体系并不完善，而且层次性也不强，除了党章和几部条例之外，大部分都是通过报告、决议、通告、指示、信函等名称来命名的，其效力位阶基本相同。但是随着中国共产党成为执政党和党员规模的快速扩大，主要通过会议和指示治党的方式已经不能满足党的发展需求。从革命党到执政党的转变为制度治党提供了稳定的环境。随着制度治党的逐步推进，中国共产党的党内规范体系的层次性和完备性已经近似于国家法律体系，所以党内法规和党内规范性文件的名称就和国家法律体系中的名称重合较多。

在现代法治理论中，社会主体的行为应当适用"法不禁止即自由"的原则。一个法律中的概念除非明确被禁止在社会领域中使用，否则社会主体就可以赋予该概念不同于法律的含义。只要社会主体在使用该概念时没有使其发生法律效力的意图（比如强制他人或其他组织以遵守国家法律的方式来遵守自己制定的"条例"），就不会招致法律对其行为的违法性评价。在中国现行的法律体系中，并没有一部法律法规禁止社会主体使用"法规""条例"等概念，所以党以"党内法规""条例"等称呼特定党内文件并不具有违法性。

---

① ［美］彼得·蒂尔斯马著，刘蔚铭译：《彼得论法律语言》，法律出版社2015年版，第124-125页。

结语

"党内法规"的概念实用论通过在替换"党内法规"和沿用"党内法规"二者之间进行利弊权衡，论证了沿用"党内法规"的必要性。"党内法规"的概念实用论承认"党内法规"一词的使用对法律权威带来的消极影响，但是一方面认为这种消极影响远远小于替换"党内法规"所导致的党内法规体系的系统性震荡，另一方面也认为这种消极影响可以通过多种方式被控制在极低的限度内直至消除。当法律和社会对同一词语的含义存在不同理解时，二者都应恪守使用该词语的边界，在恰当的语境中使用该词语。在各自的界限之外，任何一方都不应强制对方接受己方的概念含义。如果法律要求社会在日常生活中使用法律概念的含义，就会导致法律对社会的压制；如果社会拒绝法律在法律活动中使用不同于日常概念的含义，那么法律的权威将消失殆尽。

"党内法规"的权力规限论、约定俗称论和概念实用论分别从法治价值、历史背景和实用主义三个角度论证了"党内法规"的合理性。这三者相互支撑，共同构成了证成"党内法规"概念的完整系统。这个论证系统并不依赖于"党内法规是法"这个在法学领域中充满争议性的命题，从而为法学界接受"党内法规"概念提供了一种新的可行性途径，为吸引更多法学学者参与党内法规研究，提高党内法规的话语自信起到推动作用。

习近平依规治党重要论述研究

侯嘉斌*

摘要：依规治党是习近平对马克思主义党建学说的重要理论创新，也是全面推进从严治党的重要抓手，要在全面把握依规治党所依之"规"的基础上，准确理解与领会习近平关于依规治党的重要论述。实现依规治党，前提是建立健全完善的党内法规制度体系，确保有规可依；关键是大力强化法规制度的执行力，使之成为带电的高压线，确保这些法规制度能够切实得以贯彻落实；重要保障是实现依规治党与依法治国统筹推进，以及依规治党与以德治党相结合。

关键词：依规治党；党内法规；党的规矩；执行力；依法治国

以党的十八大以来党风廉政建设与反腐败斗争的鲜活实践为依托，习近平提出并丰富了依规治党的理论思想，这是习近平新时代中国特色社会主义思想的重要组成部分。党的十九大报告中两次提及党内法规建设，在评价过去五年工作时表示，党的建设制度改革深入推进，党内法规制度体系不断完善；同时强调要增强依法执政本领，加快形成覆盖党的领导和党的建设各方面的党内法规制度体系，加强和改善对国家政权机关的领导。在全面从严治党的新形势下，要准确理解并坚持发扬习近平依规治党重要思想，这是推进依规治党工作的基本遵循，也是提升党内建设治理科学化、规范化、法治化水平的理论指南。

一、依规治党的具体内涵与理论意义

理解依规治党，关键在于确定所依之"规"的范围。一种观点认为依规治党就是指依据党内法规管党治党，将所依之"规"限定为党内法规，即《中国共产党党内法规制定条例》第 2 条所确定的范围，包括党章、准则、条例、规则、规定、办法、细则在内。① 这种主张的直接依据是《中共中央关于全面推进依法治国若干重大问题的决定》，决定提出，"党内法规既是管党治党的重要依据，也是建设社会主义法治国家的有力保障"，"依法执政，既要求党依据宪法法律治国理政，也要求党依据党内法规管

---

* 作者简介：侯嘉斌（1991—　），男，汉族，山西孝义人，国防大学政治学院博士生。
① 杨德山：《坚持依规治党与以德治党相结合》，载《中国特色社会主义研究》2016 年第 4 期。

党治党"。十八届五中全会公报也进一步提出要全面提高党依据宪法法律治国理政、依据党内法规管党治党的能力和水平。与此同时，也有学者对所依之"规"进行了扩展性理解，如鞠成伟认为，"规"应该是包括国家法规、党内法规、政治规矩在内的效力等级有差异的集合体。① 管新华也认为所依之"规"既包含侧重于规范引导的党内法规，也包括侧重于制裁纠正的纪律。② 这种主张也可以从习近平总书记相关论断中找到依据，他在十八届中央纪委五次全会上讲话时指出，"依规治党，就要进一步完善党内监督制度，尤其要完善全党一体遵循的准则"。③ 在中央政治局常委会议审议巡视工作条例修订稿时讲话指出，"依规治党，首先是把纪律和规矩立起来、严起来，执行起来"。④ 无论是"全党一体遵循的准则"还是"纪律和规矩"，范围都不限于党内法规，而是对依规治党所依之"规"的广义理解。

在习近平总书记提到的众多表述中，党的规矩是一个较为广义的范畴。在十八届中央纪委五次全会上讲话时，他将党的规矩定义为党的各级组织和全体党员必须遵守的行为规范和规则，具体包含党章、党的纪律、国家法律，以及党在长期实践中形成的优良传统和工作惯例四个层面。同时习近平总书记还强调，没有规矩不成其为政党，更不成其为马克思主义政党。⑤ 其中，党章作为党的根本大法，是全党必须遵循的总规矩。党的纪律是党的各级组织和全体党员必须遵守的行为规则，这是党章第 39 条与纪律处分条例第 3 条的明确规定，具体来讲主要包括六类——政治纪律、组织纪律、廉洁纪律、群众纪律、工作纪律、生活纪律。国家法律也是各级党组织与广大党员需要遵守的重要行为规范，党章总纲部分规定"党必须在宪法和法律的范围内活动"，宪法序言规定各政党"必须以宪法为根本的活动准则"，第 5 条第 3 款规定各政党都必须遵守宪法和法律。这些原则性、概略性的规定，意在督促广大党员在宪法法律规定范围内行事，但不详细调整各级党组织的具体职权与广大党员干部的政党权利义务。党的优良传统与工作惯例经漫长历史实践提炼而成，是成文纪律的重要补充，虽未体现为明文规定的形式，但也是广大党员必须遵守的行为规矩。

上述两种观点将所依之"规"分别界定为党内法规与党的规矩。需要注意的是习总书记所讲的四类规矩中仅包含了党章，而没有包括除党章之外的党内法规。至于党的纪律，也不能完全等同于党内法规。关于两者之间的区别，王振民认为党的纪律是党内法规的组成部分，可以被视为党内"刑法"，违反党的纪律的行为需要接受纪律处分，

---

① 鞠成伟：《论依规治党的观念前提与制度方法》，载《马克思主义与现实》2016 年第 4 期。

② 管新华：《依规治党的历史溯源、现实设计和未来推进》，载《探索》2016 年第 2 期。

③ 中共中央纪律检查委员会、中共中央文献研究室：《习近平关于严明党的纪律和规矩论述摘编》，中央文献出版社、中国方正出版社 2016 年版，第 57 页。

④ 中共中央纪律检查委员会、中共中央文献研究室书：《习近平关于严明党的纪律和规矩论述摘编》，中央文献出版社、中国方正出版社 2016 年版，第 60 页。

⑤ 中共中央纪律检查委员会、中共中央文献研究室书：《习近平关于严明党的纪律和规矩论述摘编》，中央文献出版社、中国方正出版社 2016 年版，第 7 页。

而违反其他党内法规的行为并不必然导致纪律处分后果。① 这种观点将党的纪律视为党内法规的下位概念，以是否导致纪律处分为标准，在党内法规范围内区分了党的纪律与其他法规。何克祥则认为党内法规与党的纪律同属党内法规制度的范畴，区别在于党内法规侧重规范与引导，告诉党员应该做什么、怎样做；而党的纪律侧重制裁与纠正，告诉党员不应该做什么、做了会受到什么制裁和处理。② 但由于党的纪律也是以党内法规的形式存在，所以应该将党的纪律视为一种特殊的、可以引起党的纪律处分后果的党内法规。按照这种理解，考虑到党章与党的纪律之外的其他党内法规对各级党组织与全体党员也具有强制约束力，因此也应将之纳入党的规矩范畴，从一种更为广泛的视角理解党的规矩。如刘红凛就认为不能单纯将党的规矩限定为上述四项内容，极大地拓展了党的规矩的范围，并提出了七个层级的具体内容：党的意识形态、根本宗旨、历史使命与理想信念，党章，党的纲领、路线方针政策，党内规章制度，党的优良传统和工作惯例，道德规范，国家法律。③ 综上，依规治党所依之"规"从狭义角度来讲是指党内法规，从广义角度来讲则是指党的规矩，除党内法规外，还包括国家法律，以及党在长期实践中形成的优良传统和工作惯例。

依规治党的理论意义可以从党的建设与法治建设两个维度来考察。一方面，依规治党是对马克思主义党的建设理论学说的重要创新，是全面从严治党的核心体现。作为对制度治党的进一步提炼与深化，依规治党是对执政党建设规律的全新探索，也是法治原则理念与法治思维方式在推进全面从严治党进程中的具体运用。依规治党并不局限于党风党纪建设范畴，而是针对党内建设与治理这个宏大命题而言，重在强调对党内权力行使与主体行为的约束限制与监督问责。相比于制度治党，依规治党的规范化、科学化程度更高，实现了党内治理从"人治"到"法治"的根本性飞跃，有助于推动中国共产党逐步转型成为法治型政党。另一方面，依规治党重要思想的提出与丰富，集中体现了习近平总书记对党法关系的辩证思考与深刻认识。依规治党概念有效区别于依法治国，有助于明确政党治理与国家治理的不同规范性依据，厘清党内法规与国家法律两大规范体系各自的适用范围。更进一步地，依规治党是发挥党对法治建设领导作用的重要前提，通过将各级党组织与广大党员干部纳入法规制度的调整范围，提升了党内建设治理与党的执政领导活动的法治化、规范化水平，这是规范健全党对社会主义法治建设领导的必由之路，有助于实现党内法规与国家法律的衔接协调，并最终推动依法治国与依规治党的统筹推进。

二、推进依规治党的前提是构建完善的党内法规制度体系

有规可依是依规治党的基本前提，习近平总书记高度重视党内法规制度的体系化建

---

① 王振民、施新州等：《中国共产党党内法规研究》，人民出版社 2016 年版，第 8 页。
② 何克祥：《刍论依规治党》，载《理论导刊》2015 年第 11 期。
③ 刘红凛：《党的规矩及其时代要求》，载《中共中央党校学报》2015 年第 3 期。

设，多次强调要推进党内法规制度建设，构建以党章为根本、若干配套党内法规为支撑的党内法规制度体系。① 实现这一理想状态与目标，不仅是推动党内法规工作完善发展的现实需要，也是深化全面从严治党的基础工程，以及实现国家治理体系和治理能力现代化的重要保障。关于党内法规制度体系的建设目标，中央文件中的相关表述目前为止已经发生了多次更新。《中国共产党党内法规制定条例》第 8 条提出要构建内容协调、程序严密、配套完备、有效管用的党内法规制度体系。《中央党内法规制定工作五年规划纲要（2013—2017 年）》将实现上述目标的期限界定为建党 100 周年之时即 2021年，同时还明确 2013—2017 年党内法规建设的阶段性目标是基本形成涵盖党的建设和党的工作主要领域、适应管党治党需要的党内法规制度体系框架。《中共中央关于加强党内法规制度建设的意见》将完善的党内法规制度体系概括为"1+4"的基本框架，即在党章之下划分党的组织法规制度、党的领导法规制度、党的自身建设法规制度、党的监督保障法规制度四大板块。② 这种体系划分思路更加凸显了党章在党内法规体系中的统领地位，也契合了党的领导与建设的基本布局，有助于根据各个板块所涉及工作的具体特点有针对性地完善相关法规设。党的十九大报告强调要增强依法执政本领，加快形成覆盖党的领导和党的建设各方面的党内法规制度体系。总体来讲，中共中央注重从实体内容与程序内容、配套制度设计与实践运行等层面考量党内法规制度的"体系化"程度。其中，实体与程序内容都要配合得当、和谐一致，实现单个法规内部以及不同法规之间的协调，而且所有规定均要符合客观规律，尊重社会主义建设规律与执政党建设规律，同时要具备正当性依据，充分体现党和人民群众的根本利益。配套制度设计要尽可能地系统、全面和周延，为法规制度的实施构建起完善的执行与保障程序，确保法规制度能够在实践中顺利运行。党内法规制度体系建设的直接目的在于确保法规制度能够全面覆盖其各类调整对象，使各类主体与各类行为均有配套法规加以调整，进而有效规制党的领导与党的建设各项活动，规范各级党组织与全体党员的行为，充分适应管党治党现实需要。

党内法规制度体系的构建以层级分明、协调一致为目标。从制定主体来看，党内法规可以分为中央党内法规、部门党内法规、军队党内法规与地方党内法规四类。从法规名称来看，党章效力最高，其次是准则与条例，最后是规则、规定、办法、细则。作为党的根本大法，党章明确规定了党的性质和宗旨、路线和纲领、指导思想和奋斗纲领、组织原则与组织机构、党员权利与义务以及党的纪律等核心问题，是全党必须遵循的总规矩与根本行为规范，对推进党的事业与自身建设发展起着根本性规范和指导作用。同时，党章还是制定与修改其他党内法规的基础性依据，其他党内法规的制定要体现党章的基本原则和精神，不得同党章和党的理论、路线、方针、政策，以及其他上位党内法规相抵触。因此习近平总书记要求全党牢固树立党章意识，全面掌握党章基本内容，严

---

① 习近平：《加快建设社会主义法治国家》，载《求是》2015 年第 1 期。
② 中共中央办公厅法规局：《以改革创新精神加快补齐党建方面的法规制度短板》，载《求是》2017 年第 3 期。

格遵守党章各项规定，真正将党章作为加强党性修养的根本标准，作为指导党的工作、党内活动与党的建设的根本依据，将党章的各项规定落实到行动上、落实到各项事业之中。① 习近平总书记还强调要提升法规制度整体效应，实现实体性法规制度与程序性法规制度、综合性规定与专门性规定、下位法规制度和上位法规制度之间的相互协调、相辅相成。② 这是维护党内法规制度体系统一性与权威性的应有之义。地方党内法规也是党内法规制度体系建设的重要组成部分。2016 年底全国党内法规工作会议结束后，各地纷纷召开党内法规工作会议，传达学习习近平总书记关于党内法规制度建设的重要指示和全国党内法规工作会议精神，制定颁布各省关于加强党内法规制度建设的具体实施意见，明确了下一阶段的工作重点。《关于加强党内法规制度建设的意见》还提出要探索赋予副省级城市和省会城市党委在基层党建、作风建设等方面的党内法规制定权。这些举措有助于进一步推进地方党内法规制度建设，为中央党内法规建设提供有效支撑，进而构建起系统完善、层级鲜明的党内法规制度体系。

构建党内法规制度体系需要协同推进立、改、废、释工作。"立"规方面，中央层面党内法规制定工作需要编制五年规划与年度计划，中央纪委、中央各部门和省、自治区、直辖市党委可以根据职权和实际需要，编制本系统本地区党内法规制定工作规划和计划。通过事前的统筹规划与整体推进，能够增强法规制定工作的系统性和前瞻性，力争到建党 100 周年时实现党内法规建设的总体目标。"改"规方面，要结合全面从严治党的新鲜经验，及时修改完善不适应新形势新要求的法规制度，确保党内法规制度能有效回应与解决党的建设过程中出现的新情况新问题。"废"规方面，要定期开展党内法规清理工作，对那些已经不具有现实规范意义的法规制度要及时废止，或宣布失效。废止主要是针对那些文件主要内容同党章和党的理论路线方针政策相抵触，或同宪法和法律不一致的，文件已明显不适应现实需要的，文件已被新的规定涵盖或替代的法规制度；宣布失效主要是针对那些调整对象已消失、文件事实上已不再执行，文件适用期已过，或有关事项或任务已完成、文件不需要继续执行的法规制度。"释"规方面，要依据《中国共产党党内法规解释工作规定》加大对党内法规的解释力度，确保党内法规制定意图与条文含义能得到准确理解，推动法规制度精确实施。

党内法规制度体系建设的核心目的是强化对各级党组织与领导干部的监督约束，实现对权力的全方位、全过程制约与监督，进而打造严密的制度之笼。伴随着党的十八大以来党内反腐败斗争深入推进，习近平总书记深刻认识到了权力制约与监督的极端重要性，通过将党内各项权力均纳入法规制度的调整范围，尽可能减少权力出轨与个人寻租的可能性，具体来讲包括制约、监督与公开三个层面。加强权力制约的目的是形成科学合理的权力结构配置与运行机制，通过合理分解权力，确保不同性质的权力由党内的不

---

① 中共中央办公厅法规局：《以改革创新精神加快补齐党建方面的法规制度短板》，载《求是》2017 年第 3 期。

② 中共中央纪律检查委员会、中共中央文献研究室：《习近平关于严明党的纪律和规矩论述摘编》，中央文献出版社、中国方正出版社 2016 年版，第 63 页。

同部门、单位和个人行使，细化各项权力行使的程序与标准，避免权力的过度集中，强化不同权力主体之间的相互制衡。加强权力监督的目的是确保各项权力始终依据法规制度的规定行使，而不逾越法规制度许可的范围，对领导干部尤其是一把手的权力形成必要的威慑与防范，确保党章党规党纪能够得到有效执行。加强权力公开的根本目的同样在于对党内权力的行使形成内部威慑与外部监督，通过公开权力主体与权力运行流程，确保权力在阳光下运行，减少暗箱操作的可能性，强化权力行使的民主性、规范性、科学性，确保党内权力始终服务于人民群众的根本利益与意志。

三、推进依规治党的关键是强化党内法规制度的执行力

"我们要下大气力建制度、立规矩，更要下大气力抓落实、抓执行。"①习近平总书记这一重要指示要求我们在完善党内法规制度体系的基础上，确保这些法规制度能得到严格执行，切实成为带电的"高压线"，解决管党治党失之于宽、松、软的问题。

党内法规制度的执行力首先源自于其强制约束力。一方面，党员通过党内民主程序与党员宣誓程序表达了对党内法规的自觉认同与服从。党章第 10 条明确规定，党是根据自己的纲领和章程，按照民主集中制组织起来的统一整体。为了充分发挥总揽全局、协调各方的领导核心作用，中国共产党必须整合确立起党的统一意志。党内法规就是党的统一意志最重要的体现形式，是对党的统一意志的有效确认与保障。为了尽可能及时、全面、科学地体现全党统一意志，党中央特别重视提升党内法规制定过程的民主性，不仅起草过程中需要充分了解各级党组织和广大党员的意见建议，而且草案形成后要根据其具体内容广泛征求意见，必要时还应在全党范围内征求意见。制定党内法规的主体本身也是经党内民主程序选举而生，这就使得党内法规成为对全体党员均有约束力的刚性规范。党章第 3 条规定的党员义务中，第四项就包含了"自觉遵守党的纪律，模范遵守国家的法律法规"的内容。而且预备党员必须面向党旗进行入党宣誓，誓词中也包含"拥护党的纲领，遵守党的章程，履行党员义务，执行党的决定，严守党的纪律，保守党的秘密"等内容。宣誓程序的完成即意味着党员以一种明示方式让渡了自己的部分政治性权利，自愿接受党章及其他党内法规的约束。另一方面，从性质上讲，党内法规属于政党的自我约束与自我规范，有着完善的实施保障机制，督促各级党组织与全体党员自觉遵循这些行为准则。主要依据是 2015 年颁发的《中国共产党纪律处分条例》，当党组织和党员的行为违反党章和其他党内法规、国家法律法规、党和国家政策以及社会主义道德，依照规定应当给予纪律处理或者处分时，必须受到党规党纪的责任追究。通过这种具体而严苛的纪律处分机制，党中央明确了党组织与党员不可触碰的底线所在，这是提升党内法规制度执行力的有效保障。

党内法规执行力的有效提升，首先需要明确制度执行与实施的责任主体。不讲责

① 中共中央纪律检查委员会、中共中央文献研究室：《习近平关于严明党的纪律和规矩论述摘编》，中央文献出版社、中国方正出版社 2016 年版，第 89 页。

任，不追究责任，再好的制度也会成为纸老虎、稻草人。习近平总书记在十八届中央政治局第 24 次集体学习时曾指出，有些法规制度为什么执行不了，落实不下去？就是因为责任不明确、奖惩不严格，违反了法规制度怎么惩罚无章可循。① 因此必须明确责任主体，制定切实可行的责任追究制度，这里所讲的责任既包括党委的主体责任，也包括纪委的监督责任。一方面，各级党委是全面从严治党的领导者、执行者和推动者，其主体责任具有全面性与宏观性，党委书记是其中第一责任人。习近平总书记在十八届中央纪委三次全会讲话时详细阐述了党委主体责任的五个方面，包括选好用好干部、纠正损害群众利益的行为、强化权力监督制约、领导和支持查处违纪违法行为、主要负责同志当好廉洁从政表率等。主体责任能否得到切实有效的履行直接关系着全面从严治党的实践成效，习近平总书记强调，党委主要负责同志要管好班子，带好队伍，管好自己，当好廉洁从政的表率。② 党的各级领导干部要充分发挥主体责任，敢于向违纪违法行为亮剑，形成层层抓落实、逐级传导压力的良好氛围，培育风清气正的政治环境，同时要自觉接受纪委监督，支持和保障纪委履行职责。另一方面，监督执纪问责，维护党的章程和其他党内法规，是党章赋予各级纪律检查机关的根本职责。各级纪委要严格落实有错必究、有责必问的基本原则，坚持不懈纠正"四风"，严肃查处党员干部的各类违纪行为。为了强化权力的制约和监督效果，还必须保证各级纪委监督权的相对独立性和权威性。习近平总书记强调要推动党的纪律检查工作双重领导体制具体化、程序化、制度化，查办腐败案件以上级纪委领导为主，各级纪委书记、副书记的提名和考察则以上级纪委会同组织部门为主。③ 各级纪检监察机关要聚焦党风廉政建设和反腐败斗争这个中心任务，打造一支忠诚、干净、担当的纪检监察队伍，为全面从严治党提供坚实的纪律保障。在明确责任主体的同时，还需要健全问责机制，实现问责内容、对象、事项、主体、程序与方式的制度化、程序化，坚持有责必问、问责必严。

法规制度执行力的有效提升，还取决于能否始终坚持并贯彻落实党纪面前一律平等的基本原则。全面从严治党的内在要求之一，就是要严肃追究和严厉惩处党内各类违纪违法行为，实现处理违纪违法行为无禁区、全覆盖、零容忍，坚持"老虎""苍蝇"一起打，不能让党纪党规成为纸老虎、稻草人。对那些严重违法乱纪、损害党的利益与形象的党员干部，必须严肃公正执行纪律，依据纪律处分条例的规定视情节严重程度给予处分。针对党员的纪律处分包括警告、严重警告、撤销党内职务、留党察看、开除党籍五种。对严重违犯党纪的党组织，可以采取改组与解散两种处理措施。党的十八大以来，随着党风廉政建设与反腐败斗争的持续高压推进，不敢腐的震慑作用已经充分发

---

① 中共中央纪律检查委员会、中共中央文献研究室：《习近平关于严明党的纪律和规矩论述摘编》，中央文献出版社、中国方正出版社 2016 年版，第 64 页。

② 中共中央纪律检查委员会、中共中央文献研究室：《习近平关于严明党的纪律和规矩论述摘编》，中央文献出版社、中国方正出版社 2016 年版，第 114-115 页。

③ 中共中央纪律检查委员会、中共中央文献研究室：《习近平关于严明党的纪律和规矩论述摘编》，中央文献出版社、中国方正出版社 2016 年版，第 112-113 页。

挥，不能腐、不想腐的制度效用也初步显现。但同时还应清醒地认识到反腐败形势依然严峻复杂，滋生腐败的土壤仍然存在。习近平总书记强调，要坚持制度面前人人平等、执行制度没有例外，坚决维护制度的严肃性和权威性。[①] 具体到实践中，不仅要关注法规制度是否健全、是否完善，还应关注已有的法规制度是否得到严格执行。必须坚持严格执纪监督，充分发挥监督责任，纠正和克服随意变通、恶意规避、无视制度等现象，切实维护党纪党规的强制约束力，确保各项法规制度能够落地生根。

培育广大党员遵章守纪的自觉意识，也是提升法规制度执行力的重要方面。党的纪律是建立在自觉基础上的纪律，这种自觉性是由党员的特殊性质决定的，党员是人民群众中的先进分子，理应具备较强的道德修养与法纪观念，成为遵章守纪的模范代表。近年来，各级纪委查处了大量顶风违纪案件，这种案件屡禁不绝的重要根源在于一部分党员干部纪律观念薄弱，无视党规党纪的强制约束，对党的各项纪律规定置若罔闻。习近平总书记多次强调讲规矩守纪律的重要性，重申党的纪律是全党必须遵循的行为规范，应该得到严格遵守与坚决维护，就是为了从根本上强化广大党员干部的纪律自觉，牢固树立起法治意识、制度意识、纪律意识，进一步形成尊崇与敬畏法规制度的良好氛围，确保法规制度的贯彻执行。其中，尤以领导干部为"关键少数"，应通过常态化的教育机制引导各级领导干部树立正确的权力观、地位观与利益观，使之始终牢记权力来源于并且应该服务于人民，保持对广大人民群众根本利益的深度关切，以及对宪法法律与党内法规制度的高度敬畏，在法规制度许可的范围内依照法定的权限、规则、程序行使权力，自觉维护与践行民主集中制。同时还要将法规制度执行情况纳入党风廉政建设责任制检查考核与党政领导干部述职述廉范围，通过硬性约束催生思想自觉，进一步提升领导干部的法治思维与法治能力。进而将监督检查、目标考核、责任追究等多个维度有机结合起来，形成督促法规制度执行落实的强大推动力。

四、推进依规治党的重要保障是实现与依法治国和以德治党的结合

坚持依法治国和依规治党有机统一，是习近平总书记就党内法规工作与全面依法治国工作做出的重要战略部署。2016 年底，习近平总书记就加强党内法规工作作出重要指示，强调必须坚持依法治国与制度治党、依规治党统筹推进、一体建设。党的十九大报告明确指出要坚持"依法治国和依规治党有机统一"，这是依规治党的表述首次出现于党代会报告之中。这一论断明确揭示出依法治国与依规治党的辩证一致关系，这种辩证一致关系从根本上讲是由中国共产党作为执政党与领导党的特殊地位决定的。在中国，治党与治国具有逻辑上的统一性，能否顺利推进国家治理体系和治理能力现代化，很大程度上取决于中国共产党能否长期保持先进性与纯洁性。包括党章在内的党内法规

---

① 中共中央文献研究室：《十八大以来重要文献选编（上）》，中央文献出版社 2014 年版，第 318-319 页。

体系在建立健全党内建设各项制度，规范党组织与党员行为的同时，也完善了党领导与执政的具体机制，有助于实现党的领导方式与执政方式的法治化、现代化，为党发挥总揽全局、协调各方的核心作用提供了坚实的政治保障。依规治党进程的不断推进，将有助于中国共产党更加充分、规范、科学地依据宪法法律治国理政，贯彻依法治国基本方略，真正发挥领导立法、保证执法、支持司法、带头守法的作用。统筹推进依法治国与依规治党，是中国特色社会主义法治建设的初步经验，也是全面深化改革、实现社会主义现代化过程中必须继续坚持与发扬的一项重要原则。

全面从严治党，必然要求依规治党与以德治党紧密结合。习近平总书记的这一论断充分体现了高标准与守底线相结合的战略思维，守底线是要发挥党内法规对党组织和党员的规范性约束作用，确保其行为不逾越法纪边界，而高标准重在通过党的理想信念宗旨与优良传统作风来引领和激励广大党员，真正将广大党员培育为人民群众的忠实代表。党内法规与国家法律都有相应的实施保障机制，以确保各项规定能得到切实遵守，但两者之间一个重要区别在于，党内法规的贯彻落实还在较大程度上倚重于广大党员的道德自觉。关于道德与纪律的辩证关系，习近平总书记曾强调，道德使人向善，是纪律的必要前提和基础；纪律用来惩恶，是道德的坚强后盾和保障。[1] 以德治党就是要通过高尚的道德情操引领和塑造党员干部，这种德性的约束主要涵盖三个层面：共产主义的道德追求、中国特色社会主义的道德规范以及中国传统优良道德要求。[2] 对广大党员的这些德行标准已经通过制定党内法规的形式予以明确，主要体现为《中国共产党党员领导干部廉洁从政若干准则》与《中国共产党廉洁自律准则》。坚持依规治党与以德治党相结合，是确保党纪国法能够得到切实遵守的重要前提，因为道德素养高的干部往往不容易违法乱纪，而很多违法乱纪行为的产生最初也是从道德滑坡开始的。较高的德行标准与党的纪律划设的行为底线相互作用，有助于塑造共产党人高尚的人格力量，通过强化道德感召力形成纪律约束力，降低执纪与执法的制度成本，进而实现道德引导与法治保障、道德自律与制度约束的有机统一。

① 中共中央纪律检查委员会、中共中央文献研究室：《习近平关于严明党的纪律和规矩论述摘编》，中央文献出版社、中国方正出版社 2016 年版，第 65-66 页。
② 杨德山：《坚持依规治党与以德治党相结合》，载《中国特色社会主义研究》2016 年第 4 期。

论党内法规与国家法律的双轨制治理

郜乃达 *

摘要：健全完善党内法规与国家法律的双轨制治理模式，是依法治国的重要课题。其中党内法规是党内治理的制度载体，国家法律是治国理政的规范依据，二者的协调和衔接是双轨制治理模式的关键环节。党内法规与国家法律的协调路径，应以"国家法律高于党内法规""党内法规严于国家法律"为原则，在立法和执法两个层面进行探索；党内法规与国家法律的衔接路径，应从反腐执纪移送司法和《反腐败法》的立法展望两个方面进行探索，以解决党内法规对国家法律的细化不足和国家法律对党内法规的承接不够的衔接问题。

关键词：党内法规；国家法律；双轨制；协调；衔接

半个多世纪以来，中国共产党一直走在探索党治理国家模式的道路上，经历了"反右"扩大化、"文化大革命"和"以阶级斗争为纲"的特殊历史时期，曾经用国家法律代替党内法规管党治党，将党内矛盾无限地上纲上线，形成阶级矛盾，造成了党的内耗。20 世纪 80 年代以来，随着改革开放的到来，步伐沉重的党也迎来了党内治理法治化的春天，一系列党内制度逐步确立，然而新的问题又呈现在我们面前，以党内处分代替法律制裁的现象层出不穷，出现了领导干部与普通公民同罪不同罚的社会现象。

人们对规范化、民主化、科学化的党内治理体系的呼声在 2013 年达到了最高分贝，已经形成了广泛的影响力。一个能够全面协调党内法规与国家法律的国家治理体系被提上日程。2013 年 5 月，经党中央批准，《中国共产党党内法规制定条例》《中国共产党党内法规和规范性文件备案规定》相继发布，为党内治理提供了法治化路径；2013 年 8 月，党中央发布了《关于废止和宣布失效一批党内法规和规范性文件的决定》，重构了党内法规体系；2013 年 11 月，《中央党内法规制定工作五年规划纲要（2013—2017）》勾勒出党内治理法治化的美好蓝图。①

随着党内法规体系的不断完善，党内法规与国家法律双轨制治理模式逐步确立，党内法规与国家法律的协调和衔接成为国家治理现代化进程中的关键论题。

---

* **作者简介**：郜乃达，武汉大学法学院民商法学专业 2016 级硕士。

① 参见肖金明：《论通过党内法治推进党内治理——兼论党内法治与国家治理现代化的逻辑关联》，载《山东大学学报》2014 年第 5 期，第 18 页。

一、党内法规与国家法律双轨制治理模式

探讨党内法规与国家法律双轨制治理模式，是厘清党内法规与国家法律的关系以及二者如何协调与衔接的关键问题。因此，笔者以三个呈递进关系的问题加以阐释，即党内法规何以存在，党内法规与国家法律何以并存，以及党内法规与国家法律能否协调和衔接。

（一）党内法规的渊源

在国家治理体系的建设进程中，"党内法规"的概念和性质一直为学界和社会激烈争论，直至2013年5月党中央发布了《中共共产党党内法规制定条例》，① 这一问题终于尘埃落定。从"法"的概念而言，狭义的"法"是指体现统治阶级意志的由国家制定或认可并以国家强制力保证实施的规范总称。由于调整对象的广度和深度，法律往往还需要与道德规范、宗教规范、纪律规范等不同层级、不同领域和不同性质的规则共同构成社会规范来调整人们的行为。由于规则的形式和实施方式存在差异，学者通常将以国家强制力保障实施的法律称为"硬法"，而将现实存在、能够有效约束人们行为，并且不依赖国家强制力保障实施的规范称为"软法"。② 党内法规的实施主要依靠党内的纪律惩戒措施和党员的自我遵守，并不当然依靠国家强制力保障实施，因此党内法规可以归为"软法"。

作为"软法"的党内法规何以成为国家治理体系的重要部分，可以从党内法规的历史沿革略见一二。自1921年建党以来，中国共产党就开始重视党内立法工作，《中国共产党纲领》确立了党的基本性质和奋斗目标。"党内法规"一词最早出现于1938年毛泽东的《中国共产党在民族战争中的地位》一文中，③ 此时的中国共产党已成为抗日战争中不可或缺的力量，党中央也逐渐认识到党内法规的重要作用，从早期的单纯纲领性指导深入到行为规范领域。1945年，刘少奇的《论党》对"党内法规"的内涵进一步完善，④ 提出将党内法规的原则具体化，使其能够运用到党的组织建设和党的内部生活规范上。

改革开放以来，党内法规体系的建设迎来了春天。1980年的《关于党内政治生活

---

① 《中国共产党党内法规制定条例》第2条：党内法规是党的中央组织以及中央纪律检查委员会、中央各部门和省、自治区、直辖市党委制定的规范党组织的工作、活动和党员行为的党内规章制度的总称。

② 参见秦前红：《论党内法规与国家法律的协调衔接》，载《人民论坛·学术前沿》2016年第5月下期。

③ 1938年，毛泽东在《中国共产党在民族战争中的地位》一文中提出："为使党内关系走上正轨，除了上述四项最重要的纪律外，还需制定一种较详细的党内法规，以统一各级领导机关的行动。"

④ 1945年，刘少奇在《论党》一文中提出："党章、党内法规，不仅是要规定党的基本原则，而且要根据这些原则规定党的组织之实际行动的方法，规定党的组织形式与党的内部生活的规则。"

的若干准则》纠正了"文化大革命"期间的党内政治生活错误。1990 年发布的《中国共产党党内法规制定程序暂行条例》为党内法规制定程序的规范化铺垫道路。① 2012 年开始的党内法规评估清理工作和"立改废"工作，使党内法规更系统化、规范化、体系化，更适应当今社会的新形势。2013 年中国进入习近平时代，党中央作出"全面推进依法治国""从严治党"等重大决定，努力让人民群众在每一个司法案件中感受到公平正义，很多冤案错案得以平反。同年出台的被称为"党内立法法"的《中国共产党党内法规制定条例》和《中国共产党党内法规和规范性文件备案规定》开启了党内治理体系制度化、规范化的新篇章，党内法规与国家法律的协调和衔接问题得到了初步回应。

规范化、科学化、民主化的党内法规体系是党中央做出一切重大决定的基础。党内法规体系的发展完善，不仅意味着中国共产党的党内治理体系从幼稚走向成熟，更意味着党治理国家的能力走向现代化。中国共产党作为国家型执政党，代表着中国最广大人民的根本利益，通过领导立法，指导司法、执法和守法，来调整人民的社会生活。逐渐成熟完善的党内法规体系与国家法律体系，都是依法治国的规范依据，是双轨制国家治理模式的"左膀右臂"。

（二）党内法规与国家法律治理模式的差异

党在早期建设中，保留着革命时期形成的思维定势和行为惯性，尤其经历了"反右"扩大化、"文化大革命"等政治运动，逐渐形成了以党的政策治国的国家治理体系。由于政策的灵活性和广泛适用性，在干部群众中产生了"政策治国"和"信文件不信法"的思维习惯，法律的稳定性和权威性遭受了极大的破坏。

改革开放以来，尤其自社会主义市场经济体制确立以来，党逐渐认识到"政策治国"的不足，提出建立完善的社会主义法治体系，法律的地位不断得到提升，使国家治理模式逐步过渡到依靠党的政策和法律两种手段、两个体系治理的模式，即党内法规与国家法律双规制的模式。

党内法规与国家法律存在一定的差异，主要体现在以下三个方面：

第一，制定主体不同。根据 2013 年发布的《中共共产党党内法规制定条例》，党内法规的制定主体包括："党的中央组织以及中央纪律检查委员会、中央各部门和省、自治区、直辖市党委。"我国现行立法体制是由中央统一领导，经过一定程度分权的多级并存、多类结合的立法权限划分体制，② 既包括由《立法法》规定的全国人民代表大会和全国人民代表大会常务委员会，还包括省、自治区、直辖市人大及其常委会，设区的市人大及其常委会、自治州人大及其常委会，国务院及各部、委员会、中国人民银行、审计署和具有行政管理职能的直属机构等不同层级、不同类别的主体。

---

① 参见田飞龙：《法治国家进程中的政党法制》，载《法学论坛》2015 年第 3 期。
② 参见秦前红：《论党内法规与国家法律的协调衔接》，载《人民论坛·学术前沿》2016 年第 5 月下期。

第二，调整对象和范围不同。党内法规调整的是党组织的工作、活动和党员的行为，其调整对象原则上仅限于党组织和党员。就其适用范围而言，党作为国家型执政党，其制定的党内法规不仅应当调整党与国家机关的关系，还应当调整党与参政党和群团组织的关系；国家法律则适用于包括党组织和党员在内的所有国家机关、社会组织和公民，调整对象和范围比党内法规广泛，具有普遍性。党内法规和国家法律都应严守"内侧"界限，分别维护党内秩序和社会秩序，克制跨越界限规范"外侧"事项的行为。

第三，行为规范模式不同。除了《中国共产党纪律处分条例》等义务性为主的规范外，党内法规一般以政治化语言和宣示性言辞呈现，不具有完整的结构形式。党内法规的保障依赖党员的自我遵守和党内的纪律惩戒，触犯刑法的行为往往还需要国家法律的最终制裁；国家法律则有一套完整的逻辑结构，规定了可预期的行为规范、明确的法律责任以及完善的救济措施，并以国家强制力保障实施，其规范效力等级高于党内法规。

党内法规与国家法律既有区别，又有联系，虽有重叠，但不能相互代替，推进国家治理的现代化需要党内法规与国家法律的协同合作。党作为执政党，在调整社会生活时，首先要将其意志制度化、规范化，转化为党内法规，从而指引国家法律的制定、修改和废止，国家法律往往体现党内法规的价值追求；依法执政离不开依法治党，对党委权力的制约和监督主要依靠宪法和法律，进而把"权力关进制度的笼子里"。党内法规和国家法律的并存与合作，是双轨制国家治理模式的理论基石。

（三）党内法规与国家法律协调和衔接的必要性和可能性

1. 必要性

党内法规与国家法律的协调和衔接有其必要性。有学者提出法律与政治的关系可以分为"自主模式、嵌入模式、交叉模式"，① 按照这种分类，能体现党的意志的国家法律与政治的关系属于"嵌入模式"，法律嵌入于政治。② 中国共产党作为代表国家意志的国家型执政党，需要通过国家法律获得执政的合法根源。党内法规与国家法律协调和衔接，才能使法律更好地嵌入政治中，保障法律服务于政治，使党的意志和主张得到充分实现，从而完善党内法规与国家法律双轨制治理模式，推进国家治理的现代化。

从实证意义角度看，党内法规与国家法律的协调和衔接，是完善中国特色社会主义法治体系的重要内容，有利于提高管党治党的水平，完善国家治理体系，进而全面推进依法治国。为了实现 2020 年全面落实依法治国基本方略的目标，我们应处理好党内法

---

① 参见王立峰：《党规与国法一致性的证成逻辑——以中国特色社会主义法治为视域》，载《南京社会科学》2015 年第 2 期。

② 在嵌入模式中，法律体现为政治规则的复合体，立法在一定程度上体现为政治决策的结果。参见 Mauro Zamboni, Law and politics: a dilemma for contemporary legal theory（Springer-Verlag Berlin Heidelberg, 2008），49-65.

规与国家法律之间的关系，不断提高党内法规和国家立法的科学化、民主化水平，保证党内法规在法治的轨道上约束党组织和党员的行为活动，提高党依法执政水平，推动实现各项事务治理制度化、规范化、程序化，促进国家治理体系有效运转，有力推进法治国家、法治政府、法治社会一体建设。

反之，假设党内法规与国家法律没有协调和衔接。在党的终极权威下，法律将会沦为政治的附庸，党员的地位将不断提升，直至成为拥有特权的精英阶层，进而脱离了人民群众，成为既得利益的瓜分者。没有宪法和法律监督和制约的党是危险的，不仅可能重返"党国不分"的旧路，更有可能导致人治和专制的泛滥，诸如"文化大革命"等政治运动将会重演。因此，促进党内法规与国家法律协调和衔接是十分必要的。

2. 可能性

党内法规与国家法律能否协调和衔接？笔者从以下三个方面进行阐释。

首先，价值取向的一致性。党代表最广大人民的根本利益，党内法规的完善有利于规范权力运行，强化权力监督机制，落实党的政策，最大程度保障人民的根本利益；国家法律的运行在于监督和制约权力，合理分配社会资源，维护社会公平、正义，最大程度实现最广大人民的根本利益。因此党内法规与国家法律的运行都建立在实现最广大人民的根本利益这一价值取向之上。[1]

其次，规范对象的相容性。党内法规规范的对象是党员，国家法律规范的对象则是全体公民。在严格程度上，党内法规要严于国家法律，国家法律体现的是对所有公民的最低行为要求，党内法规体现的则是对党员更高的道德标准。在规范对象和严格程度上，两者之间并不矛盾，而是相互融合，相互支持。[2]

最后，功能发挥的互补性。国家法律作为"硬法"，对党的权力的监督和制约依靠国家强制力保障实施，为依法管党、依法治党提供合法性根源；党内法规作为"软法"，规范党组织的工作、活动和党员的行为更多地依靠党员的自我遵守和党内的惩戒纪律，适用范围更广，处理方式更灵活，能够有效地缓解法律与现实的紧张关系。党内法规与国家法律协调衔接，在功能发挥上配合互补，软硬兼施地"将权力关进制度的笼子里"。

二、党内法规与国家法律的协调性与可能路径

（一）党内法规与国家法律的协调性不足

协调是指正确处理组织内外的各种关系，对资源和人员进行合理分配，为组织正常运转创造良好的环境，促使组织目标的实现。协调的目的是通过调节减少矛盾，将组织

---

① 参见罗许生：《国家治理现代化视阈下党内法规与国家法律衔接机制建构》，载《中共福建省委党校学报》2016 年第 6 期。

② 参见付子堂：《法治体系内的党内法规探析》，载《中共中央党校学报》2015 年第 3 期。

系统的内耗降到最低。总体而言，党内法规与国家法律的协调性存在立法、执法两个层面的不足。

1. 立法层面

党内法规与国家法律的立法界限混淆，实践中往往体现为党内法规的调整范围过度扩张。例如，各级国家机关和政协领导干部的选举和职责由宪法、法律及政协章程规定，其考核亦应由国家法律和政协章程规范。然而 1998 年中组部发布了《党政领导干部考核工作暂行规定》，其调整范围明显超越了自身的权限，涵盖了县级以上党委、政府、人大常委会、政协、纪委、检察院、法院的领导干部。这说明党内法规与国家法律的区别认识不够，党内法规过度扩张，侵入国家法律的调整领域。这不仅会导致二者的不协调，还会阻碍国家治理体系的完善。

又如，《地方组织法》规定县级以上地方各级人大及其常委会作为地方国家权力机关，有权"讨论、决定本行政区域内的政治、经济、教育、科学、文化、卫生、环境和资源保护、民政、民族等工作的重大事项"，1996 年中共中央印发的《中国共产党地方委员会工作条例（试行）》规定地方党委"对本地区的重大问题作出决策"。具体实践中，人大及其常委会的"重大问题决定权"和党委"重大问题决策权"往往难以区分。2015 年党中央似乎注意到了这个问题，其印发的《中国共产党地方委员会工作条例》强调地方党委在对"本地区重大问题作出决策时"重在"把方向、管大局、做决策、保落实"。然而由于地方党委掌握着干部的考核任免权等因素，人大及其常委会的"重大问题的决定权"往往受到牵制，不能真正发挥作用，这个问题仍然没有真正得到解决。

2. 执法层面

党内法规与国家法律在执法层面的不协调，具体体现在纪委在查办案件的过程中，其主体资格、执法方式、证据效力等不能从国家法律获得权源。例如主体资格：《中国共产党纪律检查机关案件检查工作条例》第 28 条赋予纪委扣留、封存权，还可以查核被调查对象在银行的账户情况并可通知银行暂停支付。① 该规定与其后生效的《商业银行法》和《行政监察法》不协调。并且依据《行政强制法》，扣留、封存和查核、暂停支付等涉及公民财产权等基本权利的事项，应该由宪法和法律规定，而不应该由党内法规意图通过党内途径调整。纪委也不具有执法主体资格，由法律赋予该项职权的国家机关才拥有执法权。

又如执法方式：党内法规的"双规"制度②与《刑事诉讼法》中关于保护犯罪嫌

---

① 《中国共产党纪律检查机关案件检查工作条例》第 28 条：（六）经县级以上（含县级）纪检机关负责人批准，暂予扣留、封存可以证明违纪行为的文件、资料、账册、单据、物品和非法所得；（七）经县级以上（含县级）纪检机关负责人批准，可以对被调查对象在银行或其他金融机构的存款进行查核，并可以通知银行或其他金融机构暂停支付。

② 《中国共产党纪律检查机关案件检查工作条例》第 28 条第 1 款第 3 项，"要求有关人员在规定的时间、地点就案件所涉及的问题作出说明"。

疑人的诉讼权利的规定不协调，也违背了《宪法》保护人权的宗旨。《立法法》规定，限制人身自由的强制措施属于法律绝对保留事项，① 党内法规没有立法权限，不能逾越侵入法律绝对保留的调整范围，从而造成其与国家法律的矛盾冲突。

再如证据效力：纪委在查办案件的过程中收集的证据是否具有法律效力，从而能否用于刑事审判中，一直是值得讨论的问题。直到 2012 年《刑事诉讼法》作出了解答，"行政机关在行政执法和查办案件过程中收集的物证、书证、视听资料、电子数据等证据材料，在刑事诉讼中可以作为证据使用"。由此，与行政监察机关协同办案的纪委在办案过程中收集的符合上述规定的证据可以进入刑事诉讼程序。然而，《刑事诉讼法》采用列举的方式予以规定，与党内法规在制度设计和规范构想上不协调，导致实践中出现了很多争议。②

（二）党内法规与国家法律的协调基准

党内法规与国家法律的协调基准体现为以下三个方面：体系"正和"共生、规范无矛盾冲突、价值追求同向。

第一，体系"正和"共生。党内法规与国家法律两个规范体系是国家治理体系的"左膀右臂"，党内法规的灵活性和及时性与国家法律的可预期性和稳定性衡平的过程，实际上就是二者博弈的过程。我们所追求的结果不应该是"零和"或"负和"，而应该是两者的和谐共生，促进国家治理的"正和"。③

第二，规范无矛盾冲突。党内法规规范的是党组织的工作、活动和党员的行为，国家法律规范的是所有公民的社会关系。二者有不同的适用范围，法律给予党内法规治理党内事务的空间，是党内自治原则的体现。同理党内法规也不能逾越调整范围，对法律保留事项加以干涉，是法律独立权威的体现。在个别事项上，两者存在矛盾冲突，应坚持"宪法和法律高于党内法规""党内法规严于宪法和法律"的原则，确定效力等级，为两者的矛盾冲突提供解决机制。

第三，价值追求同向。党内法规与国家法律共享价值驱动力。党内法规追求党组织工作、活动和党员的行为规范有序，国家法律追求所调整的社会关系和谐共赢。二者不仅关注程序公平，也同样追求实质正义。社会的公平效率以及各自成员的权利和自由得以保障是二者的终极价值追求。党内法规与国家法律共享互通的法治价值是二者能够协调和衔接的根源，是双轨制治理模式运行的根本动力。

---

① 《中华人民共和国立法法》第 8 条规定：下列事项只能制定法律：（五）对公民政治权利的剥夺、限制人身自由的强制措施和处罚。

② 在 2013 年薄熙来案庭审中，公诉机关将纪检机关移交的当事人在接受纪委审查期间所做的自书材料作为犯罪证据提交给法庭，而当事人陈述、证人证言等主观性证据并不被前述《刑事诉讼法》的规定所包括，自书材料也不符合"嫌疑人、被告人供述与辩解"的形式要件，所以自书材料能否被法庭采纳引起了不小的争议。

③ 参见秦前红、苏绍龙：《党内法规与国家法律衔接和协调的基准与路径——兼论备案审查衔接联动机制》，载《西北政法大学学报》2016 年第 5 期。

(三) 党内法规与国家法律协调的可能路径

将上述三个协调基准：体系"正和"共生、规范无矛盾冲突、价值追求同向投射于党内法规与国家法律的立法和执法中，是党内法规与国家法律协调的基本思路。基于此，可以从立法和执法两个层面探索协调路径。

1. 立法层面

应明确协调党内法规与国家法律的两个基本原则：第一，国家法律高于党内法规，禁止党内法规僭越。"以宪法为遵循，以党章为根本"是党内法规的基本遵守。党内法规的制定应符合宪法和法律的基本要求。在法律地位和法治权威层面上，国家法律高于党内法规是依法治国、依法治党的基本要求，有利于推进社会主义法治体系的建设。

第二，党内法规严于国家法律，保障国家法律的实施。"先进性是马克思主义政党的根本特征，也是马克思主义政党的生命所系、力量所在。"[①] 因此，相较于国家法律，党内法规尤其是纪律规范对党组织和党员的设定要更加严格。例如党员干部个人收入申报制度，法律保护公民的隐私权，然而党的领导干部是公共权力的行使者，其行为会对公共领域和公共利益产生影响。因此党内法规严于国家法律，对党员干部提出更严格的要求。这不仅是党的先进性的体现，也是对党员干部廉洁自律的要求。

具体而言，党内法规不调整党外事务、法律保留等事项，确有必要时，可以通过法定程序，向立法机关提出立法建议。法律对党内事务没有规定或只作了原则性指引，党内法规应该及时"跟进"细化规定，对于法律已经具体规定的事项，党内法规不宜重复规定。党内法规可以对不具备立法条件的事项"先行先试"，再由立法机关适时依法定程序转化为法律。

"我国的法律在治理政党方面还处于不作为阶段。"[②] 与其说"不作为"，不如说是国家法律"不能作为"。在党领导立法的大前提下，涉及党的重要决策和基本立场的关键问题上，只有符合党的意志并在党的决策的基础上方可有所"作为"。因此为了把党的权力"关进制度的笼子里"，我们首先应该"扎好制度的笼子"。以党的领导和执政活动的体制及程序规范为重点，借鉴国家法律的立法程序，推进党内法规的改、废、释工作，进而协调党内法规与国家法律，是依法治国和依法治党的根本出路。

2. 执法层面

推进党内治理法治化，应该建立健全党内法规与国家法律的协调机制，使党内法规在法律的轨道上运行。笔者认为可以从以下三点着手：

首先，加强党内法规与国家法律制定主体的沟通。党内法规与国家法律的制定主体和程序不同，二者应该建立长期的沟通交流机制，针对实践中出现的党内法规与国家法

---

① 秦前红：《论党内法规与国家法律的协调衔接》，载《人民论坛·学术前沿》2016 年第 5 月下期。

② 蒋劲松：《政党的国法治理》，载《法学》2016 年第 1 期。

律不协调的现象及时、有效地处理。① 这不仅有利于减少执法层面的矛盾冲突，更有利于两者在不同领域各司其职，推进社会主义法治建设。

其次，赋予纪委工作合法权源。长期以来，纪委的职权来自《中国共产党纪律处分条例》的授权，然而在执法执纪过程中，其主体资格、执法方式和证据效力等方面经常受到合法性质疑。因此，赋予纪委工作合法权源势在必行。例如授予纪委"双规"合法权源，规范"双规"的对象、方式、程序等事项。又如完善反腐执纪移送司法程序，使党内法规与《刑事诉讼法》等法律相协调，解决证据效力问题，进而节省司法资源。

最后，落实党内法规制定程序和备案审查双重防范机制。在制定程序上，应该加强党内法规的系统性、合法性、民主性和科学性。构想党内法规顶层设计，制定党内法规建设的统一规划；党内法规法治化的同时确保党内法规之间的协调；健全党内法规的民主制度，落实集体讨论、专家论证、意见反馈等制度；建立党内法规冲突监测机制。在备案审查上，建立健全党内法规与国家法律制定主体之间的衔接联动机制。党组织发现国家法律规定了党内事务或者法律法规之间不相协调，不能径自修改法律规定，而应通过衔接联动机制，将线索转送给立法机关，由其通过法定程序修改或废止；同理，立法机关发现党内法规与国家法律不相协调，亦不能径自修改党内法规，而应将线索转送给有关党组织，由其按党内程序修改或废止。

三、党内法规与国家法律的衔接性与可能路径

（一）党内法规与国家法律的衔接性不足

衔接是指用某种方法将两个分开的事物首尾相连，使其运行更加有序、连贯。协调解决的是党内法规与国家法律规定的不一致，衔接解决的则是党内法规与国家法律互相承接的问题。总体而言，党内法规与国家法律的衔接性存在以下两方面不足：

1. 党内法规对国家法律的细化不足

党的领导有着充分的法律依据，但党的工作、活动和党员的行为规范等党内事务还需要由党内法规具体化、细化。然而实践中，这种细化往往不足。例如，目前除了如《党政领导干部选拔任用工作条例》《中国共产党农村基层组织工作条例》等与国家机构组织法、《公务员法》和《村民委员会组织法》作衔接外，许多领域多以零散的规范性文件和会议记录等细化法律规定，党内法规与国家法律之间存在真空地带。

再如，在反腐问题上，由于党内法规细化不足，导致纪委和检察院之间执纪移送司法程序衔接不畅。实践中主要存在"揽案子"现象，即纪委与检察院受理范围重叠导致"管辖不清"；"抹案子"现象，即对违纪行为是否涉嫌犯罪的判断标准存在差异，纪委的自由裁量权使用不当，造成执纪移送司法的执行标准不一，使很多案件"以纪

---

① 参见刘振宇：《论党内法规和国家法律的衔接路径》，载《宁夏大学学报》2016 年第 4 期。

代罚";"督案子"现象，即纪委错误利用协助党委协调反腐工作的职权向司法机关施压，导致司法不能独立，破坏了法治的公平正义；① "重办案"现象，即检察院对纪委移送的线索和证据能否依据《刑事诉讼法》第 52 条转化存在争议，② 因此检察院往往需要重新启动侦查程序，重新收集证据，造成司法资源的浪费。

2. 国家法律对党内法规的承接不够

党内法规属于"软法"，囿于缺乏国家强制性，需要国家法律作衔接和配合。但实践中国家法律对党内法规的承接不够。例如，对于党员领导干部的个人收入申报事项，主要依靠诸如《关于党政机关县（处）级以上领导干部收入申报的规定》等党内法规予以规范，然而该规定仅涵括了申报财产的时间、范围、部门以及对不申报和申报不实者的处分，缺乏程序性规定。在可操作性、程序性和强制性方面，与国家法律的承接不够，导致党内法规不能很好地监督干部廉洁自律。③

又如，《中国共产党纪律检查机关案件检查工作条例》第 30 条规定"调查中，如需公安、司法机关和其他执法部门等提供与违纪案件有关的证据材料，有关机关应予配合"，而能否配合、具体如何配合没有配套的法律相衔接。④ 囿于缺乏配套的具体化、细节化的法律规定相衔接，实践中经常出现"不配合""过度配合"的现象。

（二）党内法规与国家法律的衔接基准

党内法规与国家法律的衔接基准体现为以下三个方面：制度建设衔接、规范指引连贯、执纪执法联动。

第一，制度建设衔接。《中国共产党党章》规定："党必须在宪法和法律的范围内活动。"宪法和法律是党内法规合法性根源，是制度意义上的托底。以宪法为遵循，要求党内法规体现宪法的精神和价值追求，构建党内法规体系和国家法律体系的"同心圆"；以党章为根本，要求党内法规根据党章规定的基本原则、任务和要求，推进党的工作和活动的开展。同理，共产党是国家型执政党，国家法律应该代表党的意志，体现党的主张和政策。党内法规与国家法律在制度建设上的相互衔接，有利于推进社会主义法治体系建设，实现最广大人民的根本利益。

第二，规范指引连贯。完善的规则体系应该为调整对象提供连贯的行为指引，以严密的逻辑最大限度地限缩模糊地带和规则空白。国家法律对党的领导和执政等活动作出原则性规定后，党内法规应该及时"跟进"，将原则细化、具体化、规范化；同理，党

---

① 纪委通常根据《行政监察法》第 44 条"接受移送的单位或者机关应当将处理结果告知监察机关"的规定跟进检察院、法院对案件的办理情况。

② 《刑事诉讼法》第 52 条规定："行政机关在行政执法和查办案件过程中收集的物证、书证、视听资料、电子数据等证据材料，在刑事诉讼中可以作为证据使用。"

③ 囿于党内法规欠缺国家法律的可操作性、程序性和强制性，《关于党政机关县（处）级以上领导干部收入申报的规定》发布二十多年来，很少有从党员领导干部的个人收入申报中查明腐败分子并加以惩处的案例。

④ 参见谢宇：《论中国共产党党内法规的法治化》，载《云南社会科学》2016 年第 3 期。

内法规对于社会中立法空白地带的新问题、新现象，如果不属于法律绝对保留事项可以"先行先试"，待符合相应的立法条件时，国家法律应该及时"补位"，汲取党内法规"先行先试"提供的宝贵经验，将新问题、新现象纳入国家法律体系调整。

第三，执纪执法联动。以"反腐败"领域为例，党内法规授权的纪委和国家法律授权的检察院执纪执法联动，在坚持"纪法分开"的大原则下，明确监督检查的对象和范围，规范反腐执纪移送司法程序，制约认定违纪行为的"自由裁量权"，切实解决"推案子""抹案子""督案子"和"重办案"的现象。执纪执法的联动是党内法规与国家法律相互衔接的体现，是双轨制治理模式在执纪执法领域的具体实践。

（三）党内法规与国家法律衔接的可能路径

将上述三个衔接基准：制度建设衔接、规范指引连贯、执纪执法联动投射于党内法规与国家法律的立法与实践中，是党内法规与国家法律衔接的总体思路。笔者主要从反腐执纪移送司法和《反腐败法》的立法展望两个方面探索衔接的可能路径。

1. 反腐执纪移送司法的路径探索

在依法治国和依法治党的大背景下改进反腐执纪移送司法的程序，就要坚持以"党纪分开"为原则，协调衔接纪委和检察机关的工作，建立沟通交流和监督问责机制，切实解决"推案子""抹案子""督案子""重办案"的问题。

首先，解决"推案子"问题。应该明确纪委和检察院各自的管辖权，在《行政监察法》和《党章》规定违纪行为涉嫌犯罪的移送情形同时，法律应该赋予纪委审查权，并规定审查的条件、内容、流程等事项。建立健全纪委与检察院的沟通交流机制，协同两个部门在执纪执法领域各司其职，增强办案的主动性。

其次，解决"抹案子"问题。应该由党内法规和法律规定反腐执纪移送司法的条件、内容、程序以及监督机制等事项，让执纪移送司法暴露在法治的阳光下。这要求我们不仅强化纪委和检察系统内部的监督机制，还要建立社会组织和公众参与的外部监督机制。同时，应该建立健全执纪移送司法的救济机制，当出现"应送不送、移送不当"等情形时，启动纠正和问责机制，让纪委和检察院依法依规发挥职能。

再次，解决"重办案"问题。应该由《刑事诉讼法》规定纪委办案期间所收集的证据在刑事诉讼中的效力。同时应该完善立法技术，将纪委合法收集的有效证据都予以涵括，并规定证据转换的条件、内容、方式、程序等事项，避免实践中出现"无法可依"的现象。这不仅有利于节省司法资源，更有利于衔接纪委和检察院在执纪和执法两个阶段的工作。

最后，解决"督案子"问题。纪委要注意在不同阶段的角色转换，既要坚持违纪行为严惩不贷，也要克制越界、干涉司法的行为。在纪律审查阶段，纪委主导办案，在发挥职能的同时可依法请求公安、司法机关配合调查；在犯罪侦查阶段，纪委要注意角色转换，由案件的主导者转变为协助者，配合检察院收集证据、查明事实真相。纪委角色的转换使两个部门相互衔接、相互配合，有效解决司法不独立、"检察院吃现成饭"的现象。

2.《反腐败法》的立法展望

十八大以来，多名省部级官员被查处，社会上掀起了"打老虎，拍苍蝇"的热潮，体现了党中央铁腕治腐，刮骨疗毒的决心。然而，中国的反腐治理仍处于"强治标-弱治本"的阶段。① 新常态下反腐需要确立党内法规与国家法律二元反腐体系，逐步构建以《中国共产党纪律处分条例》的完善工作为依托，以《反腐败法》的立法工作为核心，以《刑法》的修改工作为保障，其他党内法规和国家法律相配合的党员领导干部"不敢腐""不能腐""不愿腐"的反腐体系。

集中立法制定专门的《反腐败法》是反腐体系的关键环节，既体现党中央从严治党、强力反腐的决心，又迎合社会公众的反腐呼声。制定《反腐败法》应该明确三项核心内容，包括公务员财产申报制度、行政公开制度、利益冲突预防制度。

第一，公务员财产申报制度。将公务员个人及其配偶和子女的财产，置于人民群众和国家法律的监督之下，使其非法所得无处藏身。至 2010 年底，根据世界银行提供的数据显示，176 个国家中已经有 146 个国家建立了官员财产申报制度，遗憾的是中国目前并不在其列。② 我们应该建立公务员财产申报制度，明确申报的内容、程序、受理单位和救济机制等具体事项，增加权力腐败的难度，促进干部的廉洁自律。③

第二，行政公开制度。行政公开制度包括行政活动与信息公开等，是民主政治的重要部分。行政公开的目的是让"权力在阳光下运行"，保障人民群众的知情权、参与权。然而我国行政公开制度仍然是政府中心主义，并没有摆脱"行政公开是上对下的福利，而非基本义务"的价值立场。④ 因此在《反腐败法》中确立行政公开制度时应转变政府的基本立场，转向服务型政府，逐步形成人民群众通过行政公开参政议政、监督权力运行的倒逼机制，达到预防腐败的目的。

第三，利益冲突预防制度。利益冲突预防制度是从人性出发的，从源头治理腐败的制度。俄罗斯将其规定于《反腐败法》第 10、11 条，"预防和调整国家于自治地方职务利益冲突的方法"。我国调整利益冲突的规范较为零散，且多以党内法规为主，并未

---

① 参见刘艳红：《中国反腐败立法的战略转型及其体系化构建》，载《中国法学》2016 年第 4 期。

② "中国并不存在真正意义上的官员财产申报制度。1995 年发布的《关于党政机关县（处）级以上领导干部收入申报的规定》，2001 年中纪委发布了《关于省部级现职领导干部报告家庭财产的规定（试行）》。然而这些财产申报制度不仅规制对象仅限县处级以上，而且申报单位是本单位，审查机制、责任机制的不完善导致内部申报流于形式。"刘艳红：《反腐败基本法》，载《行政法学研究》2016 年第 2 期。

③ 参见施新州：《国外政党党内法规的特征与借鉴》，载《学习论坛》2015 年第 5 期。

④ 《政府信息公开条例》第 12、14 条规定"在各自职责范围内确定主动公开的政府信息的具体内容"，赋予政府部门极大的"自由裁量权"决定是否公开；第 13 条规定的公民申请信息公开的条件是"根据自身生产、生活、科研等特殊需要"，变相限制了公民的申请权。

统一立法。① 因此，有必要将利益冲突预防制度纳入《反腐败法》，由国家法律赋予可操作性和强制性。

《反腐败法》的立法展望是对"国家法律对党内法规承接不够"的回应，其中的财产申报制度、行政公开制度、利益冲突预防制度都是对党内法规的承接。《反腐败法》不仅意味着统一的反腐治腐体系的确立，更是党内法规与国家法律双轨制治理模式的具体实践。

---

① 如《党员领导干部廉洁从政若干准则》《国有企业领导人员廉洁从业若干规定（试行）》《关于对党和国家机关工作人员在国内交往中收受礼品实行登记制度的规定》等。

中国特色国家监察体制改革的路径选择

董 鑫*

摘要：随着《国家监察法》（草案）的出台，国家监察体制改革进入关键期。立法必须准确把握政策要点、找准政策与立法的平衡点、立足我国国情和改革实践。十八大以来，我国的国家监督理论已初步形成。中国特色的国家监察体制改革要坚持党的领导、强调顶层设计；总结试点经验，分清主次矛盾、重点完善监察监督；分类推进监察机构整合、平稳推进人员转隶，妥善处理监察机关、行政机关和司法机关的关系。党内监督与国家监察是一体两面，探索中国特色国家监察体制改革的合理路径，不仅是国家监察体制改革的重要经验，也是三位一体纵深挺进全面深化改革、全面依法治国和全面从严治党，推进国家治理体系和治理能力的现代化的理论和实践支撑。

关键词：监察体制改革；立法；监督；政策

从 2016 年 11 月国家监察体制改革京晋浙试点开始到 2017 年 11 月国家监察体制改革由点及面，向全国全面铺开。国家监察体制改革，从国家机构层面看，是通过国家监察制度的顶层设计，通过在机构和功能上将原有纪委监督、行政监督和司法监督三合一，扩大监察范围，整合监察手段，以期实现"1+1+1>3"的监督效果；从政治体制层面看，整合反腐资源力量，通过将党内监督和原有的国家监督进行整合，建立党统一领导下的权威高效的国家监察体系；从立法层面看，整合党内法规和国家法律法规，实现对国家公职人员的全面监察覆盖，"深入推进党风廉洁建设和反腐败斗争，构建不敢腐、不能腐、不想腐的有效机制"[1]。制度的设计初衷，能否通过《国家监察法》的制定和实施，真正的实现，有待于改革实践的检验。如何有效推动国家监察改革政策的实施，探索落实国家监察体制改革的合理路径，我们有必要对我国国家监察改革的特殊性，现有改革出现的主要问题及其形成原因进行分析，找出改革工作的着力点，为深化改革和完善立法提出有针对性的对策和建议。

---

* **作者简介**：董鑫，女（1985— ），汉族，河南新乡人，中南财经政法大学博士生，许昌学院讲师。研究方向：法理学、立法学。

本文系中国法学会研究阐释中共十八届六中全会精神重点专项课题《国家监察立法研究》【CLS（2016）ZDZX11】的阶段性成果。本文受国家社科基金支持，系 2017 年国家社科基金重点课题《地方立法质量评价机制与标准体系研究》【2017AFX1001】的阶段性成果。

[1] 宋小海、孙红：《国家监察体制改革试点的初步研究》，载《观察与思考》2017 年第 1 期。

一、问题的提出

随着社会主义法治建设的不断推进，我国已经逐渐形成了具有中国特色的社会主义法治体系理论。这一法治理论包括"完备的法律规范体系、高效的法治实施体系、严密的法治监督体系、有力的法治保障体系以及完善的党内法规体系"①，与"科学立法、严格执法、公正司法、全民守法的新十六字方针相呼应，与全面从严治党相契合"②。作为中国特色的社会主义法治体系理论的一部分，十八大以来，我国的国家监督体系理论也已初步形成。

（一）党的领导是我国国家监督的基础

中国的事情，关键在党。政党已经成为区别于立法权力、司法权力、行政权力，与国家不同的、独立于国家的一种权力实体。③ 胡锦涛同志 2011 年的庆祝中国共产党成立 90 周年大会的讲话中指出："在回顾 90 年中国的发展进步，可以得出一个基本结论：办好中国的事情，关键在党。"习近平总书记指出："我们党的执政是全面执政，从立法、执法到司法，中央部委到地方、基层，都在党的统一领导之下"④。习近平同志在十九大明确："党是领导一切的，提高党把方向、谋大局、定政策、促改革的能力和定力"⑤。我国国家监察体制改革必须以党的领导为基础。

（二）我国国家监督的主要方式是自我监督

我国的国体是人民民主专政，"国家的一切权力属于人民"⑥。与西方的三权分立理论认为权力之间是制衡关系不同的是，马克思主义权力理论认为人民民主专政的国家，权力之间是监督和制约的关系。从一方面来看，改革后，国家监察机关将与党的纪律检查机关合署办公，整合后二者隶属于在同一级党委的领导。这意味着，在所有的监督方式中，党委监督是最直接、最主要的。"党委书记定期主持研判问题线索、分析反腐形势，第一时间听取重大案件情况报告，对初核、立案、采取留置措施、作出处置决定等

---

①　孙翱翔、秦颖慧：《中国特色社会主义法治体系视野下党内法规建设研究》，载《大连干部学刊》2017 年第 3 期。

②　张德淼、张琼：《中国特色社会主义法治理论的新发展》，载《光明日报》2016 年 8 月 17 日。

③　宋惠昌：《现代社会权力结构新探》，载《政治与法律》1999 年第 1 期。

④　吴建雄：《论国家监察体制改革的价值基础与制度构建》，载《中共中央党校报》2017 年第 4 期。

⑤　习近平：《决胜全面建成小康社会 夺取新时代中国特色社会主义伟大胜利——在中国共产党第十九次全国代表大会上的报告》，载《人民日报》2017 年 10 月 28 日。

⑥　习近平：《决胜全面建成小康社会 夺取新时代中国特色社会主义伟大胜利——在中国共产党第十九次全国代表大会上的报告》，载《人民日报》2017 年 10 月 28 日。

审核把关，随时听取重要事项汇报，确保党对反腐败工作的领导。"① 而对党委来说，"外部监督是必要的，但从根本上讲，还在于强化自身监督"②。十八大以来"党要管党，全面从严治党"这一理论的完善，为我国权力运行制约和监督体系指明了方向——党的监督以自我监督为主，要"不断增强党自我净化、自我完善、自我革新、自我提高的能力"③。从另一方面看，"我国公务员队伍中党员院比例超过百分之八十，县处级以上领导干部中党员比例超过百分之九十五。因此，监督国家公务员正确用权、廉洁用权是党内监督的题中应有之义"④。强化国家监察机关的自我监督，"深化国家监察体制改革，是推动全面从严治党向纵深发展的重大战略举措，对于健全中国特色国家监察体制，强化党和国家自我监督具有重大意义"⑤。

（三）我国国家监督的主要手段是制度监督

中华人民共和国成立以来，我国一直都非常重视权力监督制度建设。邓小平同志指出制度监督手段的根本性和稳定性特征，主张以制度来制约和监督权力，用法来规制权力。习近平总书记在十八届中央纪委六次全会上讲道："要积极探索强化党内监督的有效途径。完善监督制度，做好监督体系顶层设计，既加强党的自我监督，又加强对国家机器的监督。"⑥ 在中共十九大报告中也明确指出："要坚持全面深化改革，深化监察体制改革，就必须坚持和完善中国特色社会主义制度。构建系统完备、科学规范、运行有效的制度体系。"⑦

在这一理论的指导下，2016年11月，中共中央决定在京、晋、浙开展国家监察体制改革试点。方案强调，国家监察体制改革是事关全局的重大政治改革。首先，习近平同志在十九大明确："中国特色社会主义最本质的特征是中国共产党领导，中国特色社会主义制度的最大优势是中国共产党领导，党是最高政治领导力量，提出新时代党的建设总要求，突出了政治建设在党的建设中的重要地位。"⑧ 其次，十九大提出："保证全

---

① 《读懂监察法草案——谁来监督监委》，载《中国纪检监察报》2017年11月14日。

② 吕丹、张明、赵淑芳：《新形势下强化党内监督的途径》，载《党政干部学刊》2016年第12期。

③ 习近平：《决胜全面建成小康社会 夺取新时代中国特色社会主义伟大胜利——在中国共产党第十九次全国代表大会上的报告》，载《人民日报》2017年10月28日。

④ 吴建雄：《监察委员会的职能定位与实现路径》，载《中国党政干部论坛》2017年第2期。

⑤ 新华社：《积极探索实践 形成宝贵经验 国家监察体制改革试点取得实效——国家监察体制改革试点工作综述》，新华社，http：//news.xinhuanet.com/2017-11/05/c_1121908387.htm，访问日期：2018年2月26日。

⑥ 吴建雄：《论国家监察体制改革的价值基础与制度构建》，载《中共中央党校报》2017年第4期。

⑦ 习近平：《决胜全面建成小康社会 夺取新时代中国特色社会主义伟大胜利——在中国共产党第十九次全国代表大会上的报告》，载《人民日报》2017年10月28日。

⑧ 习近平：《决胜全面建成小康社会 夺取新时代中国特色社会主义伟大胜利——在中国共产党第十九次全国代表大会上的报告》，载《人民日报》2017年10月28日。

党服从中央，坚持党中央权威和集中统一领导，是党的政治建设的首要任务。"① 这说明国家监察体制改革的首要目标，是为了实现好维护好党中央的权威和集中统一领导。第三，十九大报告提出党是领导一切的，要"提高党把方向、谋大局、定政策、促改革的能力和定力"②。第四，"要构建系统完备、科学规范、运行有效的制度体系"③。综上，我国的国家监察制度改革，本质上就是在中国共产党的领导下，以实现好维护好党中央的权威和集中统一领导为目标，以实现国家监察行为制度化、法治化为手段的，主要任务是构建系统完备，科学规范，运行有效的国家监察制度体系的一项重大政治改革。

"把坚持党的领导、人民当家做主、依法治国有机统一起来是我国社会主义法治建设的一条基本经验。"④ 我国的国家监督改革也必须遵循这一基本经验，将"坚持党对党风廉政建设和反腐败工作的统一领导；保证权力来自人民、服务人民；保证国家机器依法履职、秉公用权"⑤ 三者统一起来，结合我国的国情，"与时俱进、体现时代精神的同时，又不照抄照搬别国经验"⑥，走出一条有中国特色的国家监察体制改革路径。

二、当前国家监察体制改革的主要困境

（一）法的渊源：国家监察法的立法困境

首先，政党政策和国家法律的内容和表现形式不同。政策比较原则、概括，灵活性大。在《方案》刚出台时，争议主要是围绕改革的程序、监察委员会体系构建等问题展开，各试点地区可以根据政策的精神，在改革过程中结合各地的具体情况灵活的制定相应的实施细则。如浙江制定《浙江省监察留置措施操作指南》解决留置的程序问题，山西制定《山西省纪委监委机关审查措施使用规范》统一审查措施的使用，北京通过制定《北京市纪委市监委机关执纪监督工作暂行办法》来落实监察日常工作的开展。与政策不同，法律必须具体、明确，一旦将具体政策上升为法律，将很难更改。因而《国家监察法》（草案）出台后，收到更多有针对性的意见。比如《试点方案》第一条

---

① 习近平：《决胜全面建成小康社会 夺取新时代中国特色社会主义伟大胜利——在中国共产党第十九次全国代表大会上的报告》，载《人民日报》2017 年 10 月 28 日。
② 习近平：《决胜全面建成小康社会 夺取新时代中国特色社会主义伟大胜利——在中国共产党第十九次全国代表大会上的报告》，载《人民日报》2017 年 10 月 28 日。
③ 习近平：《决胜全面建成小康社会 夺取新时代中国特色社会主义伟大胜利——在中国共产党第十九次全国代表大会上的报告》，载《人民日报》2017 年 10 月 28 日。
④ 习近平：《决胜全面建成小康社会 夺取新时代中国特色社会主义伟大胜利——在中国共产党第十九次全国代表大会上的报告》，载《人民日报》2017 年 10 月 28 日。
⑤ 中共中央文献研究室编：《习近平关于全面从严治党论述摘编》，中央文献出版社 2016 年版。
⑥ 中共中央文献研究室编：《十八大以来重要文献选编（中）》，中央文献出版社 2016 年版。

"监察委员会对本级人民代表大会及其常务委员会和上一级监察委员会负责，并接受监督。"① 该条并未确定上下级之间的关系就是领导关系，而在《国家监察法》（草案）中，就明确指出："中华人民共和国监察委员会领导地方各级监察委员会的工作，上级监察委员会领导下级监察委员会的工作。"② 并且这种领导关系，是可以直接越级侦办案件③。因为这种领导关系打破了原有检察机关在侦办职务犯罪案件时应有的独立性④，存在造成职务干扰的隐忧，在没有相应的监督措施之前，必然存在立法风险，所以与《试点方案》相比，《国家监察法》（草案）争议相对较大。

其次，政党政策和国家法律的调整范围不同。法律和政策因为适用对象和制定目的不同，所以在调整的范围上，法律仅调整人的行为，而政策不仅调整人（党员）的行为，还调整思想动机。国家监察改革，将党的监察机构和司法监察机构合二为一，就面临将思想动机的规制纳入法律之下，通过法律的授权性规定，依据党法党规来进行处罚，这就涉及相应的操作问题。同时，因为要将主体的动机纳入法律的调整范围，这就出现了在对"思想"进行调整时，法律渊源的选择和适用的问题。将全部的公务机关主体都纳入国家监察法律体系的调整之下，所涉及的法律渊源除了法律之外，还包括党法党规，因而可能出现法律和党法党规在具体适用时的竞合问题，造成法律渊源适用上的混乱⑤。

第三，政党政策和国家法律的实施方式不同。国家法律由国家强制力来保证实施，国家监察改革一旦立法，某些强制措施由政党政策的强制性转变为国家强制性，必然面临着该强制措施的合法性问题和适用程序的规范性问题。《国家监察法》（草案）中，

---

① 全国人民代表大会：《全国人民代表大会常务委员会关于在全国各地推开国家监察体制改革试点工作的决定》，新华网，http://news.xinhuanet.com/politics/2017-11/04/c_1121906539.htm，访问日期：2017 年 11 月 4 日。
② 胡锦光：《论国家监察体制改革的宪法问题》，载《江汉大学学报（社会科学版）》2017 年第 10 期。
③ 《国家监察法》（草案）第十三条规定："上级监察机关可以办理下一级监察机关管辖范围内的监察事项，必要时也可以办理所辖各级监察机关管辖范围内的监察事项。"
④ 为了防止领导干部干预侦查办案，《中国共产党纪律处分条例》（2016 年 1 月 1 日生效）第一百一十九条第一款明确规定："党员领导干部违反有关规定干预和插手司法活动、执纪执法活动，向有关地方或者部门打招呼、说情，或者以其他方式对司法活动、执纪执法活动施加影响，情节较轻的，给予严重警告处分；情节较重的，给予撤销党内职务或者留党察看处分；情节严重的，给予开除党籍处分。"
⑤ 虽然为了配合《国家监察法》的制定，修订后的《中国共产党党内监督条例》强调"纪法分开"，凡是国家法律已经通过规定，将其纳入法律调整之下的行为，党规党纪就不再重复规定。并在新规中删除了大量与法律有重复和冲突的的内容。要求在纪律审查过程中，发现了违法行为，只要将其中一个违法事实查清就应移送司法机构，而不能越俎代庖，将所有违法事实调查清楚之后再移送司法机关，但该竞合情况仍旧难以避免。

将纪委的"双规"措施，改为法定的"留置"①。虽然草案对留置的时限、被调查人的待遇等问题进行了规定，但是对于律师能否在调查期间参与、何时参与、参与程度问题，《草案》并没有涉及。有观点认为，留置是与羁押接近且程度轻于羁押的准羁押措施，必须考虑律师的辩护权和介入权问题②，不能因怕给公权力添麻烦而（将律师）拒之门外③。也有观点认为，当被留置的监察对象尚未确定为刑事被告人时，律师介入缺乏法律依据。只有在监察调查终结，监察对象被确定为刑事犯罪嫌疑人移送检察机关起诉时，律师介入才有了正当性和合法性④。因为"留置"等监察措施的国家强制性，因而在适用上必须要有完备的程序性规定。监察措施要么受《刑事诉讼法》的约束，要么必须有一套完备的自我监督体系。

第四，政党政策和国家法律的实际运用灵活度不同。法律以条文的形式存在，有严密的逻辑结构，在使用时严格遵守三段论的要求，遵守法律论证的方法，因而法官的自由裁量权受到法律适用规则的限制。而政党政策因其本身的模糊性，允许在实践中由使用主体灵活运用，可以结合各地具体情况的进行调整。因而党法党规在使用上，主体的自由裁量权相对较大。国家监察改革，将全部的公职人员都纳入国家监察法律体系的调整之下，所涉及的法律渊源除了法律之外，还包括党法党规，当出现法律和党法党规的竞合时，根据《国家监察法》（草案）的规定显示，是先由纪委介入，经过监察主体的"一次裁量"，判断是应该适用党法党规还是已经触犯法律；如果仅违反党法党规，要经过"二次裁量"，判断应如何以规处罚；如果既违反党法党规又触犯法律，也要经过"二次裁量"，判断应如何依规处罚的基础上，移交司法机关处理。在这个过程中，一次裁量的权限相对已经较大，又要经过"二次裁量"。按照形式逻辑的三段论方式，裁量的主观性强，结果的主观性必然也增强，结果的公正性自然会受到更多的质疑。

（二）权力运行：国家监督权运行模式困境

首先，政党机关的纪检监督权和国家监察机关的国家监督权的权限不同，引发国家监督权职权的差异。纪检监督权在权力运行上有先天优势。纪律检查机关是党内监督机关，监督的对象是党员，依据的是党法党规，不受《刑事诉讼法》等法律的约束，"纪

---

① 《国家监察法》（草案）第24条规定，被调查人涉嫌贪污贿赂、失职渎职等严重职务违法或者职务犯罪，监察机关已经掌握其部分违法犯罪事实及证据，仍有重要问题需要进一步调查，并且（1）涉及案情重大、复杂的；（2）可能逃跑、自杀的；（3）可能串供或者伪造、销毁、转移、隐匿证据的；（4）可能有其他妨碍调查行为的，这四种情形，经监察机关依法审批，可以将其留置在特定场所。

② 陈光中、邵俊：《我国监察体制改革若干问题思考》，载《中国法学》2017年第4期。

③ 秦前红、石泽华：《目的、原则与规则：监察委员会调查活动法律规制体系初构》，载《求实学刊》2017年第5期。。

④ 吴建雄：《试点地区用留置取代"两规"措施的实践探索》，载《新疆师范大学学报（哲学社会科学版）》2018年第3期。

委在反腐败过程中没有多少羁绊"①，因而在侦查过程中，不论强制手段的选择，还是强制手段的使用上都具有比人民检察院侦办案件难以比拟的灵活性。国家监察改革的目的，是通过整合国家监督资源，组建一个独立行使国家监督权的国家监督机关。在整个资源整合过程中，"最重要一步是将监察权从行政权与检察权当中剥离出来，从而型塑出与行政权、审判权、检察权平行并列的监察权"。② 在国家转型进程中，权力在一段时期内往往是恒定的，更多的是在不同权力主体之间分配变化。新的监察委员会在国家机构框架的出现，一方面会吸收其他国家机关的职能，保证监察职能的全面和完备；另一方面会压缩其他国家机关权力的职能，从而引发权力在一定范围内的重新配置。在组织机制上，监察委员会实现了行政机关内部的监察部门和预防腐败部门，与人民检察院内部的反贪污贿赂部门和反渎职部门的全面整合。经过职能整合后的新国家监察机关，可以认为是对公务人员进行监督的国家最高监督机关。这实际是将原本隶属于行政机关和司法机关的监察机构进行整合，并提高其权力位阶。依据《国家监察法》（草案），国家监察委员会是与最高行政机关、司法机关、检察机关并列的国家反腐败机关③。新的"国家监察权"因为涉及多个部门的整合和转隶，多种权力和机构职能的重新配置，所以短时间如何迅速的开展工作，将整合前的各自职能迅速的融合并正常运行，开展国家监督，发挥反腐败的职能，是国家监察制度改革需要面临的又一困境。

（三）制度功能：国家监察委员会的自身监督困境

国家腐败治理是当今中国转型的核心议题。从制度功能角度来看，国家监察体制改革便是应对这一难题的而进行的国家顶层设计。国家监察机关履行反腐败的基本职能主要是进行廉政监督，同时也将享有勤政监督职能和效能监督职能，但后两种监督职能将依附于廉政监督职能，因为反腐败是未来国家监察机关的最基本的职能。但国家监察机关反腐败职能的高效发挥，"在'两委'合署办公选择模式下，国家监察的有效性就必然受到党内监督有效性的制约"。④ 改革后的国家监察机构的是"政治机关，不是行政机关、司法机关"⑤，因而对于新成立的国家监察机关的监督，不能单纯的采用一般国家机关的监督方式，更要兼顾党内机关的监督原则和监督方式来进行制度设计。鉴于党

---

① 张建伟：《法律正当程序视野下的新监察制度》，载《环球法律评论》2017 年第 3 期。
② 秦前红、刘怡达：《监察全面覆盖的可能与限度——兼论监察体制改革的宪法边界》，载《甘肃政法学院学报》2017 年第 3 期。
③ 《国家监察法》（草案）规定：中华人民共和国监察委员会是最高国家监察机关。中华人民共和国监察委员会由全国人民代表大会产生，负责全国监察工作。
④ 任建明、杨梦婕：《国家监察体制改革：总体方案、分析评论与对策建议》，载《河南社会科学》2017 年第 3 期。
⑤ 新华社 2017 年 11 月 5 日发布通讯《积极探索实践 形成宝贵经验 国家监察体制改革试点取得实效——国家监察体制改革试点工作综述》中，介绍监察体制改革决策背景及试点细节，其中提到"监察委员会实质上就是反腐败工作机构，和纪委合署办公，代表党和国家行使监督权，是政治机关，不是行政机关、司法机关"。

内监督的"自我监督"为主,国家监察机关的"自我监督"功能将在所有监督方式中占有更大的权重,甚至可以说,国家监察委员会的监督,也是以内部的"自我监督"为主要监督方式①。一方面,改革后的国家监察机关,"草案没有把调查定性为侦查措施,调查是依照监察法进行,而不是依照刑事诉讼法"②,监察行为不受刑事诉讼法的约束。另一方面,《国家监察法》尚未制定出来,国家监察委员会的自我监督体系尚未形成。在监督机制不完善的情况下,监察行为(包括纪委监察行为)可能存在无序扩张的风险,国家监察委员会的监督存在困境。

三、国家监察体制改革的着力点

历史经验表明,由制度的顶层设计到政策制定、试点先行先试到国家立法实现全国范围内的整体改革的过程中,再完美的顶层制度设计,可能也无法走到最终在全国的整体推行;而最后通过总结试点经验,在全国整体推行的改革模式,可能与最初的顶层设计相差甚远。这种现实决定了我们在进行制度改革时,必须对每一步都保持审慎的态度,找准改革的着力点,不断在改革实践中选择中国特色的改革路径。

(一)注重"顶层设计":立法必须准确把握党的政策要点

从机构调整看,这次"两委"合署办公的整合程度非常彻底的。此次改革不再沿用党的十八大之前的纪检监察"两套机构,两个领导"合署办公的模式,转而采用"一套机构,一个领导",真正实现了1993年纪检监察合署办公时就曾提出的"两块牌子一套人马"的设想。在我国,中国共产党具有最高的权威,通过资源的整体协调和调动,为国家监察体制改革提供资源倾斜和物质保障。从中国的国情看,作为上层建筑的法律、权力作为其内容,永远受制于物质生活条件,具有物质制约性。国家监察改革能否顺利推行,最关键的改革方向的准确性、政治保障的坚固性。换言之,就是是否坚持党的领导,以党的领导作为制度保障和经济保障。因而国家监察体制改革必须坚持党的领导,注重顶层设计。在践行改革的过程中,准确把握党的政策要点。国家监察改革的顶层设计,就是要在坚持党的领导下,整合国家监督资源,构建国家反腐败机关,对国家公务人员实行全面的监督。在具体试点实践和立法中,不管采用何种方法、采用什么方式,如何进行变通,都不能改变该制度设计的初衷。

(二)结合"试点实践":落实政策必须找准政策与立法的平衡点

我国国情的复杂性,决定了任何完美的政策,都有可以在实践中遇到困境,导致无

---

① 新华社2017年11月5日发布通讯《积极探索实践 形成宝贵经验 国家监察体制改革试点取得实效——国家监察体制改革试点工作综述》中,提到国家监察改革,是推动全面从严治党向纵深发展的重大战略举措,对于健全中国特色国家监察体制,强化党和国家自我监督具有重大意义。

② 马怀德:《对监察法草案的七点看法》,中国法律评论,http://mp.weixin.qq.com/s/OUmbj3oqGaD_bwRlbsn9Cw,访问日期:2018年2月26日。

法继续推行。加之公共资源的有限性，决定了不先行试点，仅凭直觉就盲目推广改革的措施，极其容易造成重大失误，导致资源的浪费。国家采用试点先行先试的方法，就是为了降低变更的成本，通过总结实践经验，对政策的推行进行相应的变通，保证立法的科学性。在制定法律时，虽然要准确把握党的政策精神，但并不意味着原封不动的照搬党的政策。特别是在党的总政策与法律的关系上，前者比较原则，涉及面大，后者则要求具体，是针对社会关系权利义务的具体配置。因此不能照搬党的政策，而是要以党的政策为指导，把政策的精神贯穿于法条之中。如对"留置"制度的设置，就可以结合浙江试点的经验，根据浙江省制定的《浙江省监察留置措施操作指南》中对于留置的处理，结合"留置"措施本身的属性："参照《刑事诉讼法》的相关程序性规定处理，在案件的侦办过程中保障当事人的基本人权。"①

（三）立足"中国国情"：国家监察体制改革要注重分类推进

我国地域辽阔，各地经济、政治发展水平存在差异性。国家监察制度改革，要立足中国国情，在政策落实过程中，注重分类推进。原则上与中央保持一致，地方改革可以根据自身的具体情况进行灵活的变动。例如试点过程中京晋浙三地的人员转隶进度，就是结合各地具体情况开展的。山西省的试点工作中，"坚持转隶、建制、深化分步走，第一步抓转隶组建，把省市县人大换届和依法产生监委调整到第一季度完成"②；浙江省根据自己的实际，分步推进，至 2017 年 4 月底全部完成省、市、县三级监察委员会转隶组建工作。试点过程中，京晋浙三地依据自身具体情况安排转隶时间表，确定机构调整方法，立足国情、省情，有利于国家检察改革的稳步推进，保证国家检察改革的顺利进行。因而在立法时，要么留下充足的时间，给各地改革足够的预备期；要么像《劳动法合同法》一样，多设定委任性或准用性规范，给各地制定相应的《实施细则》留下足够的空间。

四、三地试点改革经验看国家监察体制改革的合理路径

（一）权责明确，实现监察权公正独立行使

第一，监察机关与监察对象地位平等，互不隶属。监察机关行使职权向产生其的权力机关负责，向其报告工作，接受其监督。监察权本身是一种具有强制性的国家公权力，表现为监察机关对监察对象的规范和制约。这就要求监察机关保持相对的独立性，能够独立行使自己的职权。监察机关当中各职能部门能够依法履行职能的的独立性是指监察机关及其工作人员在行使职权过程中，只服从宪法和法律的相关规定，不受任何其

---

① 汪海燕：《监察制度与〈刑事诉讼法〉的衔接》，载《政法论坛》2017 年第 11 期。

② 任建华：《坚决扛起改革试点政治责任 努力打造符合党中央要求的合格样品》，载《中国纪检监察报》，2017 年 11 月 12 日。

他行政机关、社会团体和个人的干预。

第二，监察机关与监察对象相对独立，互不交叉。如果监察机关处于监察对象的控制和支配之下，必然不会产生完整有效的监察权力。一方面国家监察权与国家行政权、审判权、检察权处在同一位阶，互相制约；另一方面，行使监察权的主体应受到党规党纪与国法的监督和制约。如果监察权不受监督而恣意行使，将会造成国家权力结构失衡，也容易出现破坏法治秩序的后果。监察的目的是督促权力行使者认真行使职责。因此，监察权与立法权、行政权、审判权、检察权在维护社会运行中，应当遵循《宪法》第一百三十五条规定的基本原则，实行分工负责，互相配合，互相制约。

第三，监察机关的人财物保障实行"省以下统一管理"，与地方、部门脱钩。借鉴已有司法管理体制改革推行省以下人财物统一管理的经验，可从以下几个方面来保证：（1）改革传统的纪检、监察编制及人员管理实行地方分级管理的体制，整合纪检、监察人力资源，实行省以下统一管理，根除传统纪检、监察体制运行中监察受制于地方、监督不力的弊端，从编制、人员统一管理体制创新方面提供保障。（2）改革传统纪检、监察人员职务工资保障体制，建立监察人员单独职务序列，职务工资、津贴、廉政风险金、住房、医疗及退休制度，形成与普通公务员职务序列及职务工资、津贴、福利待遇相衔接、相配套、相区别，与法官检察官警官单独职务序列及职务工资、津贴、待遇相平行、相对应的职务待遇保障体系，根除传统纪检、监察体制有关监察人员职务待遇偏低、东中西部地区监察人员职务待遇不公平不统一、基层监察待遇低与"同工不同酬"等弊端，增强其履职的神圣感、使命感和责任感。（3）改革传统纪检、监察经费保障"分灶吃饭、分级负担"的体制，建立省以下监察公用经费、监察业务费、反腐败专项调查费、技术装备费、基础设施建设费、教育培训费、国际合作费、反腐败大情报系统专项建设费等保障标准，预（决）算管理制度，根除传统纪检、监察经费保障滋生"办案为钱、为钱办案"、插手经济纠纷、利益驱动，损害监察公正公平权威等弊端，为国家监察权统一公正高效行使提供充足的财力保障。（4）改革传统纪检、监察监督制约体制，建立监察人员人身安全保护、职业荣誉、职业惩戒、职业伦理制度体系。为保障监察人员忠于职守、公正监察、防止内部监察负责人不当干预与外部干扰，建立监察人员人身安全保护制度，规定监察人员非因法定事由、非经法定程序不得免职、降职、辞退和处分，对于侵犯监察人员合法权益的行为，依法予以查究；赋予监察人员对内部非法干预、插手监察事项或反腐败特别调查案件的抗辩权或者职务移转权，对监察人员遭受不公正待遇或者受到处分、刑事追究错误的赋予其申诉权、特别程序救济权等。（5）改革传统纪检、监察涉案款物管理体制，建立监察机构查封、冻结、暂扣、强制划拨、追缴监察对象或者反腐败调查涉案违法款物的，统一银行特别暂存账户，统一上缴省级公共财政部门监管，对已发生法律效力的财产、款物需发还被监察对象及其亲属的，实行流程登记发还管理，并接受当事人及社会的监督，对需依法依规上缴国库的，应及时足额上缴省级公共财政机关制定的专门账户并接受审计的专项审计监督，根除传统纪检、监察涉案款物管理体制形成的挪用、乱开支等违规违法弊端，确保国家监察机构履行职责的公正、清廉、文明。

第四，对干预监察权的行为要有明确的惩戒措施。监察权的行使要做到全程留痕，能够实现倒追和回溯。对于干预监察权的行为，要规定明确的法律责任。对于违反法律规定，妨碍监察机关正常工作秩序，阻碍监察人员依法行使监察权的违法行为，坚决依法予以惩处，相关人员应当依法承担相应的法律责任。

（二）监察独立：保证人员、机构转隶工作的分类推进

第一，监察机构的转隶工作。根据现有的改革来看，转隶后的国家监察委员会在财政未独立之前，其独立性势必会受到影响。但三地改革尚未明确机构"人财物"如何独立，借鉴已有司法管理体制改革推行省以下人财物统一管理的经验，可从以下几个方面来保证：（1）改革传统的纪检、监察编制及人员管理实行地方分级管理的体制，整合纪检、监察人力资源，逐步实现省以下统一管理，根除传统纪检、监察体制运行中监察受制于地方、监督不力的弊端，从编制、人员统一管理体制创新方面提供保障。（2）改革传统纪检、监察人员职务工资保障体制，与司法机关"员额制"衔接，建立监察官单独职务序列，职务工资、津贴、廉政风险金、住房、医疗及退休制度，与法官检察官单独职务序列及职务工资、津贴、待遇相平行、相对应的职务待遇保障体系，根除传统纪检、监察体制有关监察人员职务待遇偏低、东中西部地区监察人员职务待遇不公平不统一、基层监察待遇低与"同工不同酬"等弊端。（3）改革传统纪检、监察经费保障"分灶吃饭、分级负担"的体制，逐步建立省以下监察公用经费、监察业务费、反腐败专项调查费、技术装备费、基础设施建设费、教育培训费、国际合作费、反腐败大情报系统专项建设费等保障标准，预（决）算管理制度，根除传统纪检、监察经费保障滋生"办案为钱、为钱办案"、插手经济纠纷、利益驱动，损害监察公正公平权威等弊端，为国家监察权统一公正高效行使提供充足的财力保障。

第二，监察人员的转隶工作。一方面是普通监察人员的转隶工作问题。如何在检察机关刚刚经历了"员额制"之后，保证转隶过来的人员能够迅速的投入监察工作，从三地经验来看，首先要重点关注的是转隶人员的编制问题。针对市县部分检察机关涉改部门编制不清问题，山西省采用"编随事走、人随编走"的灵活转隶模式，较好地解决了"隶多少编、转隶多少人"的难题。另一方面是一把手的选任问题。因为国家监察委员会是党领导下的监察机关，因而一把手的独立选任，直接关系到监察机关的工作的独立开展问题。从京晋浙三地的试点改革经验来看，三地的监察委员会在挂牌成立之初，就第一时间将三位一把手进行了确定。虽然三位主任也都是经过各自省（市）的人大投票选举产生，但是从中央的《试点方案》和最终的选举结果分析，三位主任的的最终人选，看似早已确定——三个省市的纪委书记。这虽然显示了在机构整合过程中，纪委在各个整合机关中处于优先领导地位，但同时也产生了一定的隐忧：如果纪委书记人员产生变动，也将影响监察委员会一把手的变更，从而影响监察机关的工作的稳定性。在下一步正式立法工作中，有必要建立独立的监察委员会一把手选任制度，在《国家监察法》（草案）的基础上进一步明确监察机关一把手专人专职的选任资格。

第三，监察人员的专业整合与管理工作。改革后的国家监察委员会，承担着监督、

侦查等职能、并拥有处罚权，转隶过来的人员除了检察院的专业侦查人员，其他机关转隶人员的法律专业素养也应予以加强，建立一支专业的国家监察官队伍。在人事管理政策上先进行完善，高平市纪委办公室印发《高平市纪委监委关于开展 2017 年度全员培训的实施方案》，以促进纪检监察干部提升业务素质和履职能力，更好地适应深化监察体制改革的新形势、新任务、新要求。山西省晋城："深入开展纪检监察干部全员培训。将 2017 年作为纪检监察机关'全员培训、素质提升年'，按照干部管理权限，采取'下探一级'的办法，切实抓好全区纪检监察干部全员培训。通过省市'示范培训'和区级'兜底培训'，强化纪检监察干部多层次、全方位的学习，全面提升综合素质。加强对司法机关相关人员的培训，特别是加强监委与监察机关在移送案件方面实现协同一致的专门培训，不断提高思想政治水平和把握运用法律与政策能力。"①

（三）加强监督：特殊的自我监督为主

我国国家监督，从监督来源看，包括内部监督和外部监督。我国中国特色的国家监察委员会的监督方式是自我监督为主，外部监督为辅。外部监督包括：人大监督、与司法机关互相配合互相制约的监督、人民群众监督等方式。内部的自我监督则包含三个层次。

第一个层次的自我监督是由本次改革经由机构整合而自然衍生出来的。改革后，国家监察委员会与党的纪律检查委员会将实现彻底的机构整合，在机构、人员和职能上进行资源的重新配置，简言之就是"一套人马一块牌子"，日常工作受同一级党委的领导。党委的"领导"，本身就是一种系统内部的有效监督。通过机构整合，国家监察委员会自然衍生出机构内部的党委自我监督机制。通过遵守《党内监督条例》，加强组织生活和对一把手的监督，保证国家监察委员会的廉洁高效。山西高平市纪委办公室通过制定专门的文件（《关于建立全市纪检监察干部谈心谈话制度的实施方案（试行）》），通过谈心谈话制度，及时掌握全市纪检监察干部的思想、工作、作风、生活状况，加强对全市纪检监察干部的日常管理监督。山西省晋城市要求："区涉改部门要密切关注涉改人员和非涉改人员思想动态，及时进行思想教育和政策引导，既向同志们讲政治纪律，又讲关心爱护，引导大家正确看待改革、真心拥护改革、积极参与改革，重要情况要及时向区试点小组报告。"②

第二个层次的自我监督是由整合后的监察权运行机制决定的。国家监察委员会虽然实现了机构的整合，但内部各部门所承担的职能是相分立的，承担侦查职能的部门和承担监察监督职能的部门，在各自权限范围内保持相对的独立性。简言之，监察委员会内部不同机构之间、不同层次的监察委员会之间，各自履行不同的职能。虽然各种职能之

---

① 《中共晋城市城区委员会关于印发〈晋城市城区深化监察体制改革试点工作补充方案〉的通知》［城发（2017）13 号］。

② 《中共晋城市城区委员会关于印发〈晋城市城区深化监察体制改革试点实施方案〉的通知》［城发（2017）3 号］。

间难免会存在交叉、竞合的情况，但不同类型的职能各自的职能核心是不同的。这种现实一方面意味着监察委员会内部职能的分立和独立，另一方面也内涵着监察权各个职能之间在权力运行上的相互制约。从三地试点经验来看，监察委员会内部实行执纪监督部门和执纪审查部门分设，从监察权运行机制上保证职能的履行便存在着权力的相互制约，权力运行的前后相接包涵着权力的相互监督。如山西省在建委内部监督制约的问题上，就致力于"探索执纪监督和执纪审查部门分设，建立起执纪监督、执纪审查、案件审理相互协调、相互制约的工作机制"①。

第三个层次的自我监督是由监察机关的层级关系决定的。根据《国家监察法》（草案）的规定，国家监察机关上下级之间是领导关系，并且上级可以直接干预下级的具体案件的办理，如果有必要也可以直接提级办理或指定其他监察机关办理。这种领导关系，带有一定的"行政领导"属性，上级对下级的系统内部的监督，即是另一个层次的自我监督。这种监督涉及下级监察权职能运行的整个过程。如山西晋城在《晋城市城区深化监察体制改革试点实施方案》规定：作出立案调查决定、处分决定等重要事项，应当向上级监察委员会、同级党委请示报告，调查过程中遇有重要事项应当随时报告。线索处置、案件调查、涉案款物管理、处置执行等方面的重要问题，应当经集体研究后，按程序审批。区监察委员会采取留置措施，须报市监察委员会批准。试点期间，区监察委员会向上级纪委、监委和区委请示报告工作，对区人大及其常委会和上一级监察委员会负责并接受监督。

结语

现有关于国家监察体制改革的讨论，多是站在权力制衡理论的角度对立法进行探讨，忽略了我国国家权力监督的特殊性。国家监察机关作为党政合一的政治机构，其监督方式不能、也无法照搬外国经验。国家监察体制改革作为国家顶层设计的重大政治改革，在监察体制改革的合理路径选择上，不宜仓促立法，需要在准确把握国家"顶层设计"的同时，制定和完善国家监察机关自我监督体系；充分试点，结合我国的国情、省情，找准政策与立法的平衡点，给地方改革留足时间和地方立法的空间；保证人员、机构整合和转隶工作的分步、分类推进。"党内监督与国家监察是一体两面，新的国家监察体制作为党和国家自我监督体系的拱心石，实现了依规治党和依法治国的协调并进、纪律之笼和法律之笼的无缝对接"②，三位一体纵深挺进全面深化改革、全面依法治国和全面从严治党，推进国家治理体系和治理能力的现代化，为夺取新时代中国特色社会主义伟大胜利保驾护航。

---

① 杨红：《被监察者的权利及其保障研究》，载《行政法学研究》2017年第11期。
② 高波：《探索自我监督的"中国方案"》，载《人民日报》2017年11月16日。

新时代的国家监察委：通过党内法规的政治机关法治化路径初探

——兼与刘长秋教授商榷

朱程斌　李　龙*

摘要：监察委和监察立法是党部署反腐工作的制度化和法治化措施，但监察法草案具体条文多遭法律专家、学者质疑，加之新华社撰文称监察委为"政治机关"，使焦点更加集中。从法理层面对此予以梳理，对监察委和监察立法的政治机关法治化予以探究尤为必要。放在大的历史图景下来理解监察委的法治化发展，有助于我们理解这一观点。这既涉及新时代背景下的反腐，也涉及应时代要求党在十八届四中全会全面转变治理模式的努力：党内法规的建设、依法治国的全面展开，也涉及党作为中华民族先锋队，领导人民进行革命、建国及经济建设。其主线是明确的：党作为执政党，在通过党内法规规范权力运行后，将政治机关法治化。

关键词：新时代；监察委；法治；政治机关；党内法规

一、引言：成宪已定，如何改革？

我国的法律体系已经建成，法律体系附着的国家制度也基本定型，留给顶层设计的空间不仅不多，而且设计的路径也基本被既定的体系和制度框定。党内法规成为设计的规则突破口，为全面推进法治建设，党内法规仍需法治保障。为顺应时代的发展潮流，解决社会的主要矛盾，党从建立以来的法治生成的逻辑，渐由不成文的党内政策和法规指导立法，演变为党内法规立法取得成效、合理化之后，推动法治建设进一步向前发展。借由党内法规规范党的自身权力后，新时代党的治理规范化依据的不再仅仅是国家宪法和法律，还增加了大量有针对性的党内法规；而且党可以通过党内法规在制度改革中进行规范化实验后，对国家治理体系与治理能力的现代化进行反哺。①

---

* **作者简介：**李龙（1937—　），男，汉族，湖南祁阳人，武汉大学人文社科资深教授。朱程斌，男，汉族，安徽桐城人，武汉大学法学院法理学博士。

① 田飞龙：《法治国家进程中的政党法制》，载《法学论坛》2015年第3期。

（一）党内法规：成宪后的改革

纪委与整合后监察委的合署办公，集中体现了党坚持依法治国的努力。党领导人民取得了革命的胜利，建立并建设了中华人民共和国，其先进性和革命性被历史反复证明。为顺应时代的潮流，为使其执政科学和民主化，党选择了全面法治化的道路。党领导制定宪法和法律，健全法（制）治，其自身地位也通过宪法和法律一步步的合规范化，不仅如此，党内法规的建设，越发使其领导和执政因规则的明确化而越发具有规则上的可期待性，其法治化程度也更加凸显。

同时，党法治化的努力，为自身营造了另一个需要注意，并将耗费大量精力解决的问题：成宪已定，如何改革？一方面，法治的精要之一便是遵守既定的规则，何况这是党自己领导制定的，毕竟规则的言下之意便是稳定的可预期性。另一方面，我国的改革和发展，包括法治在内，都是"摸着石头过河"①的，总是避免不了采取紧急措施②——如果不至于因陋就简，当时的境况下要求做长远且细致之规划怕是强人所难，大行不拘小节之事便常有之。因此，既然我国的特色社会主义法律体系已经建立③，如何做到"重大改革都要于法有据"④？向着和宪法法律不同的规则区域改革是一个很好的选择。

借着第十八届四中全会提出的中国特色社会主义法治体系包括了"完善的党内法规体系"⑤，监察机关的改革便率先从党内法规的角度提出了。

（二）监察法：党内法规的法治化

2016年10月27日十八届六中全会通过的《中国共产党党内监督条例》是建国以来首次在中央文件中使用"监察机关"的党内法规。是年11月7日中共中央办公厅印发《关于在北京市、山西省、浙江省开展国家监察体制改革试点的决定》（下称《决定》），决定在以上三省市开展监察体制改革，试点建立监察体制。根据党中央的精

---

① 1980年12月，陈云在中央工作会议上说："我们要改革，但是步子要稳。""随时总结经验，也就是要'摸着石头过河'"（《陈云文选》第3卷，人民出版社1995年版，第279页）。2012年12月31日，习近平总书记在十八届中共中央政治局第二次集体学习时指出：摸着石头过河，是富有中国特色、符合中国国情的改革方法。摸着石头过河就是摸规律，从实践中获得真知。（《习近平重要论述学习笔记》，人民出版社2014年版，第66页。）

② 参见王人博：《中国法治：问题与难点》，ECNULawReview，http://mp.weixin.qq.com/s/Xd5mNlEXt4ZaBeiclEzbuA，访问日期：2017年12月21日。

③ 2011年3月10日，吴邦国同志向十一届全国人民代表大会四次会议作全国人大常委会工作报告时庄严宣布，一个立足中国国情和实际、适应改革开放和社会主义现代化建设需要、集中体现党和人民意志的，以宪法为统帅，以宪法相关法、民法商法等多个法律部门的法律为主干，由法律、行政法规、地方性法规与自治条例、单行条例等三个层次的法律规范构成的中国特色社会主义法律体系已经形成。

④ 《习近平关于全面深化改革论述摘编》，中央文献出版社2014年版，第153页。

⑤ 《中共中央关于全面推进依法治国若干重大问题的决定》，人民出版社2014年版，第2页。

神，12 月 21 日十二届全国人大常委会第二十五次会议审议通过了全国人大常委会《关于在北京市、山西省、浙江省开展国家监察体制改革试点工作的决定》草案。通过一年多的实践总结，2017 年 10 月 29 日，中共中央办公厅印发《关于在全国各地推开国家监察体制改革试点方案》，标志着国家监察体制改革在全国范围内展开。2017 年 11 月 4 日，全国人大常委会审议通过了《关于在全国各地推开国家监察体制改革试点工作的决定》。

2017 年 11 月 7 日《中华人民共和国监察法（草案）》（下称《监察法草案》）面向社会征求意见发布，草案是 2017 年 6 月全国人大常委会第二十八次会议审议稿，是在总结经验的基础上形成的，贯彻了"凡属重大改革都要于法有据"[1] 的法治思维。

监察法草案面向社会发布后，引发了学界和官方对草案的条文的集中解读。一方面，官媒的支持态度从其标题便可窥管见豹，而学者或对此问题避而不谈，或直接建议先修改宪法再进行监察法立法。另一方面，有学者认为，"党内法规的法律属性与政治属性之间的关系决定了党内法规不宜被上升为国家法，而更宜固守其与国家法的边界"[2]。

二、新时代反腐的必要性

监察法的制定和监察委员会的设立是为了集中力量进行反腐败工作，这一点和改革开放初期集中力量进行经济建设颇为相似。实际上，监察委员会的设立同经济特区的设立一样，都是通过在特定地区进行试点并总结经验后，再推行全国。在三省市进行监察改革试点实验取得成效并总结经验后，再推行全国并进行相应的立法工作。循此路径，一方面符合我国社会主义国家集中力量办大事的传统，另一方面也不至于在毫无经验的情况下进行盲目改革。

（一）"将蛋糕做大"与法制建设

将反腐和经济建设、监察委员会和经济特区所比较是有历史和现实依据的，二者都是在社会转型时期提出的。历史的看，十一届三中全会所处的历史节点，被普遍的认为是建国以来我党历史上具有深远意义的伟大转折点，改革开放和以经济建设为中心，都是在此次全会中明确的。但对以经济建设为中心，建设经济特区，始终存在异议，有人认为这一套不是社会主义，是走资本主义路线。对此，邓小平做了一些列的重要论述。1979 年邓小平指出："我们党在现阶段的政治路线，概括地说，就是一心一意地搞四个现代化。"[3] 在改革开放与经济建设的紧要关头，1992 年邓小平在南巡讲话中指出，

---

[1]　《习近平关于全面深化改革论述摘编》，中央文献出版社 2014 年版，第 153 页。

[2]　刘长秋：《论党内法规的概念与属性——兼论党内法规为什么不宜上升为国家法》，载《马克思主义研究》2017 年第 10 期。

[3]　《邓小平文选》第二卷，人民出版社 1994 年版，第 276 页。

"不坚持社会主义，不改革开放，不发展经济，不改善人民生活，只能是死路一条"，"对办特区，从一开始就有不同意见，担心是不是搞资本主义。深圳的建设成就，明确回答了那些有这样那样担心的人。特区姓'社'不姓'资'"。① 当时以经济建设为中心、搞改革开放，使我党经受住了 80 年代末 90 年代初国内风波和苏联解体、东欧巨变的考验，使社会主义这面鲜艳的大旗仍搞搞飘扬在中国大地上空，"党如果集中精力领导经济建设，经济搞上去了，人民过上美满幸福的生活，党的吸引力、凝聚力和号召力也就增强了，党的执政地位也巩固了"。② 经济建设和改革开放，从物质上保证了我党对于当时西方国家的和平演变的抵御能力，避免了东欧和苏联亡党亡国的悲剧。③ 与此同时，既是有感于十年动荡期间全面砸烂公检法的局面，也是为我国的社会主义建设和改革开放事业保驾护航，邓小平提出了加强法制建设的思想。

改革开放后，我国经济快速增长，到 2011 年，我国的贸易总额跃居世界第二，GDP 总量超越日本位居世界第二。但外贸依存度很高，我国外贸依存度"从 1990 年到 1999 年间基本保持在 30% 到 40% 的增长区间内"④，伴随着世界经济下行和 2008 年的世界金融危机爆发，虽然依存度有所降低，但依然超过 40%。⑤ 次贷危机后，受困于国际贸易疲软，国内需求不振，我国经济下行压力增加，GDP 增长减缓。但我国已经步入中等收入陷阱阶段，"如果中国 GDP 增长率低于 6%，人口与就业压力剧增，可能会引起动荡"⑥，不足 7% 的经济增长对党、人民和国家都是一个重大考验。

（二）不平衡不充分的发展和党内法规建设的提出

进入新时代，我国社会现阶段的主要矛盾转变为人民日益增长的美好生活需要和不平衡不充分的发展之间的矛盾，党领导人民逐渐富起来了，人民群众已经逐步摆脱了贫困状态，对于美好生活的向往是党需要解决的新问题。单纯的依靠经济增长，单纯的标榜经济增长率，已经不足以满足人民对美好生活的向往了。转变经济发展模式显得尤为急迫。

"我国经济已由高速增长阶段转向高质量发展阶段，正处在转变发展方式、优化经济结构、转换增长动力的攻关期"⑦，改革进入深水区，唯此之时，越发需要全党凝聚在一起，统一认识，应对这些挑战。而在这种复杂的情况下"党内存在的思想不纯、

---

① 武市红：《邓小平与共和国重大历史事件》，人民出版社 2000 年版，第 450 页。
② 《社会主义市场经济与党的建设》，军事科学出版社 1996 版，第 361 页。
③ 参见任克礼：《新时代的党建工作》，人民出版社 1994 年版，第 82 页。
④ 万正晓、张永芳、王鸿昌：《中国经济对外依存度实证分析与对策研究》，载《国际贸易问题》2006 年第 4 期。
⑤ 参见袁静：《2004—2013 年我国外贸依存度变化趋势及原因分析》，载《绵阳师范学院学报》2015 年第 6 期。
⑥ 王人博：《中国法治：问题与难点》，ECNULawReview，http：//mp. weixin. qq. com/s/Xd5mNlEXt4ZaBeiclEzbuA，访问日期：2017 年 12 月 21 日。
⑦ 《党的十九大报告学习辅导百问》，党建读物出版社、学习出版社 2017 年版，第 24 页。

组织不纯、作风不纯等突出问题尚未根本解决"①，部分党员干部的腐败触目惊心。借助发达的咨询信息和互联网，贪污腐败问题显得尤其吸引人们的眼球，成为民众普遍关心的问题，甚至有人撰文思考腐败会不会成为权利。② 因此，习近平提出，"面对复杂多变的国际形势和艰巨繁重的改革发展稳定任务，实现'两个一百年'奋斗目标"，③"我们党把党风廉政建设和反腐败斗争提到关系党和国家生死存亡的高度来认识"，④"勇于自我革命，从严管党治党……抓住'关键少数'"⑤。

但如何从严管党治党？当然不能选择人治，因此在以党建为主题的十八届四中全会上，党提出要全面深化依法治国，建成包括党内法规体系在内的社会主义法治体系。"党面对的改革发展稳定任务之重前所未有、矛盾风险挑战之多前所未有，依法治国在党和国家工作全局中的地位更加突出、作用更加重大。"⑥ 为惩治腐败，"深化国家监察体制改革……同党的纪律检查机关合署办公……制定国家监察法……构建党统一指挥、全面覆盖、权威高效的监督体系"⑦，以党内法规更加有针对性的约束权力的行使。

三、对监察委和监察法草案的争议

2016 年 10 月 27 日通过的《中国共产党党内监督条例》第 34 条规定"各级党委应当支持和保证同级人大、政府、监察机关、司法机关等对国家机关及公职人员依法进行监督"及 11 月 7 日、12 月 21 日通过了两个《决定》后，学界对监察制度的研究渐成燎原之势。但困于当时顶层规划过于粗疏，监察体制仍在三省市进行试点实验，学界撰文所讨论的仍集中于国家监察体制的理论研究阶段。

以"国家监察"为篇名在知网中搜索，2016 年 10 月以后的相关文章有 27 篇，其中 18 篇为新闻报道，集中报道了国家监察体制的试点以及试点改革举措，其他 9 篇期刊文章的主题也基本全与此相关；2017 年 381 篇中，220 篇为新闻报道，除集中报道了国家监察体制的试点和试点改革外，11 月以后增加了对监察法草案的报道；其他的期刊文章均发表于 10 月以前，比较集中的讨论了监察委的定位、宪法地位、体制构建和监察立法方向等问题。

自 2017 年 11 月 7 日监察法草案征求意见发布后，特别是 11 月 15 日新华社将监察委定义为政治机关后，学界关注的焦点从理讨论转向草案研讨。由于期刊的审稿编辑工作较报纸编辑时间长，17 年学界的论点多通过网络非传统媒体传达出来。这些讨论的主题也较为集中，多集中于监察委员会的宪法地位和监察留置措施的合法与否。另一方

---

① 《党的十九大报告学习辅导百问》，党建读物出版社、学习出版社 2017 年版，第 48 页。
② 参见冯象：《腐败会不会成为权利?》，载《读书》2000 年第 8 期。
③ 《习近平谈治国理政》，外文出版社 2014 年版，第 390 页。
④ 《习近平谈治国理政》，外文出版社 2014 年版，第 390 页。
⑤ 《党的十九大报告学习辅导百问》，党建读物出版社、学习出版社 2017 年版，第 21 页。
⑥ 《中共中央关于全面推进依法治国若干重大问题的决定》，人民出版社 2014 年版，第 2 页。
⑦ 《党的十九大报告学习辅导百问》，党建读物出版社、学习出版社 2017 年版，第 53-54 页。

面，新华社等媒体对监察法草案中为大家普遍关心的热点，也连续发文解读。

（一）理论界对监察法草案的看法

2017 年 11 月 5 日，监察法草案面向社会发布后，学界对检查委员会和监察法草案的议论，多集中于监察委员会的宪法地位和监察留置措施的合法与否。兹举具有代表性的几个例子：

有学者认为监察法草案不合宪。代表性的有韩大元教授的《〈中华人民共和国监察法（草案）〉缺乏宪法依据》。韩大元教授认为，监察法草案"缺乏宪法依据"①，其"在内容和立法技术上也存在着不足"②。文章认为，首先监察法草案没有宪法依据，在草案内未能规定"依据宪法制定"；其次，草案规定的留置权相较以往纪委采取的"双规"要法治得多，但这还是有可能侵害了公民基本权利，因为"党员干部以及其他公职人员也是公民"；再次，监察法草案的设计有部分内容调整了我国既有的人民代表大会制度下的权力关系，草案规定的人大及其常委会"可以听取和审议"监察机关的工作报告，不符合我国的根本政治制度；最后，监察法草案的制定应该由全国人大主导，不应由部门主导立法。

有学者从规范留置权，理顺监察委的宪法地位角度出发，建议进行对监察体制进行宪法设计。在《国家监察体制改革该如何进行宪法设计？》③ 一文中，秦前红教授指出，监察体制改革作为重大的政治改革，其设计需要宪法工程的思路。此文中，他从监察机关性质的宪法蓝图、监察机关地位、监察机关的目标定位及监察机关与各方关系四个方面思考监察制度的宪法设计和完善。《监察法（草案）面向社会征求意见》发布后，在另一篇文章《监察留置措施的若干问题》④，秦前红教授也出于完善和规范权力运行的考虑，对留置权的若干问题进行了讨论。

有学者建议先修改宪法，再制定监察法。在一篇会议综述性的文章上，马怀德教授表达了这种观点。马怀德教授在《对监察法草案的七点看法》中说道，"希望制定国家监察法时先修改宪法，修改完宪法之后再通过监察法，然后成立国家监察委员会"，他认为尽管监察委符合政治机关定位，但监察委因其职责是监察，将其定位为监察机关更为准确。⑤ 另外，他还就监察覆盖范围、可否对非监察对象的留置、留置期间律师无法

---

① 韩大元：《〈中华人民共和国监察法（草案）〉缺乏宪法依据》，中国宪政网 http：//mp. weixin. qq. com/s/_8n36eoIgA8fr8ZrS5PRQw##，访问日期：2017 年 12 月 16 日。

② 韩大元：《〈中华人民共和国监察法（草案）〉缺乏宪法依据》，中国宪政网 http：//mp. weixin. qq. com/s/_8n36eoIgA8fr8ZrS5PRQw##，访问日期：2017 年 12 月 16 日。

③ 秦前红：《国家监察体制改革如何进行宪法设计？》，中国宪政网，http：//www. calaw. cn/article/default. asp？id=12405，访问日期：2018 年 2 月 26 日。

④ 秦前红：《监察留置措施的若干问题》，微信公众号武大大海一舟，http：//mp. weixin. qq. com/s/gsbLEnR9W1ZxvwwE4Ol67A，访问日期：2017 年 12 月 16 日。

⑤ 马怀德：《对监察法草案的七点看法》，中国法律评论，http：//mp. weixin. qq. com/s/OUmbj3oqGaD_bwRlbsn9Cw，访问日期：2017 年 12 月 16 日。

依照刑诉法介入、调查不适用刑诉法及检查委员会应当向人大作报告等其他问题，对监察法草案进行了解读，谈了看法。

（二）官方媒体对监察法的解读

监察法草案征求意见发布后，草案成为媒体争相报道的热点，最具代表性的应该是新华社、新华网和中国纪检监察报。除新华社一篇对试点的三省市总结性的报道外，这两家报社对监察法草案的报道基本是围绕着学界关注的问题进行答疑的，焦点在于监察委的定位、留置权的性质以及对监察委的监督。

2017 年 11 月 13 日，中国纪检监察报发表《监察的是"人"而不是"机关"》，14 日发表《谁来监督监委》，15 日发表《用留置取代"两规"》。新华网 13 日、14 日及 15 日对三篇文章分别予以转载，并分别配上《【读懂监察法草案】监察的是"人"而不是"机关"》、《【读懂监察法草案】谁来监督监委》及《读懂监察法草案：用留置取代"两规"》的标题。13 日的文章说道，社会大众对监察法监察对象存在误解，监察法监察的是公职人员，而不是党的机关、人大机关、政协机关、行政机关、审判机关、检察机关、监察机关、民主党派和工商联机关。[1] 14 日的文章对社会大众普遍关心的谁来监察监察者作出了回应，认为党委、人大、监察委内部、与司法机关互相配合互相制约及人民群众都形成了对监察委的监督。[2] 15 日的文章报道称，以留置取代"'两规'"，在惩治腐败的工作中体现法治思维和法治方式。[3]

2017 年 11 月 15 日新华社发表题为《积极探索实践 形成宝贵经验 国家监察体制改革试点取得实效——国家监察体制改革试点工作综述》的长篇报道。作为综述性的报道，文章介绍总结了三省市改革试点工作的成效、经验，其将监察委表述为"政治机关，不是行政机关、司法机关"[4]。

2017 年 11 月 17 日，中国纪检监察报在参看新华社《积极探索实践 形成宝贵经验 国家监察体制改革试点取得实效——国家监察体制改革试点工作综述》的基础上发表《关键看实效》，是日，新华网也对其进行了转载，并配题为《【读懂监察法草案】关键看实效》。文章称，监察法草案是在总结三省市经验的基础上形成的，而三省市的实践已经证明监察体制的行之有效，"监察法到底管不管用、群众满不满意，关键要经实践

---

[1] 《【读懂监察法草案】监察的是"人"而不是"机关"》，新华网 http：//news. xinhuanet. com/2017-11/13/c_1121948960. htm，访问日期：2017 年 12 月 16 日。

[2] 《【读懂监察法草案】谁来监督监委》，新华网，http：//news. xinhuanet. com/legal/2017-11/14/c_1121950211. htm，访问日期：2017 年 12 月 16 日。

[3] 《读懂监察法草案：用留置取代"两规"》，新华网，http：//news. xinhuanet. com/renshi/2017-11/15/c_1121957484. htm，访问日期：2017 年 12 月 16 日。

[4] 参见《积极探索实践 形成宝贵经验 国家监察体制改革试点取得实效——国家监察体制改革试点工作综述》，新华网，http：//news. xinhuanet. com/legal/2017-11/05/c_1121908387. htm，访问日期：2017 年 12 月 16 日。

检验，根本要看具体效果"。①

四、政治机关法治化的法治保证：政策指导立法到党内法规推动法治建设

我国特殊的近代化道路，决定了我国法治道路有别于西方。因为，一则，"每一种法治形态背后都有一种政治逻辑，每一种法治道路中都包含着一种政治立场"②，我国特殊的国情和历史决定了我国走以共产党为核心和领导的法治道路；再则，以美国为代表的法治模式，鉴于其特殊的生成路径和蕴含的特殊运作程序，尽管其自由主义宪政和法治模式被美国四处推广，"但在美国人的内心深处（深知），这种模式并不能在美国之外被复制"③。对政治机关的法治化，代表着党内法规法治化道路的开始，是我国法治进程中必须面对，且需慎重对待的问题。

（一）军队中的政治机关

政治机关的提法，首先出现在与军事相关的工作中。"政治机关是党的工作机关，是政治工作的领导机关"④，是党在部队中管理党的工作和政治工作的机关，其缘起主要是为了保证党对军队的绝对领导。军队管理中，党不能公开直接向部队发号施令，就只有在军队中，设立政治委员作为党的代表，设立政治机关作为党的办事机关，并取得在军队行政上的一定权力，以"首长"及"行政领导机关"身份出现。⑤ 党的十二大通过的党章规定，"中国人民解放军总政治部是中央军事委员会的政治工作机关，负责管理军队中党的工作和政治工作"，党的十九大通过的党章规定，"中央军事委员会负责军队中党的工作和政治工作，对军队中党的组织体制和机构作出规定"。

政治机关作为军队的管理机构，其职责具体为：领导部队思想学习，学习贯彻执行党的路线、方针、政策，以及国家的宪法、法律，军队的条令、条例、规章制度和上级的决议、命令、指示；领导和管理部队党建工作，组织进行党的纪检工作；领导和管理部队干部队伍的建设工作；领导部队的宣传教育工作、保卫工作、文化工作、青年工作，组织部队开展科学文化教育；领导部队开展群众性的竞赛活动和立功创模活动，培养和组织部队学习典型，承办奖惩工作；对部队进行官兵一致、军民一致原则的教育，开展尊干爱兵、拥政爱民活动；领导部队开展政治民主、经济民主、军事民主；领导战时政治工作；领导所属部队政治机关的自身建设和政治工作干部的培养，等等。⑥ 概括

---

① 《【读懂监察法草案】关键看实效》，新华网，http://news.xinhuanet.com/legal/2017-11/17/c_1121968525.htm，访问日期：2017 年 12 月 16 日。

② 李龙：《党法关系是全面依法治国的核心问题》，载《光明日报》2017 年 6 月 25 日。

③ 强世功：《革命与法治：中国道路的理解》，载《文化纵横》2011 年第 3 期。

④ 杨永斌主编：《毛泽东军队政治工作思想研究》，军事科学出版社 1993 年版，第 322 页。

⑤ 云光主编：《社会主义政治学》，人民出版社 1985 年版，第 322 页。

⑥ 杨永斌主编：《毛泽东军队政治工作思想研究》，军事科学出版社 1993 年版，第 324 页。

起来，政治机关是党为领导军队而在军队中设立的党的机关，我国军队听党指挥的性质决定了政治机关的工作职责几乎涉及军队管理的方方面面。

由此，我们认为，军队中的政治机关是作为一个类似于公法性质的"法人"出现的。甚至在"过去的战争年代，在新解放区尚未建立人民政府以前，政权的职能，是暂时由军队政治机关来行使的"。① 规范的理解，法人即享有权利（权力）、负有义务（职责）和承担责任的"人"，这里的人包括自然人和由人组成拟制法律"人"。但在理论上作进一步细分却存在问题。因为，一方面，我国的法人分类因袭的是苏联关于法人的分类，不能套用大陆法系公法人和私法人的分类;② 另一方面，政治机关不仅作为党的组织，而且是党派驻在军队中的组织，即便套用公私法人的分类，亦不好将其作类型化处理。政治机关作为一类特殊的法人，其实是我国国情决定的。

无规矩不成方圆，政治机关作为法人，按照法理来说，其自当遵守一套完整的规则对部队进行管理，其职责和工作程序以及责任承担应该由相应的党内法规和宪法法律进行规制。自十八届四中全会以来，为贯彻"依法治军"的重要思想，政治机关的工作也开始法治化。作为军队政治工作的领导机关，政治机关是否根据党内法规及宪法、法律开展工作，"不仅关系政治工作自身建设与发展，而且关系到国防和军队建设法治化水平的整体推进，"③ 改变了过去政治机关的工作模式。

（二）党的领导：从合宪法法律到党内法规建设

军队中存在政治机关，承担着党领导军队的重任。同样，党作为我国的执政党，政府中也有相应的政治机关，使得党的政治领导、思想领导、组织领导能够贯彻执行。

按照新华社报道的原意，纪律检查委员会是党在政府中的政治机关。但纪检委作为政治机关，其法治化的道路走得要比军队中的政治机关曲折得多，这一曲折性放到法治大背景下便显得尤其突出。

作为查处和惩治腐败党员和政府公务人员的一线先锋，其既不能像军队的政治机关一样具有比较超然的法律地位——端赖于军事管辖一般的与民事、刑事和行政间有较为严格的区分，也不能因为党的领导权而在法治潮流中获得合法性——概因现代法治精神讲求程序正义。于是乎，这就在法治大背景下形成了一对矛盾，一方面，党为规范自身权力运行，进行党内法规建设，并领导政府进行法治建设；另一方面，迫于情势，党查处惩治腐败分子的方式却与法治精神不符。先从党的领导权的法治化之路说起。

1. 领导制定宪法和法律

党作为执政党，其法治地位来源于其领导无数中华儿女经过漫长的革命和建设岁月，也源自其在宪法和法律中的法定地位。先于国家，国家的方方面面贯彻和体现着党

---

① 云光主编：《社会主义政治学》，人民出版社 1985 年版，第 322 页。
② 参见屈茂辉：《机关法人制度解释论》，载《清华法学》2017 年第 05 期。
③ 张力勇：《刍议军队政治机关依法指导工作》，载《西安政治学院学报》2015 年第 03 期。

的领导。① 由于处在清帝国的统治下，加之自然经济占据绝对主导地位，依附于脆弱的资本经济的工人阶级，其智识、组织能力和自觉意识等方面都存在不足，共产党作为先进的无产阶级政党领导中华民族促成中国的现代国家转型和进行社会主义建设。但这种路径，正如国民党败退台湾的前车之鉴，很容易导致党政不分，出现以党代政的局面②。为克服和跳出这一怪圈，共产党从中华人民共和国成立就开始了法制建设，逐步使其权力依照宪法和法律运行。

首先，从1949年宪法性质的《中国人民政治协商会议共同纲领》开始，到1952年的《中华人民共和国宪法》，到后来三次大修的宪法，尽管在规定上有差别，但党均以宪法主体的身份出现。党通过领导立法，在国家根本大法中对党的法律地位予以确认。现行宪法在宪法序言和第五条中，确认了党作为宪法机关的地位。③ 现行宪法序言中使用了5次"中国共产党领导"，确定了党的领导地位，规定了党在社会主义建设中的地位，赋予党领导宪法和法律实施的责任。其次，党的路线方针政策经由民主立法程序上升为国家法律，党的纲领性文件是宪法和法律修改的参考依据④。党不同于传统意义上的政党，后者代表的是某一阶层的利益诉求，党作为中华民族的先锋队，其代表的是全体中华儿女的利益。党深入人民群众，党员来自社会各个层级和各个方面，保障了党制定的路线方针政策能够切实反映群众的诉求。经过党的政治领导、思想领导和组织领导，将为实践证明了的成熟政策通过立法程序上升为国家法律，从法律渊源上保证了"党和法的关系再国家法律制度中有机统一"⑤。

2. 全面推进法治化建设：党内法规的建设

另一方面，尽管党的领导确保了党在宪法和法律中的地位和作用，党的领导权为权力和宪法法律运行实际构建起了"不成文宪法"的法治运行机制⑥。但归根结底，这依然是"不成文"的，其所依赖的在理论上没有经过"法治原理的有效检验"，规范层面上没有"法治规范的有效制约"⑦，给权力腐败留下巨大的制度操作空间。

为规范党的权力运行，2013年1月习近平指出，"打铁还需自身硬"，提出通过构建党内法规体系，"把权力关进制度的笼子里"、"治国必先治党，治党务必从严，从严

---

① 参见任剑涛：《以党建国：政党国家的兴起、兴盛与走势》，载《江苏行政学院学报》2014年第3期。

② 覃敏健：《以党建国：国家整合之中国式路径》，载《理论探讨》2011年第5期。

③ 叶海波：《政党立宪研究》，武汉大学2007年博士学位论文，第178页。

④ 陈云生：《党的纲领性文件与宪法的关系》，载《政治与法律》1998年第4期。

⑤ 李林：《论党与法的高度统一》，载《法制与社会发展》2015年第3期。

⑥ 参见强世功：《中国宪法中的不成文宪法——理解中国宪法的新视角》，载《开放时代》2009年第12期；强世功：《中国宪政模式？——巴克尔关于中国宪政研究述评》，载《中外法学》2012年第5期。

⑦ 参见田飞龙：《法治国家进程中的政党法制》，载《法学论坛》2015年第3期。

必依法度"① 等论断。为此，自 2013 年以来，"中央制定修订了 80 多部党内法规，超过现有党内法规的 40%"②。2013 年 5 月，中共中央分别通过了《党内法规制定条例》和《党内法规与规范性文件备案规定》，前者以党内法规的制定和位阶为党内法规体系的构建提供规范保证，后者从对党内法规的审查角度对党内法规体系构建予以规范指导，二者通过制定与审查表明了党内法规体系"同国家法律的衔接和协调"，"在规范意义上确立了宪法法律在治国理政中的权威性与至上性"③。

党内法规的建设是从严治党的第一步，执行党内法规是发挥党内法规作用的重要一步。纪律检查委员会是党内专门负责监督的机关，是党内法规的执行机关，其主要任务是：维护党的章程和其他党内法规，检查党的路线、方针、政策和决议的执行情况，协助党的委员会推进全面从严治党、加强党风建设和组织协调反腐败工作④。同时，作为党的组成部分，对党的纪律检查工作进行党内法规规制，从制度上对其进行约束和指导，自是题中之义。中央以两个准则四个条例⑤构建起了纪律检查的党内法规，具体包括自 2016 年 1 月 1 日起施行的《中国共产党纪律处分条例》，自 2016 年 1 月 1 日起施行的《中国共产党廉洁自律准则》，自 2016 年 7 月 8 日起施行《中国共产党问责条例》，2016 年 10 月 27 日十八届六中全会上通过的《中国共产党党内监督条例》和《关于新形势下党内政治生活的若干准则》以及 2017 年 7 月 1 日修改的《中国共产党巡视工作条例》。

五、政治机关的法治化的组织保证：党内法规向国家立法的转变

上文简述了党的法（制）治建设从政策路线领导立法转变为党内法规规范权力运作的模式，党内法规的执行是应属于党内法规体系的应有之意。本部分将就党内法规的执行展开论述。

从法理层面来说，所谓"法律规范乃强制规范……以此区分法律与其他规范"⑥，

---

①　《关于加强党内法规制度建设的意见》，人民网，http：//politics. people. com. cn/n1/2017/0626/c1001-29361163. html，访问日期：2017 年 12 月 22 日。

②　《扎紧制度笼子——加强党内法规制度建设综述（上）》，共产党员网，http：//news. 12371. cn/2017/09/19/ARTI1505772916942645. shtml，访问日期：2017 年 12 月 22 日。

③　田飞龙：《法治国家进程中的政党法制》，载《法学论坛》2015 年第 3 期。

④　《中国共产党章程》第 45 条，共产党员网，http：//www. 12371. cn/special/zggcdzc/zggcdzcqw/，访问日期：2017 年 12 月 22 日。

⑤　按照《党内法规制定条例》第四条规定，党内法规的效力层级是党章、准则、条例、规则、规定、办法、细则，"准则对全党政治生活、组织生活和全体党员行为作出基本规定"，"条例对党的某一领域重要关系或者某一方面重要工作作出全面规定"，可见党中央对纪律检查工作和党员作风问题的重视。

⑥　［奥］凯尔森，张书友译：《纯粹法理论》，中国法制出版社 2008 年版，第 56 页。

而法律的生命在于执行，不能强制执行的法律毋宁是死法，与其他社会规范无异。一般的理解，规范由假设、行为模式和后果，或由假定和法律适用构成，法律后果或法律适用是法律规范的必要构成要件，缺少这一构成要件的法律规范实际上不具有可执行性。"法条并非必然都包含令行或禁止的命令，但却都包含适用规定"①。

党内法规作为中国特色社会主义法治体系的构成部分，同法律规范一样，其生命力也在依赖执行及执行的强度。纪律检查委员会作为党内法规的执行机关，其执行党内法规的强度直接关系到党内法规的效力，以及建立在效力基础上的权威性。"党章规定对党员的处分有五种，分别是警告、严重警告、撤销党内职务、留党察看、开除党籍，其严重程度依次递增。但囿于党的纪律监察机关无执法权，即便规定了以上五种处分方式，党内法规也面临着"徒法无以自行"的局面。所以，作为执行党内法规的前提——调查便成为党内法规是否能够成为规范的核心所在，也即"两规"是纪检委执行党内法规的重要核心举措。

（一）"两规"：规范层面保障党内法规的实施

"两规"是指《中国共产党纪律检查机关案件检查工作条例》规定的，纪检委"要求有关人员在规定的时间、地点就案件所涉及的问题作出说明"。实际运作中，"两规"的适用条件是（1）主要针对已经掌握严重违纪证据且正在接受纪律调查的党员进行；（2）接受调查的对象有逃匿、串供及毁灭、隐藏证据的可能；（3）接受调查的对象不如实交代其违纪行为、或可能妨碍调查进行。

历史地看，"两规"的实行主要是因为，在改革开放初期法制不健全，部分党员干部利用此制度空白，利用手中的权力，进行贪污腐败活动，而这些行为实行地较为异常、隐秘，涉案的范围牵涉广，以至于当时的司法程序难以解决此类问题。另一方面，从权力运行角度看，检查机关虽有权限立案自侦贪污渎职类案件，但在面对掌握实权的党政干部时也无能无力。按照实践经验，"两规"之后，被调查对象的党政干部的权力被中止，从而给配合调查的人员以心理暗示，涉案人员会以为失去了保护伞主动交代，证人能够不被被调查党政干部权力影响到，从而积极参与到案件的侦破工作中去。因此，两规在实行的过程中取得的成效很明显，尤其是在对身处要职的党政干部的调查，基本是从纪委的两规办理开始的。纪委通过"两规"有效地打击了腐败，根据2017年10月24日《中纪委向党的十九大的工作报告》中指出的情况，自2014年以来，440名省军级以上党员干部及其他中管干部被立案审查；纪检监察机关共接举报1218.6万件（次），立案154.5万件，处分153.7万人，这包括了8900余厅局级干部，6.3万县处级干部，5.8万党员干部被移送司法机关处理。②

通过"两规"，纪检委虽然取得了巨大的成果，但"两规"强制限制人身自由的留置措施实际上与《刑事诉讼法》中规定的拘留逮捕等强制措施一样，与既有的司法程

---

① ［德］拉伦兹，陈爱娥译：《法学方法论》，商务印书馆2003年版，第156页。
② 参见《中央纪委向党的十九大的工作报告》，载《新华每日电讯》2017年10月30日。

序存在冲突。① 首先，虽然党内法规对采取两规的程序多有限制，但仍存在决定权和执行权同属一体的问题，导致"两规"的过程中存在被调查对象的人身自由、财产权等基本权利被不当剥夺的可能。其次，限制人身自由属于国家立法的保留事项，加之实际中贪污渎职案件的调查由纪委主导，因此形成了纪委享有了准侦查权、准司法权的局面。纪委对"两规"实际的权力享有与国家的法律存在冲突。②

（二）政治机关法治化

党内法规作为中国特色法治体系的一部分，虽然不具有国家法律的属性，却具有法律的属性。③ 但从效力层级上看，即便规定"两规"的党内法规在党内法规体系中具有较高的效力层级，其效力层级相较宪法法律仍为低。因此，即便党内法规成为法治体系之一部，仍不能解决"两规"的合法性问题。

如果将纪律检查委员会定义为政治机关，这种冲突就是政治和法律之间的了。④ 如上所述，党内法规的法治化只能为解决这一问题提供一个较弱的法律基础。如何解决，还是需要另寻其他路径。党通过组织领导取得对政权体系可以为此提供一个参考。

党通过两个体制的构建，确保了自身对人民政权的领导地位。首先，党将其根本组织制度和领导制度，即民主集中制，贯彻到我国的基本政治制度——人民代表大会制度中，从宪制上保证了党对人民政权的领导。另一方面，对本文所涉及的问题更具有参考意义的是，党在国家各级政府机关、各人民团体和其他组织中成立党组，向国家和政府机关推荐重要的干部担任公职，从具体操作层面完成对政府以及其他组织的领导。

因此，我们从此次监察委改革能够看到的是，党顺应时代形势，从党内法规的建设开始反腐工作，继而将监察局、检察机关的反贪渎职职能集中到一起，由纪委党组领导，并和纪委合署办公，完成对国家监察委的领导。

经此改革，原本存在的党内政治机关（纪委）享有的国家准司法权力的不合法局面为之一改——即便监察法草案含有制度安排的冲突，那也是国家权力配置方面的问题。因此，我们设想，监察法定稿通过前，相关立法及权力配置问题应该会全部解决。而且，承此路径，今后中国在政治体制上的改革，大抵会采取在党内立法试验后，借由相关政治机关领导行政机关实行。一方面，党内立法具有实验性，在权力行使上给相关政治机关框定界限；另一方面，党内法规作为法治体系的一部分，不仅给政治机关转化为行政机关的内设党的领导机关提供法治依据，而且也在法治上实现了党对任何改革事项从始至终的领导权。

---

① 参见葛景富：《浅谈"两指两规"与〈刑事诉讼法〉》，载《黑龙江社会科学》2017 年第 2 期。

② 参见曹秋龙：《党内"两规"问题的宪法学研究》，华东政法大学 2015 年博士毕业论文。

③ 参见刘长秋：《论党内法规的概念与属性——兼论党内法规为什么不宜上升为国家法》，载《马克思主义研究》2017 年第 10 期。

④ 关于政治和法律之间的冲突，参见［美］布鲁斯·阿克曼著，霍晓立译：《宪制发展的三条道路——兼论欧盟危机》，载《文化纵横》2015 年第 6 期。